# 다시 쓰는
# 대한민국 부동산
# 사용설명서

**다시 쓰는 대한민국 부동산 사용설명서**

| | |
|---|---|
| 초판 1쇄 | 2025년 10월 1일 |
| 2쇄 | 2025년 10월 10일 |

| | |
|---|---|
| 지은이 | 김학렬, 스마트튜브 |

| | |
|---|---|
| 펴낸곳 | 에프엔미디어 |
| 펴낸이 | 김기호 |
| 편집 | 정소연, 양은희 |
| 기획관리 | 문성조 |
| 디자인 | 채홍디자인, 김진희 |

| | |
|---|---|
| 신고 | 2016년 1월 26일 제2018-000082호 |
| 주소 | 서울시 용산구 한강대로 295, 503호 |
| 전화 | 02-322-9792 |
| 팩스 | 0303-3445-3030 |
| 이메일 | fnmedia@fnmedia.co.kr |
| 홈페이지 | http://www.fnmedia.co.kr |

| | |
|---|---|
| ISBN | 979-11-94322-17-7 (03320) |
| 값 | 27,000원 |

ⓒ 김학렬, 2025

# 다시 쓰는 대한민국 부동산 사용설명서

## 앞으로 3년, 집값 상승 경로를 선점하라

김학렬·스마트튜브 지음

에프엔미디어

# 시장을 듣고 생각하는 힘을
# 키워주는 책

눈은 있는 그대로 본다. 하지만 뇌는 보고 싶은 것만 본다. 투자에서도 마찬가지다. 차트와 뉴스는 풍성한데, 정작 내 머릿속 필터가 필요한 정보만 선택적으로 통과시킨다. 그래서 성공적인 투자는 언제나 두 축에서 출발한다. 독자적으로 생각하는 일, 그리고 시장의 목소리에 귀 기울이는 일. 한쪽으로 기울면 다른 쪽이 보이지 않는다. 두 축을 동시에 세우는 순간, 우리는 비로소 흔들리지 않는다.

주식 분석을 하는 내가 부동산 기사를 올릴 때마다 사람들은 당황하는 모습을 보인다. 주식이든 부동산이든, 하나가 오르면 다른 하나는 반드시 떨어져야 한다는 제로섬의 오해 때문일 것이다. 나는 동의하지 않는다. 유동성이 풀리는 국면에서는 부동산도 주식도 함께 좋아질 수 있다. 다만 과거처럼 자금이 한 자산에만 쏠리는 편중을 경계할 뿐이다. 인플레이션의 시대에 우리에게 필요한 것은 양자택일이 아니라 양손 전략이다. 주식과 부동산을 모두 인플레이션 헤지의 도구로 활용해야 한다. 이것이 장기 생존의 언어다.

그렇다면 문제는 '어떻게'다. 여기서 김학렬 소장의 새 책, 《다시 쓰는 대한민국 부동산 사용설명서》가 힘을 발휘한다. 이 책은 부동산을 '한탕'의 도구가 아니라 생활과 자산의 설계로 되돌려놓는다. 저자는 시장을 시장·수요·가격·상품·입지·정책이라는 여섯 갈래로 해체하고 다시 조립한다. 한 장을 넘길 때마다 독자들은 깨닫게 된다. "정책은 계절, 입지는 기후"라는 말의 뜻을. "역을 사지 말고 경로를 사라"라는 문장의 실천법을. "라벨(규제)은 공포가 아니라 수요의 증명서"라는 사실을.

나는 이 책에서 세 가지를 특히 높이 평가한다.

첫째, 감(感)의 시대를 끝내는 기준을 제시한다. 컷오프와 정량 채점표로 '좋아 보이는 집'을 넘어 버티는 집을 가려낸다.

둘째, 생활의 언어로 투자를 설명한다. 문에서 문까지의 시간, 보행동선, 환승의 품질 등 가격이 아니라 하루를 먼저 본다.

셋째, 책임의 자리를 독자에게 돌려준다. "누가 좋다더라" 대신 "나는 버틸 수 있는가"를 묻게 만든다. 그 질문이 바로 리스크 관리의 출발점이다.

시장은 앞으로도 우리를 흔들 것이다. 금리는 바뀌고, 정책은 자주 바뀌고, 뉴스는 더 빨라질 것이다. 그러나 원칙은 느리지만 오래간다.

- 가격은 결과, 수요는 원인.
- 호재는 소문, 구조는 실력.
- 평균은 함정, 생활은 진실.

부동산이 무너져야 주식이 오른다는 공식을 버리자. 돈의 언어는 편중이 아니라 균형일 때 가장 멀리 간다. 이 책은 그 균형을 잡는 교과서다. 선택의 기준을 숫자로 만들고, 숫자를 생활의 문장으로 번역해준다. 덕분에 독자는 기사 앞에서 당황하지 않는다. 오히려 묻는다. "내 경로는 무엇인가? 내 현금흐름은 버티는가? 내 가족에게 가장 좋은 선택은 무엇인가?"

《다시 쓰는 대한민국 부동산 사용설명서》는 한 권의 책을 넘어, 결정력을 되찾아 주는 도구다.

시장을 듣되, 스스로 생각하라.

남의 수익률이 아니라 나의 해자를 키워라.

그리고 그의 제안대로 기억하자.


"버티는 집을 사라. 그리고 버티는 사람이 되라."


윤지호

경제 평론가, 전 LS증권 리서치센터장

# 예측보다 경로,
# 전망보다 원칙

예측으로 먹고사는 사람들은 언제나 그럴듯한 말을 한다. "이번 사이클은 다르다." 틀린 말은 아니다. 다만 다른 것은 결과가 아니라 경로다. 가격은 올라가거나 내려간다. 늘 그랬다. 다른 건 어떤 순서로 오르고, 어디에서 먼저 내리며, 누가 버티고 누가 탈락하느냐다. 이 책은 그 경로를 읽는 법, 즉 흐름을 붙잡는 원칙에 관한 이야기다.

이재명 정부의 첫 부동산 공급 정책인 9·7 대책이 발표되었다. 수도권에 135만 호를 짓는다고 한다. 시장의 소음인가, 새로운 신호인가? 언론은 온갖 해석을 쏟아냈다.

지난 7년간 한국 부동산은 세 가지 거대한 파도를 동시에 맞았다. 금리의 급회전, 임대 시장의 구조 전환, 초광역 교통망의 실험이다. 그 위로 정책의 진자가 몇 번이나 양 끝을 치고 돌아왔다. 금리는 현재 2.5%에서 동결 기조이지만(2024년 가을 이후 누적 인하), 물가가 안정 구간으로 내려오면서 '추가 완화'라는 단어가 다시 입에 오르내린다. 그런데 금리의 숫자보다 중요한 건 부채를 다루는 제도와 심리다. 당국은 대출을 죄었다 풀었다 하면서도 DSR·LTV 스트레스 규칙을 더 정교하게 조절한다. 이런 국면에서 빚의 구조는 집값 못지않게 운명을 가른다.

두 번째 파도는 임대 방식이 크게 바뀌고 있다는 사실이다. 전세의 위상은 낮아지고 월세가 표준이 되었다. 서울에선 신규 임대 계약에서 월세가 전세를 추월했고, 전국 월세 비중도 사상 최고치를 갈아치웠다. 더 이상 '전세 레버리지로 여러 채' 같은 구식 문장은 통하지 않는다. 현금흐름이 왕인 시대다.

세 번째 파도는 GTX로 상징되는 시간의 인프라다. GTX-A 노선의 개통이 '지도상의 거리'를 '생활의 시간'으로 바꾸자, 남부·북부 축의 하루가 바뀌었다. 그러나 B노선과 C노선은 착공식과 재원, 공사비 산정 사이에서 여전히 흔들린다. 표식(행사)과 선로(굴진)를 구분하지 못하면 비싼 수업료를 치른다. 교통은 언제나 가격을 움직인다. 다만 '노선도'가 아니라 '출퇴근표'가 최종 가격을 만든다. 이 원칙을 잊지 말자.

그사이 서울의 평균 아파트값은 3.3m²(평)당 4천만 원을 넘어섰고, 전국과의 격차는 통계 집계 이래 최고 수준으로 벌어졌다. 평균이라는 단어는 점점 더 의미를 잃는다. 평균값은 현실 인식을 흐릿하게 만든다. 지역·상품의 디테일이야말로 기회를 만든다. 지금 읽어야 할 건 '전국 평균'이 아니라 '내가 사는 경로의 평균'이다.

여기에 또 하나의 장기 변수는 인구 감소세다. 합계출산율은 바닥에서 미세하게 반등했지만 여전히 세계 최저권이다. 장기적으로 주택 수요의 모양이 달라진다. '작게, 가깝게, 효율적으로'라는 세 단어가 주거의 핵심 키워드가 된다. 동시에 1기 신도시는 '선도지구' 지정과 특별정비계획으로 재설계의 문턱을 넘고 있다. 오늘의 '구축'이 내일의 '신도시 2.0'이 될 수 있다는 뜻이다. 다만 이 또한 달력과 예산, 동의율, 공정률이라는 느린 과정 안에서 진행된다. 서두르기보다 프로세스를 읽는 사람이 승리한다.

이 책의 제목을 '다시 쓰는 대한민국 부동산 사용설명서'라고 적은 이유가 있다. 우리 대다수는 사용설명서 없이도 집을 샀다. 운 좋게 맞을 때가 많았다. 다만 그때의 행운을 지금의 실력으로 착각하면 다음 사이클은 잔인하다. 그래서 원칙이 필요하다. 화려한 전망이 아니라 생존 규칙이 필요하다. 이 책은 그 규칙을 여섯 갈래로 정리한다. 시장·수요·가격·상품·입지·정책. 여섯 갈래가 따로 움직이지 않는다. 정책은 계절, 입지는 기후, 가격은 결과, 수요는 원인, 상품은 매개, 시장은 무대다. 계절이 바뀌어도 기후는 방향을 만든다. 원인을 읽으면 결과는 뒤따라온다. 무대 위에선 늘 같은 장면이 반복되지만, 배우와 조명이 바뀐다. 그래서 우리는 경로를 본다.

## 1. 시장 — 예측이 아니라 대응의 영역

시장은 "오른다·내린다"로 끝나지 않는다. 누가, 무엇을, 어떤 돈으로 사느냐가 핵심이다. 금리의 레벨보다 가계부채를 다루는 프레임이 더 중요해졌다. 변동·고정, 만기·상환 방식, 스트레스 금리…. 뉴스보다 자신의 재무상태표를 먼저 들여다보라. 거기 없는 해답은 기사에도 없다.

### 2. 수요 — 집값을 움직이는 진짜 힘

수요는 단순한 숫자가 아니다. 생활의 압력이다. 육아와 돌봄, 통근과 안전, 학교와 병원, 보행과 환승…. 이 압력이 가장 높은 곳이 가격을 끌어올린다. 전세에서 월세로의 전환은 현금흐름의 위상을 바꿔놓았다. 세입자에겐 전세사기 등 리스크가 낮아졌지만 비용은 높아졌다. 그 대가로 얻는 건 유연성이다. 지역 선택의 폭이 넓어졌다는 뜻이다.

### 3. 가격 — 싸다고 사지 마라, 경로를 읽어라

싸다는 이유만으로 사면 싸게 파는 날이 온다. 가격은 수준이 아니라 경로를 봐야 한다. 상한선은 대장이 정하고, 하한선은 생활이 정한다. 대장은 검증된 실거주 대기열이 만든다. 생활은 문에서 문까지의 시간과 피로가 만든다. 숫자보다 사람이 가격을 만든다는 사실을 잊지 마라.

### 4. 상품 — 아파트만 보지 말고 경쟁력을 비교하라

상품의 성능은 연차·동·향·층·평면·주차·커뮤니티·관리의 합계다. 같은 역세권에서도 성능이 다른 이유다. 재건축·재개발의 시대라고 다 오르지 않는다. 시간의 비용(이주·분담·금리)을 가격에 반영했는지,

그 시간 동안 대체 가능한 경로가 생기지 않는지까지 보라. "국평 70억"은 자극적인 문장이 아니라, 품질과 희소성의 수식이다.

### 5. 입지 ― 부동산의 본질은 결국 입지다

입지는 좌표가 아니라 네트워크다. 역 하나가 아니라 '역＋환승＋보행'의 연결성, 학교 하나가 아니라 분위기와 안심의 밀도, 공원 하나가 아니라 여가의 동선까지. 좋은 입지는 삶을 좋은 쪽으로 밀어주는 환경의 추진력을 가진다. 그래서 비싸고, 그래서 오래간다.

### 6. 정책 ― 정책이 바뀌어도 시장은 흐른다

정책은 늘 뒤늦게 움직이고, 언론은 늘 성급하다. 그래서 불협화음이 생긴다. 라벨의 언어(투기·과열·조정)는 두려움의 안내문이 아니라 수요의 증명서다. 규제가 강하면 거래가 얇아지고, 얇은 거래는 가격의 왜곡을 만든다. 그게 끝이 아니다. 라벨은 언젠가 바뀐다. 바뀔 때 살아남는 건 원칙을 가진 사람들이다.

이 책은 '평균'을 버리고 '경로'를 붙잡기를 권한다. 서울 집값이 전국 평균의 2.6배라는 사실은 분노의 소재가 아니라 전략의 전제다. 우리는 전국의 평균가가 아니라 내가 오르내릴 경로의 평균 시간을 살아간다. 당신의 하루를 바꾸는 건 전국 뉴스가 아니라 동네의 연결성이다. 그래서 각 장은 전국을 한 줄로 설명하는 대신, 판단의 틀을 먼저 제시하고 살아 있는 사례로 검증한다. GTX-A는 이미 생활을 바꿨고, B노선과

C노선은 여전히 정치와 예산의 영역이다. 1기 신도시는 법·절차·동의율의 언어로 조금씩 전진하고 있다. 확정된 것과 예정된 것을 구분하는 안목이 수익을 만든다.

그렇다면 2025년 하반기, 지금 당장 무엇을 기억해야 할까?

첫째, 뉴스는 속도일 뿐, 실생활이 방향을 제시한다. 금리 기사 한 줄에 흔들리지 마라. 대출의 구조·만기·상환 계획이 당신의 금리다.

둘째, 역세권을 사지 말고 경로를 사라. 노선도 대신 출퇴근표를 펼쳐라. 환승·보행·배차가 당신의 가격이다.

셋째, 라벨을 두려워하지 마라. 투기·과열은 인기 순위표다. 다만 같은 라벨 안에서도 대장과 변두리는 다르다.

넷째, 전세의 시대는 저물고, 현금흐름의 시대로 바뀌었다. 관리비와 수선비를 가격에 포함해 판단하라.

다섯째, 교통망은 달력과 지갑을 같은 페이지에 놓아라. 공정률·보상률·실시설계·TBM 반입…. '이벤트'가 아니라 '굴진'을 보라.

이제 실행 준비는 끝났다. 심리 점검으로 넘어가 보자.

"혹시 지금이 꼭대기면 어떡하지?" "이러다 영영 못 사면?" 이 두 문장은 언제나 동시에 존재한다. 이에 대한 답은 시간과 현금흐름에서 찾아야 한다. 버틸 수 있나? 버틸 이유가 있나? 있다면 분할 매수, 없다면 분명한 관망이다.

다른 하나는 당신의 욕망에 브레이크와 가속 페달을 달아주는 것이다. "한 방에"라는 단어를 버리고 "한 칸씩"이라는 단어에 익숙해져야 한다. 사이클은 빠르게 오고 천천히 간다. 빠르게 오를 때는 서두르지 말고, 천천히 내릴 때는 오래 준비하라.

앞서 부동산 시장의 6가지 핵심 요소를 조금 다르게 표현하면 시장은 맥락, 수요는 원인, 가격은 경로, 상품은 성능, 입지는 무대, 정책은 조명이다. 조명이 바뀌면 그림자는 달라지지만 무대는 여전히 그 자리에 있다. 우리는 조명을 쫓지 말고 무대를 선택해야 한다. 그 무대에 서는 배우(바로 당신)의 체력은 현금흐름이다. 이 체력이 있으면, 어떤 연출가가 와도 공연은 끝까지 간다.

끝으로 한 가지 부탁의 말씀이 있다. 이 책을 읽은 뒤 바로 무언가를 사지는 않았으면 한다. 대신 이렇게 해보자. 내가 염두에 둔 지역에 출근 시간에 가서 직접 걸어보는 것이다. 계단, 건널목, 환승, 엘리베이터, 좁은 보행로. 저녁 8시 퇴근 시간에 주차 여건, 골목의 시야, 엘리베이터 대기 시간. 주말엔 아이 손을 잡고 병원과 공원, 도서관과 시장을 걸어본다. 거리가 아니라 망설임의 개수를 세라. 그 숫자가 줄어드는 주소가 당신의 집값을 지켜준다.

"버티는 집을 사라. 그리고 버티는 당신이 되라."

이제 사용설명서의 첫 페이지를 펼치자.

스마트튜브 부동산조사연구소

대표 저자  김학렬 소장

## · 제1장 · **시장** – 예측이 아니라 대응의 영역

## · 제2장 · **수요** - 집값을 움직이는 진짜 힘

**일러두기**

- 이 책에 실린 부동산 물량, 시세 변화, 거래 현황 등의 표는 KB부동산과 부동산114의 데이터입니다. 출처가 다른 것은 별도로 표기했습니다.
- 책 출간 이후 정책이 바뀔 수 있지만 부동산의 큰 흐름을 이해하는 데는 문제가 없을 것입니다.
- 규제와 완화 정책은 지속적으로 바뀔 수 있으니 이로 인한 단기 등락에는 신경 쓰지 않아도 됩니다.
- 이후 변경되거나 추가되는 정책은 네이버 블로그 '빠숑의 세상 답사기'와 유튜브 '스마트튜브TV'에서 실시간으로 업데이트할 예정이니 구독을 권합니다.

# 시장

예측이 아니라
대응의 영역

"시장과 정책이 싸운다." 오래 들어왔지만 곱씹을수록 이상한 말이다. 개인도 기업도 정부도 모두 시장이라는 거대한 판 위에서 움직인다. 시장은 맞서 이겨야 할 대상이 아니다. 어떻게 시장 '안에서' 조화롭게 잘 살 것인가, 이는 우리가 던져야 할 '질문'이다. 정책의 임무는 가격을 꺾는 몽둥이가 아니라, 경쟁이 공정하게 작동하도록 무대를 설계하는 것이다.

문제는 언어에서 시작된다. 언론과 정책은 "부동산 시장"을 몇몇 사람의 탐욕이나 특정 집단의 '행위'로 축소한다. 하지만 시장은 행위가 아니라 구조다. 매수자와 매도자가 만나고, 정보와 시간과 위험이 가격으로 응축되는 교환의 장치다. 구조가 흐트러지면 행위는 왜곡되고, 가격은 현실을 비추지 못한다. 그러면 '정책으로 잡겠다'는 충동이 커진다. 아이러니하게도, 그 충동이 시장을 현실에서 더 멀어지게 만든다.

2025년 현재, 규제 정책의 목표는 간명하다. 집값 안정. 수단은 세금과 대출, 거래 규칙, 그리고 공급의 축소·확대다. 특히 투자수요를 겨냥한 억제책이 반복된다. 그러나 여기서 두 가지 예외 없는 부작용이 고개를 든다. 첫째, 실수요의 시간표가 무너진다. 오늘의 규제가 내일의 완화로 뒤집히고, 내일의 완화가 모레의 강화로 되돌아오면, 사람들은 "지금 사야 하나, 기다려야 하나"를 결정하지 못한다. 거래는 얼어붙고, 가격은 얇은 거래 위에서 튄다. 둘째, 임대공급이 줄어든다. 투자수요 억제는 곧 민간 임대의 비용 상승이다. 등록과 과세의 그림자가 길어질수록 합법적 임대공급까지 움츠러든다. 비용은 임차인에게 전가되고, 임대차 시장의 체온은 내려간다.

그렇다면 해법은 무엇인가. 총량의 주문이 아니라 경쟁의 설계다. 입지 좋은 신축의 가격 상승을 억누르는 대신, 입지 좋은 기축과 보통 입지의 신축이 정면으로 겨루는 링을 더 많이, 더 촘촘하게 만들어야 한다. 상품·관리·장기수선·정보공개까지 포함한 품질 경쟁이 일어나면, 가격은 자연스럽게 상대가치로 정렬된다. 지금 한국 시장의 결핍은 수요가 아니라 경쟁할 물량 자체다. 정부의 공급 축소 시그널, 양도세 체계가 만든 장기 보유 유인, 의무 거주·의무 보유 강화가 겹치며 매물이 말랐다. 거래가 끊어지면 정보가 끊어진다. 정보가 끊어진 자리에는 소문과 희소성이 가격을 대신한다.

여기서 우리는 오래된 습관 하나를 내려놓아야 한다. '다주택자=적폐'라는 프레임이다. 불법은 단호히 처벌해야 한다. 그러나 법의 테두리 안쪽에서 임대공급을 제공하는 주체를 도덕을 앞세워 몰아세우면, 시장은 '옳은 행동'을 할 동기를 잃는다. 투명성에 대한 보상 - 등록, 표준계약, 보증 가입, 정보 공시를 지키는 임대인에게는 세제·금융 인센티브를, 이를 어기면 불이익을 - 이라는 교환의 규칙이 필요하다. 규제는 벌이 아니라 룰이어야 한다. 룰은 벌보다 훨씬 멀리 간다.

역사는 경고한다. 1967년, 강력한 억제 신호가 시장을 덮었을 때 매물은 잠겼고 가격은 튀었다는 기록이 남아 있다. "이제 부동산으로 돈 버는 시대는 끝났다"는 선언은 통쾌했을지 모르지만, 정책이 스위치처럼 켜지고 꺼질 때 시장은 다이얼처럼 반응하지 않는다. 한번 얼어붙은 거래는 쉽사리 녹지 않고, 왜곡된 신호는 오랫동안 남는다. 규제의 강도보다 중요한 것은 변화의 속도와 예측 가능성이다. 정책은 스위치가 아니라 다이얼이어야 한다.

2026년을 바라보며 우리가 붙들어야 할 것도 명료하다. 첫째, 예측 가능성이다. 세제 · 대출 · 청약 · 정비 로드맵을 최소 3년 단위로 고정하고, 변경이 불가피하다면 사전 예고와 점진 시행을 원칙으로 삼아야 한다. 둘째, 파이프라인이다. 공급은 착공과 준공의 숫자가 아니라, 기획 − 인가 − 분양 − 준공 전 단계의 병목을 푸는 일이다. 심의는 병렬화하고, 정보는 표준화하며, 지역별로 서로 다른 병목을 다중 트랙으로 처리해야 한다. 셋째, 경쟁의 링을 넓히는 일이다. 기축 단지의 관리 성과(장기수선 적립, 하자율, 관리비)를 공개하고, 신축 분양가 산정의 산식을 투명화해, 소비자가 "가격이 아니라 품질"을 비교하도록 유도해야 한다. 넷째, 임대는 사회적 인프라라는 인식 전환이다. 투명성을 지키는 임대에는 보상으로, 임차인을 위협하는 불법에는 무관용으로 대응해야 한다. 선명하고 일관된 메시지가 필요하다.

이 모든 것은 거대한 정치적 결단을 요구하지 않는다. 언어를 바꾸는 데서 시작할 수 있다.

"집값을 잡겠다"는 말 대신 "경쟁을 설계하겠다."

"투자를 억제하겠다"는 말 대신 "합법 임대를 유인하겠다."

"정책으로 이기겠다"는 말 대신 "예측 가능성을 만들겠다."

언어가 바뀌면 목표가 바뀌고, 목표가 바뀌면 행동이 바뀐다.

나는 한국의 부동산을 비관하지 않는다. 다만 방법을 바꿔야 한다고 믿는다. 우리는 규제로 시장을 '이기는' 데 익숙했다. 그러나 시장을 이기려는 순간, 시장은 사라진다. 남는 건 거래절벽과 불신뿐이다. 반대로 룰을 정교하게 만들고, 경쟁을 치열하게 설계하고, 투명성에 보상을 얹으면, 가격은 스스로 제자리를 찾아온다. 신축의 프리미엄은 관리의 프리미엄과 겨루며 다듬어지고, 기축의 체력은 정보 공개를 통해 다시 평가받는다. 임대는 음지에서 양지로 올라오고, 실수요자는 "언제 살지"가 아니라 "무엇을 살지"를 묻기 시작한다.

2026년의 사용설명서는 그래서 간단하다. 정책은 가격의 재단사가 아니라 경쟁의 무대감독이다. 감독이 해야 할 일은 배우를 몰아치는 것이 아니라, 배우들이 제 실력을 다 펼치게 하는 것이다. 우리는 무대를 잘 만들면 된다. 그 위에서 개인도 기업도 정부도 같은 편이 된다. 그리고 그때야 비로소 시장은 우리 모두의 편이 된다.

**핵심부터 말하자면**

과거 '레버리지 합산 추구' 시대는 지나갔다.

아파트 외에 분산 투자 필요하다.

2025년 여름, 부동산 시장의 공기는 묘하게 무겁다. 직전 몇 달간 서울 아파트 값은 조금씩 회복하는 듯한 모습을 보였다. 하지만 그새 확실한 상승세로 굳어질지, 잠시 반짝인 후 다시 가라앉을지는 아무도 장담하지 못한다. 거래량은 여전히 많지 않고, 매수자와 매도자 모두 상황만 살피며 시간을 보내고 있다.

이런 불확실한 장세에서 투자자들이 뚜렷하게 느끼는 압박은 가격 변동이 아니라 세금이다. 집을 여러 채 보유한 사람이라면 더욱 그렇다. 다주택자 규제가 시장의 근간을 흔들고 있고, 좀처럼 바뀔 것 같지 않다. 아파트 위주로 투자해온 다주택자들은 여전히 곤란한 처지에 놓여 있다.

다주택자 규제는 한국 부동산 시장에서 일시적 정책이 아니라 구조적 환경이 되어버렸다. 정부가 바뀌고 정치 지형이 변해도, 다주택자에 대한 세금 강화 기조는 흔들리지 않는다. 종합부동산세 중과, 양도소득세 중과 같은 제도적 장치는 일부 완화된 시기도 있었지만, 완화 폭은 제한적이었고 근본적 철회는 없었다.

그 배경에는 단순한 세수 확보를 넘어선 정치경제학이 자리 잡고 있다. 한국에서 집값 문제는 곧바로 정치 쟁점이 된다. 특히 수도권 유권자들의 주거 불만은 선거의 향방을 바꿀 수 있는 민감한 변수다. '다주택자 세금 완화=집값 폭등'이라는 공식은 정치권에서 강하게 작동한다. 다주택자를 규제하는 정책은 표를 잃을 가능성이 거의 없지만, 완화 정책은 대중의 비판을 자초할 수 있다. 이런 정치적 셈법 속에서, 다주택자 규제는 정권 교체와 관계없이 유지됐다.

이런 상황에서 아파트 위주로 투자해온 다주택자들은 곤란한 처지에 놓인다. 매물을 팔자니 양도세 중과가 발목을 잡는다. 보유하자니 종부세 고지가 무겁게 다가온다. 세금을 피할 수 있는 방법은 제한적이고, 단순히 매입과 매도를 반복하는 과거의 전략은 더 이상 통하지 않는다. 그렇다고 손을 놓고 있을 수도 없다.

부동산 시장은 늘 순환한다. 지금이 규제의 파도라면, 언젠가는 기회가 오는 물결도 찾아올 것이다. 문제는 그때까지 버틸 수 있는 구조를 만들 수 있느냐는 것이다. 결국 이 시기에 필요한 것은 '많이' 보유하는 것이 아니라 '좋게' 보유하는 것이다.

2010년대 초·중반, 레버리지를 적극 활용해 여러 채를 확보하고 시세차익을 합산하는 방식이 유효했던 시절에는, 물량이 곧 힘이었다. 하지만 지금은 주택 보유 수가 늘어날수록 세금 부담이 기하급수적으로 늘어나 수익을 잠식한다.

질 좋은 보유란 단순히 입지나 브랜드가 좋은 집을 말하는 것이 아니다. 세금 효율이 높고, 장기적으로 가격이 오를 가능성이 크며, 보유하는 동안 안정적인 현금흐름을 만들어줄 수 있는 자산을 뜻한다.

세금 효율성이라는 말은 제도 안에서 허용된 범위에서 세 부담을 최소화하는 것을 의미한다. 예컨대 일시적 2주택 비과세 규정은 아직도 유효한 절세 수단이다. 기존 주택을 보유한 채 더 나은 입지의 아파트를 매입하고 2년 안에 기존 주택을 매도하면 양도세를 내지 않아도 된다. 이 규정을 활용하면 수억 원의 차익을 세금 없이 확보할 수 있다. 하지만 조건은 엄격하다.

매입일, 거주 기간, 매도 시점 모두 법이 요구하는 기준에 맞춰야 한다. 단 하루라도 어기면 비과세 혜택은 사라진다. 따라서 갈아타기 전략을 쓰려면 이사 계획과 자금 계획을 치밀하게 세워야 한다.

가족 증여를 통한 종부세 분산도 하나의 방법이다. 부부 공동명의나 자녀 증여를 통해 세대별로 주택 수를 분산하면 종부세 부담이 줄어든다. 그러나 증여세와 취득세를 반드시 고려해야 한다. 최근 국세청은 편법 증여에 대한 조사를 강화하고 있어, 단순히 명의를 옮기는 수준으로 접근했다가는 예상치 못한 세금 폭탄을 맞을 수 있다.

법인 전환 역시 일부 투자자들이 검토하는 방법이다. 법인 명의로 주택을 보유하면 종부세 부담이 완화될 수 있고, 임대사업을 확장하기에

노 유리하다. 하지만 법인세, 배당소득세, 설립 및 유지비용 등을 감안하지 않으면 되레 불리해질 수 있다.

　세금 부담을 줄이는 것만큼 중요한 것이 시장 모멘텀을 읽는 일이다. 세금이 아무리 높아도 시세 상승이 그 이상이라면 투자는 여전히 유효하다. 문제는 상승이 확실한 지역을 고르는 안목이다. GTX 개통 예정지, 대규모 개발이 예정된 지역, 규제나 지형적 한계로 신규 공급이 어려운 지역 등이 여기에 해당한다.

　이런 지역은 단기적으로는 조정을 겪더라도 장기적으로는 수요가 꾸준히 이어진다. 예를 들어 GTX-A 노선 개통 전후의 일부 역세권 단지들은 수년간 30%에서 50% 이상의 상승률을 기록했다. 세금을 감안해도 남는 장사다. 하지만 이러한 기회는 빠르게 사라지고, 경쟁은 치열하다. 결국 매수 타이밍이 관건이다.

　다음으로 중요한 것은 현금흐름이다. 부동산 투자의 가장 큰 리스크는 보유 기간 동안 버티지 못하는 것이다. 버티지 못하면, 시장이 반등하기 전에 손해를 보고 매도하게 된다. 월세 수익은 버티기의 핵심 연료다. 전세에서 월세로의 전환은 이제 시대적 흐름이기도 하다. 깡통전세와 전세사기 문제로 세입자들이 월세를 선호하게 되었고, 수도권에서 월세 비중은 이미 절반을 넘었다.

　투자자 입장에서는 안정적인 월세 수입이 보유세와 이자를 충당하는 데 큰 도움이 된다. 특히 소형 아파트, 오피스텔, 지식산업센터 등은 상대적으로 관리 부담이 적고 공실 리스크가 낮다.

　상가주택처럼 1층에서 상업 임대, 위층에서 주거 임대를 동시에 운영하는 모델도 현금흐름 안정에 효과적이다.

아파트에만 집중하는 것은 위험하다. 규제가 집중된 자산군에만 투자하면 정책 변화에 따라 수익 구조가 흔들린다. 따라서 일부 자산은 아파트 외 부동산으로 분산하는 것이 좋다. 소형 상가, 물류센터 지분투자, 리츠(REITs) 같은 간접투자는 비교적 적은 금액으로 상업용 부동산 시장에 참여할 수 있고, 아파트 시장 변동성과 세금 부담을 완화하는 역할을 한다.

시장을 읽는 눈도 중요하다. 부동산 시장은 정치, 금리, 정책이 맞물려 움직인다. 대선, 총선, 지방선거 같은 정치 일정이 다가오면, 표심을 의식한 공급 확대나 규제 완화 조치가 나올 수 있다. 금리가 인하될 조짐이 보이면 매수세가 살아난다. 정책 발표와 금리 변화를 종합적으로 고려하면, 저점 매수와 고점 매도의 타이밍을 잡을 수 있다.

하지만 이 과정에서 중요한 것은 성급하게 움직이지 않는 것이다. 과거에도 "이제 규제가 완화된다"는 소문에 성급히 매수했다가, 예상보다 완화 폭이 작아 실망 매물이 쏟아진 사례가 적지 않았다.

결국 이 모든 전략의 핵심은 '덜, 오래, 현금흐름'으로 압축된다. 덜 보유해서 세금 부담을 줄이고, 가치 있는 자산을 오래 보유해 상승분을 극대화하며, 그 기간 동안 현금흐름을 안정적으로 확보하는 것이다. 덜 보유한다는 것은 무조건 팔라는 뜻이 아니다. 세금 부담이 크고 가격 상승 가능성이 낮은 물건부터 정리하라는 의미다. 오래 보유한다는 것은 단기 시세 변동에 흔들리지 않고, 시장 사이클의 고점을 기다리라는 것이다. 현금흐름은 그 기다림을 가능하게 하는 버팀목이다.

정권이 바뀌어도 다주택자 규제는 사라지지 않을 것 같다. 하지만 규제가 있다고 해서 기회가 없는 깃은 아니다. 시장은 항상 움직이고, 변화 속에서도 수익을 낼 방법은 존재한다. 세금을 피하는 것이 아니라, 세금을 감당하면서도 수익을 남길 수 있는 구조를 만드는 것. 그것이야말로 지금 아파트 투자자들에게 요구되는 새로운 역량이다.

# 02 | 강남·서초·송파, 증여 급증의 의미는?

**핵심부터 말하자면**

'똘똘한 한 채'라면 팔지 않고 증여하는 것이 유리하다.
대출 규제로 매수 희망자가 줄자 장기 보유로 돌아서고 있다.

서울 강남 3구에서 벌어지는 '증여 붐'을 어떻게 해석해야 할까? 한국 부동산원 아파트 거래 현황에 따르면 강남·서초·송파구의 2025년 1~5월 증여 건수가 총 898건을 기록했다. 이는 2024년 같은 기간 428건과 비교해 두 배 이상 증가한 수치다. 더욱 놀라운 것은 2023년 같은 기간 279건과 비교하면 3.2배 늘어났다는 점이다.

이러한 변화의 배경에는 '똘똘한 한 채'를 매도하지 않고 가족에게 증여하는 트렌드가 자리 잡고 있다. 강남권 부동산 소유자들 사이에서는 '오를수록 팔지 않는다'는 학습 효과가 확산되고 있으며, 앞으로 고강도 대출 규제 등으로 매수 희망자가 줄어들면 강남 집주인들이 싼값에 아파트를 팔기보다는 장기 보유 전략을 강화할 것이라는 관측이 나

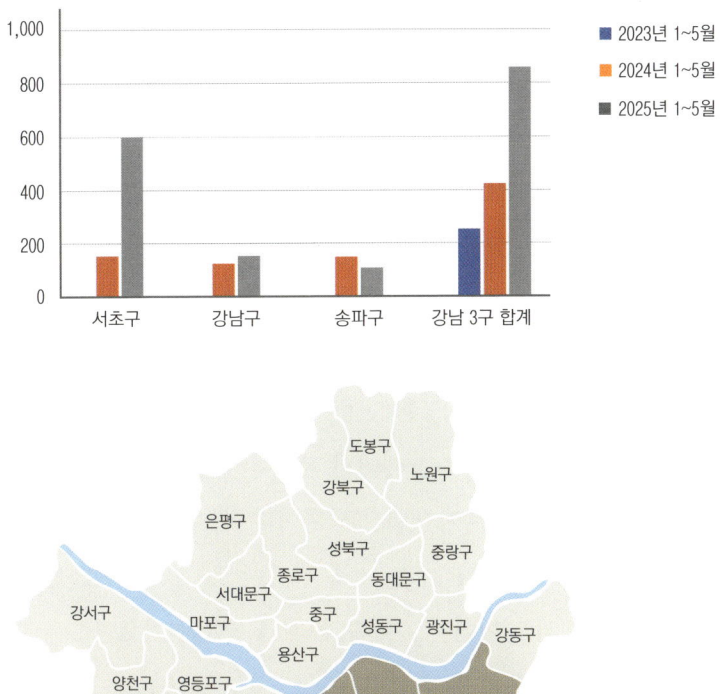

강남 3구 아파트 증여 건수(2023~2025년)

오고 있다.

　지역별로 살펴보면 특히 서초구의 증여 증가세가 가장 두드러진다.
2024년 1~5월 157건에서 2025년 같은 기간 603건으로 무려 384%나
급증했다. 이는 한강변 신축 아파트가 많은 서초구의 특성상 고가 부동

산 보유자들이 증여를 통한 절세 전략을 적극 활용하고 있음을 보여주는 대목이다. 반면 강남구는 127건에서 155건으로 22% 증가에 그쳤고, 송파구는 144건에서 140건으로 오히려 소폭 감소했다.

이재명 정부 들어와 6·27 대출 규제 이후에도 증여의 증가세는 멈추지 않고 있다. 2025년 7월 1일부터 25일까지 강남 3구에서 이뤄진 증여 건수는 119건으로, 올해 상반기 월평균 111.7건을 상회했으며, 전년 같은 기간 대비 36.8% 증가했다. 이는 강화된 대출 규제로 인해 일반적인 부동산 매매가 어려워지면서, 자산가들이 '부모 찬스'를 통한 증여를 대안으로 선택하고 있음을 의미한다.

특히 DSR(총부채원리금상환비율) 규제 강화로 젊은 세대의 주택 구입이 더욱 어려워지면서, 부모 세대의 직접적인 지원이 없으면 강남권 아파트 구입은 사실상 불가능해진 상황이다. 이로 인해 사업자 명의 대출, 전세 승계 거래, P2P 대출, 가족 간 증여 등 편법 수요가 늘어나며 일종의 풍선효과로 이어지고 있다. 규제가 한쪽을 막으면 다른 쪽이 불어난다는 시장 특유의 반작용이다.

강남권 집값이 크게 오르면서 절세를 위한 부부 간 증여도 많아지고 있다. 종합부동산세는 부부 공동명의일 때 각자 9억 원씩을 공제받아 총 18억 원까지 비과세 혜택을 받을 수 있다. 강남 아파트 몸값이 워낙 커지다 보니 자산 배분 차원에서 부부가 공동명의로 바꾸고 있고, 공시가격이 오르는 만큼 보유세도 증가하기 때문에 압박을 느끼는 것이다.

실제로 서울 강남구 대치동 은마아파트의 경우, 공시가격이 2024년 20억 4,200만 원에서 2025년 15억 5,600만 원으로 하락하면서 부부

#### 면세점 및 최저세율 자녀 증여 금액

(단위: 원)

| 구분 | 면세점 증여 | | 최저세율 증여 | |
|---|---|---|---|---|
| | 증여재산가액 | 증여세 | 증여재산가액 | 증여세 |
| 0세 | 2,000만 | | 1억 2,000만 | 1,000만 |
| 10세 | 2,000만 | | 1억 2,000만 | 1,000만 |
| 20세 | 5,000만 | 0 | 1억 5,000만 | 1,000만 |
| 30세 | 5,000만 | | 1억 5,000만 | 1,000만 |
| 합계 | 1억 4,000만 | | 5억 4,000만 | 4,000만 |
| 부의 이전 액수 | 1억 4,000만 | | 5억 | |

공동명의 소유자들의 종합부동산세 부담이 크게 줄어들었다. 2024년 226만 원의 종부세를 냈던 이 아파트 소유자들은 2025년에는 종부세를 내지 않아도 되는 상황이 되었다.

부동산 증여에서 가장 중요한 것은 증여세 부담을 최소화하는 것이다. 현행 상속세 및 증여세법상 증여재산공제는 수증자 기준으로 10년 이내 합산하여 적용된다. 배우자의 경우 10년간 6억 원까지, 성인 자녀는 5,000만 원까지, 미성년 자녀는 2,000만 원까지 증여세 없이 받을 수 있다.

증여세 절세의 첫 번째 원칙은 분할이다. 증여세는 10%에서 50%까지의 누진세율 구조로 되어 있어, 증여받는 사람이 여러 명일수록 각자 낮은 세율을 적용받는다. 예를 들어 성인인 아들에게만 2억 5,000만 원을 증여하면 공제금을 제외하고도 2억 원에 20%의 과세구간이 적용되지만, 아들에게 1억 5,000만 원, 며느리에게 1억 원으로 나눠 증여하면 각각 10% 과세구간을 적용받을 수 있다.

두 번째 원칙은 10년 주기 증여 계획이다. 증여재산공제는 10년마다 리셋되므로, 장기적인 관점에서 증여 계획을 수립하는 것이 중요하다. 특히 부동산과 같은 고가 자산의 경우, 10년 단위로 나눠서 증여하거나, 부동산을 일부 지분으로 나눠서 점진적으로 증여하는 전략을 고려할 수 있다.

오른쪽 표는 사전증여의 절세 사례다. 상속세 계산에서 중요한 기준은 '10년'이다. 상속 개시일로부터 10년 전에 증여한 재산은 과세 대상에서 빠진다. 또 증여자가 증여 후 10년 내에 사망하더라도, 상속 재산에 더해지는 금액은 증여 당시 평가액으로만 잡힌다. 결국 자산이 증여한 뒤 가격이 올랐다면 상당한 절세 효과를 얻은 셈이다.

부동산 증여 절세에서 가장 주목받는 방법 중 하나가 부담부증여다. 이는 부동산을 증여하면서 해당 부동산에 설정된 전세보증금이나 대출 등의 채무를 함께 넘기는 방식이다. 부담부증여의 핵심은 채무 부분은 증여가 아닌 양도로 처리되어 전체 증여세 부담을 줄일 수 있다는 점이다.

구체적인 절세 효과를 살펴보기 위해, 시가 6억 원인 아파트에 전세보증금 2억 원이 설정된 경우를 가정해보자. 먼저 대출이나 보증금이 없는 아파트를 그대로 증여하면 시가 6억 원 전액이 증여세 과세 대상이 된다. 자녀가 부담해야 할 증여세는 약 1억 원이다.

반면, 전세보증금 2억 원이 끼어 있다면 이야기가 달라진다. 이 경우 수증자가 세입자 보증금 반환 의무를 함께 떠안게 되므로, 2억 원 부분은 양도로 보고 양도세가 과세된다. 부모가 약 1,500만 원의 양도소득세

## 사전증여 절세 사례

> **요건**
> - 자녀 2명에게 부동산 5억 원씩 사전증여
> - 상속 시점 피상속인 재산가액 50억 원(사전증여한 부동산 상속 개시일 평가액 각 10억 원, 총 20억 포함 금액)
> - 상속인은 배우자와 자녀 2명
> - 이외 과표에 영향을 주는 다른 요소나 세액공제는 없다고 가정

| 구분 | 11년 전 사전증여 | 9년 전 사전증여 | 사전증여 없이 상속 |
|---|---|---|---|
| 상속세 과세가액 | 30억 원 | 40억 원 | 50억 원 |
| (−) 공제 금액 min(①+②, ③) | 10억 원 | 10억 원 | 10억 원 |
| ① 일괄공제 | 5억 원 | 5억 원 | 5억 원 |
| ② 배우자공제 | 5억 원 | 5억 원 | 5억 원 |
| ③ 공제한도 | 30억 원 | 31억 원* | 50억 원 |
| (=) 과세표준 | **20억 원** | **30억 원** | **40억 원** |
| (×) 세율 | 40% | 40% | 50% |
| (=) 상속세 산출세액 | **6.4억 원** | **10.4억 원** | **15.4억 원** |
| (−) 증여세액공제 | 0 | 1.6억 원** | 0 |
| (=) 자진 납부할 세액 | **6.4억 원** | **8.8억 원** | **15.4억 원** |

\* 공제한도 = 40억 원 − 9억 원(사전증여재산가액 − 증여재산공제) = 31억 원
공제한도 = 상속세 과세가액 − 상속세 과세가액에 포함한 사전증여재산 − 상속인 외의 자에게 유증한 재산 − 선순위 상속인의 상속포기로 후순위 상속인이 받은 재산가액
\*\* 증여세액공제 = min(증여세액공제한도, 기납부증여세) = 1.6억 원

### 세 부담 합계

| | | | |
|---|---|---|---|
| 증여세* | 1.6억 원 | 1.6억 원 | − |
| 상속세 | 6.4억 원 | 8.8억 원 | 15.4억 원 |
| 합계 | **8.0억 원** | **10.4억 원** | **15.4억 원** |

\* 1인당 증여세 = (5억 원 − 5,000만 원) × 20% − 1,000만 원 = 8,000만 원
2인 부담 증여세 합계 = 8,000만 원 × 2명 = 1억 6,000만 원

를 부담하고 자녀는 약 6,000만 원의 증여세만 부담하면 된다. 총 세금이 약 7,500만 원으로 줄어 2,500만 원가량의 절세 효과를 얻을 수 있다.

다만 부담부증여에서 가장 중요한 조건은 증여받는 자녀가 반드시 자력으로 승계받은 채무를 상환해야 한다는 점이다. 만약 추후 부모가 채무를 대신 상환할 경우, 해당 금액은 다시 증여로 보아 추가 증여세와 가산세가 부과된다. 또한 부모가 1세대 1주택자 비과세 요건을 충족하는 경우, 채무에 대한 양도소득세가 발생하지 않으므로 부담부증여의 절세 효과가 더욱 커진다.

국세청은 지속적으로 편법 증여에 대한 단속을 강화하고 있다. 2022년에만 227명에 대해 편법 증여 혐의로 세무조사를 실시했으며, 주요 적발 사례로는 자녀를 병원에 위장취업 시키고 허위 급여를 지급한 경우, 자녀의 부동산담보대출을 부모가 대신 상환한 경우, 차용증은 작성했지만 실제로는 이자나 원금을 상환하지 않은 경우 등이 있다.

가족 간 자금 거래를 차용으로 처리하려면 정식 차용증 작성, 현재 법정이자율 연 4.6% 적용, 계좌이체를 통한 원금과 이자의 실제 상환 등의 요건을 충족해야 한다. 무이자로 대출할 경우 연간 1,000만 원을 초과하는 이익에 대해서는 증여세가 부과되므로 주의가 필요하다. 즉 자녀에게 2억 원 이상 빌려줄 때는 증여세가 발생할 수 있으므로 꼼꼼히 따져봐야 한다.

또한 증여세는 증여일로부터 3개월 이내에 신고해야 하며, 기한 내 신고 시 신고세액공제 3%를 적용받을 수 있다. 자칫 신고를 누락하면 가산세가 부과되므로 철저한 준비가 필요하다.

강남 3구를 중심으로 한 부동산 증여 급증 현상은 단순한 절세 목적을 넘어, 변화하는 부동산 시장 환경에서 자산가들의 전략적 대응을 보여주는 중요한 지표다. 대출 규제 강화, 정책 불확실성 증가, 세제 변화 등 복합적 요인들이 '부모 찬스'를 통한 증여 확산을 이끌고 있다.

정부가 당장 부동산 세제 개편에 나서지 않더라도 장기적으로 고가 아파트 보유세가 증가할 가능성이 높은 만큼 증여 트렌드는 계속 이어질 것으로 보인다. 이러한 환경에서 성공적인 부동산 증여를 위해서는 기본 공제 한도 최적 활용, 10년 주기 장기 계획, 부담부증여나 저가 양도 등 고급 전략 활용, 세무 리스크의 철저한 관리 등이 핵심이다.

무엇보다 부동산 증여는 개별 상황에 따라 최적 전략이 달라지므로, 반드시 부동산 세무 전문가와 충분한 상담을 통해 종합적이고 장기적인 관점에서 접근해야 한다. 올바른 전략과 철저한 준비를 통해 합법적이고 효과적인 절세를 실현할 수 있을 것이다. 변화하는 부동산 시장에서 '부모님 찬스'는 이제 선택이 아닌 필수 전략이 되어가고 있으며, 이를 현명하게 활용하는 것이 가족의 재산을 지키고 늘리는 핵심 열쇠가 될 것이다.

# 03 월세 비중 사상 최고, 월세 시대를 준비하라

**핵심부터 말하자면**

2020년 전세 비중 70.5%에서 극적인 역전이 되다.

고금리, 전세사기, 1~2인 가구 증가가 주요 원인이다.

한국 부동산 시장이 근본적인 변화의 기로에 서 있다. 수십 년간 주택 임대 시장을 지배해온 전세 제도가 급속히 쇠퇴하고 있으며, 월세 중심의 새로운 임대 생태계가 형성되고 있다. 이는 단순한 시장 트렌드의 변화를 넘어 한국 부동산 투자 패러다임의 근본적인 전환을 의미한다.

2025년 6월, 전국 임대차 거래에서 월세가 차지하는 비중이 61.6%를 기록하며 처음으로 60%를 넘어섰다. 서울의 경우 월세 비중이 63.9%에 달해 전세의 몰락이 가속화되고 있음을 보여준다. 이러한 변화는 2020년 전세 비중이 70.5%에 달했던 것과 비교하면 극적인 전환이다.

월세 시장의 급속한 확산은 여러 구조적 요인이 복합적으로 작용한 결과다.

첫째, 고금리 기조의 지속으로 전세자금 대출의 부담이 가중되면서 세입자들이 상대적으로 초기 부담이 적은 월세를 선호하게 됐다. 둘째, 전세사기 사건의 빈발로 전세 제도에 대한 사회적 신뢰가 훼손됐다. 셋째, 1~2인 가구의 지속적 증가로 대규모 전세보증금보다는 월세를 선호하는 주거 수요층이 확대됐다.

임대인 측면에서도 월세 선호 현상이 뚜렷하다. 부동산 가격 상승세 둔화로 시세차익 기대가 줄어든 상황에서, 매월 안정적인 현금흐름을 창출할 수 있는 월세가 매력적인 투자 수단으로 부상하고 있다. 특히 임대인들은 전세보증금 반환 리스크를 회피하면서도 지속적인 수익을 확보할 수 있는 월세를 선호하고 있다.

월세화 진행 속도는 지역별로 다른 양상을 보인다. 서울과 수도권에서는 높은 부동산 가격으로 인해 전세보증금 부담이 가중되면서 월세 전환이 점차 가속화되고 있다. 반면, 지방의 경우 부동산 가격 하락에 따른 역전세 우려로 임대인들이 전세보다 월세를 선호하는 경향이 뚜렷해, 월세화 속도가 훨씬 더 빠르게 진행되고 있다. 특히 지방 비아파트의 월세 비중은 83%를 넘어섰다.

아파트 월세 투자의 매력도도 크게 개선되고 있다. 전통적으로 아파트는 시세차익 위주의 투자 대상으로 여겨졌으나, 최근 월세 수익률이 상당한 수준으로 개선되면서 수익형 부동산으로서 가치가 재평가받고 있다. 서울 기준 소형 아파트의 월세 수익률이 연 3~5% 수준을 보이고 있으며, 수도권 외곽 지역의 경우 5~7%의 수익률도 기대할 수 있다.

특히 전세가율이 하락하면서 갭 투자를 통한 월세 투자의 매력도가 증가하고 있다. 이는 우선 전세를 끼고 매수한 뒤 월세로 전환하는 방식이다. 매매가 대비 전세가 비율이 50~60% 수준으로 낮아지면서, 적은 자기자본으로도 안정적인 월세 수익을 확보할 구조가 형성됐다.

월세 투자의 성공을 위해서는 세제 최적화가 필수적이다. 임대사업자 등록을 통해 상당한 절세 효과를 얻을 수 있다. 등록사업자는 필요경비율을 60%까지 적용받을 수 있으며(미등록 50%), 공제금액도 400만 원으로 확대된다(미등록 200만 원). 또한 소득세 감면율을 30~75%까지 적용받을 수 있어 세 부담을 크게 줄일 수 있다.

특히 연간 임대수입이 1,000만 원 이하인 등록사업자의 경우, 납부할 세금이 없어 실질적인 세금 부담 없이 월세 수익을 확보할 수 있다. 이는 소규모 월세 투자자에게 매우 유리한 조건이다.

규모 있는 월세 투자의 경우 법인 설립을 통한 세제 최적화도 고려할 수 있다. 법인은 개인 대비 낮은 세율(9~25%)이 적용되며, 각종 경비 처리가 손쉬운 편이다. 다만 2025년부터 부동산임대업을 주업으로 하는 소규모 법인에 대해서는 법인세율이 19%로 인상되므로 신중한 검토가 필요하다.

월세 투자는 전세 투자 대비 안정적인 현금흐름을 제공하지만, 고유한 리스크도 존재한다. 공실 위험이 가장 큰 리스크로, 이를 최소화하기 위해서는 교통 접근성이 우수하고 직장 밀집도가 높은 입지 선정이 핵심이다. 임대료 하락 리스크에 대해서는 지속적인 시설 개선과 관리 서비스 향상을 통해 경쟁력을 유지해야 한다.

관리비 증가와 세금 부담 리스크는 효율적인 관리 시스템 구축과 임대사업자 등록을 통해 상당 부분 완화할 수 있다. 정책 변화 리스크의 경우 지속적인 모니터링을 통해 선제적으로 대응해야 한다.

안정적인 월세 수익을 위해서는 포트폴리오 다각화가 중요하다. 지역별, 평형별, 임차인 유형별로 분산 투자해 특정 시장 변화에 대한 노출을 최소화해야 한다. 또한 아파트와 오피스텔, 상가 등 다양한 부동산 유형에 분산 투자해 수익의 안정성을 높일 수 있다.

월세 시장의 성장세는 당분간 지속될 것으로 전망된다. 인구구조 변화, 주거 패턴의 다변화, 전세 제도의 구조적 한계 등이 복합적으로 작용해 월세 중심의 임대 시장이 정착될 가능성이 높다. 특히 글로벌 투자자들도 한국의 월세 시장에 주목하고 있어, 기업형 임대주택 시장의 성장과 함께 월세 투자 환경이 더욱 개선될 것으로 예상된다.

정부의 공공임대주택 공급 확대 정책이 민간 월세 시장에 미칠 영향도 고려해야 한다. 공공임대주택은 시세 대비 저렴한 임대료로 공급돼 민간 월세 시장의 가격 안정화 요인으로 작용할 수 있다. 그러나 공급 물량의 한계와 입주 자격 제한 등으로 인해 민간 월세 시장의 수요가 완전히 대체되지는 않을 것으로 판단된다.

한국 부동산 시장은 전세 중심에서 월세 중심으로의 구조적 전환기를 맞고 있다. 이러한 변화는 단순한 시장 트렌드를 넘어 새로운 투자 기회를 창출하고 있다. 아파트 월세 투자는 안정적인 현금흐름과 합리적인 수익률을 동시에 제공할 수 있는 매력적인 투자 대안으로 부상하고 있다.

성공적인 월세 투자를 위해서는 철저한 시장 분석, 정확한 수익성 계

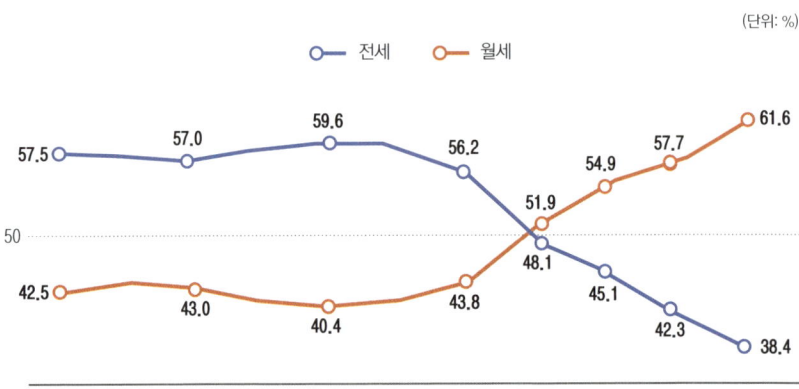

연도별 전월세 비중

(단위: %)

○─ 전세   ○─ 월세

전세: 57.5  57.0  59.6  56.2  51.9  48.1  45.1  42.3  38.4

50

월세: 42.5  43.0  40.4  43.8  48.1  51.9  54.9  57.7  61.6

2015년  2016년  2017년  2018년  2019년  2020년  2021년  2022년  2023년  2024년  2025년 6월

산, 체계적인 세제 최적화, 효율적인 리스크 관리가 필수적이다. 특히 임대사업자 등록을 통한 세제 혜택 활용과 입지 선정의 중요성은 아무리 강조해도 지나치지 않다.

앞으로 월세 시장은 더욱 성숙하고 전문화된 시장으로 발전할 것으로 전망된다.

정부의 공공임대주택 공급 확대 정책과 민간 임대 시장의 건전한 경쟁 구도가 형성된다면, 궁극적으로는 임차인과 임대인 모두에게 도움이 되는 선순환 구조가 만들어질 수 있다. 이러한 관점에서 아파트 월세 투자는 단순한 수익 추구를 넘어서 건전한 임대 시장 생태계 조성에 기여하는 의미 있는 투자 활동이 아닐 수 없다.

# 04 금리 인하만으로 시장이 살아나기 힘든 이유

**핵심부터 말하자면**

DSR 등 대출 규제가 영향이 더 크다.
'묻지 마 투자'가 아닌 신중한 투자가 필요하다.

2024년 10월 11일, 한국은행 금융통화위원회가 기준금리 인하를 단행함으로써 긴축 통화정책이 38개월 만에 종료됐다. 이는 글로벌 경기 침체와 한국 경제의 불안정 속에서 나온 결정으로, 부동산 시장에도 상당한 관심을 불러일으켰다. 일반적으로 금리 인하는 부동산 시장에 강력한 영향을 미치는 요인이기 때문이다. 그러나 이번 금리 인하는 다른 변수들, 특히 2025년 6월 이후 대출 규제가 강하게 작용하고 있는 시점에서 시장에 미칠 영향은 제한적일 것이라는 전망들이 이어지고 있다. 공급 부족과 대출 규제가 혼재된 시장에서 금리가 인하되었을 때, 투자자와 매수자들이 어떤 전략을 구사해야 하는지 살펴보자.

먼저 금리 인하가 부동산 시장에 미칠 영향이다. 금리 인하는 일반적으로 주택 구매자들의 자금 조달 부담을 줄여, 수요를 자극하고 부동산 가격 상승을 유도하는 역할을 한다. 그러나 이번 금리 인하는 기대했던 만큼 큰 파급 효과를 나타내지 않을 가능성이 크다. 그 이유는 정부의 대출 규제 강화 및 기존 시장 상황과 맞물려 금리 인하 효과가 상당 부분 제한될 수 있기 때문이다.

정부는 최근 몇 년간 주택 시장 과열을 막기 위해 강력한 대출 규제를 시행해왔다. 대표적인 규제는 총부채원리금상환비율(DSR) 2단계 시행이다. 차입자의 상환 능력에 따라 대출 한도가 제한됐으며, 금융권은 주택담보대출의 문턱을 높였다. 나아가 정부는 DSR 계산에 포함할 대출의 범위를 넓히는 방향으로 규제를 강화하고 있다. 이러한 대출 규제는 금리 인하의 영향을 희석시키는 중요한 요소로 작용하고 있다. 즉 대출을 원하는 사람들이 필요한 만큼의 대출을 받지 못하게 되면서, 금리가 하락하더라도 시장에 진입하기 어려운 상황이 지속되고 있다.

금리 인하로 인해 주택을 매입할 때 자금 조달 부담을 일부 줄일 수는 있지만, 대출 규제 때문에 효과는 제한적이라고 봐야 하는 이유가 여기에 있다. 금리가 아니라 대출 규제 정책이 시장을 더 강력하게 조절하고 있다는 것이다. 따라서 금리 인하보다는 대출 규제 완화가 오히려 시장 활성화의 관건이 될 것이다. 이는 금리가 추가로 인하될 여지가 있음에도 불구하고, 대출 규제가 지속되는 한 부동산 시장이 빠르게 회복되기는 어려울 것이라는 의미다.

이번 금리 인하가 시장에 미치는 영향이 제한적이라는 또 다른 이유는, 금리 인하가 이미 시장에 선반영되었다는 점이다. 미국 연방준비제

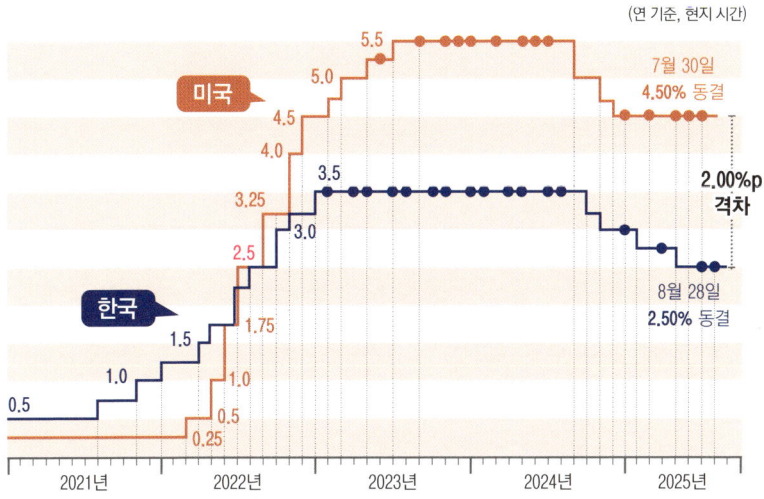

한미 기준금리 추이(2021~2025.08.)

(연 기준, 현지 시간)

미국

한국

5.5
5.0
4.5
4.0
3.5
3.25
3.0
2.5
1.75
1.5
1.0
1.0
0.5
0.5
0.25

7월 30일
4.50% 동결

2.00%p
격차

8월 28일
2.50% 동결

2021년　　2022년　　2023년　　2024년　　2025년

도(Fed)가 0.5%포인트의 '빅컷'을 단행하면서, 이미 대출 금리의 기준이 되는 채권 금리가 하락한 상태다. 대출 금리는 이미 낮아졌고, 이번 한국은행의 금리 인하가 실질적으로 추가적인 자극을 주기에는 한계가 있다.

　게다가 절대적인 금리 수준이 수요를 자극할 정도로 충분히 낮지도 않다. 이는 지방 부동산 시장에서 투자 수요를 끌어올리기에는 현 금리 수준이 여전히 미흡하며, 서울 및 주요 지역에서도 강한 수요 자극을 기대하기 어렵다는 것이다. 결국 금리가 시장의 기대 이상으로 낮아지지 않는 한, 부동산 매수 심리가 급격히 개선되기는 어렵다.

　또한 실제로 금리 인하가 영향을 준다고 해도 이는 부동산 시장 전

반에 걸친 상승을 유발하긴 어렵고, 지역 간 양극화가 심화될 가능성이 높다. 서울을 중심으로 한 일부 핵심 지역은 금리 인하에 따른 수요가 높아질 수 있지만, 지방이나 비핵심 지역은 여전히 부진한 상태를 유지할 가능성이 크다. 서울과 지방, 그리고 서울 내에서도 지역별로 부동산 수요와 가격 차이가 확대될 수 있으며, 이는 부동산 시장의 양극화를 심화시키는 원인으로 작용할 수 있다.

금리 인하와 대출 규제가 동시에 작용하는 현재 시장에서 투자자와 매수자들은 보다 신중한 전략이 필요하다. 대출 규제의 영향을 받지 않으면서도 안정적인 수익을 기대할 수 있는 투자처를 모색해야 하며, 금리 인하로 인해 자산 시장이 어떻게 달라질지 예측하는 것도 중요하다.

그렇다고 해도 금리 인하로 인해 수요가 집중될 것으로 예상되는 핵심 지역에 대한 투자는 여전히 유효하다. 서울, 경기 등 수도권의 주요

지역은 수요가 꾸준히 유지될 가능성이 높으며, 금리 인하에 따른 투자 수요가 몰릴 것으로 보인다. 따라서 이러한 지역의 부동산을 확보하거나 추가 투자하는 것은 장기적으로 안정적인 수익을 기대할 수 있다.

그러나 핵심 지역에 대한 투자는 이미 가격이 높아진 상태에서 이뤄지기 때문에, 투자자는 매수 시점과 자금 조달 계획을 신중하게 검토해야 한다. 대출 규제가 강하게 작용하는 상황에서 대출 한도가 낮아질 수 있으므로, 자기자본 비중을 높이는 전략이 필요하다.

금리 인하는 수익형 부동산에 대한 투자 기회를 제공할 수 있다. 고금리 시기에는 수익률이 3%대까지 떨어졌던 수익형 부동산이 외면받았지만, 금리 인하로 인해 예금 금리가 내려가면 수익형 부동산에 대한 관심이 다시 커질 수 있다. 특히 금융권 1년 만기 정기예금 금리가 떨어질 경우 수익형 부동산이 상대적으로 매력적인 투자처로 떠오를 수 있다.

결국 부동산 시장의 본격적인 반등은 대출 규제가 완화되는 시점에 나타날 가능성이 크다. 현재 대출 규제로 인해 많은 수요자들이 대출을 받지 못하고 시장에 진입하지 못하는 상황이지만, 앞으로 정부가 규제를 완화할 경우 수요가 급격히 증가할 수 있다. 따라서 현재는 시장 관망을 하며 자금을 준비하고, 규제가 완화되는 시점에 맞춰 적극적으로 시장에 진입하는 전략이 필요하다.

금리 인하가 시장에 미치는 영향이 제한적인 상황에서는, 투자자들이 포트폴리오 다각화와 리스크 관리에 집중할 필요가 있다. 부동산 자산 외에도 주식, 채권 등 다른 자산에 대한 투자를 고려함으로써 시장 변동에 따른 위험을 최소화할 수 있다. 특히 지방 부동산보다는 수익이 안정적인 상업용 부동산이나 수도권 주요 지역의 중소형 아파트 투자에 관심을 기울여야 한다.

정리해보자. 2024년 이후 한국은행의 기준금리 인하는 단기적으로 부동산 시장에 제한된 영향을 미칠 것으로 보인다. 대출 규제가 강력하게 시행되는 상황에서 금리 인하만으로는 주택 수요를 급격히 끌어올리기 어렵기 때문이다. 그러나 부동산 시장의 구조적 특성상 금리 인하가 일부 지역에서 수요 집중 현상을 일으키고, 지역 간 양극화를 심화시킬 가능성이 있다.

다시 강조하지만, 부동산 투자자와 매수자들은 현재 시장 상황에서 보다 신중하고 전략적인 접근이 필요하다. 대출 규제가 완화되기 전까지는 시장 변동성에 대비한 리스크 관리와 함께, 수익형 부동산이나 핵심 지역의 중장기 투자를 고려하는 것이 바람직하다. 또한 금리 인하가 장기적으로 지속될 가능성도 있는 만큼, 시장의 추가적인 흐름을 면밀하게 모니터링하며 대출 여건이 개선되는 시점을 노리는 것도 유효한 전략이 될 것이다.

# 05 지금 가장 유리한 사람들은?

**핵심부터 말하자면**

정부 · 기업 · 개인 모두 입장이 다르다.
각자의 입장에서 해석한 의견에 휘둘리지 마라.

똑같은 부동산 시장을 보고도 해석은 여러 가지다. 부동산 시장에서의
이해관계에 따라 입장이 서로 다르기 때문이다.

먼저 정부는 원활한 거래를 원한다. 부동산 시세가 계속 오르길 희망
할지도 모른다. 세금을 더 많이 걷을 수 있으니 말이다. 하지만 정부는
정치적 집단이다. 유권자 대다수가 희망하는 대로 정책을 만들고 추진
하게 된다. 정치적 지지를 받지 못하면 정권을 유지할 수 없기 때문이다.

그래서 부동산에 대한 정부 정책은 평균적인 수치를 참고하게 된다.
물론 시장에는 입지, 사람마다 세세한 차이가 존재한다. 그럼에도 어쩔
수 없다. 100가지 차이가 있어도 효율성이라는 측면 때문에 단순한 접
근이 필요하다. 통상적으로 유권자 구성비 파이가 큰 2~3개 집단의 의

견을 중심으로 정책을 만들고 추진하게 된다. 내가 속한 집단의 이익과 정부의 정책이 맞지 않을 수 있다. 그러므로 정부의 정책은 비판이 아닌 활용 대상이다. 그렇게 판단하고 활용하라.

둘째, 기업은 오히려 단순한 집단이다. 기업의 존재 목적은 이익 추구다. 사회 정의 실현, 공익 활동 등을 내세우기도 하지만 그러한 활동의 이면에는 결국 이익 추구가 있다. 사회적으로 칭찬받는 기업이 되려는 게 아니라 인지도, 선호도를 높이려는 마케팅 활동일 뿐이다.

그래서 기업은 이익이 되지 않으면 움직이지 않는다. 만약 강원도 정선 주민들이 삼성 래미안 아파트가 건설되길 희망한다고 치자. 래미안은 정선에 단 한 번도 아파트를 공급하지 않았고, 공급할 생각도 없어 보인다. 현대 힐스테이트와 GS 자이도 마찬가지다. 지역 주민은 콧대 높은 대기업 시공사를 원망하게 된다.

정선에는 강원랜드라는 대기업이 있어서 지역 경제가 활성화되고 인구도 많은데 왜 기업들은 정선에 브랜드 아파트를 분양하지 않는 것일까? 이유는 간단하다. 시장성이 없기 때문이다. 돈이 되지 않는다. 정선이라는 지역은 대기업이 들어오기에는 시장이 작다. 시장성이 있다면 반드시 들어온다.

마지막으로 개인이다. 개인들도 입장이 모두 다르다. 투자자, 자가 실거주층, 임차 세대 모두 생각이 다르다. 놀라운 사실은 같은 물건을 매수한 층의 목적도 시기에 따라 다르다는 점이다. 2006년 용인시의 중대형 아파트를 매수한 사람과 2013년 매수한 사람이 현재 부동산 시장을 바라보는, 혹은 평가하는 시각이 같을 수 있을까?

전혀 다르다. 2006년 용인시의 중대형 부동산 시세는 말 그대로 거품이었다. 반면에 2013년의 시세는 거품 빠진 시장가였다. 2006년에 용인의 중대형 아파트를 매수한 사람은 시장을 부정적으로 볼 수밖에 없다. 시장은 거품으로 가득 차 있다고 판단한다. 반면 2013년 대세 상승기 초입에 매수한 사람은 시장의 상승성을 기대한다. 같은 방법으로 투자해도 계속 수익을 얻을 수 있을 거라고 믿는다.

2021년 말 주택 시장을 떠올려보자. 당시 시장 가격이 꽤 오른 것 같아, 과거에 거품을 경험한 이들은 시장에 두려움을 느꼈다. 그러나 2013년 이후에 투자를 시작한 사람들은 2021년까지 단 한 번도 하락장을 경험해보지 못했다. 그래서 열정과 의지를 가지고 투자하면 무조건 승승장구할 수 있을 것 같다. 투자하지 않는 사람들을 소극적이라고 비판하기도 한다.

대한민국 부동산 시장에는 두 번의 대세 하락기와 의미 있는 한 번의 하락기가 있었다. 1997년 IMF 외환위기와 2008년 세계 금융위기가 대세 하락기였다면, 2022~2023년은 의미 있는 하락기였다. 이 세 번의 하락기를 경험한 전문가들은 지금의 규제 정국과 조정 장세를 큰 어려움으로 보지 않는다. 오히려 장기적인 시장의 방향성과는 다른 정부, 기업, 개인의 단기적인 반응으로 인해 시장에서는 기회가 더 많이 생겨나고 있다. 경험 많은 투자자는 이런 의도치 않은 시장 기회로 인해 더 많은 기회를 만날 수 있을 듯하다.

2025년 현재, 시장에서 가장 유리한 플레이어는 무주택자와, 1주택 세대 중 자가 실수요를 위해 신규 아파트를 구매하는 층이다. 그런데

경기도 용인시 수지구

아이러니하게도 그들이 가장 불안해하고 있다. 적어도 이 글을 보는 무주택자, 1주택 세대는 50년 만에 처음 온 실수요자 시장을 제대로 활용하길 바란다. 정부, 기업, 부동산 전문가가 내놓는 단기적인 전망이나 의견을 큰 고민 없이 따르기보다는, 스스로 판단하고 의사 결정하는 힘을 키워야 한다.

## 경기도 용인시 수지구 아파트 시세(2000~2025년)

(단위: 만 원/3.3㎡)

| | 동천동 | 풍덕천동 | 성복동 | 죽전동 | 상현동 | 신봉동 |
|---|---|---|---|---|---|---|
| 2000년 | 538 | 521 | | 568 | 440 | |
| 2001년 | 525 | 574 | 658 | 610 | 504 | 454 |
| 2002년 | 719 | 646 | 625 | 691 | 575 | 639 |
| 2003년 | 790 | 755 | 865 | 811 | 714 | 878 |
| 2004년 | 839 | 718 | 857 | 871 | 692 | 860 |
| 2005년 | 1,086 | 942 | 1,211 | 1,220 | 939 | 1,320 |
| 2006년 | 1,537 | 1,273 | 1,390 | 1,527 | 1,266 | 1,534 |
| 2007년 | 1,466 | 1,246 | 1,315 | 1,438 | 1,205 | 1,401 |
| 2008년 | 1,244 | 1,088 | 1,099 | 1,200 | 986 | 1,057 |
| 2009년 | 1,287 | 1,113 | 1,091 | 1,234 | 1,034 | 1,187 |
| 2010년 | 1,293 | 1,077 | 1,132 | 1,163 | 952 | 1,158 |
| 2011년 | 1,290 | 1,094 | 1,166 | 1,157 | 938 | 1,130 |
| 2012년 | 1,211 | 1,037 | 1,097 | 1,082 | 876 | 1,020 |
| 2013년 | 1,218 | 1,043 | 1,019 | 1,087 | 892 | 1,005 |
| 2014년 | 1,274 | 1,142 | 1,032 | 1,122 | 957 | 1,051 |
| 2015년 | 1,344 | 1,231 | 1,085 | 1,163 | 1,018 | 1,085 |
| 2016년 | 1,354 | 1,237 | 1,080 | 1,158 | 1,017 | 1,071 |
| 2017년 | 1,362 | 1,280 | 1,074 | 1,165 | 1,027 | 1,059 |
| 2018년 | 1,645 | 1,551 | 1,153 | 1,266 | 1,186 | 1,137 |
| 2019년 | 1,776 | 1,649 | 1,468 | 1,295 | 1,215 | 1,160 |
| 2020년 | 2,356 | 2,216 | 1,988 | 1,800 | 1,687 | 1,621 |
| 2021년 | 2,773 | 2,685 | 2,352 | 2,154 | 2,070 | 1,897 |
| 2022년 | 2,613 | 2,446 | 2,115 | 2,046 | 1,905 | 1,791 |
| 2023년 | 2,485 | 2,411 | 2,025 | 1,973 | 1,833 | 1,695 |
| 2024년 | 2,596 | 2,455 | 2,136 | 1,969 | 1,882 | 1,785 |
| 2025년 | 2,666 | 2,586 | 2,189 | 2,005 | 1,931 | 1,799 |

# 06 분양가 상한제, 논리적으로야 완벽하다

**핵심부터 말하자면**

분양가를 잡아도 수요가 그대로면 프리미엄이 오른다.
집값 외에 일자리, 기반 시설에 집중해야 한다.

최근 전국 부동산 시장의 청약 결과를 보면 재미있는 사실을 확인할 수 있다. 서울시의 신규 분양은 대부분 높은 경쟁률을 기록하며 계약 완료됐지만, 지방의 신규 청약은 미분양이 상당수다. 왜 이런 결과가 나타나는 걸까? 이유야 여러 가지 있겠지만 그 가운데 '분양가 문제'도 있다. 현재 주택도시보증공사(HUG)에서 통제하는 분양가 정책은 분양가 상한제와 유사하다. 부동산 시장은 지역별로 극심한 차이를 보인다.

소위 양극화 시장이다. 시장에서 원하든 원하지 않든 지난 50년간 부동산의 역사, 특히 아파트 가격의 역사는 지역별 양극화 과정이었다. 서울 아파트의 평균 가격은 서울 이외 지역과는 비교가 되지 않는다. 다른 16개 광역 지자체 중 어느 곳과 비교해도 서울 아파트의 가격이

2~4배 이상이다. 광역 지자체 2위인 부산에서 시세가 가장 높은 수영구, 해운대구 아파트도 3.3m²(평)당 평균 가격이 2,000만 원이 안 된다. 하지만 서울 강남구는 8,000만 원을 넘어섰다.

가격 차이를 줄이기 위한 방법이 두 가지 있다. 시세가 높은 지역의 가격을 하락시키는 방법과, 시세 낮은 지역의 가격을 상승시키는 방법이다. 두 가지 방법을 동시에 쓸 수 있다면 이상적이겠지만 현실적으로 불가능하다. 어떤 방법이든 인위적으로 조정할 경우 특혜나 비리가 발생할 수 있다.

주택도시보증공사의 분양가 상한제는 급등하는 부동산 가격을 진정시키기 위한 하향 평준화 방법이다. 이전 분양가에서 10% 이상 올리지 못하게 한다. 단기적으로는 분양가 하락 효과를 볼 수 있다. 그렇게 하면 신규 아파트 가격이 싸게 공급돼 기존 아파트 가격에도 영향을 줄 수 있다. 논리적으로는 완벽하다.

하지만 시장에는 우리가 통제하지 못하는 요소가 너무 많다. 예를 들면 수요의 이동이다. 강남구에 대한 수요를 강남구 인구로만 한정할 수 있다면 분양가 상한제든, 투기지역 선정이든, 세금 규제든 어떤 규제 정책을 펼쳐도 효과를 볼 수 있었을 것이다. 하지만 강남에 대한 수요를 강남구민으로 한정할 순 없다.

강남구에 대한 수요는 그곳 아파트가 3.3m²당 8,767만 원(부동산114 시세, 2025년 8월 기준)이라고 평가하는 사람의 숫자만큼이다. 인구로는 53만 명, 세대로는 23만 5,000세대다. 인위적으로 강남구 평균 시세를 3.3㎡당 1,000만 원 정도 내렸다고 가정해보자. 수요층은 지금보다 늘어날 것이다. 얼마나 늘어날까? 추정할 수 없다.

서초구, 송파구, 용산구, 동작구, 광진구, 강동구, 성동구, 과천시, 성남 분당구 등 강남구를 에워싼 지역은 1차로 강남구의 적극 수요층으로 참여할 것이다. 2차로 서울 전체와 경기도, 인천, 3차로 전국까지 수요 규모가 기하급수적으로 증가할 수 있다. 여기서 가격을 더 내리면 수요층도 커진다. 이렇게 되면 현재 강남구에서 수용할 수 있는 23만여 세대보다 수요량이 기하급수적으로 증가해 다시 가격이 오를 수밖에 없다. 시장가격의 형성 원리다.

분양가 상한제 이야기로 다시 돌아오자. 수요가 많은 지역은 분양가를 고정해도 시장에서 자연스럽게 발생하는 프리미엄으로 분양가와 시장가의 갭이 사라진다. 그게 자본주의 시장 논리다. 수요가 없는 지역은 분양가 상한 제한을 할 필요가 없다. 실익이 없기 때문이다. 해당 지역 내 수요가 어느 정도 존재하는지가 핵심이다.

강남처럼 대기 수요가 몰린 지역에 대한 해결 방법은 하나뿐이다. 수요층이 자발적으로 타 지역을 선택할 수 있도록 대안을 마련해주는 것. 지금의 강남구에 몰려 있는 양질의 일자리와 인프라를 일부라도 타 지역으로 옮길 수 있다면 그만큼 수요층은 줄어든다.

서울시에서는 서울시 생활권 계획을 통해 다양한 수요 분산 시도를 하고 있다. 일자리가 부족한 동북권에 상업 지역을 확대해 업무 지역으로 활성화하겠다는 계획이다. 좋은 시도. 강남에 몰린 수요층을 효과적으로 분산할 실질적인 방법일 테니 말이다.

하지만 동북권 개발 계획 및 발전 방향에서는 강남의 수요를 분산할 만한 확실한 미래가 보이지 않는다. 강남구를 포함한 동남권의 개발 계획이 더 많아 보인다. 강남구 삼성동에 놓려 있는 개발 이슈 하나가 서울시 전체의 개발 계획보다 훨씬 강력하게 느껴진다.

분양가 상한제는 수요 증감이 고정된 상태라면 시도해볼 만한 정책이다. 하지만 수요층이 이미 많은 지역이나, 수요층이 계속해서 증가할 수밖에 없는 지역이라면 효과가 있을까? 투기지역의 집값을 잡고 싶으면 투기지역이 아닌 곳을 활성화해야 한다. 투기과열지구의 집값을 잡고 싶으면 다른 지역을 개발해야 한다. 그래야 수요가 분산될 수 있다.

집값이 오른다고 집값만 잡으면 되는 게 아니다. 집값이 크게 오르지 못하도록 다른 대책이 함께 펼쳐져야 한다. 주택 공급 조절만으로는 절대 효과가 없다. 일자리와 기반 시설의 유무가 더 중요하다. 그래야만 효과적인 부동산 정책이 될 수 있다.

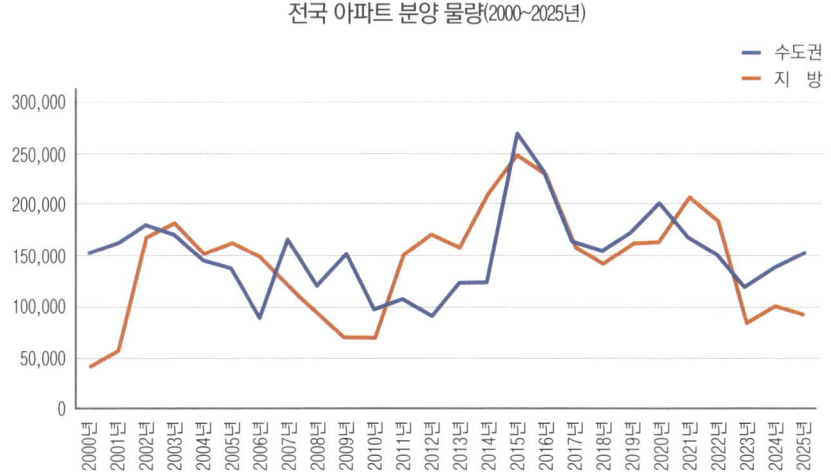

전국 아파트 분양 물량(2000~2025년)

## 전국 아파트 분양 물량(2000~2025년)

(단위: 호)

| | 전국 | 서울특별시 | 세종특별시 | 광주광역시 | 대구광역시 | 대전광역시 | 부산광역시 | 울산광역시 | 인천광역시 |
|---|---|---|---|---|---|---|---|---|---|
| 2000년 | 203,198 | 56,081 | | 1,917 | 8,313 | 7,855 | 12,583 | 1,684 | 7,287 |
| 2001년 | 224,897 | 62,629 | | 4,168 | 10,377 | 845 | 19,008 | 4,168 | 8,896 |
| 2002년 | 349,977 | 47,188 | 584 | 4,858 | 24,523 | 11,781 | 44,282 | 11,172 | 22,374 |
| 2003년 | 353,534 | 44,672 | | 12,230 | 24,898 | 18,326 | 27,918 | 4,784 | 16,323 |
| 2004년 | 300,495 | 45,955 | 1,097 | 10,086 | 12,196 | 11,970 | 18,888 | 5,336 | 23,797 |
| 2005년 | 302,410 | 41,650 | 514 | 9,683 | 25,558 | 5,480 | 9,637 | 14,655 | 28,485 |
| 2006년 | 241,189 | 15,790 | 2,914 | 23,901 | 18,173 | 5,131 | 12,270 | 4,277 | 9,561 |
| 2007년 | 287,584 | 35,425 | | 6,456 | 16,067 | 5,445 | 9,574 | 9,860 | 22,575 |
| 2008년 | 219,510 | 32,410 | | 11,367 | 4,591 | 7,725 | 13,038 | 3,578 | 13,394 |
| 2009년 | 226,838 | 23,620 | | 4,309 | 6,148 | 11,639 | 11,030 | 3,405 | 35,123 |
| 2010년 | 172,670 | 29,209 | 1,796 | 9,196 | 7,374 | 3,278 | 9,655 | 1,265 | 11,725 |
| 2011년 | 262,669 | 35,837 | 9,881 | 8,788 | 11,093 | 12,664 | 28,299 | 8,262 | 7,765 |
| 2012년 | 262,623 | 21,526 | 18,775 | 15,299 | 10,394 | 2,755 | 23,750 | 9,453 | 15,465 |
| 2013년 | 283,956 | 39,098 | 13,297 | 5,058 | 22,606 | 5,034 | 12,332 | 9,988 | 11,416 |
| 2014년 | 336,697 | 31,792 | 13,196 | 11,837 | 27,041 | 6,428 | 29,793 | 6,329 | 7,396 |
| 2015년 | 517,979 | 44,179 | 15,168 | 7,904 | 15,685 | 8,467 | 21,900 | 11,614 | 27,922 |
| 2016년 | 457,815 | 39,043 | 15,479 | 11,895 | 13,776 | 5,177 | 23,779 | 9,709 | 16,607 |
| 2017년 | 324,455 | 44,487 | 5,558 | 14,221 | 7,674 | 4,952 | 30,010 | 3,711 | 18,037 |
| 2018년 | 299,243 | 25,181 | 5,445 | 8,573 | 24,775 | 6,980 | 23,246 | 1,351 | 19,542 |
| 2019년 | 338,621 | 28,710 | 6,076 | 15,952 | 29,149 | 8,964 | 22,704 | 2,894 | 38,295 |
| 2020년 | 366,175 | 42,989 | 2,356 | 6,593 | 31,275 | 7,627 | 20,836 | 8,650 | 33,662 |
| 2021년 | 377,019 | 10,274 | 4,994 | 3,082 | 26,828 | 9,820 | 7,237 | 4,731 | 42,793 |
| 2022년 | 337,423 | 27,356 | 3,967 | 4,740 | 14,734 | 15,887 | 17,745 | 6,410 | 29,030 |
| 2023년 | 208,499 | 23,224 | 151 | 9,716 | 941 | 4,459 | 20,973 | 3,226 | 15,541 |
| 2024년 | 244,093 | 29,488 | 813 | 12,529 | 5,095 | 16,508 | 13,825 | 9,336 | 25,005 |
| 2025년 | 247,993 | 28,311 | 1,354 | 2,433 | 5,905 | 4,788 | 21,681 | 6,436 | 22,667 |

| | 강원특별<br>자치도 | 경기도 | 경상남도 | 경상북도 | 전라남도 | 전북특별<br>자치도 | 충청남도 | 충청북도 | 제주도 |
|---|---|---|---|---|---|---|---|---|---|
| 2000년 | 1,164 | 92,206 | 3,213 | 2,148 | 501 | 3,904 | 2,438 | 636 | 1,268 |
| 2001년 | 2,477 | 91,777 | 5,542 | 5,719 | 995 | 3,235 | 2,337 | 2,438 | 286 |
| 2002년 | 5,146 | 111,027 | 26,998 | 10,802 | 2,934 | 4,587 | 14,926 | 6,395 | 400 |
| 2003년 | 10,218 | 110,187 | 30,110 | 11,410 | 5,594 | 8,397 | 19,981 | 7,024 | 1,462 |
| 2004년 | 11,078 | 77,647 | 20,592 | 7,088 | 4,897 | 8,680 | 22,734 | 17,847 | 607 |
| 2005년 | 11,910 | 68,185 | 25,188 | 13,719 | 9,665 | 9,493 | 17,541 | 9,213 | 1,834 |
| 2006년 | 7,200 | 65,666 | 19,495 | 14,292 | 7,103 | 9,749 | 15,032 | 10,599 | 36 |
| 2007년 | 6,728 | 108,720 | 12,899 | 15,136 | 5,535 | 5,136 | 18,547 | 8,626 | 855 |
| 2008년 | 4,257 | 75,308 | 9,608 | 9,199 | 3,134 | 6,581 | 16,127 | 9,130 | 63 |
| 2009년 | 1,895 | 93,954 | 7,036 | 6,011 | 5,269 | 6,186 | 5,185 | 4,229 | 1,799 |
| 2010년 | 3,945 | 57,592 | 8,375 | 5,088 | 5,613 | 6,669 | 3,127 | 6,664 | 2,099 |
| 2011년 | 5,901 | 65,337 | 30,201 | 6,706 | 12,022 | 8,230 | 8,176 | 2,727 | 780 |
| 2012년 | 10,827 | 54,754 | 25,655 | 13,120 | 12,861 | 10,758 | 7,524 | 7,371 | 2,336 |
| 2013년 | 4,211 | 74,299 | 13,799 | 17,890 | 9,678 | 9,260 | 22,069 | 10,524 | 3,397 |
| 2014년 | 8,467 | 86,324 | 33,853 | 18,142 | 13,733 | 9,372 | 19,857 | 11,510 | 1,627 |
| 2015년 | 12,591 | 198,859 | 36,231 | 32,282 | 11,822 | 13,019 | 32,516 | 24,331 | 3,489 |
| 2016년 | 22,104 | 173,951 | 48,751 | 24,360 | 11,217 | 13,018 | 11,590 | 15,019 | 2,340 |
| 2017년 | 14,178 | 102,425 | 20,529 | 7,630 | 12,219 | 13,513 | 10,040 | 13,576 | 1,695 |
| 2018년 | 9,837 | 111,193 | 10,655 | 10,464 | 11,640 | 8,828 | 10,756 | 10,002 | 775 |
| 2019년 | 11,258 | 108,463 | 13,257 | 4,019 | 11,838 | 10,521 | 16,221 | 8,802 | 1,498 |
| 2020년 | 5,604 | 124,915 | 14,686 | 12,611 | 10,962 | 6,463 | 23,542 | 12,435 | 969 |
| 2021년 | 15,362 | 117,218 | 30,296 | 27,811 | 8,582 | 15,526 | 35,491 | 16,041 | 933 |
| 2022년 | 9,798 | 96,820 | 21,289 | 14,617 | 14,563 | 11,609 | 25,262 | 21,803 | 1,793 |
| 2023년 | 9,172 | 81,273 | 6,815 | 4,490 | 4,999 | 4,648 | 6,244 | 11,603 | 1,024 |
| 2024년 | 5,929 | 85,233 | 3,947 | 2,759 | 5,542 | 5,502 | 13,433 | 6,959 | 2,190 |
| 2025년 | 3,886 | 101,554 | 9,569 | 6,500 | 2,050 | 4,140 | 12,426 | 13,938 | 355 |

**핵심부터 말하자면**

부모 세대의 '실수요 투자'를 벤치마킹해야 한다.
무리한 대출은 피하고 입지 공부부터 하라.

2008년 금융위기를 예측한 국내 경제 전문가는 몇 명이나 되었을까? 아무도 없었다. 적어도 공식적인 매스컴을 통해서 나타난 결과는 그랬다. 미국도 전혀 대비하지 못했던 상황이니 한국은 말할 것도 없다.

2005년부터 2007년까지는 대한민국 사상 최고의 부동산 호황기였다. 2007년을 분기점으로 부동산 침체가 시작될 것이라고는 아무도 예상하지 못했다. 시행착오를 준비할 경험치가 전혀 없는 시장이었기 때문에 그에 대한 대책이나 전문가도 없었다. 정부, 금융권, 기업도 속수무책이었으니 부동산 투자자는 무방비로 당할 수밖에 없었다. 특히 '묻지 마 투자'를 한 사람은 지옥 같은 나날이었을 것이다.

엄청난 경제적 혼란 속에서도 큰 피해를 보지 않은 사람이 생각보다 많았다. 경제 전문가도 전업 투자자도 아닌 바로 평범한 우리들의 부모 세대였다. 투자나 투기 등에 관심 없이 자기 집 한 채만 갖고 평범하게 살아온 분들은 IMF 외환위기와 금융위기를 안정적으로 보냈다.

이들은 대출이 없는 가구도 많아 전반적인 부동산 시장의 급락 속에서도 '안전가옥'이라고 할 수 있는 자기 집 한 채로 버텼다. 특히 아파트 같은 공동주택이 아닌 단독주택(다가구 포함)을 소유한 가구는 오히려 재산 가치가 높아졌다. 월세를 받는 경우에는 수익률이 증가했다.

금융위기 당시의 부동산 시장 변화와 각 계층의 대응 행태를 통해 네 가지 시사점을 찾을 수 있다.

첫째, 안전가옥이라 부를 수 있는 대출 없는 집을 소유한 경우 부동산 폭락과 하락에 영향을 거의 받지 않는다.

둘째, 전세 혹은 월세 등 임대 형태로 부동산을 소유한 경우(특히 월세라면) 흔들릴 이유가 없다.

셋째, 양호한 입지의 단독주택을 소유한 사람는 어떤 시장에서도 늘 승자다. 단독주택은 건물의 가치보다 땅의 가치가 훨씬 크다. 땅의 가치는 대한민국 부동산 역사상 하락한 적이 없다. IMF 때도, 금융위기 때도 피해가 없었던 유일한 부동산 상품이 바로 땅이다.

넷째, 부동산은 결국 입지가 가장 중요하다. 부모 세대가 사는 곳은 기반 시설이 잘 갖춰진 곳일 확률이 높다. 입지가 좋은 곳이라는 의미다. 일반적인 생활에 충실하고, 어떻게 하면 가족의 의식주 생활을 제대로 꾸려갈까 고민하다 보니 생활하기 편리한 입지를 자연스럽게 선택했을 것이다. 그 입지 위에 안전가옥을 만들어 리스크가 낮은 투자를 해왔다.

아파트는 아무리 좋은 입지라도 가격이 계속 오르지는 않는다. 전세 가격도 마찬가지다. 많은 사람이 전세 시세는 끊임없이 오를 것이라 예상하지만 이미 몇몇 지역에서 역전세 현상이 나타나고 있다.

위험 징후가 보이는 지역이 눈에 띄기 시작한 지금은 부동산 시장의 블랙 스완을 대비해야 한다. 가장 좋은 방법은 부모 세대를 벤치마킹하는 것이다.

첫째, '묻지 마 투자'를 하지 않는다. 생활비를 감안하지 않은 무리한 대출도 금지다. 매수한 부동산의 미래 가치가 이유 없이 상승하리라고 기대하는 것은 아닌지 늘 의심해야 한다.

둘째, 실거주층이 아닌 투자자끼리 매물을 돌리는 시장이 아닌지 체크해야 한다. 지금 가장 핫한 지역의 부동산 시장이라도 당장 그 수요를 받아줄 실수요층이 있는지 확인해야 한다. 서울이 아닌 지방의 중소 도시는 더욱 주의가 필요하다. 인구 몇십만 명 수준인 지역은 소수 투자층만 집중적으로 매수해도 시장이 비정상적으로 왜곡될 수 있다.

실거주 위주의 시장은 절대 폭등하지 않는다. 인플레이션 전후 수준으로 자연스러운 상승만 있다. 특별한 호재가 없는데 가격이 급등하는 시장, 매물이 급격히 축소되는 시장은 묻지 마 투자 세력이 들어온 것이다. 호재 없는 지방 소도시의 급등은 대부분이 그렇다.

마지막으로 본질에 충실하게 투자해야 한다. 부동산의 본질은 입지이며, 입지의 미래 가치를 고려하지 않은 투자는 위험하다.

## 노무현 정부의 투기지역 지정일과 해제일

| 지정 지역 | 시군구 | 지정일 | 해제일 |
|---|---|---|---|
| 서울특별시 | 강남구 | 2003.04.30. | 2012.05.10. |
| | 강북구 | 2006.10.27. | 2008.11.07. |
| | 강동구 | 2003.05.29. | 2008.11.07. |
| | 강서구 | 2006.04.25. | 2008.11.07. |
| | 광진구 | 2003.06.14. | 2005.01.31. |
| | | 2006.06.23.(재지정) | 2008.11.07. |
| | 구로구 | 2005.08.19. | 2008.11.07. |
| | 금천구 | 2003.07.19. | 2008.11.07. |
| | 노원구 | 2006.11.24. | 2008.11.07. |
| | 도봉구 | 2006.11.24. | 2008.11.07. |
| | 동작구 | 2003.07.19. | 2008.11.07. |
| | 마포구 | 2003.05.29. | 2008.11.07. |
| | 서대문구 | 2004.03.19. | 2004.12.29. |
| | | 2006.11.24. | 2008.11.07. |
| | 성북구 | 2006.10.27. | 2008.11.07. |
| | 서초구 | 2003.06.14. | 2012.05.10. |
| | 송파구 | 2003.05.29. | 2012.05.10. |
| | 양천구 | 2003.07.19. | 2008.11.07. |
| | 영등포구 | 2003.06.14. | 2008.11.07. |
| | 용산구 | 2003.06.14. | 2008.11.07. |
| | 은평구 | 2003.07.19. | 2008.11.07. |
| | 중랑구 | 2003.07.19. | 2004.12.29. |
| | | 2006.11.24. | 2008.11.07. |
| | 종로구 | 2005.09.15. | 2008.11.07. |
| | 성동구 | 2005.06.30. | 2008.11.07. |
| | 중구 | 2006.04.25. | 2008.11.07. |
| | 동대문구 | 2006.11.24. | 2008.11.07. |
| | 관악구 | 2006.10.27. | 2008.11.07. |
| 광주광역시 | 광산구 | 2005.06.30. | 2007.09.28. |

| 지정 지역 | 시군구 | 지정일 | 해제일 |
|---|---|---|---|
| 대구광역시 | 서구 | 2003.10.20. | 2004.08.25. |
| | 수성구 | 2003.10.20. | 2004.08.25. |
| | | 2005.06.30.(재지정) | 2006.09.29. |
| | 중구 | 2003.10.20. | 2004.08.25. |
| | | 2005.08.19.(재지정) | 2006.09.29. |
| | 동구 | 2005.06.30. | 2007.09.28. |
| | 북구 | 2005.06.30. | 2007.09.28. |
| | 달서구 | 2005.06.30. | 2007.09.28. |
| | 달성군 | 2005.09.15. | 2006.09.29. |
| 대전광역시 | 대덕구 | 2003.10.20. | 2004.12.29. |
| | | 2005.05.30.(재지정) | 2007.09.28. |
| | 동구 | 2003.10.20. | 2005.01.31. |
| | 서구 | 2003.02.27. | 2004.12.29. |
| | | 2005.05.30.(재지정) | 2007.09.28. |
| | 유성구 | 2003.02.27. | 2004.12.29. |
| | | 2005.05.30.(재지정) | 2007.12.03. |
| | 중구 | 2004.06.21. | 2005.01.31. |
| | | 2005.05.30.(재지정) | 2007.09.28. |
| 부산광역시 | 북구 | 2003.07.19. | 2004.08.25. |
| | 해운대구 | 2003.07.19. | 2004.08.25. |
| | 수영구 | 2005.06.30. | 2006.09.29. |
| 울산광역시 | 남구 | 2005.07.20. | 2008.01.30. |
| | 중구 | 2006.02.21. | 2008.01.30. |
| | 동구 | 2006.11.24. | 2008.01.30. |
| | 북구 | 2006.11.24. | 2008.01.30. |
| 인천광역시 | 남구 | 2006.12.27. | 2008.11.07. |
| | 남동구 | 2003.06.14. | 2004.12.29. |
| | | 2007.06.29.(재지정) | 2008.11.07. |
| | 동구 | 2008.01.30. | 2008.11.07. |
| | 부평구 | 2003.07.19. | 2004.12.29. |
| | | 2006.11.24. | 2008.11.07. |
| | 서구 | 2003.06.14. | 2005.01.31. |
| | | 2006.05.26.(재지정) | 2008.11.07. |
| | 중구 | 2007.12.03. | 2008.11.07. |
| | 연수구 | 2006.11.24. | 2008.11.07. |
| | 계양구 | 2006.12.27. | 2008.11.07. |

| 지정 지역 | 시군구 | 지정일 | 해제일 |
|---|---|---|---|
| 강원도 | 춘천시 | 2003.07.19. | 2004.08.25. |
| | 원주시 | 2006.04.25. | 2007.12.03. |
| 경기도 | 고양시 덕양구 | 2003.10.20. | 2004.12.29. |
| | | 2006.06.23.(재지정) | 2008.11.07. |
| | 고양시 일산동구 | 2003.07.19. | 2008.11.07. |
| | 고양시 일산서구 | 2003.07.19. | 2008.11.07. |
| | 과천시 | 2003.05.29. | 2008.11.07. |
| | 광명시 | 2003.04.30. | 2005.01.31. |
| | | 2005.04.29.(재지정) | 2008.11.07. |
| | 광주시 | 2005.08.19. | 2008.11.07. |
| | 구리시 | 2003.06.14. | 2008.11.07. |
| | 군포시 | 2003.06.14. | 2004.12.29. |
| | | 2005.07.20.(재지정) | 2008.11.07. |
| | 김포시 | 2003.06.14. | 2008.11.07. |
| | 남양주시 | 2006.10.27. | 2008.11.07. |
| | 동두천시 | 2007.12.03. | 2008.11.07. |
| | 평택시 | 2003.10.20. | 2008.11.07. |
| | 하남시 | 2003.10.20. | 2004.12.29. |
| | | 2006.05.26.(재지정) | 2008.11.07. |
| | 화성시 | 2003.05.29. | 2008.11.07. |
| | 양주시 | 2006.12.27. | 2008.11.07. |
| 경상남도 | 양산시 | 2003.10.20. | 2004.08.25. |
| | 진주시 | 2006.01.20. | 2007.12.03. |
| | 창원시 | 2003.06.14. | 2007.12.03. |
| 경상북도 | 포항시 북구 | 2005.06.30. | 2007.09.28. |
| | 구미시 | 2005.07.20. | 2007.09.28. |
| 충청남도 | 공주시 | 2003.10.20. | 2007.12.03. |
| | 아산시 | 2003.08.18. | 2008.01.30. |
| | 연기군 | 2006.01.20. | 2007.12.03. |
| | 천안시 | 2003.02.27. | 2008.01.30. |
| 충청북도 | 청원군 | 2004.02.26. | 2007.09.28. |
| | 청주시 | 2003.06.14. | 2005.01.31. |
| | 청주시 흥덕구 | 2005.07.20.(재지정) | 2007.09.28. |
| | 청주시 상당구 | 2006.04.25.(재지정) | 2007.09.28. |

## 규제지역 현황(2022년 9월 26일 기준)

| | 투기지역(주택: 16→15곳) | 투기과열지구(43→39곳) | 조정대상지역(101→60곳) |
|---|---|---|---|
| 서울 | 용산, 성동, 노원, 마포, 양천, 강서, 영등포, 서초, 강남, 송파, 강동 ('17.8.3)<br>종로, 중, 동대문, 동작('18.8.28) | 전 지역('17.8.3) | 전 지역('16.11.3) |
| 경기 | – | 과천('17.8.3)<br>성남분당('17.9.6)<br>광명, 하남('18.8.28)<br>수원, 성남수정, 안양, 안산단원, 구리, 군포, 의왕, 용인수지, 기흥, 동탄2('20.6.19) | 과천, 성남, 하남, 동탄2('16.11.3), 광명('17.6.19)<br>구리, 안양동안, 광교지구('18.8.28), 수원팔달, 용인수지, 기흥('18.12.31)<br>수원영통, 권선, 장안, 안양만안, 의왕('20.2.21)<br>고양, 남양주, 화성, 군포, 부천, 안산, 시흥, 용인처인, 오산, 안성, 평택, 광주, 양주, 의정부('20.6.19)<br>김포('20.11.20)<br>파주('20.12.18)<br>동두천시('21.8.30) |
| 인천 | – | 연수, 남동, 서('20.6.19) | 중, 동, 미추홀, 연수, 남동, 부평, 계양, 서('20.6.19) |
| 부산 | – | – | 해운대, 수영, 동래, 남, 연제('20.11.20)<br>서, 동, 영도, 부산진, 금정, 북, 강서, 사상, 사하('20.12.18) |
| 대구 | – | – | 수성('20.11.20) |
| 광주 | – | – | 동, 서, 남, 북, 광산('20.12.18) |
| 대전 | – | – | 동, 중, 서, 유성, 대덕('20.6.19) |
| 울산 | – | – | 중, 남('20.12.18) |
| 세종 | 세종('17.8.3) | 세종('17.8.3) | 세종('16.11.3) |
| 충북 | – | – | 청주('20.6.19) |
| 충남 | – | – | 천안동남, 서북, 논산, 공주('20.12.18) |
| 전북 | – | – | 전주완산, 덕진('20.12.18) |
| 전남 | – | – | |
| 경북 | – | – | 포항남('20.12.18) |
| 경남 | – | – | 창원성산('20.12.18) |

빨간색 글씨: 이번에 해제된 지역

# 08 입주 물량이 많다고?
## 역전세를 활용하라

**핵심부터 말하자면**

입지 상황 파악이 먼저다.
대응 전략을 준비하면 '저점 매수 기회'가 될 수도 있다.

입주 물량이 많은 지역은 무조건 피해야 할까? 역전세가 발생하면 집값은 무조건 내려갈까?

2018년 46만 세대, 2019년 40만 세대. 2년 동안 전국적으로 아파트 총 86만 세대가 신규 입주했다. 1기 신도시 입주 초기인 1990년대 초반 이후 최대 물량이었다. 아파트 이외의 주택까지 포함하면 그 숫자는 더 늘어난다. 이를 보고 많은 부동산 전문가는 부동산 시세가 하락할 것이고 역전세도 발생할 것이라고 전망했었다. 역전세는 부동산 하락 시장을 증명하는 중요한 현상이다.

역전세 전망은 적중할 수도 있고 그렇지 않을 수도 있다. 왜냐하면 지역에 따라 역전세가 발생할 수도 있지만 그 반대의 결과도 있을 수 있기 때문이다. 역전세가 발생하는 이유 또한 지역마다 다르다. 그렇기 때문에 부동산 전문가와 언론 등은 전국적인 수치로 부동산 시장을 총평하는 일을 지양해야 한다. 대한민국 부동산 역사상 모든 지역이 동시에 오르고 동시에 내린 적은 없다. 지역마다 세부적으로 분석해야 하는 이유가 여기에 있다.

전체 수치, 전체 평균으로 부동산 시장을 분석하면 오히려 시장을 잘못 이해하고 잘못 대응하게 하는 악영향을 미칠 수 있다. 특정 목적을 가지고 호도하는 메시지를 전달하는 전문가가 없길 희망한다. 2년 동안 86만 세대가 입주하면 부동산 수요 대비 공급이 과잉돼 시세가 폭락할 것이라는 지극히 단순한 논리는 '당분간 시세가 하락할 것이니 집을 사면 안 된다'는 의미로밖에 해석되지 않는다. 부동산 시장에 대한 전문적 지식이 없는 사람들은 이런 기사의 제목만 보고 그대로 맹신하게 된다.

언론사나 전문가는 여기에 대해 조금 더 구체적인 설명을 해야 한다. 입주 물량이 많았던 과거의 특정 지역별 사례를 돌아보고, 그 지역이 여전히 문제가 되고 있는지, 아니면 문제를 해결했는지 비교해볼 필요가 있다. 과거 역전세가 발생했던 지역의 현재 모습을 보면 역전세 대응 전략을 준비할 수 있다.

역전세로 문제가 된 지역의 대표 사례는 서울 잠실이다. 2007년 전후 송파구 잠실 권역에만 약 2만 5,000세대가 입주했다. 잠실엘스 5,678세대, 리센츠 5,563세대, 트리지움 3,696세대, 레이크팰리스 2,678세대, 파크리오 6,864세대 등 5개 단지에만 2만 4,479세대가 입

주한 것이다. 이 대규모 입주 때문에 잠실과 주변 지역의 전세 시세가
하락했다. 전세 시세가 하락하면 전세를 끼고 매수했던 투자자들이 급
하게 매도하기도 했다. 이로 인해 매매 시세까지 빠질 수도 있고, 실제
로 그런 일이 발생했다.

　중요한 것은 역전세와 시세 약세가 얼마나 지속되었는지 여부다. 이
후 잠실의 아파트 단지는 어떻게 되었는가? 전세가가 당시 매매가를
넘은 것은 물론 매매 시세 역시 당시 대비 2배 넘게 상승했다.

송파구 잠실엘스, 리센츠, 트리지움, 레이크팰리스, 파크리오

송파구 잠실동 레이크팰리스 조감도

송파구 잠실동 리센츠 조감도

송파구 잠실동 잠실엘스

송파구 잠실동 트리지움 조감도

송파구 신천동 파크리오 조감도

결국 당시 매스컴을 뜨겁게 했던 잠실발 역전세난 관련 뉴스는 이제 아무도 기억하지 않는다. 현재 기준으로 잠실 지역을 복기하면 역전세난이 발생했던 그 시기가 오히려 매수 적기였음을 알 수 있다. 물론 2010년까지 시세가 상승하다가 2013년까지 조정되기도 했지만, 2009년의 시세 이하로는 내려가지 않았다. 결국 잠실처럼 대기 수요가 충분한 지역은 역전세 시기를 적정 매수 시기로 적극 활용할 수 있다는 얘기가 된다.

하지만 모든 지역, 모든 아파트가 여기에 해당되는 것은 절대 아니다. 입지 경쟁력, 상품 경쟁력이 떨어지는 아파트의 경우 역전세를 대비한 출구 전략이 필요하다. 지역 내 수요가 빠지는 지역이 특히 그렇다. 잠실과 같은 중심 지역이 아닌 경우, 신규 택지 개발지 중 배후 지역이 없는 경우 등은 역전세가 발생한 이후 이 문제가 해소될 수 있는지 반드시 분석해봐야 한다.

대기 수요층이 충분한 곳이라면 일반적으로 역전세가 발생해도 2~4년 지나면 정상 시세로 회복한다. 기반 시설이 좋아지고 수요층이 추가로 유입되면 시세가 오르기도 한다. 하지만 수요가 없는 지역은 지속적으로 시세가 빠질 수 있다.

기존 아파트가 있는 지역 인근에 신규 아파트가 입주하면 신규 아파트 쪽으로 수요가 이동하게 된다. 대기 수요가 없는 지역이라면 기존 아파트의 역전세 현상이 발생한다. 다른 지역에서 인구가 유입돼 수요를 채워줄 수 있는 조건이라면 기존 아파트의 시세는 다시 적정 시세로 오를 수 있지만, 그렇지 않을 경우 시세가 하락할 수 있다.

# 전국 아파트 전세 시세 변동률(2022~2025년)

(단위: 전월 대비 %)

| | 전국 | 서울특별시 | 세종특별시 | 광주광역시 | 대구광역시 | 대전광역시 | 부산광역시 | 울산광역시 | 인천광역시 |
|---|---|---|---|---|---|---|---|---|---|
| 2022.01. | 0.15 | 0.21 | −0.36 | 0.28 | −0.04 | −0.18 | 0.31 | 0.08 | −0.25 |
| 2022.02. | 0.02 | −0.01 | −0.48 | −0.01 | −0.24 | −0.27 | 0.28 | 0.08 | −0.13 |
| 2022.03. | −0.02 | −0.02 | −0.55 | −0.02 | −0.44 | −0.26 | 0.25 | 0.05 | −0.34 |
| 2022.04. | −0.07 | −0.05 | −0.74 | 0.02 | −0.57 | −0.85 | 0.18 | −0.22 | −0.46 |
| 2022.05. | −0.11 | −0.06 | −0.25 | −0.02 | −0.49 | −0.28 | −0.02 | 0.01 | −0.60 |
| 2022.06. | −0.16 | −0.09 | −0.54 | −0.02 | −0.52 | −0.37 | −0.14 | 0.05 | −0.58 |
| 2022.07. | −0.37 | −0.29 | −0.52 | 0.01 | −0.50 | −0.87 | −0.25 | −0.03 | −0.83 |
| 2022.08. | −0.49 | −0.40 | −0.51 | −0.03 | −0.31 | −0.56 | −0.32 | −0.09 | −1.42 |
| 2022.09. | −0.82 | −0.88 | −0.44 | −0.05 | −0.25 | −1.01 | −0.49 | −0.11 | −2.09 |
| 2022.10. | −0.94 | −1.30 | −0.54 | 0.02 | −0.28 | −0.64 | −0.44 | 0.01 | −1.67 |
| 2022.11. | −1.16 | −1.52 | −0.78 | −0.01 | −0.58 | −1.09 | −1.00 | −0.18 | −1.60 |
| 2022.12. | −1.55 | −1.98 | −0.74 | −0.07 | −0.85 | −0.86 | −0.86 | −0.45 | −2.37 |
| 2023.01. | −1.14 | −1.44 | −0.63 | −0.06 | −0.47 | −0.94 | −0.42 | −0.65 | −1.85 |
| 2023.02. | −1.49 | −2.05 | −1.09 | −0.17 | −1.06 | −0.88 | −0.56 | −0.99 | −2.36 |
| 2023.03. | −1.32 | −1.62 | −0.64 | −0.08 | −1.83 | −1.19 | −0.72 | −0.58 | −1.63 |
| 2023.04. | −0.69 | −0.78 | −0.45 | −0.04 | −0.62 | −1.35 | −0.73 | −0.28 | −0.77 |
| 2023.05. | −0.36 | −0.30 | −0.07 | −0.17 | −0.47 | −0.40 | −0.29 | −0.10 | −0.37 |
| 2023.06. | −0.21 | −0.10 | −0.13 | −0.37 | −0.72 | 0.04 | −0.42 | −0.06 | −0.33 |
| 2023.07. | −0.04 | 0.12 | 0.02 | −0.12 | −0.40 | 0.17 | −0.42 | −0.05 | 0.02 |
| 2023.08. | 0.01 | 0.19 | 0.00 | 0.01 | −0.64 | 0.48 | −0.65 | 0.03 | 0.13 |
| 2023.09. | 0.10 | 0.34 | 0.22 | −0.03 | −0.33 | 0.29 | −0.62 | −0.04 | 0.37 |
| 2023.10. | 0.15 | 0.32 | 0.10 | 0.17 | −0.32 | 0.37 | −0.66 | −0.20 | 0.25 |
| 2023.11. | 0.10 | 0.20 | 0.16 | 0.06 | −0.20 | 0.44 | −0.18 | −0.23 | 0.06 |
| 2023.12. | 0.07 | 0.11 | 0.01 | 0.10 | −0.24 | 0.20 | −0.12 | −0.07 | 0.02 |
| 2024.01. | 0.50 | 1.79 | −1.88 | 11.07 | −6.70 | 1.03 | −2.62 | 3.34 | −1.68 |
| 2024.02. | −0.18 | −0.25 | −0.95 | −0.43 | −0.19 | −0.49 | 0.10 | 0.57 | 0.45 |
| 2024.03. | 0.38 | 0.56 | −0.93 | −0.39 | −0.31 | −0.21 | 0.32 | 1.27 | 0.92 |
| 2024.04. | 0.10 | 0.30 | −1.15 | −0.30 | −0.43 | −0.63 | −0.02 | 0.17 | 0.66 |
| 2024.05. | 0.28 | 0.52 | −0.51 | −0.38 | −0.46 | −0.47 | 0.07 | 0.29 | 0.64 |
| 2024.06. | 0.39 | 0.76 | −0.36 | 0.07 | −0.26 | −0.19 | −0.04 | 0.47 | 0.41 |
| 2024.07. | 0.45 | 0.73 | −0.88 | 0.12 | −0.24 | −0.22 | 0.17 | 0.46 | 0.94 |
| 2024.08. | 0.61 | 0.73 | −0.33 | 0.13 | 0.33 | −0.06 | 0.45 | 0.54 | 0.95 |
| 2024.09. | 0.41 | 0.55 | −0.08 | 0.60 | 0.02 | 0.16 | 0.18 | −0.05 | 0.43 |
| 2024.10. | 0.35 | 0.37 | 0.47 | 0.48 | −0.06 | 0.08 | 0.18 | 0.73 | 0.50 |
| 2024.11. | −0.14 | −0.19 | 0.43 | 0.29 | −0.02 | 0.25 | 0.05 | 0.76 | −0.14 |
| 2024.12. | −0.37 | −0.41 | 0.11 | 0.21 | −0.27 | −0.14 | 0.14 | 0.13 | −0.72 |
| 2025.01. | −0.27 | −0.30 | −0.29 | −0.26 | 0.06 | −0.79 | 0.01 | −0.04 | −0.51 |
| 2025.02. | −0.70 | −0.68 | −0.75 | −0.17 | −0.23 | −0.61 | −0.41 | 0.33 | −1.31 |
| 2025.03. | 0.09 | 0.19 | 0.19 | 0.30 | 0.06 | −0.43 | 0.22 | 0.77 | −0.22 |
| 2025.04. | 0.22 | 0.14 | 0.27 | 0.14 | 0.18 | −0.12 | 0.32 | 0.56 | 0.28 |
| 2025.05. | −0.40 | −0.26 | −0.35 | −0.19 | −0.43 | −0.99 | −0.22 | −0.06 | −0.84 |
| 2025.06. | 0.15 | 0.28 | −0.11 | 0.12 | −0.01 | 0.01 | 0.12 | 0.05 | 0.11 |
| 2025.07. | 0.12 | 0.22 | 0.01 | 0.05 | 0.00 | −0.09 | 0.11 | 0.04 | −0.02 |

| | 강원특별<br>자치도 | 경기도 | 경상남도 | 경상북도 | 전라남도 | 전북특별<br>자치도 | 충청남도 | 충청북도 | 제주도 |
|---|---|---|---|---|---|---|---|---|---|
| 2022.01. | 0.35 | 0.12 | 0.52 | 0.62 | 0.09 | 0.33 | 0.36 | 0.20 | 2.45 |
| 2022.02. | 0.24 | 0.03 | 0.28 | 0.09 | 0.09 | 0.05 | 0.17 | 0.22 | 2.10 |
| 2022.03. | 0.33 | −0.02 | 0.60 | 0.31 | 0.03 | 0.23 | 0.34 | 0.21 | 0.93 |
| 2022.04. | 0.19 | 0.02 | 0.38 | 0.22 | 0.00 | 0.14 | −0.05 | −0.07 | 0.00 |
| 2022.05. | 0.13 | −0.07 | 0.01 | −0.03 | 0.00 | 0.09 | 0.00 | 0.02 | 0.00 |
| 2022.06. | 0.06 | −0.15 | 0.01 | −0.01 | 0.00 | 0.01 | −0.02 | 0.03 | 0.00 |
| 2022.07. | 0.10 | −0.46 | 0.04 | 0.03 | 0.00 | 0.00 | −0.28 | 0.02 | 0.00 |
| 2022.08. | −0.02 | −0.60 | −0.07 | −0.16 | 0.00 | 0.01 | −0.20 | −0.17 | 0.00 |
| 2022.09. | −0.07 | −0.86 | −0.15 | −0.29 | −0.03 | 0.06 | −0.39 | −0.23 | 0.00 |
| 2022.10. | −0.02 | −0.85 | −0.44 | −0.29 | −0.09 | −0.42 | −0.38 | −0.31 | 0.00 |
| 2022.11. | −0.15 | −1.05 | −0.59 | −0.27 | 0.00 | −0.38 | −0.66 | −0.66 | 0.00 |
| 2022.12. | −0.18 | −1.66 | −0.19 | −0.20 | −0.03 | −0.14 | −0.49 | −0.29 | 0.00 |
| 2023.01. | −0.01 | −1.25 | −0.23 | −0.21 | −0.02 | −0.03 | −0.37 | −0.40 | 0.00 |
| 2023.02. | −0.01 | −1.41 | −0.24 | −0.49 | 0.00 | −0.07 | −0.23 | −0.75 | −0.11 |
| 2023.03. | −0.02 | −1.33 | −0.67 | −0.16 | −0.34 | −0.09 | −0.64 | −1.38 | −0.14 |
| 2023.04. | 0.11 | −0.66 | −0.56 | −0.21 | 0.00 | 0.00 | −0.56 | −0.25 | −0.14 |
| 2023.05. | 0.10 | −0.47 | −0.47 | −0.27 | 0.00 | −0.35 | −0.55 | −0.29 | 0.01 |
| 2023.06. | 0.04 | −0.21 | −0.54 | −0.09 | −0.02 | −0.08 | −0.60 | −0.19 | −0.05 |
| 2023.07. | −0.09 | −0.11 | 0.07 | −0.05 | 0.00 | −0.19 | −0.39 | −0.06 | −0.03 |
| 2023.08. | −0.05 | −0.03 | 0.07 | −0.03 | −0.04 | −0.05 | −0.05 | −0.01 | −0.07 |
| 2023.09. | 0.02 | 0.02 | 0.09 | −0.13 | 0.03 | −0.07 | −0.08 | −0.09 | −0.03 |
| 2023.10. | 0.06 | 0.17 | 0.12 | −0.07 | 0.08 | 0.02 | 0.01 | 0.16 | −0.01 |
| 2023.11. | 0.01 | 0.10 | 0.04 | −0.41 | 0.01 | 0.02 | −0.02 | 0.27 | 0.15 |
| 2023.12. | 0.15 | 0.12 | −0.01 | 0.00 | 0.02 | −0.02 | −0.24 | 0.27 | 0.31 |
| 2024.01. | 10.73 | −0.86 | 5.21 | 0.51 | 2.39 | 9.50 | −0.29 | 10.33 | 12.72 |
| 2024.02. | 0.14 | −0.23 | −0.23 | −0.04 | 0.31 | −0.01 | −0.29 | −0.69 | 0.10 |
| 2024.03. | 0.17 | 0.41 | −0.17 | −0.32 | 0.63 | 0.22 | 0.34 | −0.09 | 0.19 |
| 2024.04. | −0.18 | 0.12 | −0.32 | −0.56 | 0.04 | −0.16 | −0.04 | −0.31 | −0.18 |
| 2024.05. | 0.00 | 0.39 | −0.71 | −0.25 | −0.62 | 0.04 | 0.17 | −0.34 | 0.01 |
| 2024.06. | 0.18 | 0.38 | −0.20 | 0.01 | −0.36 | 0.21 | −0.03 | −0.09 | −0.16 |
| 2024.07. | −0.01 | 0.46 | −0.15 | −0.17 | 0.13 | 0.24 | 0.16 | −0.08 | −0.15 |
| 2024.08. | 0.26 | 0.71 | 0.46 | 0.48 | 0.04 | 0.19 | 0.27 | 0.17 | −0.34 |
| 2024.09. | 0.06 | 0.46 | 0.19 | 0.25 | 0.18 | 0.02 | 0.26 | 0.19 | −0.02 |
| 2024.10. | 0.30 | 0.37 | 0.58 | 0.15 | 0.32 | 0.26 | 0.31 | 0.09 | 0.60 |
| 2024.11. | −0.22 | −0.32 | 0.34 | 0.08 | 0.12 | 0.08 | 0.01 | 0.01 | −0.30 |
| 2024.12. | −0.23 | −0.55 | −0.08 | −0.17 | −0.26 | −0.04 | −0.20 | 0.34 | −0.11 |
| 2025.01. | −0.05 | −0.33 | 0.02 | −0.02 | −0.31 | 0.10 | −0.12 | −0.19 | −0.28 |
| 2025.02. | −0.23 | −0.96 | −0.44 | −0.14 | 0.38 | 0.07 | −0.42 | 0.38 | −0.30 |
| 2025.03. | 0.15 | 0.05 | −0.16 | 0.06 | 0.05 | 0.10 | 0.16 | 0.04 | −0.09 |
| 2025.04. | 0.10 | 0.29 | 0.15 | 0.16 | 0.41 | 0.35 | 0.28 | 0.20 | −0.09 |
| 2025.05. | −0.70 | −0.45 | −0.72 | −0.64 | −0.33 | 0.37 | −0.56 | −0.41 | −0.24 |
| 2025.06. | −0.06 | 0.10 | −0.07 | −0.11 | −0.12 | 0.27 | 0.03 | −0.01 | 0.17 |
| 2025.07. | −0.07 | 0.15 | −0.09 | −0.05 | −0.04 | 0.04 | 0.00 | 0.07 | −0.01 |

더 큰 문제는 기존 아파트의 시세가 빠지면 신규 아파트의 시세에도 영향을 줄 수 있다는 점이다. 기존 아파트와 신규 아파트의 가격 격차가 큰데, 입지적 메리트와 상품적 메리트 차이가 그 가격만큼 나지 않는다고 판단되면, 신규 아파트를 선택했던 수요층이 기존 아파트를 다시 선택할 수 있기 때문이다.

이 경우는 지역 내 수요량이 정해져 있어 이른바 '나눠 먹기'를 해야 한다. 이런 곳은 많은 전문가가 우려하는 것처럼 전반적인 부동산 시장의 시세 하락이 나타날 수도 있다.

정리하면 역전세를 활용할 수 있는 지역과 대비해야 하는 지역이 있으니 개별 입지에 맞는 전략을 수립해야 한다. 우선 수요가 충분한 지역은 역전세를 활용하는 전략을 짜야 한다. 투자자들은 저점 매수의 기회로 활용할 수 있다. 전세 희망 임차인에게는 좋은 입지의 아파트를 상대적으로 저렴한 전세가로 들어갈 기회가 될 수 있다.

반면 기존 아파트의 수요와 나눠야 하는 지역은 대응 전략을 철저히 준비해야 한다. 수요층이 충분한지 확인하고, 충분치 않다면 출구 전략을 짜야 한다. 출구 전략은 신규 아파트 입주 2년이 되기 전에 준비해야 한다. 역전세가 발생한다고 해서 무조건 회피할 필요는 없다. 입지 상황에 따라 대응 전략을 준비하면 오히려 양질의 상품을 저가로 매수할 기회가 될 수 있다.

# 09 내 집이 필요한가? 생각부터 바꿔라

**핵심부터 말하자면**

부동산 정책은 정부 · 기업 · 개인 모두에게 이익이 돼야 성공한다.
특정 집단만의 이익이 되어서는 효과가 발생하지 않는다.

한 나라에서 부동산 관련 의사 표현을 할 수 있는 주체는 크게 정부, 기업, 국민으로 나뉜다. 세 집단 모두가 부동산 안정화를 위해 노력해야 모두에게 이익으로 돌아갈 수 있다.

하지만 모든 집단이 자신의 단기적 이익만을 추구할 뿐, 근본적으로 문제를 해결하기 위해 노력하지 않는다. 정부는 정치적인 집단이다. 장기적인 국가 살림살이가 아니라 다음 정권을 획득하는 것이 영순위다. 부동산 정책이 국민들에게 표를 받기 위한 수단으로 활용되는 경향이 강하다.

대표적인 사례가 뉴타운 정책이다. 2002년 시작된 뉴타운은 어떻게 추진하느냐에 따라 정부 · 기업 · 국민 모두에게 이익이 될 수도 있었지

## 서울시 주요 뉴타운 현황

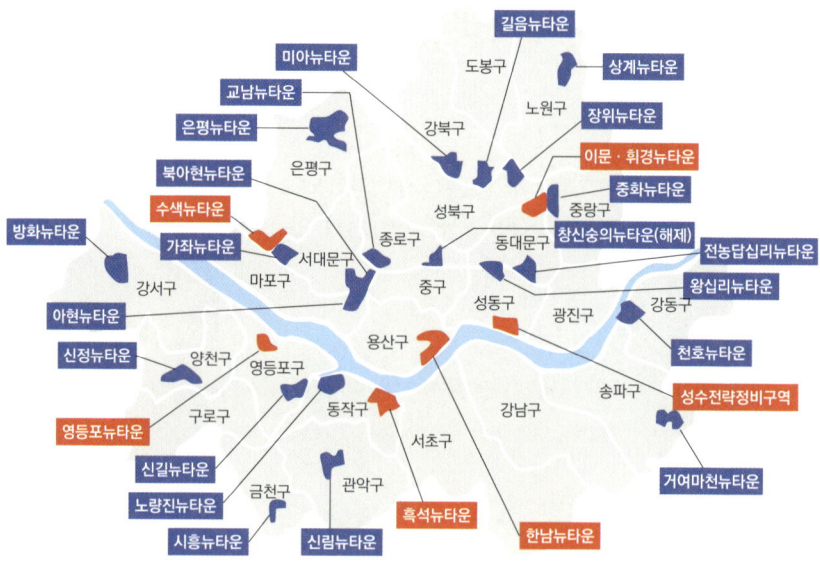

만, 결과적으로 누구에게도 이익이 되지 못했다. 20년이 훨씬 지난 지금에 와서야 결과물이 제대로 보일 뿐이다. 이전에 참여했던 국민들은 대부분 피눈물을 흘려야 했다. 표심을 얻기 위한 단기 정책 추진의 결과였다. 너무 초기 단계보다는 정비사업이 어느 정도 진행된 후에 진입하는 것이 가장 좋다.

부동산이 안정화되면 정부가 행정 집행을 원만하게 할 수 있고 국민의 생활도 안정되므로 정상적인 세금 조달이 가능하다. 정부가 장기적 관점을 갖고 부동산 안정화에 노력해야 하는 실질적인 이유다.

기업들은 대한민국 부동산의 안정화가 아니라 고부가가치 산업의

한 분야로 부동산을 인식하고 이를 통해 이윤만을 추구했다. 국민 삶의 질을 개선하기 위한 주택 공급이 아닌, 더 많은 수익을 얻을 수 있는 주택 분양에 관심이 많았다. 수요 대비 공급이 턱없이 부족했던 과거에는 양적 공급에만 신경 쓰는 기업의 운영 방식이 충분히 수익을 낼 수 있었지만, 과거에 비해 수요의 절대량이 줄어든 지금은 국민들의 주거 질을 높이는 방향으로 부가가치를 만들어야 한다. 그 이윤의 일부는 당연히 주거 복지 향상에 쓰여야 한다. 이것이 건설회사가 장수할 장기 전략일 것이다.

국민에게 부동산은 삶의 보금자리이고, 생존을 위한 3대 필수 요소인 '의식주' 중 하나다. 현대에 와서는 단순히 삶의 터전을 넘어, 한 집안에서 가장 비중이 높은 자산의 역할도 한다. 최근 부동산이 주목받는 것은 가장 영향력 있는 자산 증식 수단으로도 활용되기 때문이다.

그래서 눈앞의 수익에 눈이 멀어 미래 가치에 대한 투자가 아닌 단기 수익만을 추구하는 '묻지 마 투자'를 하는 경우도 발생한다. 부동산 활황장에서는 더욱 빈번하다.

투기성 투자는 도박과 같다. 누구에게도 이익이 되지 않는다. 문제는 전문 투기꾼이 아닌 일반인까지 투기에 동참한다는 것이다. 운이 좋아 수익을 얻을 수도 있지만, 이런 분위기가 지속되면 궁극적으로 대부분 손해를 보게 된다. 개인에게 부동산이 주 수입원이 되어서는 안 된다. 개인에게 집은 보금자리여야 하고, 보금자리를 마련하는 형태로만 투자가 진행되어야 한다. 그것이 선진국에서 볼 수 있는 합리적인 임대와 임차의 모습이다.

그렇기 때문에 부동산 시장을 단순히 상승과 하락의 이분적인 구도로 보아서도 안 된다. 부동산 시장은 정부·기업·국민 중 한 주체만으로 결정되는 구조가 아니다.

우리는 각자의 입장에서 부동산 시장을 활용하려 한다. 집값이 폭락해야 내가 집을 살 수 있을 것 같다. 내가 집을 사지 못하더라도 남이 부동산으로 돈을 벌었다는 이야기를 안 들었으면 좋겠다. 부동산으로 돈 번 사람들은 모두 사악한 사람들이고, 부동산 투기로 부자들만 돈을 벌고, 건설사 대기업 재벌들만 이윤을 얻고 있으며, 이런 부자들과 대기업 재벌들만을 위해 정부가 정책을 펴는 것만 같다.

아직도 이런 선악의 논리로 부동산 시장을 이해할 것인가? 부정적인 인식이 안정적인 부동산 시장을 위해 필요한 시각인가? 그런 비판을 하면 정부와 기업과 부자들이 반성하고, 서민들을 위해 저렴한 주택을 공급하고 저렴한 전세·월세를 공급할 것이라고 생각하는가?

부동산이 폭락하면 어떻게 될 것인지를 한 번이라도 제대로 생각해 본 적이 있는가? 부동산이 폭락하면 폭락을 기대한 사람들은 부동산을 살 수 있을까? 부동산이 폭락하면 부자와 부자가 아닌 자 중에 누가 이익이고 누가 손해일까?

나 역시 부동산 가격이 지금보다 떨어지길 희망한다. 솔직한 심정이다. 내가 좋아하는 지역의, 내가 희망하는 수준의 주택을 사서 그곳으로 이사하고 싶다. 집값이 내가 가진 돈만큼만 떨어지면 살 수 있을 테니까. 과연 그렇게 될까? 아쉽지만 시장이 그렇게 되도록 내버려두지 않을 것 같다.

어떤 시장도 개개인의 기대대로 움직이지 않는다. 정부도, 기업도 마찬가지다. 그렇기 때문에 부동산 시장의 과거 모습과 이해관계자들의 움직임을 통해 우리에게 장기적으로 도움이 되는 방향을 찾아야 한다.

이를 위해 대한민국 부동산의 본질에 대한 실질적인 이해가 필요하다. 내 욕심만으로 세상이 움직이지는 않는다. 내가 좋아하면 남도 좋아할 확률이 높다. 남들도 가지고 싶어 하는 것을 나만 저렴한 가격에 매수할 수는 없다.

경제적인 능력이 부족한 무주택자들에게는 임대주택이 많이 공급되어야 한다. 공공임대는 정부가 공급해야 하고, 민간임대는 다주택자들이 공급해야 한다. 정부는 세금을 많이 걷어야 임대주택을 건설할 수 있고, 다주택자들은 이익이 있어야 전월세 물량을 시장에 내놓을 수 있다.

만약 정부가 내놓는 부동산 정책이 특정 일부 계층만을 위한 정책이라면 다음 선거에서 그 정부의 정치인을 뽑지 않으면 된다. 인기 많은 건설사가 말도 안 되는 폭리를 취하려고 하면 불매를 하면 된다. 그리고 시민단체에 고발하면 된다.

하지만 그런 사회적인 활동은 사회적인 활동대로 해야 할 일이고, 내가 살 집은 어떻게든 내가 구해야 한다. 아무 생각 없이 비판만 하지는 말자. 반드시 의사 결정을 해야 한다. 무언가 실행해야 한다. 모든 부동산 시장이 비뚤어져 있을 것이라는 선입견을 버리자. 그게 합리적인 의사 결정을 위한 첫 번째 단추다.

# 10 대세는 없다. 전문가 말도 믿지 마라

**핵심부터 말하자면**

지역별·유형별로 시장은 세분화될 것이다.

양극화가 심화될 것이다.

부동산 투자는 '오른다, 내린다'에 베팅하는 영역일 뿐일까? 누가 옳고 그르냐로 관심이 집중될 때 이득을 보는 건 전문가 집단이다. 참고는 하되 '묻지 마 추종'은 절대 안 되는 이유가 거기에 있다. 전문가들도 나름의 이해관계가 있다. 결국 불확실성을 즐기는 계층은 전문가다. 긍정적인 전망을 하는 전문가든, 부정적인 전망을 하는 전문가든 똑같이 바쁜 시간을 보내고 있다. 현재도 부동산 전망에 대한 책이 많이 쏟아지고 강연이 열리곤 한다

대부분의 언론과 전문가들, 심지어 정부도 부동산 시장을 상승 시장, 하락 시장으로 이분화해 정의한다. 그러나 이런 이분법적 시각으로는 '그래프가 어느 구간에서 오르거나 내렸는지' 정도만 확인할 수 있을

뿐, 왜 지역마다 다른 흐름을 보이는지, 앞으로 어떤 조건에서 변할 수 있는지는 설명할 수 없다. 실제 그래프를 세부적으로 보면 모든 지역이 같은 높이나 같은 패턴으로 움직였던 것도 아니다.

지난 부동산 시장의 역사를 통해 우리가 확실하게 알 수 있는 미래는 무조건 상승하거나 하락하는 일방적인 시장이 되지 않는다는 것이다. 2008년 이후에는 하락론이 대세였다. 2013년 초만 하더라도 전문가 대부분이 시세 추가 하락을 예상했다. 하지만 2013년 하반기부터 수도권 부동산 시장은 조금씩 상승해서 2012년 이전보다 시세가 오르고 거래량이 증가했다.

다시 대세 상승으로 전환한 것일까? 그렇지 않다. 지역별로 상승과 조정, 침체기를 걸어왔다. 수도권은 짧은 보합기가 있었지만 2021년 말까지 지속적인 상승을 했다. 반면 2010년 이후 시세 상승률이 가장 높았던 울산, 창원, 거제 부동산 시장은 2017년부터 조정기에 들어갔다.

부산 역시 마찬가지다. 그 외 지방은 대부분 침체 국면으로 들어섰다. 지금 시점에서 어떤 지역도 대세 상승, 대세 하락이라고 단정할 수 없다. 지역별로 차이가 있으며, 수요가 충족되지 못한 지역의 가격이 상승하고 거래량이 늘었고, 반대로 침체된 곳들이 동시에 존재하기 때문이다. 이른바 양극화 시장이다. 이렇게 하락 국면과 상승 국면이 동시에 존재할 수 있기 때문에 부동산 시장을 단순하게 '상승' 또는 '하락'으로 전망해서는 안 된다.

이런 복합적인 양상에도 정부와 전문가들은 부동산 시장이 안정세에 접어들었다고 한다. 다른 한쪽에서는 여전히 비관론을 내세우고 있다. 양측 의견이 엇갈리면서 일반인들 머릿속만 복잡해졌다.

전문가의 의견은 참고만 하되, 이 전망 하나만은 확실하게 가슴에 품고 시장을 보자. 이제 묻지 마 폭등 시장이 눈앞에 펼쳐질 확률은 높지 않다는 것이다. 아무리 인기가 많은 지역도 단기간에 급등하지는 않을 것이다. 급등하려면 실수요에 투자 수요까지 집중되어야 하는데, 지금은 투자자가 아니라 실거주층만이 집을 구매할 수 있는 시장이기 때문이다.

한국의 경제 상황이 1980년대의 일본처럼 극호황기를 맞지 않는 이상, 앞으로도 실거주 위주의 수요가 집중된 부동산 시장이 전체 시장을 주도할 것이다. 따라서 주택의 매매 가격은 크게 하락하지도 않겠지만, 크게 상승하지도 않을 것이다.

문제는 전세 시세다. 실거주층 위주의 부동산 시장은 투자자가 주택을 추가 구매하지 않는다는 의미가 포함되어 있다. 다주택자가 증가하지 않는 상황에서 새로운 전세 물량이 공급될 수는 없다. 결국 전세 물건은 시장에서 계속 줄어들 수밖에 없다. 전세 물량이 줄면 임차인은 두 가지 중 하나를 선택해야 한다. 집을 사든지, 아니면 월세로 전환해야 한다. 이러한 시장이라면 어떤 전문가도 전세 물량이 급격히 줄 것이라는 데에는 이견이 없을 것이다.

집 구매 의향을 가진 사람이나 임차 의향을 가진 사람이나 이제 선택해야 한다. 부동산 시세는 지역에 따라 다르겠지만, 폭등하지도 않고 폭락하지도 않을 것이라는 전제 아래서 말이다.

물론 단기간 내 오르락내리락하겠지만, 향후 부동산 시장은 물가 상승률(인플레이션) 수준에서 오르내리기를 반복할 확률이 높다. 물가 상승률 이상 오르는 곳도 있을 것이고, 그 이하로 떨어지는 지역도 있을 것이다. 하지만 일정한 범위를 크게 벗어나지는 않을 것이다. 소위 박스권 내에서 움직이게 될 것이라는 의미다.

이러한 상황에는 자금에 여유가 있고 집을 구매하려고 하는 세대는 소신을 갖고 구매하는 것이 좋다. 자금 여유가 없어 종잣돈을 더 모아야 하는 세대는 조금 더 기다려도 나쁘지 않다. 다만 목표 금액과 목표 시점을 설정해두어야 한다. 목표를 실행하는 시점에선 대출을 적절히 활용하는 것이 좋다.

가격이 오른다 해도 계속 임차인으로 살고 싶은 세대도 많을 것이다. 이들은 집에 큰 비용을 들이는 것보다 생활의 질을 높이는 것을 선호한다. 즉 전세나 월세로 살면서 자신이 좋아하는 자가용을 구입하고, 다양한 문화생활을 즐기며 가끔 해외여행도 하고 싶은 것이다. 이런 경향은 특히 20~30대에서 두드러진다. 삶의 행복을 실시간으로 추구한다는 면에서 부모 세대인 베이비붐 세대보다 행복에 대한 태도가 적극적이라고 할 수 있다.

다만 임차로 사는 선택에서도 계획과 준비가 필요하다. 임대 시세 역시 꾸준히 오를 가능성이 높기 때문이다. 전세는 서서히 줄어들 것이라는 이야기는 여러 번 반복했다. 따라서 임차를 장기적으로 할 세대는 월세 임차를 위한 준비를 해야 한다.

다행히 정부는 임차인들을 위한 여러 정책을 추진하고 있다. 행복주택, 신혼부부용 주택, 공공임대주택 등이 꾸준히 공급될 것이다. 민간

## 전국 아파트 시세(2000~2025년)

(단위: 만 원/3.3m²)

| | 전국 | 서울특별시 | 세종특별시 | 광주광역시 | 대구광역시 | 대전광역시 | 부산광역시 | 울산광역시 | 인천광역시 |
|---|---|---|---|---|---|---|---|---|---|
| 2000년 | 444 | 683 | 284 | 244 | 308 | 283 | 325 | 244 | 322 |
| 2001년 | 486 | 776 | 286 | 244 | 338 | 306 | 354 | 257 | 387 |
| 2002년 | 586 | 991 | 300 | 260 | 377 | 357 | 406 | 293 | 472 |
| 2003년 | 670 | 1,119 | 318 | 286 | 423 | 500 | 439 | 328 | 511 |
| 2004년 | 672 | 1,125 | 323 | 303 | 442 | 501 | 448 | 362 | 502 |
| 2005년 | 747 | 1,269 | 324 | 328 | 489 | 541 | 461 | 395 | 537 |
| 2006년 | 948 | 1,706 | 363 | 351 | 516 | 553 | 494 | 510 | 669 |
| 2007년 | 962 | 1,760 | 392 | 368 | 517 | 550 | 513 | 542 | 767 |
| 2008년 | 947 | 1,750 | 381 | 398 | 519 | 539 | 547 | 539 | 832 |
| 2009년 | 978 | 1,838 | 384 | 411 | 541 | 569 | 583 | 570 | 838 |
| 2010년 | 972 | 1,796 | 405 | 437 | 552 | 628 | 663 | 597 | 822 |
| 2011년 | 993 | 1,766 | 500 | 513 | 599 | 712 | 775 | 677 | 811 |
| 2012년 | 953 | 1,654 | 593 | 547 | 625 | 697 | 772 | 704 | 786 |
| 2013년 | 954 | 1,624 | 638 | 584 | 702 | 704 | 784 | 732 | 785 |
| 2014년 | 989 | 1,670 | 734 | 638 | 807 | 715 | 813 | 785 | 815 |
| 2015년 | 1,058 | 1,785 | 832 | 704 | 938 | 719 | 891 | 855 | 877 |
| 2016년 | 1,118 | 1,994 | 903 | 719 | 911 | 733 | 1,010 | 881 | 916 |
| 2017년 | 1,195 | 2,209 | 1,073 | 754 | 958 | 757 | 1,037 | 875 | 950 |
| 2018년 | 1,348 | 2,758 | 1,202 | 834 | 1,029 | 815 | 1,030 | 828 | 970 |
| 2019년 | 1,437 | 3,057 | 1,261 | 852 | 1,051 | 957 | 1,063 | 843 | 1,001 |
| 2020년 | 1,751 | 3,662 | 2,204 | 878 | 1,185 | 1,208 | 1,350 | 947 | 1,208 |
| 2021년 | 2,099 | 4,258 | 2,189 | 969 | 1,313 | 1,453 | 1,624 | 1,059 | 1,662 |
| 2022년 | 1,999 | 4,114 | 1,982 | 972 | 1,247 | 1,349 | 1,570 | 1,026 | 1,470 |
| 2023년 | 1,940 | 4,017 | 1,954 | 994 | 1,169 | 1,303 | 1,494 | 1,007 | 1,406 |
| 2024년 | 1,918 | 4,305 | 1,736 | 1,038 | 1,174 | 1,269 | 1,402 | 1,026 | 1,437 |
| 2025년 | 1,985 | 4,653 | 1,810 | 1,028 | 1,170 | 1,255 | 1,402 | 1,046 | 1,435 |

| | 강원특별<br>자치도 | 경기도 | 경상남도 | 경상북도 | 전라남도 | 전북특별<br>자치도 | 충청남도 | 충청북도 | 제주도 |
|---|---|---|---|---|---|---|---|---|---|
| 2000년 | 237 | 437 | 296 | 223 | 218 | 222 | 248 | 222 | 319 |
| 2001년 | 234 | 476 | 303 | 227 | 218 | 225 | 257 | 228 | 352 |
| 2002년 | 241 | 584 | 324 | 242 | 225 | 234 | 285 | 249 | 447 |
| 2003년 | 265 | 675 | 367 | 252 | 230 | 246 | 345 | 274 | 473 |
| 2004년 | 289 | 667 | 388 | 261 | 231 | 259 | 376 | 293 | 483 |
| 2005년 | 304 | 761 | 425 | 285 | 237 | 291 | 418 | 327 | 484 |
| 2006년 | 347 | 1,025 | 449 | 320 | 256 | 312 | 422 | 375 | 531 |
| 2007년 | 350 | 1,039 | 452 | 356 | 296 | 343 | 437 | 388 | 573 |
| 2008년 | 362 | 979 | 463 | 364 | 331 | 370 | 443 | 389 | 562 |
| 2009년 | 384 | 997 | 480 | 378 | 352 | 409 | 454 | 403 | 581 |
| 2010년 | 401 | 965 | 584 | 390 | 397 | 463 | 470 | 441 | 630 |
| 2011년 | 461 | 966 | 666 | 427 | 443 | 539 | 533 | 516 | 685 |
| 2012년 | 474 | 921 | 666 | 454 | 454 | 534 | 554 | 537 | 725 |
| 2013년 | 479 | 918 | 674 | 505 | 460 | 528 | 578 | 550 | 776 |
| 2014년 | 494 | 945 | 706 | 548 | 464 | 532 | 624 | 588 | 941 |
| 2015년 | 527 | 1,006 | 746 | 589 | 479 | 538 | 635 | 605 | 1,145 |
| 2016년 | 581 | 1,047 | 749 | 570 | 497 | 547 | 642 | 599 | 1,282 |
| 2017년 | 599 | 1,095 | 740 | 576 | 518 | 563 | 660 | 600 | 1,308 |
| 2018년 | 613 | 1,202 | 718 | 584 | 564 | 573 | 662 | 609 | 1,322 |
| 2019년 | 588 | 1,260 | 723 | 575 | 588 | 567 | 675 | 608 | 1,329 |
| 2020년 | 606 | 1,617 | 770 | 637 | 634 | 640 | 768 | 708 | 1,337 |
| 2021년 | 695 | 2,038 | 884 | 718 | 653 | 751 | 902 | 869 | 1,476 |
| 2022년 | 710 | 1,914 | 877 | 697 | 638 | 752 | 877 | 834 | 1,502 |
| 2023년 | 727 | 1,845 | 863 | 694 | 636 | 749 | 856 | 820 | 1,522 |
| 2024년 | 809 | 1,838 | 813 | 696 | 718 | 775 | 851 | 839 | 1,369 |
| 2025년 | 798 | 1,853 | 802 | 689 | 703 | 781 | 843 | 835 | 1,362 |

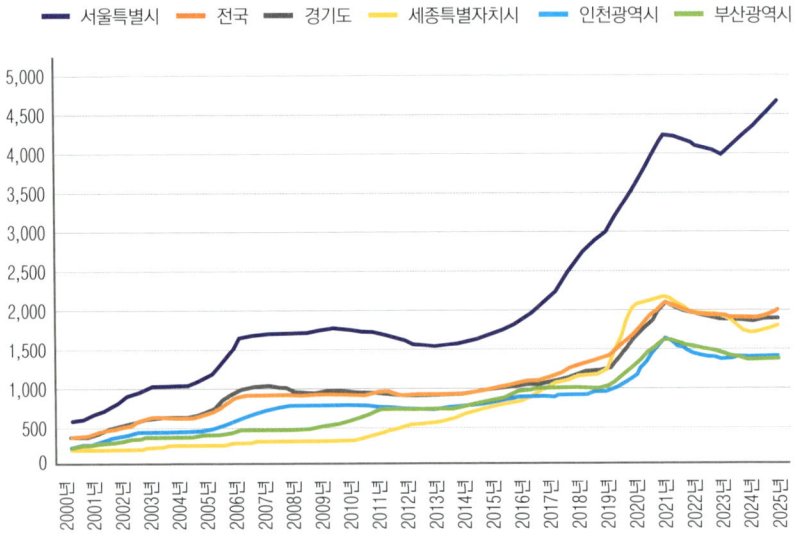

전국 아파트 시세 추이(2000~2025년)

서울특별시 · 전국 · 경기도 · 세종특별자치시 · 인천광역시 · 부산광역시

임대 사업자들이 공급하는 물량들도 시장에 나올 것이다. 정부 계획대로 임대 물건이 많아지면 평균 임대 가격도 안정화될 것이다.

하지만 임차 세대들이 명심할 것이 있다. 임대 시세 역시 입지의 경쟁력이 가장 중요한 요인이라는 것이다. 임차로 살더라도 인기 지역은 임차료가 비쌀 수밖에 없다. 임대 시장에서도 양극화, 부익부 빈익빈 구도가 존재한다는 것을 잊어서는 안 된다. 또한 임차 세대는 2년에 한 번씩은 이사할 수도 있기 때문에, 이사 예정 지역을 늘 준비해야 한다. 후보지 정보와 시세 추이 파악은 기본적으로 해야 한다.

매매와 임대는 동전의 양면과 같다. 한쪽 손을 들어줄 수 없다. 한쪽이 위로 가면 다른 쪽은 밑을 향한다. 정부의 고민이 깊어갈 것이다.

유주택자는 유주택자에게 유리한 정책을 활용하고, 무주택자는 무주택자에게 제공되는 혜택을 놓치면 안 된다. 상승 시장에선 상승 시장대로, 하락 시장에선 하락 시장대로 양 계층이 활용할 수 있는 정책이 계속 나올 테니 말이다.

앞으로도 부동산 시장은 상승과 하락을 지속적으로 반복하겠지만, 지역마다 상승 폭이 다를 수밖에 없다. 통계청 예측대로 2031년 이후 인구가 감소한다 해도, 각 지역 주택 보급률이 100%를 넘어도 크게 영향받지 않는 지역들이 있다는 것이다.

매매든 임대든 마찬가지다. 전체 지역의 평균으로 모든 지역이 똑같이 움직일 것이라는, 현실을 무시한 의견들은 무시해버리자. 내가 거주할 지역의 부동산에 대해서는 내가 전문가가 되어야 한다. 정부도 기업체도 전문가도 매스컴도 내 주거 생활을 책임져주지 않는다.

관심 있는 지역의 과거와 현재, 그리고 미래를 애정을 가지고 직접 확인하는 습관을 갖자. 나와 내 가족의 거주 편의성을 확보하는 가장 좋은 방법이다.

# 제2장

# 수요

집값을 움직이는
진짜 힘

집값을 움직이는 힘은 가격 그 자체가 아니다. 가격은 언제나 뒤늦게 찍히는 결과일 뿐이다. 앞서 달리는 것은 사람들의 삶, 곧 수요다. 우리는 종종 차트의 선을 보며 오르내림을 해석하려 하지만, 선을 움직이는 손은 그래프 밖에 있다. 출근과 하교의 시간표, 병원과 공원의 거리, 아이가 자라는 속도, 부모의 노후 계획, 한 달에 감당할 수 있는 관리비와 이자. 이 사소하고도 구체적인 생활의 변수들이 한 덩어리가 되어 "여기 살겠다"라는 의지를 만든다. 그 의지의 밀도가 곧 수요의 힘이다. 그리고 집값은 그 힘의 형상이다.

요즘 들어 애절한 상담이 늘었다. 전세 만기가 겹치고 세입자가 구해지지 않아 전세금을 돌려줄 길이 막막하다는 하소연. 대세 상승기에 갭을 최대한 얇게 깎아 여러 채를 들였던 이들이 역전세의 파도 앞에서 동시에 흔들린다. 상승기엔 많이 가진 사람이 이긴다. 조정기엔 많이 가진 사람이 먼저 흔들린다. 이 단순한 진실을 외면하면 시장은 가차 없다. 전세가가 꺾이고 거래가 마르면 "버티면 오른다"는 믿음은 효력을 잃는다. 버틸 현금이 없기 때문이다. 그리고 그 빈틈은 세입자의 불안으로, 지역 임대 시장의 체온 저하로 돌아온다.

부동산은 손절이 어려운 자산이다. 금융자산은 가격을 낮추면 팔린다. 부동산은 하락기에 거래 자체가 얼어붙는다. 리밸런싱이 가장 필요할 때 가장 어려운 이유다. 그래서 부동산 투자의 실력은 매수 순간에 이미 절반이 결정된다. 만기를 흩어놓고, 공실과 이자를 견딜 현금의 길을 먼저 열어두고, 같은 생활권과 같은 평형으로 몰지 않는 일. 차트가 아니라 통장과 달력을 보고 결정을 해두어야 한다. 수익률이 조금 낮아지더라도 생존율을 높이는 선택 같은 보수적 습관이 조정기를 지나는 유일한 끈이 된다.

수요는 표에서는 확실하게 보이지 않는다. 현장에서 더 분명하다. 대치동의 오래된 아파트 전세는 중개업소에 내놓은 지 10분 만에 계약이 끝났다. 교육과 직주근접, 생활 인프라가 한데 겹친 곳은 늘 상시 대기 수요가 있다. 반면 파주의 어떤 단지는 2년 전보다 전세가를 3,000만 원 낮춰도 연락이 드물다. 교통 연결과 대체지의 존재, 인구 이동의 방향이 만들어낸 현실이다. 같은 도시 안에서도 대비는 선명하다. 부천의 신축은 올려 받은 전세가에도 바로 계약이 됐지만, 구축은 낮춘 전세가에도 오랜 시간 빠지지 않았다. 입지와 상품의 조합이 수요를 가른다. 수요가 갈리면 가격의 운명도 갈린다.

우리는 '입지, 상품, 가격'이라는 세 단어를 되뇌곤 한다. 그러나 머릿속에 순서를 매겨 정리해놓을 필요가 있다. 먼저 입지다. 출근 시간대의 문턱에서 문턱까지, 아이의 등하교 동선, 병원과 공원의 접근성, 환승의 편리함, 일자리의 질과 규모. 이 기본이 흔들리면 다른 장점은 빛을 잃는다. 다음은 상품이다. 같은 동네라 해도 평면의 뼈대, 채광과 통풍, 동·라인·층의 배치, 주차와 엘리베이터 동선, 관리의 실력이 체감의 차이를 만든다. 마지막이 가격이다. 가격이 싸서 이유가 되는 순간, 그 '싸다'는 말은 함정이 된다. 비싼데도 선택되는 집은 대개 이유가 명확하다. 그 이유가 수요다.

그래서 수요를 읽는다는 것은 숫자 몇 개를 외우는 일이 아니라 한 인간의 하루를 상상하는 일에 가깝다. 아침 일곱 시 삼십 분, 집을 나선다. 역까지 몇

분 걸을까. 계단에서 유모차를 몇 번 들어 올려야 할까. 환승 대기 시간은 얼마나 길까. 병원과 약국, 마트와 도서관, 공원과 학원은 어떤 방향으로 모여 있을까. 저녁 일곱 시 삼십 분, 엘리베이터는 얼마나 붐빌까. 주차장은 머뭇거림 없이 들어설 수 있을까. 이런 질문을 열두 번쯤 던지고서야 비로소 한 동네의 수요가 피부에 와닿는다. 시장은 숫자로 기록되지만, 결정은 생활의 언어로 내려진다.

정책은 때로 수요를 무시한 채 가격을 직접 다루려 한다. 규제는 단칼처럼 보이지만, 시장의 반응은 둔중하고 오래간다. 임대공급을 죄면 전세와 월세의 체온이 내려가고, 거래를 죄면 정보가 마르고, 정보가 마르면 가격은 소문과 희소성에 휘둘린다. 그럴수록 우리는 더더욱 수요의 언어로 돌아가야 한다. 어디에 사람들이 살고 싶어 하는가. 어디에 그들이 내일도, 내년에도, 5년 뒤에도 살고 싶어 할 것인가. 교육과 일자리, 교통과 생활 인프라, 안전과 관리의 품질이 중첩되는 곳은 조정기에도 바닥이 단단하다. 반대로 이 겹침이 약한 곳은 상승기의 거품을 고스란히 반납한다.

투자자에게 필요한 것은 대담함이 아니라 질서다. 집을 사기 전 마지막 한 시간, 세 곳에 전세 문의를 해본다. "지금 놓으면 며칠 걸릴까요?"라고 전화로 묻는다. 출근 시간대에 직접 동선을 밟아본다. 최근 반년 거래 내역을 지도 위에 찍어 흐름을 본다. 관리사무소에 들러 장기수선 적립과 하자 이력을 확인한다. 같은 생활권의 대체 단지 두세 곳을 돌아보고, "이 집을 포기할 합리적 이유가 있는가"를 스스로 묻는다. 이 간단한 의식이 투자와 투기를 가른다. 숫자가 모자라면 보태고, 시간이 모자라면 미룬다. 그 절제가 결국 수익을 만든다.

결국 집값을 움직이는 진짜 힘은 사람이다. 가격만 쫓으면 늘 한발 늦는다. 수요를 먼저 붙잡는 사람만이 사이클에 휘둘리지 않는다. 상승기의 들뜸에도, 조정기의 냉기에도 흔들리지 않는다. 다음 장에도, 다음 사이클에도 변치 않을 한 문장. 가격은 결과다. 수요가 원인이다. 그러니 우리는 원인을 붙잡아야 한다. 그래야 결과가 따라온다.

# 전세는 여전히 필요한가?

**핵심부터 말하자면**

집주인과 세입자 모두에게 이점을 제공한다.
폐지보다는 발전시켜야 할 사회적 자산이다.

2025년 현재, 부동산 시장을 둘러싼 담론의 중심에는 '전세의 종말'이 자리 잡고 있다. 전세사기, 깡통전세, 대출 규제, 월세화 등 연이은 악재는 전세 제도의 존립 자체를 흔드는 듯하다. 격변의 한가운데에서, 우리는 전세라는 제도가 지난 수십 년간 한국 사회에 어떤 역할을 해왔는지, 그리고 앞으로의 주거 정책이 어떤 방향으로 나아가야 하는지 다시 묻지 않을 수 없다.

최근 전세사기와 깡통전세 문제가 심각해지며 전세 폐지론이 강하게 대두되고 있다. 하지만 이는 전세 제도 자체의 본질적 문제라기보다는 운영상의 결함과 제도적 허점에서 비롯된 것들이다.

전세는 한국의 독특한 역사적, 사회적 맥락 속에서 성장하고 유지되

어온 제도로, 폐지가 아니라 개선과 보완이 필요한 중요한 사회적 자산이다. 역사적으로 전세는 조선 시대부터 500년 이상 이어져온 제도다. 이미 조선 후기에 도시화가 시작되면서 전세는 도시 주거 문제를 해결하는 중요한 역할을 담당했다. 특히 6·25전쟁 이후 급격한 도시화와 산업화가 진행될 때, 전세는 국가가 해결하지 못하는 주거 문제를 민간이 해결하는 효과적인 수단이었다. 전세보증금을 활용한 주택 공급 확대는 경제 활성화의 견인차 역할을 수행했다.

이처럼 전세는 단순한 임대차 방식이 아니라, 무주택자들이 자가 주택을 마련하기 위한 중간 과정으로서 중요한 '주거 사다리'의 역할을 충실히 수행해왔다. 집주인은 목돈을 받고 세입자에게 집을 빌려주며, 세입자는 월세 없이 일정 기간 안정적으로 거주한다. 계약 만료 시 보증금은 전액 반환된다.

6·25전쟁 이후 급격한 도시화와 산업화 속에서 전세는 주택난 해소의 열쇠였다. 금융 인프라가 미비했던 시절, 전세보증금은 집주인에게 무이자 자금 조달 수단이고, 세입자에게는 내 집 마련을 위한 '강제 저축'이자 '주거 사다리'였던 것이다.

경제적 측면에서 보면, 전세는 집주인과 세입자 모두에게 명확한 이점을 제공한다. 집주인은 전세보증금을 활용해 추가 자금을 무이자로 확보할 수 있다. 이를 통해 주택을 추가 구매하거나 사업 자금으로 쓰는 등 다양한 경제적 활동에 활용할 수 있다. 임차인의 입장에서도 월세 대비 비용이 훨씬 저렴하다.

여기서 구체적인 사례를 통해 전·월세 비용을 비교해보자. 오른쪽 서울 강동구 '래미안솔베뉴' 사례에서 보듯 월세보다 월 41만 원 이상 저렴하게 거주가 가능하다.

또한 임차인 입장에서 전세는 단지 매월 빠져나가는 비용을 아껴주는 데서 그치지 않는다. 전세 계약 만료 후 전세보증금을 전액 돌려받으면서 실질적인 자산 형성의 기회를 제공한다. 특히 청년과 신혼부부 등 경제적 기반이 부족한 계층에게는 내 집 마련의 중요한 디딤돌이자 안정적 거주를 위한 필수적 선택지다.

그러나 2025년, 전세는 심각한 위기를 맞고 있다. 신축 빌라를 중심으로 전세사기와 깡통전세 피해가 속출했고, 집값 하락과 다주택자·법인 임대인의 도산이 겹치며 보증금 반환이 막히는 사태가 전국적으로 확산됐다.

# 래미안솔베뉴 25평형 기준 전·월세 비교

## 1. 전세 조건
- 전세보증금: 7억 원
- 전세대출: 5.6억 원(80% 대출, 금리 3.5%)
- 자기자본: 1.4억 원

## 2. 월세 조건
- 보증금: 1억 원
- 월세: 240만 원

## 3. 월 비용 상세 분석
- 전세 총비용: 198.3만 원
  - 대출이자: 163.3만 원(5.6억 원 × 3.5%(대출금리) ÷ 12개월)
  - 기회비용: 35만 원(자기자본 1.4억 원 × 3%(예금금리) ÷ 12개월)
- 월세 총비용: 240만 원

## 4. 절약 효과
전세 선택 시 월 41.7만 원, 연간 500만 원의 비용 절약이 가능하다.
이는 전세보증금을 활용한 무이자 자금 확보로 임차인이 얻는 경제적 이익을 보여준다.

(단위: 만 원)

|  | 보증금 | 월세 | 월 대출이자 | 월 기회비용 | 월 총비용 | 연 총비용 |
|---|---|---|---|---|---|---|
| 전세 | 70,000 | – | 163.3 | 35 | 198.3 | 2,380 |
| 월세 | 10,000 | 240 | – |  | 240 | 2,880 |
| 차이(절약액) | – | – | – | – | 41.7 | 500 |

정부는 전세보증금 반환보증 가입 의무화, 전세사기특별법 제정 등 대응에 나섰지만 피해자들의 불안은 좀처럼 해소되지 않았다. 임차인의 소득과 기존 대출을 반영해 전세대출 보증 한도가 대폭 축소되고, 은행의 대출 심사도 엄격해지면서 전세 자금 마련은 더욱 어려워졌다. 금리 인상까지 겹치면서 세입자들은 월세나 반전세로 눈을 돌릴 수밖에 없었다.

실제 현장 통계를 보면 2025년 5월 기준 전국 임대차 계약 중 월세 비중은 61%에 달한다. 비아파트(빌라, 다세대) 월세 비율은 76%를 넘었고, 수도권 평균 월세는 80만 원을 상회한다. 전세 재계약률은 75% 이상으로 회복세이나, 저가주택·지방은 월세화가 고착되고 있다. 월세의 시대가 열린 것이다.

이렇게 월세화가 가속화되면서 주거비 부담은 커지고 있다. 월세는 대략 2년이면 2,000만 원이 넘는 돈이 사라진다. 청년, 신혼부부, 저소득층일수록 월세에 내몰리고, 자산 형성 기회는 줄어든다. '월세→전세→자가'로 이어지던 주거 사다리가 무너지고, 내 집 마련의 꿈은 더 멀어지는 게 현실이다.

물론 앞서 말했듯 전세의 문제점도 분명히 존재한다. 하지만 전세사기와 깡통전세는 제도 자체의 결함이라기보다 정보 비대칭, 허술한 대출 심사, 임대인의 도덕적 해이, 부동산 시장의 왜곡 등 복합적 요인에서 비롯됐다. 임차인은 집주인의 재정 상태, 담보 설정 현황 등 핵심 정보를 알기 어렵고, 임대인은 과도한 레버리지로 다주택을 소유하다가 시장 침체 시 도산하는 구조가 반복됐다. 전세대출 규제 강화, 보증보험 한계,

공공임대주택 공급 부족 등 정책의 미비도 문제를 악화시켰다.

해외 사례를 보면 미국, 독일, 일본 등은 월세 중심이다. 보증금은 1~2개월 치에 불과하며, 계약갱신청구권 등 임차인 보호가 강하다. 반면, 한국의 전세는 '목돈'이 필요하지만, 장기 거주와 자산 형성에 유리하다. 볼리비아의 안티크레티코처럼, 전세와 유사한 제도는 일부 개발도상국에만 존재한다. 그러나 선진국의 월세 중심 체제도 임대료 급등, 주거 불안정, 계층 간 격차 문제를 겪고 있다.

월세 중심 체제가 반드시 바람직한 것은 아니다. 전세의 위기는 제도 자체의 문제가 아니라 운영과 관리, 그리고 시장·정책의 실패에서 비롯된 측면이 크다. 에스크로 제도 도입, 임대인 신용정보 공개, 적정 수준의 대출 지원, 공공임대주택 확대, 임차인 보호 강화 등 제도 개선의 여지는 충분하다. 전세는 폐지의 대상이 아니라, 개선과 보완을 통해 더 안전하고 투명하게 발전시켜야 할 소중한 사회적 자산이다.

전세가 없는 한국 주거 시장은 계층 이동의 사다리가 사라진 사회만큼이나 삭막할 것이다. 우리가 전세를 포기한다면 내 집 마련의 꿈도 함께 사라질 수 있다. 한국 주거 정책의 미래는, 전세의 본질적 가치를 지키면서도 시대 변화에 맞는 혁신과 안전장치를 마련하는 데 달려 있다. 전세는, 여전히 한국 사회에 반드시 필요한 제도다.

핵심부터 말하자면

투자 의사 결정을 위한 귀중한 정보다.
지역의 입지적 장단점을 명확히 보여주기 때문이다.

2024년 국내 인구 이동 통계에 따르면 총 이동자는 628만 3,000명으로, 전년 대비 15만 5,000명(2.5%) 증가했다. 이동한 사람 셋 중에 둘은 같은 시도 내에서 움직였고, 이런 흐름은 전년과 비슷하다.

연령별 이동률도 눈여겨봐야 한다. 20대(23.9%)와 30대(21.0%)가 가장 높은 이동률을 보였으며, 이는 주로 주거 요인, 가족, 직업과 같은 주요 요인에 영향을 받은 것으로 보인다. 젊은 층은 소폭이나마 전년 대비 이동률이 증가했으나, 70대 이상의 이동률은 감소해 고령층의 이동 활동이 감소하는 경향을 보였다.

성별로는 남성의 이동률이 12.7%로 여성(12.0%)보다 높았다. 연령별 성비를 보면 40대 남성의 이동 성비(여성 100명당 남성)가 109.5명으로 가

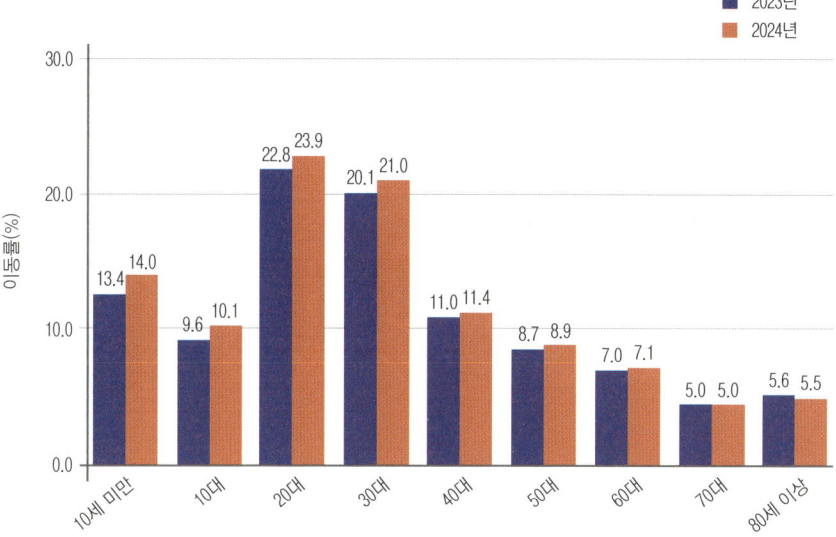

연령별 이동률(2023~2024년)

장 높았고, 80세 이상에서는 74.0명으로 가장 낮아 이동 성향의 연령별 차이를 보여준다. 이를 통해 남성은 경제활동이 활발한 중년기에는 일자리를 찾아 외부로 이동하는 반면, 고령기에는 지역에 정착하려는 경향이 강하다는 특징을 읽을 수 있다. 여성은 이에 비해 연령대별 이동률이 비교적 고르게 나타나, 결혼·돌봄·교육 등 생활 요인에 따른 꾸준한 이동 패턴을 보인다.

지역별로 살펴보면, 인천과 세종은 순유입률이 각각 0.9%, 0.7%로 높게 나타났으며, 광주와 제주는 순유출률이 각각 0.6%, 0.5%로 가장 높았다. 특히 인천은 모든 연령대에서 순유입을 기록하며 안정적인 인구 증가를 보였다.

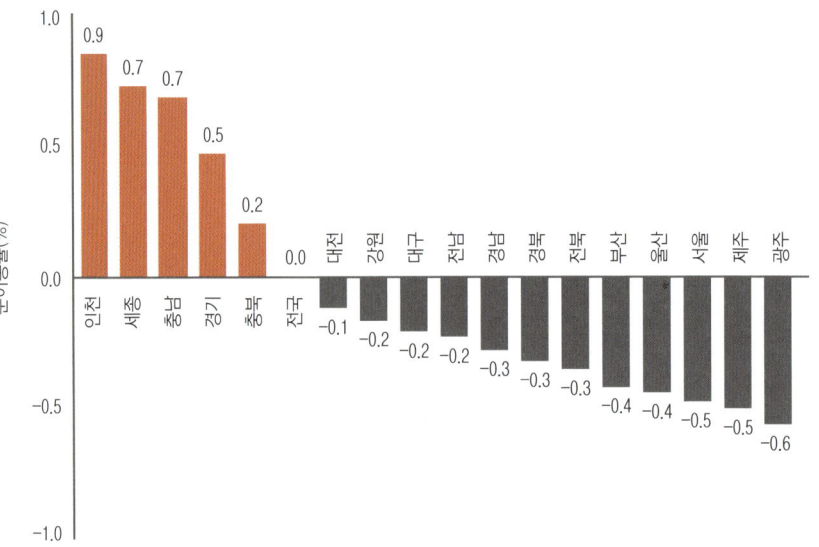

시도별 이동률(2024년)

반면, 서울은 10대와 20대에서 순유입을 기록했지만 다른 연령대에서는 순유출을 보였다. 이는 수도권 내에서도 지역 간 인구 이동이 활발하게 이루어지고 있음을 보여준다.

권역별로는 수도권(서울, 인천, 경기)과 중부권(대전, 세종, 강원, 충북, 충남)이 각각 4만 5,000명, 1만 6,000명의 순유입을 기록한 반면, 영남권(부산, 대구, 울산, 경북, 경남)과 호남권(광주, 전북, 전남)은 각각 4만 명, 1만 8,000명의 순유출을 기록했다. 수도권으로의 유입은 20대가 가장 많았고, 40대 이상은 순유출이 나타났다.

전입의 주요 사유로는 주택(34.5%), 가족(24.7%), 직업(21.7%)이 전체의 80.9%를 차지했다. 전년 대비 내 집 마련, 전월세 계약 등 주택과 가

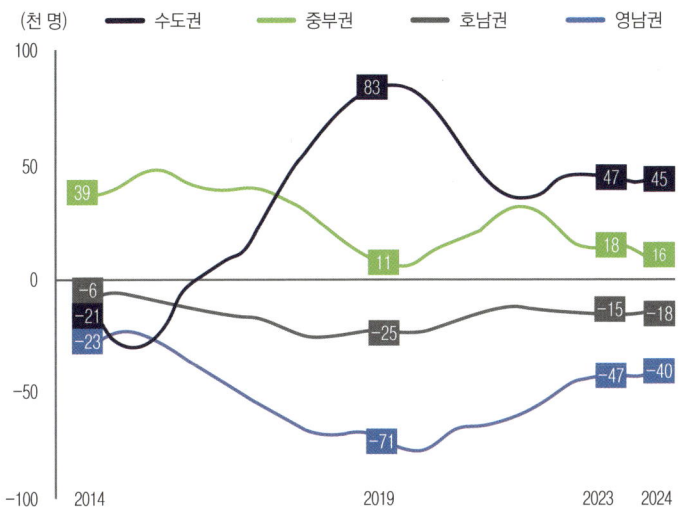

권역별 순이동자 수 추이(2014~2024년)

(천 명)　━ 수도권　━ 중부권　━ 호남권　━ 영남권

족 사유로 인한 이동자 수는 증가했지만 직업 사유는 감소했다. 시도 내 이동에서는 주택이 43.2%로 가장 큰 이유였으며, 시도 간 이동에서는 직업이 33.5%로 주요 이유였다.

　서울에서는 직업, 교육, 주거환경이 주요한 이동 사유로 작용했다. 인천은 주거환경 개선이 순유입의 주요 요인이었다. 세종과 경기는 직업, 가족, 주택, 주거환경 덕분에 인구 유입이 이루어진 반면, 교육과 자연환경 때문에 일부 인구가 이탈했다.

　반면에 부산, 대구, 광주, 대전, 울산 등은 직업 부족으로 인해 인구 순유출이 발생했다. 도 지역에서는 주거환경 문제로 인해 인구가 빠져나가는 경향이 두드러졌다.

수도권 내 이동자는 292만 7,000명으로 전체 이동자의 46.6%를 차지했으며, 이는 전년 대비 3만 명(1.0%) 증가했으나 전체 이동에서 차지하는 비중은 0.7%포인트 감소했다. 비수도권에서 수도권으로의 이동자는 41만 8,000명으로 0.7%(3천 명) 증가했으며, 수도권에서 비수도권으로의 이동자는 37만 3,000명으로 1.3%(5천 명) 증가했다. 이는 수도권과 비수도권 간 이동 흐름이 여전히 활발함을 보여준다.

시도별로는 서울에서 인천과 경기로의 순유출이 7만 5,000명에 달해 전년 대비 9,000명 증가했으며, 경기의 수도권 내 순유입은 5만 3,000명으로 전년 대비 1만 8,000명 증가했다. 인천의 수도권 내 순유입은 8,000명 감소했다.

전국 228개 시군구 중 80개 시군구는 순유입, 148개 시군구는 순유출을 기록했다. 순유입률이 가장 높은 지역은 대구 중구(9.2%), 경기 양주시(7.6%), 경기 오산시(5.2%) 순이었다. 반면, 순유출률이 가장 높은 지역은 서울 용산구(-4.3%), 경기 의왕시(-2.9%), 경북 칠곡군(-2.4%)로 나타났다. 특히 대구 중구와 경기 양주시의 높은 순유입률은 이들 지역이 갖춘 주거환경과 교통 접근성이 주요 요인으로 작용했음을 보여준다. 반면, 서울 용산구와 경기 의왕시는 높은 주택 비용과 부족한 주거환경 개선으로 인해 순유출이 발생한 것으로 보인다.

인구 이동 통계는 지역의 입지적 장단점을 명확히 보여준다. 수도권의 경우, 직업, 교육, 주거환경 등의 이유로 지속적으로 인구를 유입시키고 있지만, 높은 주택 비용과 인구 밀집으로 인해 일부 계층에서는 순유출이 발생하고 있다.

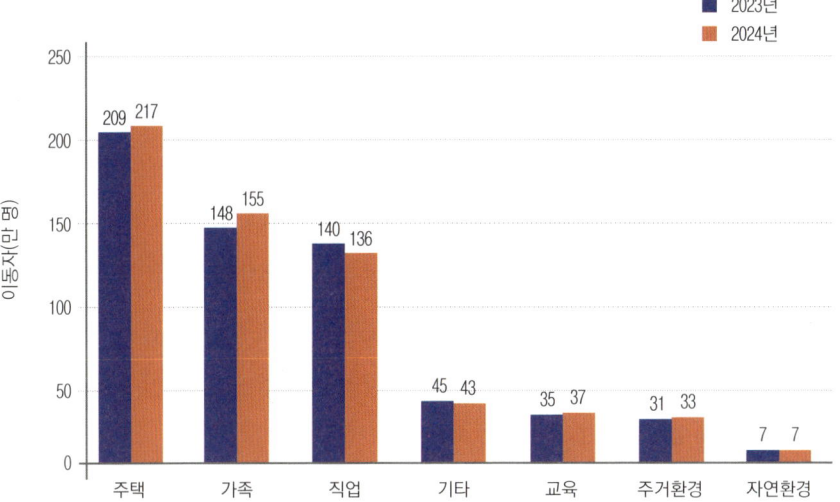

전입 사유별 이동자 수(2023~2024년)

반면, 인천과 세종, 경기는 안정적인 주거환경과 직업 기회, 가족 친화적 요소로 인해 인구가 증가하고 있다. 부산, 대구, 광주, 대전, 울산과 같은 대도시들은 직업 부족으로 인해 인구를 유지하는 데 어려움을 겪고 있다. 도 지역의 경우, 주거환경 개선이 시급한 과제로 남아 있다.

이러한 지역적 차이를 감안하면, 이주를 계획하거나 투자 지역을 선정할 때 다음과 같은 요소를 고려할 수 있다.

첫째, 직업 기회다. 대도시와 수도권은 직업 기회가 풍부하지만 경쟁이 심하고 주거 비용이 높다. 직업 안정성과 주거 비용 간의 균형을 고려해야 한다.

둘째, 교육 및 가족 환경이다. 세종과 경기는 교육과 가족 중심의 생활을 위한 최적의 입지를 제공한다.

셋째, 주거환경이다. 인천과 같은 지역은 비교적 저렴한 주택과 양호한 환경을 제공해 주거지로 매력적이다.

넷째, 장기적 발전 가능성이다. 도 지역은 현재 주거환경 개선이 필요하지만, 개발 잠재력이 높은 곳을 중심으로 투자 기회를 모색할 수 있다.

2024년 인구 이동 통계는 지역별 불균형 문제와 수도권 집중 현상이 여전히 해소되지 않았음을 보여준다. 수도권의 지속적인 인구 유입은 해당 지역의 주거 및 경제적 압박을 증가시키고, 비수도권의 인구 감소는 지역 소멸 위험을 가중시킬 수 있다.

그런데 여기서 유의할 점은 단순히 인구 증감의 숫자에만 매몰되지 말아야 한다는 것이다. 인구 감소라고 해서 모두 같은 의미를 갖는 것은 아니다. 특히 서울과 부산 같은 대도시의 경우에는 지방 소도시와는 전혀 다른 관점에서 해석할 필요가 있다.

2024년 6월 한국고용정보원에서 통계청의 주민등록인구통계를 이용해 분석한 '2024년 3월 기준 소멸위험지역의 현황과 특징'을 발표했다. 이 논문에 의하면 17개 광역시도 중 소멸위험지역은 8개로 나타났으며, 부산이 광역시 중 최초로 소멸위험단계에 진입했다고 한다. 과연 부산이 '인구소멸 위험 1위 광역시'일까? 결론부터 말하자면 인구 감소 추세로 판단하면 서울도 비슷한 결과가 나올 수 있다. 대도시는 동별로 분석했을 때 의미 있는 결과를 알 수 있다.

논문에 따르면 부산의 인구는 329만 명이고 65세 이상 인구가

23.0%로 광역시 중 유일하게 초고령사회로 진입했다. 게다가 20~39세 여성 인구는 11.3%에 그쳐 소멸위험지수(20~39세 여성 인구수를 65세 이상 인구수로 나눈 값) 값이 0.49를 기록했다. 그리고 전남과 경북, 강원, 전북 등 4곳은 소멸위험지수 값이 0.4 미만을 기록했다.

서울을 제외한 광역시 전체 45개 구·군 중 소멸위험 구·군은 21개로 46.7%를 차지했다. 시도별로는 부산이 11곳으로 가장 많았고 대구 3곳, 대전 2곳, 인천 1곳으로 확인됐다. 부산 영도구는 소멸위험지수 값이 0.256으로 광역시 구 지역 중 가장 낮았다. 영도구가 처음으로 소멸위험지역으로 진입한 2017년의 인구와 비교하면, 20~39세 여성 인구는 11.4% 감소했지만 65세 이상 인구는 73.5% 증가해 전체적으로는 인구가 19.1% 증가했다.

광역시 소멸위험 지역들은 재개발이 지연된 원도심(부산 영도구·동구,

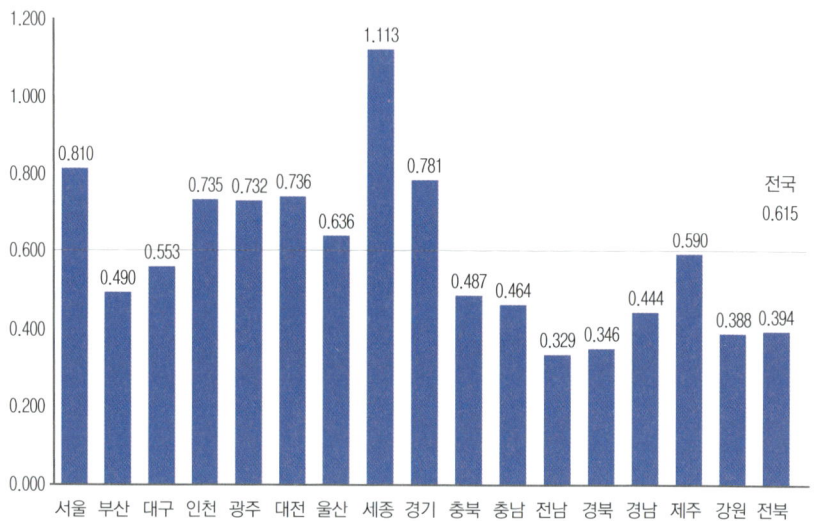

시도별 소멸위험지수 값(2024년 3월 기준)

자료: 한국고용정보원

대구 서구, 대전 중구 등)과 노후산업지역(부산 사상구·사하구, 대구 서구 등)이 주를 이뤘으나, 최근에는 해운대구와 같은 신도심으로도 확산하고 있다. 해운대구 반송 1·2동은 각각 소멸위험지수 값이 0.192와 0.194로, 20~30대 여성 인구가 65세 이상 인구의 5분의 1에도 못 미치는 소멸고위험지역이다.

반여 2·3동 역시 소멸위험지수 값이 각각 0.218과 0.269로 소멸고위험지역 기준에 근접하고 있다. 이들 지역은 1960~1970년대 부산시가 시내 수재민과 철거민들을 정책적으로 이주시키면서 생긴 곳들로, 최근 낙후된 주거 인프라와 생활환경으로 인해 인구 유출과 고령화가

## 시도별 소멸위험지수 시군구 수 및 비중(2024년 3월 기준)

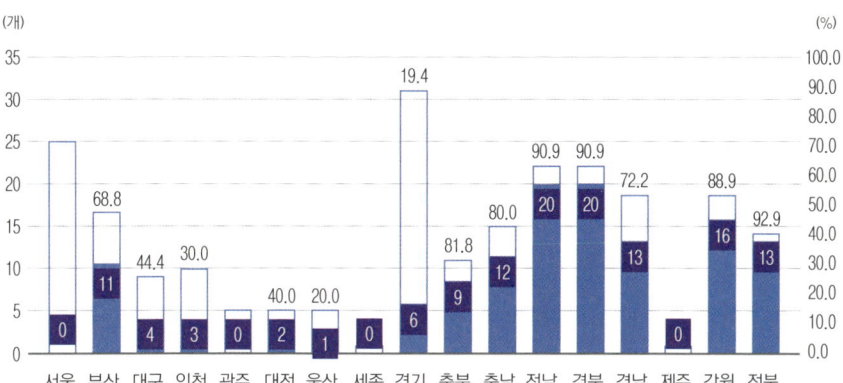

■ 소멸위험지역 개수(왼쪽 축)
□ 전체 지역 개수(왼쪽 축)
막대 위 숫자: 소멸위험지역 비중(오른쪽 축)

자료: 한국고용정보원

급격하게 진행되고 있다.

'지방소멸'은 일본 정치인 마스다 히로야가 2014년 발표한 보고서에서 처음 등장한 개념이다. 그는 일본의 인구 변화 추계를 바탕으로 약 30년 후 인구가 절반 이상 감소하는 시·정·촌이 50%에 이를 것이라는 전망을 내놓았다.

한국의 소멸위험지수는 엄밀한 통계적 전망을 통해 도출한 결과는 아니지만, 급속한 고령화와 청년인구 유출로 인해 쇠락하는 지방의 단면을 보여준다고 한국고용정보원의 논문은 주장했다.

지방소멸, 소멸위험지역에 대한 고민과 대책이 필요하다는 것은 누구나 공감할 것이다. 하지만 부산이 소멸될 가능성이 가장 높고, 특히 해운대구가 그렇다는 결론은 수긍하기가 어렵다.

아마도 부산 인구가 급격히 줄고 있고, 특히 해운대구가 그렇다는 것에 착안해 결론을 쉽게 내린 듯하다. 같은 논리라면 서울도 소멸위험지역이 돼야 한다. 이번 논문에는 서울이 철저히 배제돼 있다.

통계 자료만 가지고 단순하게 해외와 비교 분석하면 안 되는 이유가 여기에 있다. 부산 해운대구에는 반여동만 있는 것이 아니다. 마린시티와 센텀시티가 있는 우동이라는 지역만 알았어도, 엘시티가 있는 중동이라는 지역만 알았어도, 좌동신시가지가 있는 좌동이라는 지역만 제대로 알았어도 이런 결론은 나오지 않았을 것이다.

차라리 '해운대구 내 모든 지역에 수요가 많은 것은 아니다. 서울의 25개 구가 모두 다른 것처럼'이라는 결론을 내리는 것이 더 합리적이지 않았을까.

# 03 미분양을 기회로 만드는 방법

**핵심부터 말하자면**

공급자에게 어려운 시장이지만 소비자에겐 좋은 기회다.
원하는 가격대에 골라 살 수 있다.

국토교통부에서 2025년 7월 기준 주택 통계를 발표했다. 7월 말 기준 미분양 주택은 총 6만 2,244호로 집계됐다. 이는 전월 6만 3,734호 대비 1,490호(2.3%) 감소한 수치다. 준공 후 미분양은 2만 7,057호로 전월 2만 6,716호 대비 341호(1.3%) 증가했다.

2024년 12월 말 기준 전국의 미분양 주택은 총 7만 173호였고, 2025년 들어 점점 감소하는 추세다. 하지만 준공 후 미분양 통계는 미미하지만 증가하고 있다.

지역별로 보면 2025년 7월 수도권 미분양 주택은 1만 3,283호로 전월 1만 3,939호 대비 4.7%가 감소했다. 구체적인 수치로 보면 656호다. 지방은 4만 8,961호로 전월 4만 9,795호 대비 1.7% 감소했다. 수치로 보면 834호다. 규모별로 보면 85m² 초과 미분양은 10,166호로 전월(9,744호) 대비 4.3% 증가, 85m² 이하는 52,078호로 전월(53,990호) 대비 3.5% 감소하였다.

왜 경기도 미분양이 왜 감소했을까? 미분양 감소의 가장 큰 원인은 공급 급감이다. 2025년 1분기 경기도 신규 공동주택 공급이 전년 같은 기간 대비 60% 감소했다. 분양 시장에 나온 주택은 4,623호로 전년 같은 기간(11,417가구)의 절반에도 못 미쳤다.

서울 집값 상승의 풍선효과도 발생했다. 서울 부동산 가격 급등으로 경기도로 수요가 이동하고 있다. 특히 서울 접근성이 좋은 의정부(-356가구), 김포(-314가구), 양주(-211가구) 등에서 미분양이 크게 줄었다.

장이 경기도 부동산 판도를 바꾸고 있다. GTX-A 노선을 중심으로 동탄, 운정 등 주요 거점 지역의 접근성이 획기적으로 개선되면서 투자 매력이 급상승했다.

2025년 9월 현재, 서울을 제외한 부동산 시장은 침체돼 있다. 수도권은 미미한 거래라도 이어지고 있지만, 지방은 거래 자체가 없는 지역이 꽤 많다. 꼭 매도해야 하는 경우만 급매물로 거래가 이뤄지고 있다. 결국 지금은 가격이 가장 중요한 변수다.

청약 시장도 마찬가지다. 분양가가 주변 아파트 대비, 혹은 유사한 시기에 분양하는 아파트 대비 높다고 판단되면 미분양이 나는 것이다. 공급자 입장에서는 대단히 어려운 시장이 됐다. 건축 원가는 상승하는 가운데 소비자들의 가격에 대한 저항이 높아지고 있기 때문이다. 가격에 대한 공급자와 소비자의 눈높이가 맞춰지기 전까지는 거래량 위축

## 지역별 미분양 주택 현황(2025년 7월 말 기준)

(단위: 호)

| | 2021.12. | 2022.12. | 2023.12. | 2024.12. | 2025.06. | 2025.07. | 2025.06. 대비 | |
|---|---|---|---|---|---|---|---|---|
| | | | | | | | 증감 | 증감률 |
| 전국 | 17,710 | 68,148 | 62,489 | 70,173 | 63,734 | 62,244 | △1,490 | △2.3% |
| 수도권 | 1,509 | 11,076 | 10,031 | 16,997 | 13,939 | 13,283 | △656 | △4.7% |
| 서울 | 54 | 994 | 958 | 957 | 1,021 | 1,033 | 12 | 1.20% |
| 인천 | 425 | 2,494 | 3,270 | 3,086 | 1,825 | 1,737 | △88 | △4.8% |
| 경기 | 1,030 | 7,588 | 5,803 | 12,954 | 11,093 | 10,513 | △580 | △5.2% |
| 지방 | 16,201 | 57,072 | 52,458 | 53,176 | 49,795 | 48,961 | △834 | △1.7% |
| 부산 | 949 | 2,640 | 2,997 | 4,720 | 5,375 | 5,573 | 198 | 3.70% |
| 대구 | 1,977 | 13,445 | 10,245 | 8,807 | 8,995 | 8,977 | △18 | △0.2% |
| 광주 | 27 | 291 | 596 | 1,242 | 1,297 | 1,357 | 60 | 4.60% |
| 대전 | 460 | 3,239 | 894 | 2,319 | 1,663 | 1,514 | △149 | △9.0% |
| 울산 | 397 | 3,570 | 2,941 | 4,131 | 2,746 | 2,531 | △215 | △7.8% |
| 강원 | 1,648 | 2,648 | 4,001 | 4,408 | 3,526 | 3,348 | △178 | △5.0% |
| 충북 | 304 | 3,225 | 3,442 | 2,192 | 1,885 | 2,058 | 173 | 9.20% |
| 충남 | 1,012 | 8,509 | 5,484 | 3,814 | 4,260 | 4,289 | 29 | 0.70% |
| 세종 | 30 | 6 | 122 | 61 | 57 | 57 | 0 | 0.00% |
| 전북 | 133 | 2,520 | 3,075 | 2,743 | 2,976 | 2,842 | △134 | △4.5% |
| 전남 | 2,163 | 3,029 | 3,618 | 3,598 | 3,280 | 2,919 | △361 | △11.0% |
| 경북 | 4,386 | 7,674 | 8,862 | 6,987 | 6,482 | 6,292 | △190 | △2.9% |
| 경남 | 1,879 | 4,600 | 3,682 | 5,347 | 4,770 | 4,718 | △52 | △1.1% |
| 제주 | 836 | 1,676 | 2,499 | 2,807 | 2,483 | 2,486 | 3 | 0.10% |

자료: 국토교통부

국면이 지속될 듯하다.

하지만 공급자들에게 어려운 이 시장이 소비자들에게는 좋은 기회가 될 수 있다고 생각한다. 원하는 가격대에 골라 살 수 있기 때문이다.

기회는 늘 오는 것이 아니다. 특히 현재의 가격은 지금이 최저가일 가능성이 매우 높다. 수요가 많은 아파트라면 특히 더 그럴 것이다.

이 논리는 '입주 대란'이라 불리는 공급 과잉 상황에서도 마찬가지다. 입주 물량이 많다고 해서 시장이 무너지는 것이 아니라, 가격이 조정되고 상품성이 개선되면서 결국 소비자에게 더 많은 선택지를 주는 것이다. 핵심 전략은 단순하다. 폭락 또는 조정된 가격의 단지를 선별해 매수하는 안목을 키워야 한다. 지역별, 입지별로 적정 가격을 따질 수 있어야 한다.

공급 과잉은 두려워할 위기가 아니라 현명하게 활용해야 할 시장 현상이다. 미래를 모두 예측하고 대응하는 건 불가능하다. 하지만 어느 정도 예상되는 미래는 대응할 수 있다. 우려되는 리스크는 낮추고, 희망하는 확률은 높일 수 있다. 공급 과잉은 우리가 활용해야 할 부동산 현상이지, 걱정해야 할 문제가 아니다.

여기서 투자 포인트를 잡아야 한다. 위기에서 기회로 변화하는 포인트다. 그 포인트에 미분양 지역은 좋은 투자처가 될 수 있다.

단기 전략으로, 미분양 소진 임박 지역을 주목하자. 평택과 이천은 2025년 8월까지 미분양 관리지역이었지만 가장 빠른 속도로 미분양이 줄고 있다. 평택은 월 446가구, 이천은 152가구씩 감소하여 평택은 같은 시기 관리지역 해제가 되었고, 이천시도 9월에 해제되었다. 이는 향후 가격 상승의 전조가 될 수 있다.

중장기 전략으로 교통 인프라 중심 투자가 필요하다. GTX 노선 중심 역세권이 핵심이다. 특히 GTX-A, B, C 노선이 통과하는 지역은 미래 가치 극대화가 예상된다. 동탄역 일대는 '마지막 민간 분양 단지'라는 희소성과 함께 수억 원대 시세차익 기대감이 형성되고 있다.

아울러 3기 신도시는 자족형 도시로 개발되어 직주근접성을 중시하는 현대인의 주거 수요를 충족할 것이다. 1기 신도시 재건축 대기 물량도 있다. 분당 등 1기 신도시 재건축·재개발 단지는 장기적 시세 상승이 기대되는 매력적 투자처다.

물론 리스크 관리가 성패를 좌우한다. 고금리 지속과 대출 규제는 여전한 부담 요소다. 특히 다주택자 세금 부담과 정책 불확실성을 고려한 신중한 접근이 필요하다는 의미다. 노후 아파트 지역은 정비사업 진행 속도에 따라 명암이 갈릴 수 있어 사전 검토가 필수다.

미분양 지역 선별적 투자의 골든타임이 있다. 경기도 미분양 6개월 연속 감소는 시장 전환의 명확한 신호다. 공급 감소와 수요 회복, 교통 인프라 개선이 맞물리며 중장기 상승 기반을 구축했다.

하지만 무분별한 투자는 금물이다. 교통 호재와 정비사업이 확실한 지역을 선별해 5년 이상 장기 보유 전략으로 접근하는 것이 안전하다.

위기 속 기회를 잡으려면 지금이 골든타임이다. 데이터가 말하는 경기도 부동산의 새로운 출발점을 놓치지 말아야 한다.

# 04 | 제2의 성수동, 뜨는 상권을 선점하라

**핵심부터 말하자면**

변화하지 않는 상권은 도태된다.

강남, 홍대·합정, 성수처럼 변화하는 상권은 성장한다.

상업용 부동산 임대 시장의 양극화가 심화되고 있다. 고금리 시장에서는 주택시장보다 상업시설의 어려움이 더 클 수밖에 없기 때문이다. 상업용 부동산 임대 시장의 어려움을 파악할 수 있는 가장 좋은 데이터는 공실률이다. 통계청에서 매 분기 제공하는 상업별 상가 공실률을 통해 주요 지역 상업용 부동산 임대 시장을 분석해보자.

먼저 광역시도 단위별 상권 공실률을 살펴보자. 기준은 소규모 상가 공실률이다. 2025년 2월 4일 기준 전국 소규모 상가 평균 공실률은 7.5%로, 2022년 대비 0.9%포인트 높아졌다.

하지만 오히려 공실이 줄어든 지역들이 있다. 대표적인 지역이 서울이다. 서울은 공실률이 2022년 6.1%, 2023년 5.8%, 2025년 5.1%로 꾸

전국 소규모 상가 공실률(2022~2025년)

(단위: %)

| | 2022.2.4. | 2023.2.4. | 2025.2.4. |
|---|---|---|---|
| 전국 | 6.6 | 6.9 | 7.5 |
| 서울 | 6.1 | 5.8 | 5.1 |
| 부산 | 5.3 | 5.4 | 7.9 |
| 대구 | 9.3 | 7.8 | 8.7 |
| 인천 | 5.2 | 5.8 | 10.4 |
| 광주 | 5.3 | 8.1 | 7.5 |
| 대전 | 8.1 | 7.9 | 8.7 |
| 울산 | 3.2 | 4.6 | 6.5 |
| 세종 | 13.1 | 15.7 | 6.5 |
| 경기 | 6.0 | 6.2 | 6.7 |
| 강원 | 7.4 | 8.1 | 6.5 |
| 충북 | 7.6 | 7.4 | 8.9 |
| 충남 | 6.4 | 8.0 | 6.7 |
| 전북 | 10.0 | 9.5 | 7.2 |
| 전남 | 6.5 | 6.5 | 9.8 |
| 경북 | 7.0 | 6.7 | 8.8 |
| 경남 | 6.7 | 7.3 | 9.4 |
| 제주 | 2.5 | 5.3 | 2.4 |

자료: 통계청

준히 낮아지고 있다.

하지만 서울 모든 상권의 공실률이 줄어든 것은 아니다. 서울 상권을 크게 4구역으로 분류하면 도심 지역, 강남 지역, 영등포·신촌 지역, 기타 지역으로 나눠 볼 수 있다.

도심 지역의 공실률은 확실하게 낮아졌다. 영등포·신촌 지역의 공

서울 지역별 소규모 상가 공실률(2022~2025년)

(단위: %)

| 지역 | | 2022.2.4. | 2023.2.4. | 2025.2.4. |
|------|------|------|------|------|
| 전국 | 소계 | 6.6 | 6.9 | 7.5 |
| 서울 | 소계 | 6.1 | 5.8 | 5.1 |
| | 도심 | 7.7 | 8.8 | 4.2 |
| | 강남 | 3.4 | 0.9 | 4.0 |
| | 영등포·신촌 | 8.3 | 5.4 | 3.7 |
| | 기타 | 5.6 | 5.7 | 5.3 |

자료: 통계청

실률도 감소했다. 하지만 강남 지역은 공실이 많아진 곳들이 있어 세부적으로 볼 필요가 있다.

2023년까지 서울 도심 지역에서 공실률이 가장 높은 지역은 명동이었다. 서울에서 가장 높은 수준이었지만 크게 줄었다. 광화문, 남대문, 종로, 충무로 등 외국인 관광객과 MZ가 몰리는 구도심 상가들의 공실률도 낮아지고 있다.

반면 공실률이 높아지는 지역들을 주목해볼 필요가 있다. 대표적인 곳이 강남 지역이다. 특히 가로수길의 공실률이 심각한 수준인데, 변화하지 않은 상권은 도태된다는 것을 알 수 있는 결과다.

공실이 아예 없는 지역도 상당수다. 최근 성수동 상가들의 시세가 계속 상승하는 이유가 여기에 있을 것이다. 도심과 성수동만큼이나 공실률이 크게 감소하는 지역이 마포구다. 공덕역, 홍대·합정은 지속적으로 공실이 감소하고 있다.

MZ를 중심으로 한 젊은 세대 유입과 해외 관광객 급증이 공실 감소에 결정적인 역할을 했다. 결국 상권의 흥망성쇠를 결정짓는 가장 중요한 키는 메인 수요층이다. MZ세대들이 계속 찾게 하는 곳이 현재 가장 잘나가는 상권이 되고 있음을 잊지 말자.

MZ들은 새로운 것에 소비를 아끼지 않는 세대다. 팝업스토어를 찾는 주된 고객이 그들이다. 지금 가장 잘나가는 상권을 찾는 한 가지 방법은 팝업스토어가 가장 많이 오픈된 곳을 검색해보는 것이다. 네이버 지도에서 팝업스토어를 검색하면 전국적으로 한 지역에만 집중적으로 핀포인트가 잡힌다. 바로 서울 성동구 성수동이다.

2호선 뚝섬역, 성수역, 분당선 서울숲역 주변 부동산들이 변화되고 있다. 공장이 상가로, 일반 상가가 팝업스토어로, 팝업스토어가 명품 브랜드 홍보관으로 바뀌고 있다. 한동안 성수동의 성장은 계속될 것이다.

결국 지금 우리가 주목할 곳은 성수동이지만 제2의 성수동을 찾는 노력도 게을리하면 안 될 것이다. 가장 강력한 후보지는 용산이 될 수밖에 없다. 변화하는 부동산이 가장 많기 때문이다.

## 서울 상세 지역별 소규모 상가 공실률(2022~2025년)

(단위: %)

| 지역 | | 2022.2.4. | 2023.2.4. | 2025.2.4. |
|---|---|---|---|---|
| 전국 | 소계 | 6.6 | 6.9 | 7.5 |
| 서울 | 소계 | 6.1 | 5.8 | 5.1 |
| 서울-도심 | 소계 | 7.7 | 8.8 | 4.2 |
| | 광화문 | 0.6 | 5.1 | 0.9 |
| | 남대문 | 6.9 | 8.9 | 3.3 |
| | 동대문 | 3.4 | 5.5 | 10.9 |
| | 명동 | 36.9 | 19.7 | 1.2 |
| | 방산시장 | | | 10.5 |
| | 북촌 | | | 0.0 |
| | 서촌 | | | 2.5 |
| | 시청 | 5.6 | 5.4 | 4.3 |
| | 을지로 | 5.6 | 4.8 | 2.6 |
| | 종로 | 7.1 | 9.5 | 2.6 |
| | 충무로 | 7.1 | 12.0 | 1.0 |
| 서울-강남 | 소계 | 3.4 | 0.9 | 4.0 |
| | 강남대로 | 2.0 | 0.0 | 15.0 |
| | 교대역 | 1.3 | 5.6 | 0.5 |
| | 남부터미널 | 0.0 | 0.0 | 0.0 |
| | 논현역 | 0.0 | 1.6 | 0.0 |
| | 도산대로 | 19.3 | 0.0 | 0.0 |
| | 신사역 | 0.0 | 0.0 | 19.8 |
| | 압구정 | 4.1 | 0.0 | 0.0 |
| | 청담 | 4.2 | 0.0 | 0.0 |
| | 테헤란로 | 1.0 | 1.0 | 1.0 |
| 서울-영등포 · 신촌 | 소계 | 8.3 | 5.4 | 3.7 |
| | 공덕역 | 2.6 | 1.0 | 1.1 |
| | 당산역 | 20.2 | 5.3 | 0.0 |
| | 동교 · 연남 | 0.0 | 2.4 | 2.4 |
| | 망원역 | 0.0 | 0.0 | 10.2 |
| | 신촌 · 이대 | 9.0 | 9.0 | 8.5 |
| | 영등포역 | 2.6 | 7.4 | 0.4 |
| | 홍대 · 합정 | 18.2 | 7.8 | 4.6 |

| 지역 | | 2022.2.4. | 2023.2.4. | 2025.2.4. |
|---|---|---|---|---|
| 서울-기타 | 소계 | 5.6 | 5.7 | 5.3 |
| | 가락시장 | 0.0 | 0.0 | 0.0 |
| | 건대입구 | 8.8 | 4.3 | 15.2 |
| | 경희대 | 3.3 | 0.0 | 0.0 |
| | 군자 | 1.8 | 0.0 | 6.8 |
| | 까치산역 | | | 7.2 |
| | 노량진 | 6.5 | 4.1 | 1.7 |
| | 독산·시흥 | 2.7 | 2.7 | 7.9 |
| | 뚝섬 | 4.9 | 3.9 | 4.1 |
| | 목동 | 1.6 | 9.0 | 4.3 |
| | 미아사거리 | 1.0 | 7.6 | 6.0 |
| | 불광역 | 7.5 | 7.5 | 7.5 |
| | 사당 | 2.2 | 2.2 | 3.4 |
| | 상계역 | 6.6 | 2.6 | 2.6 |
| | 상봉역 | 0.0 | 0.0 | 0.0 |
| | 서울대입구역 | 10.7 | 6.1 | 3.0 |
| | 성신여대 | 3.5 | 4.2 | 0.0 |
| | 수유 | 17.7 | 20.0 | 8.6 |
| | 숙명여대 | 6.8 | 0.0 | 0.0 |
| | 신림역 | 1.1 | 1.1 | 0.9 |
| | 약수역 | | | 8.0 |
| | 연신내 | 13.6 | 9.5 | 3.0 |
| | 오류동역 | 5.5 | 2.6 | 15.7 |
| | 왕십리 | 0.0 | 0.0 | 2.4 |
| | 용산역 | 6.8 | 11.1 | 11.4 |
| | 이태원 | 4.4 | 8.3 | 3.9 |
| | 잠실·송파 | 6.7 | 6.7 | 6.7 |
| | 잠실새내역 | 2.4 | 2.4 | 15.6 |
| | 장안동 | 12.6 | 14.7 | 12.6 |
| | 천호 | 0.0 | 3.7 | 1.7 |
| | 청량리 | 2.4 | 3.7 | 0.0 |
| | 혜화동 | 0.6 | 0.6 | 0.6 |
| | 화곡 | 14.0 | 19.2 | 6.2 |

## 05 위기를 기회로 만드는 지방 부동산 투자법

**핵심부터 말하자면**

핵심 입지 수요는 꾸준히 존재한다.

낮은 가격으로 진입해 장기적 안목으로 투자하는 것이 효과적이다.

현재 다수 전문가들이 지방 부동산 시장의 투자 위험을 경고한다. 그러나 위기와 기회가 동시에 존재한다는 사실도 놓쳐서는 안 된다. 미분양 물량 증가와 시세 조정은 불안 요인으로 작용하지만, 오히려 이러한 시기에 투자할 경우 장기적 관점에서 큰 기회를 잡을 수도 있다는 의미다.

2023년 대구 수성구 투자자들의 성공 사례처럼, 시장의 일시적 침체는 좋은 입지의 부동산을 낮은 가격에 매수할 기회를 제공한다. 지방 부동산 시장의 정석을 이해하고 투자하는 것은 장기적으로 높은 수익을 올리는 전략이 될 것이다.

먼저 지방 부동산 시장의 위기 요인을 분석해보자.

첫째, 미분양 증가와 수요 부족 요인이다. 지방 부동산 시장의 대표적인 위험 요인으로 미분양 증가가 있다. 미분양은 주택 공급이 수요를 초과했음을 나타내며, 가격 하락의 주요 원인이 된다. 2024년 이후, 대구, 부산, 울산 등의 지방 대도시와 기타 중소 도시들은 과도한 공급과 경기 둔화로 미분양 물량이 급증했다. 수요가 공급을 따라가지 못하는 상황에서는, 특히 비인기 지역에서 미분양이 쉽게 소화되지 않아 시장 회복이 더딜 수 있다.

둘째, 지역 경제 둔화와 인구 감소 요인이다. 지방 경제의 성장 둔화와 인구 감소는 부동산 수요에 직접적인 영향을 미친다. 특히 청년층과 근로 인구가 일자리를 찾아 수도권으로 이동하면서 지방 인구는 자연스럽게 감소하고 있다. 이로 인해 주거 수요가 줄고, 상업시설 역시 경제적 활력을 잃게 되며, 상권과 주거지 가치가 동시에 감소할 위험이 커지고 있다.

셋째, 제도권 전문가들은 지방 투자를 반대하고 있다. 대부분의 제도권 전문가들이 지방 부동산 투자를 꺼리는 이유는, 지방 부동산 시장의 가격 회복 주기가 길고 리스크가 크기 때문이다. 투자자들 사이에서는 일반적으로 안정성 있는 수도권 부동산에 대한 선호가 높다. 이는 불확실한 경제 상황 속에서 안정적 수익을 추구하기 때문인데, 초기 투자금이 비교적 작고 안정적인 수익을 얻기 어려운 지방의 경우 그 위험이 상대적으로 큰 것도 사실이다.

그런데 모두가 투자를 꺼리는 이때, 기회가 숨어 있는 게 아닐까? 지방 부동산의 기회 요인을 정리해보자.

첫째, 투자의 기본 원칙인 쌀 때 사야 한다는 점이다. 무엇에 투자하든 기본 원칙 중 하나는 시장이 조정될 때, 즉 쌀 때 매수하는 것이다. 부동산 투자 역시 시장이 조정기에 접어들었을 때 좋은 입지와 가치를 가진 물건을 저렴한 가격에 매수하는 전략이 효과적일 수 있다.

예를 들어 2023년 대구 수성구의 인기 아파트들이 조정되었을 때, 저가에 매수해 높은 수익을 올린 사례가 꽤 있다. 좋은 입지의 아파트는 결국 회복세로 돌아서기 때문에, 가격이 낮아졌을 때 매수하여 장기 보유하는 전략이 효과적임을 보여준다.

둘째, 입지의 중요성은 흔들리지 않는다는 것이다. 즉 지역 내 핵심 입지는 가격이 조정될 때 매수에 나서면 된다. 지방 부동산 시장에서 입지 좋은 핵심 지역의 아파트들은 여전히 높은 수요를 유지하고 있으며, 이는 곧 시장 회복의 가능성이 높다는 의미다.

예를 들어 대전 서구와 유성구는 학군과 생활 편의성이 우수해 지역 내 수요가 꾸준히 유지되고 있다. 이처럼 지방에서도 인프라가 잘 갖춰진 핵심 입지의 아파트는 시장 변동 속에서도 회복 가능성이 높다.

셋째, 지방은 수도권 대비 상대적으로 저렴하다는 것이다. 수도권 부동산에 비해 상대적으로 저렴한 가격에 매수할 수 있다는 점이 지방 부동산의 강점이다. 이를 통해 초기 투자금 부담을 줄이고 적은 자본으로도 수익을 낼 기회를 제공받을 수 있다.

예를 들어 부산 해운대구의 인기 아파트가 시세 조정을 거치면서 저렴해졌을 때 투자한 사람들은 어떤 결과를 얻었는가? 동일한 자본으로 수도권에서 소형 주택을 매수한 사람보다 넓은 면적과 더 좋은 입지의 주거지를 확보할 수 있었다.

넷째, 정책 변화와 규제 완화 기대다. 지방 부동산 시장은 최근 정부의 정책 변화로 인해 규제 완화 가능성이 크다. 특히 지역 경제 활성화를 위한 다양한 개발 계획이 발표되면서, 지방 부동산 시장의 회복 가능성에 대한 기대가 커지고 있다. 지방 주요 도시에 대한 규제 완화와 부동산 개발 지원이 이어질 경우, 지방 시장의 회복을 촉진할 수 있는 환경이 조성될 수 있다.

### 아파트 실거래 신고가 지도(2025년 8월)

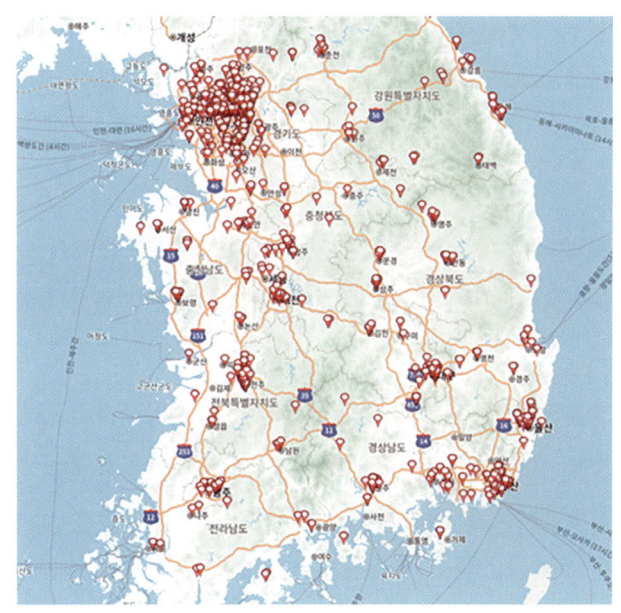

자료: 아파트미

따라서 무턱대고 외면하기보다 이러한 지방 부동산에 대한 위기와 기회 요인을 제대로 공부해 투자 전략을 세워보자. 위기 속 기회를 활용하기 참 좋은 시기가 오고 있기 때문이다. 지금의 지방 부동산 투자 전략은 다음과 같다.

먼저 장기 보유를 염두에 둔 투자를 하자. 지방 부동산 시장은 변동성이 큰 만큼, 단기보다는 장기 투자를 염두에 두고 접근하는 것이 좋다. 부동산 시장이 회복되기까지의 시간을 고려해, 가격 조정기를 저가 매수의 기회로 삼아 장기 보유할 계획을 세워야 한다. 특히 인프라 확장이 예정된 지역이나 핵심 입지에서 매수해 장기 보유할 경우, 지역 발전에 따라 시세가 회복되고 안정적 수익을 기대할 수 있다.

두 번째로 지방 수익형 부동산에 대한 관심도 필요하다. 지방에서는 아파트 매매 외에도 수익형 부동산(상가, 오피스텔) 등에서 안정적 임대수익을 기대할 수 있다. 지방 주요 도시에서도 상업 지구 내 상가와 오피스텔의 수익률이 높아 투자자들에게 매력적인 선택이 될 수 있다.

특히 지방의 주요 상업 중심지나 관광지와 가까운 지역에서 상가, 오피스텔 등의 수익형 부동산을 매입할 경우 안정적인 월세 수익을 기대할 수 있다.

세 번째로 실거주와 투자를 겸한 전략이다. 지방에서의 투자는 실거주와 투자를 겸할 수 있는 전략이 유리하다. 특히 입지 좋은 아파트를 선택해 실거주하면서 향후 시세가 회복되었을 때 매도를 고려하는 방안을 통해 리스크를 최소화할 수 있기 때문이다.

예를 들어 울산 남구와 같이 학군과 인프라가 우수한 지역에 실거주 겸 투자 목적으로 아파트를 매입하는 것은 향후 가치 상승 가능성이 높다.

지방은 깊이 공부하지 않으면 실제 가치를 정확히 파악하기 어렵다. 따라서 제대로 된 부동산 전문가들의 콘텐츠와 현지 정보를 꾸준히 파악해야 한다. 지방 부동산 시장은 지역별 특성이 강해 현지 전문가, 중개업자들의 조언과 정보를 활용하는 것이 필요하다.

이와 함께 지방 부동산 시장에 대한 최신 정보를 꾸준히 체크해서, 입지, 인프라 변화, 정책 변화 등을 예의주시하는 것이 필요하다.

지방 부동산 투자는 수도권과는 다른 접근이 필요하지만, 쌀 때 사는 투자의 기본 원칙에 따라 핵심 지역에서의 저가 매수 기회를 잘 활용한다면 장기적으로 높은 수익을 기대할 수 있을 것이다. 다만 지역 특성에 따라 변동성이 큰 만큼, 철저한 시장 조사와 장기적 관점을 바탕으로 한 신중한 투자가 필요하다. 깊게 공부하자!

# 06 집이 남는데 집값은 왜 오를까?

**핵심부터 말하자면**

전국 평균은 의미 없다.
특정 지역과 유형에 대한 공급이 부족하기 때문이다.

대한민국의 전국 주택 보급률은 2008년 100%를 넘겼고 2017년에는 103.3%를 기록했다. 이런 수치만 보고, 가구당 거주할 집이 한 채 이상이기 때문에 주택 공급은 충분하다는 주장이 제기된다. 언뜻 들으면 논리적이다. 미분양 현장이 많은 것을 보면 주택 수요가 충족되었다는 논지는 설득력이 있어 보인다.

하지만 반대 현상도 벌어진다. 주택 보급률이 높았던 대구광역시는 2010~2015년 전국의 주요 분양 현장들 중 가장 높은 청약 경쟁률을 보이기도 했다. 분양만 했다 하면 인근의 모든 중개업자들이 문을 닫고 모델하우스로 달려와 '떴다방'을 운영할 정도로 광풍의 분양권 프리미엄 거래 시장이 형성됐다. 그러나 2016년 11·3 부동산 대책 이후로는 떴다방 업자들을 찾아볼 수 없다.

또한 서울은 여전히 분양이 잘되고 있다. 수요가 오히려 더 늘어난 것 같기도 하다. 이 두 현상을 어떻게 이해해야 할까? 주택 보급률과 주택 수요는 반비례하지 않는다는 것이다. 주택 보급률 100%의 의미는 모든 주택 수요가 충족되었다는 것이 아니라 과거보다 주택 공급이 많다는 정도로 이해하면 된다.

과거 대비 수요가 줄어든 것은 맞다. 마이너스가 아니라 여전히 플러스 상태이긴 하지만, 수요 증가율이 큰 폭으로 줄었다고 이해하면 된다. 과거에는 한 해 50만 호 정도의 신규 주택이 필요했다면, 지금은 30만 호 정도 필요하다는 뜻이다. 주택 보급률이 100%가 넘은 현재도 신규 수요가 꾸준히 존재한다. 이러한 주택 보급률의 속뜻을 꼭 염두에 두고 관심 지역의 수요와 공급을 따져야 한다.

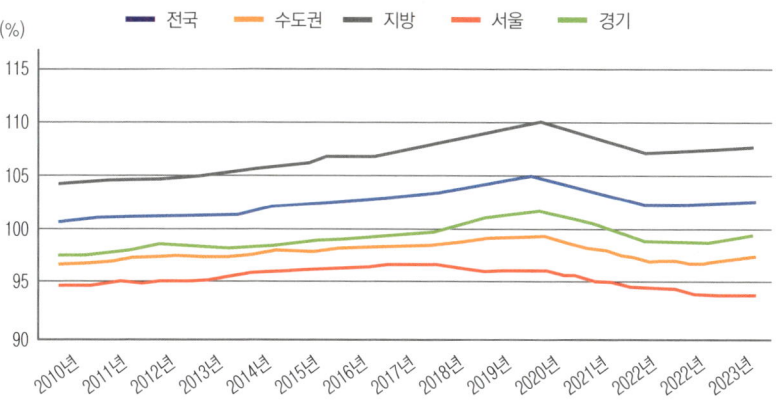

전국 주택 보급률 추이(2010~2023년)

## 전국 주택 보급률(2010~2023년)

(단위: %)

| | 전국 | 수도권 | 지방 | 서울특별시 | 세종특별시 | 광주광역시 | 대구광역시 | 대전광역시 | 부산광역시 | 울산광역시 |
|---|---|---|---|---|---|---|---|---|---|---|
| 2010년 | 100.5 | 96.4 | 104.3 | 94.4 | − | 101.8 | 101.5 | 101.0 | 99.7 | 105.1 |
| 2011년 | 100.9 | 96.8 | 104.6 | 94.7 | − | 102.4 | 101.3 | 102.6 | 100.1 | 105.3 |
| 2012년 | 101.1 | 97.3 | 104.7 | 94.8 | − | 101.9 | 101.0 | 102.6 | 100.8 | 105.0 |
| 2013년 | 101.3 | 97.3 | 105.1 | 95.1 | − | 102.6 | 101.2 | 102.0 | 101.7 | 105.4 |
| 2014년 | 101.9 | 97.7 | 105.8 | 96.0 | − | 103.9 | 100.5 | 102.6 | 102.6 | 106.3 |
| 2015년 | 102.3 | 97.9 | 106.5 | 96.0 | 123.1 | 103.5 | 101.6 | 102.2 | 102.6 | 106.9 |
| 2016년 | 102.6 | 98.2 | 106.8 | 96.3 | 108.4 | 104.5 | 103.3 | 101.7 | 102.3 | 107.3 |
| 2017년 | 103.3 | 98.3 | 107.9 | 96.3 | 111.5 | 105.3 | 104.3 | 101.2 | 103.1 | 109.3 |
| 2018년 | 104.2 | 99.0 | 109.1 | 95.9 | 110.0 | 106.6 | 104.0 | 101.6 | 103.6 | 110.3 |
| 2019년 | 104.8 | 99.2 | 110.1 | 96.0 | 111.4 | 107.0 | 103.3 | 101.4 | 104.5 | 111.5 |
| 2020년 | 103.6 | 98.0 | 108.9 | 94.9 | 107.3 | 106.8 | 102.0 | 98.3 | 103.9 | 110.2 |
| 2021년 | 102.2 | 96.8 | 107.4 | 94.2 | 107.5 | 104.5 | 100.7 | 97.0 | 102.2 | 108.6 |
| 2022년 | 102.1 | 96.6 | 107.5 | 93.7 | 105.6 | 105.2 | 101.4 | 97.2 | 102.6 | 108.4 |
| 2023년 | 102.5 | 97.2 | 107.7 | 93.6 | 106.1 | 105.5 | 103.3 | 96.4 | 102.9 | 108.6 |

자료: 국토교통부, KOSIS

현재의 부동산 수요는 양적 수요가 아니다. 수요층이 복합적이다. 양적 공급은 기본이고 질적인 요구까지 생겼다. 공급량이 절대적으로 부족했던 과거에는 웬만한 입지의 주택이면 수요 충족이 됐다. 아파트, 단독주택, 빌라, 다세대, 심지어는 '하꼬방'이라고 하는 블록 판잣집이어도 거주만 하면 되는 시대였다.

그러나 현재의 수요는 다르다. 질 낮은 주택에서 살려고 하지 않는다. 아파트 수요층은 아파트 이외의 주택은 고려하지 않는다. 지하는 커녕 반지하 주택에도 거주하려 하지 않는다.

| | 인천광역시 | 강원특별자치도 | 경기도 | 경상남도 | 경상북도 | 전라남도 | 전북특별자치도 | 충청남도 | 충청북도 | 제주도 |
|---|---|---|---|---|---|---|---|---|---|---|
| 2010년 | 99.8 | 108.1 | 97.3 | 104.4 | 108.9 | 107.6 | 106.7 | 107.5 | 104.6 | 96.2 |
| 2011년 | 101.8 | 107.4 | 97.6 | 104.4 | 109.5 | 107.7 | 107.2 | 108.0 | 105.1 | 95.6 |
| 2012년 | 102.7 | 106.8 | 98.3 | 104.3 | 109.6 | 107.8 | 107.1 | 107.9 | 105.6 | 96.4 |
| 2013년 | 101.7 | 106.3 | 98.1 | 105.0 | 110.2 | 108.5 | 106.9 | 108.8 | 105.8 | 98.4 |
| 2014년 | 101.3 | 106.0 | 98.3 | 105.8 | 111.2 | 109.6 | 107.5 | 109.5 | 107.9 | 98.7 |
| 2015년 | 101.0 | 106.7 | 98.7 | 106.4 | 112.5 | 110.4 | 107.5 | 111.2 | 108.3 | 100.7 |
| 2016년 | 100.9 | 106.4 | 99.1 | 106.7 | 113.0 | 110.7 | 107.3 | 110.7 | 109.2 | 103.1 |
| 2017년 | 100.4 | 107.7 | 99.5 | 108.6 | 114.7 | 111.3 | 107.7 | 111.4 | 110.5 | 105.2 |
| 2018년 | 101.2 | 109.6 | 101.0 | 110.1 | 116.1 | 112.5 | 109.4 | 113.8 | 112.7 | 107.0 |
| 2019년 | 100.2 | 112.8 | 101.5 | 112.1 | 117.3 | 113.6 | 110.5 | 114.5 | 113.3 | 109.2 |
| 2020년 | 98.9 | 110.6 | 100.3 | 111.8 | 115.4 | 112.6 | 110.4 | 112.8 | 111.5 | 107.0 |
| 2021년 | 97.5 | 110.0 | 98.6 | 110.0 | 113.7 | 111.7 | 108.9 | 111.7 | 109.9 | 105.0 |
| 2022년 | 97.9 | 110.0 | 98.6 | 109.3 | 113.2 | 112.4 | 109.2 | 111.6 | 110.3 | 104.3 |
| 2023년 | 99.1 | 109.2 | 99.3 | 109.1 | 113.1 | 112.6 | 109.2 | 111.2 | 111.7 | 105.3 |

　　주택 공급의 총량은 100%가 넘지만 살고 싶은 주택은 아직 부족하다. 현 부동산 시장에서 아파트가 가장 많이 공급되는 것은 한꺼번에 많이 공급할 수 있다는 이유도 있지만, 아파트를 원하는 수요가 압도적으로 많기 때문이기도 하다.

　　또한 주택의 유형보다 더 핵심적인 문제가 있다. 살고 싶은 지역이 비슷비슷하다는 점이다. 인기 지역의 주택은 항상 부족할 수밖에 없다. 인기 지역은 비인기 지역보다 시세가 엄청나게 높지만 공급량이 늘 부족하다.

인기 지역, 희망 주택 유형이라는 조건을 충족시키는 수요는 물리적으로 충족되기 어렵다. 따라서 총수요 대비 총공급이 충족되었다거나, 수요가 줄었다는 식으로 분석하면 안 된다. 그건 특정 목적을 가진 집단이 의도적으로 분석한 결과일 뿐이다.

교과서식 원칙을 적용해 자원 낭비를 줄이고 부동산을 효율적으로 활용하려면, 과잉 수요자들을 과잉 공급지로 유도하면 되지 않겠느냐고 반문할 수 있다. 역지사지로 생각해보자. 서울 강남에 직장이 있는 사람에게, 집값이 싸고 공급이 남아도는 연천군이나 철원군에서 출퇴근하라고 하면 순순히 선택할까?

실제 부동산 시장의 예를 들어도 마찬가지다. 강남구·서초구 주민들은 인접한 송파구·동작구에조차 옮겨 가지 않으려 한다. 송파·동작의 집값이 더 싸고 새 주택인데도 불구하고, 더 비싸고 낡은 강남·서초의 주택을 다시 선택한다. 분당 주민들은 같은 생활권인 성남시 중원구·수정구, 용인시 수지구로 이사하길 꺼린다.

수요 추정을 정확히 하려면 실제 시장의 다양한 요구를 고려해야 한다. 구체적인 대상 지역을 정한 뒤 그 지역을 선호하는 사람과 주택의 수치로 수요를 추정해야지, 경기도 평균, 서울 평균을 뭉뚱그려 분석하면 시작부터 문제가 발생한다.

게다가 서울은 최근 일산·분당·중동·김포·남양주 등에서 이동해오는 사람들이 상당하다. 특정 지역 보급률로는 지자체를 넘어오는 수요를 설명하지 못한다.

선진국의 주택 보급률과 비교해보면 이런 해석상의 문제점을 알 수 있다. 선진국 대부분의 주택 보급률은 우리나라보다 높다. 몇몇 나라들은 주택 보급률이 130%가 넘는데도 여전히 신규 주택을 공급한다. 그 선진국도 수요를 충족시킨 게 아니라는 의미다. 그러니 선진국에 비해 주택 보급률이 상대적으로 낮은 대한민국은 말할 것도 없지 않겠는가?

신규 주택의 수요는 늘 존재한다. 서울처럼 아직 양적 수요도 충족시키지 못한 지역도 있다. 입지에 대한 수요보다는 적겠지만 특정 유형의 주택에 대한 요구, 즉 질적인 수요도 꾸준히 커지고 있다. 서울 강남과 같은 위상의 입지가 추가로 공급되지 않는 이상, 이 수요는 줄어들지 않을 것이다.

누구나 살고 싶은 입지가 있을 것이다. 혹시 그 입지의 수요가 줄어들길 기다리는가? 혹은 과잉 공급으로 가격이 낮아져 직접 구입하거나 혹은 지금보다 낮은 가격에 임차로 들어가길 기다리는가? 안타깝게도 이 글을 읽고 있는 여러분이 그 입지를 포기하지 않는 이상, 그런 일은 여간해선 일어나지 않을 것이다. 그게 우리가 살고 있는 진짜 부동산 시장이다.

# 07 재개발·재건축이 늘어나도 아파트는 부족하다

**핵심부터 말하자면**

'신규 아파트'의 수요는 계속 늘지만
재개발·재건축으로는 세대수 증가에 한계가 있다.

서울에선 거의 매주 재건축·재개발로 공급되는 신규 아파트 분양을 한다. 그런데 왜 거주할 만한 주택은 늘 부족하다는 인식이 생길까? 5층짜리 아파트를 허물고 35층으로 짓는데 주택 수가 늘 부족하다는 게 이해되지 않는다는 질문을 많이 받는다.

참 많은 분이 의아해하는 내용이다. 주택 수 부족을 수치적으로 증명할 정확한 통계 자료는 없다. 통계란 '1+1=2', '2-1=1'처럼 모든 개별 세대 사정을 고려한 수치여야 하는데, '신규 분양으로 몇 세대 증가했다', '재개발로 몇 세대 멸실됐다'는 식의 단편적 통계여서 실질적인 수요·공급이 어떻게 충족되는지 증명할 수 없다. 다만 실수요자 입장에서 거주할 만한 주택이 충분한지 아닌지로 주택 수급 상황을 이해하는 것이 현실적인 방법이다.

결론적으로, 재건축을 하면 일반적인 공급 세대수는 약간 늘어나는 정도다. 하지만 모든 단지가 늘어나는 것은 아니다. 1 대 1로 똑같은 세대수가 공급되는 경우도 있고, 심지어 줄어드는 경우도 있다. 증가·유지·감소의 3가지 경우가 모두 발생한다.

세대수가 증가하더라도 기대보다 많지 않다. 예를 들어보자. 2019년 8월 입주한 서울 강남구 개포동 디에이치아너힐즈는 1,320세대의 대단지다. 그런데 일반 분양분은 63가구뿐이다. 2019년 1월 입주한 송파구 가락동 헬리오시티는 9,510세대의 대형 단지다. 이 중 일반 분양분은 1,558세대였다. 어떤가? 생각보다 많은가, 적은가? 헬리오시티의 경우 일반 분양분만 보면 꽤 되는 것 같기도 하다. 하지만 헬리오시티급 대형 단지는 앞으로는 거의 없다. 대기하는 단지 상당수는 1,000세대도 안 되는 중소형 단지들이다. 중소형 단지를 재건축할 경우 일반적으로 증가하는 세대는 몇 세대 되지 않는다.

또 하나 생각해야 할 것은 일반 분양분이 모두 추가로 증가하는 세대수가 아니라는 점이다. 일반 분양분에는 기존 조합원 세대 중 신규 아파트를 분양받지 않은 청산 세대도 포함되어 있다. 조합원 세대 중 분양을 포기한 세대도 일반 분양분에 들어 있는 것이다. 그러므로 증가분에서 일부는 감안해서 세대수를 계산해야 한다.

게다가 다른 측면도 있다. 일반 분양분이 있는 모든 단지에는 임대 세대가 의무적으로 들어간다. 이것을 주택 수의 증가로 봐야 할까? 임대 세대는 일반 세대가 분양받을 여지가 없으므로 거주할 만한 주택 수

송파구 가락동 헬리오시티 조감도

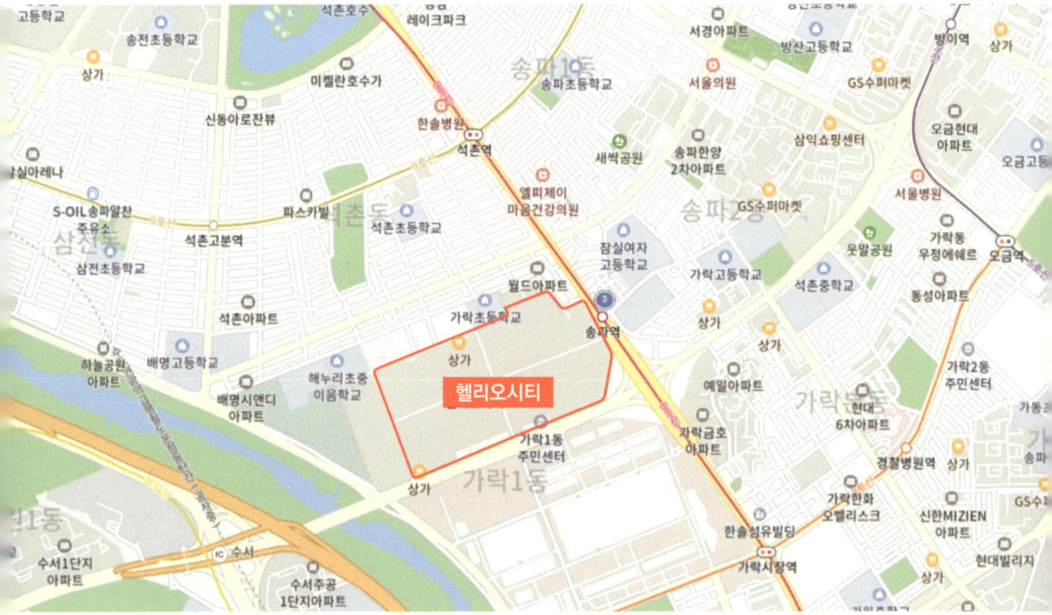

송파구 가락동 헬리오시티

에 포함할 수 없다.

고려할 사항은 더 있다. 분양 전 개포주공아파트는 $66m^2$(20평)형 미만 세대가 대부분이었다. 신규 분양 세대는 대체로 $99m^2$(30평)형 이상이다. 기존 규모와 비교되지 않을 정도로 한 세대의 사용 면적이 증가했다. 과거에는 $3,300m^2$(1,000평) 부지를 50세대가 나누어 썼다면 이제 30세대만이 쓸 수 있다.

재건축으로 신규 아파트를 건설해도 세대수가 생각보다 많이 증가하지 않고 오히려 줄어들 수도 있다. 용산구 동부이촌동의 첼리투스는 단 한 세대도 증가하지 않은 사례. 임대 세대를 만들지 않는 조건으로 추가 분담금을 100% 자비로 충당해 세대당 5억 원 이상씩 지불하고 기존 조합원들만의 단지를 만든 것이다.

세대수가 증가하지 않는 데는 또 다른 조건이 있다. 과거 아파트와 신규 아파트를 비교해보자. 부지 활용 방법이 다르다. 2005년 이전 아파트와 그 이후 아파트의 가장 큰 차이점은 지상 주차장이 있는지 여부다. 또 조경 시설의 규모도 비교해야 한다. 과거 5층 아파트 건축물 부지에 아무런 변화 없이 35층을 올린다고 생각해보자. 오피스 건물 같은 신규 아파트에 거주할 수 있을까? 아파트가 고층이 될수록 동 간격도 벌어져야 하고 도로, 산책로, 조경 공간, 수(水)공간 등을 추가로 만들어야 한다. 그래서 재건축으로 증가하는 세대수가 생각보다 많지 않다.

재개발의 경우에는 세대수가 늘지 않는 이유가 더 간단하다. 재건축은 주변에 도로, 상가 등 기반 시설이라도 있다. 하지만 재개발 지역은 입지 기반이 매우 취약하다. 재개발은 매우 촘촘한 다세대, 빌라, 단독주택 부지에 차가 원활하게 다닐 만한 도로를 새로 만들고, 공공시설 등 여러 가지 기반 시설도 만들어야 한다. 이전의 부지 활용도와는 완전히 다르게, 마을을 하나 새로 만드는 셈이다.

아울러 입지 특징상 통계에 잡히지 않는 숨은 세대가 대단히 많다. 독립된 세대 형태가 아니라 동거 형태의 임차로 거주하는 세대가 자가 세대보다 훨씬 많다. 이러한 임차 거주민들의 이주 계획까지 포함해 재개발 계획을 만들어야 하기 때문에 재건축 대비 해결해야 할 문제가 많이 발생해 재개발을 추진하지 못하는 경우가 적지 않다. 특히 상가가 많은 지역은 재개발 추진이 더욱 어렵다.

재개발 지역의 전체 공급량이 1,000세대라면 이전에는 1,500가구 정도가 거주했을 것이다. 통계로 확인할 수 없는 가구가 생각보다 많기 때문이다. 다가구도 단독주택이다. 19세대가 살고 있는 다가구는 통계로 따지면 1개 주택이다. 그러므로 재개발은 신규 공급 세대수가 기존 거주 가구 수보다 줄어들 수밖에 없다. 또한 임대 물량분, 거주 규모 증가분 등의 나머지 이유는 재건축과 같다.

나대지에 신규로 개발하는 신도시나 택지개발사업의 경우 고스란히 세대수가 증가할 수 있다. 하지만 서울과 부산, 대구처럼 기존 도심을 재건축·재개발해야 하는 입지는 생각보다 세대수가 증가하지 않는다.

게다가 세대당 가족 수가 점점 줄고 있다. 기존 5인 이상 2~3세대 가족이 3인 이하 1~2세대가 되는 속도가 더 빨라지고 있다. 또한 도심 안쪽에 거주하기를 희망하는 수요는 계속 증가한다. 하지만 도심 내 신규 공급 주택 수는 거의 증가하지 않고 있다. 이것이 도심 내 재개발·재건

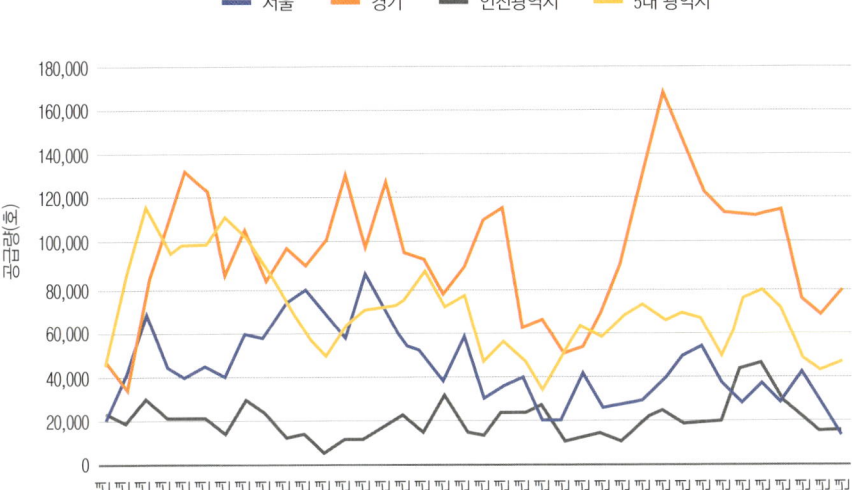

전국 신규 아파트 공급(예정)량(1990년 이전~2027년)

서울　경기　인천광역시　5대 광역시

축이 계속 추진되어도 거주할 만한 주택 수는 감소하는 이유다.

마지막으로 한 가지 더 추가해야 할 요인이 있다. 신규 아파트에 거주하고 싶어 하는 세대가 지속적으로 증가하고 있다. 신규 아파트에 거주한 경험이 있는 세대는 단독, 다세대, 빌라는 물론이고 구축 아파트로도 이사하려 하지 않는다. 이 수요는 어떤 통계에도 잡히지 않는다.

신규 공급 아파트의 숫자는 한정되어 있다. 반면 자가든 임차든 신규 아파트를 희망하는 수요는 계속 증가하고 있다. 서울 부동산의 미래에는 이러한 수요와 공급의 불일치가 지속될 것이다.

## 전국 신규 아파트 공급(예정)량(1990년 이전~2027년)

| 지역 | 전국 | 서울특별시 | 세종특별시 | 광주광역시 | 대구광역시 | 대전광역시 | 부산광역시 | 울산광역시 | 인천광역시 |
|---|---|---|---|---|---|---|---|---|---|
| 전체 | 13,512,410 | 1,954,738 | 132,218 | 482,196 | 716,015 | 423,541 | 965,678 | 315,990 | 854,777 |
| 1990년 이전 | 893,864 | 287,412 | 798 | 28,693 | 56,719 | 29,886 | 102,992 | 16,641 | 84,514 |
| 1990년 | 206,571 | 21,569 | | 10,464 | 8,148 | 12,293 | 8,381 | 7,017 | 23,454 |
| 1991년 | 266,975 | 35,880 | 1,046 | 16,685 | 21,145 | 13,206 | 22,370 | 10,755 | 19,585 |
| 1992년 | 420,560 | 66,557 | 308 | 24,166 | 23,831 | 20,558 | 31,913 | 16,019 | 29,297 |
| 1993년 | 384,501 | 44,010 | | 12,195 | 20,336 | 18,683 | 29,735 | 13,903 | 21,243 |
| 1994년 | 418,043 | 39,089 | 422 | 12,549 | 19,507 | 27,755 | 29,979 | 9,771 | 20,252 |
| 1995년 | 423,790 | 44,522 | | 17,822 | 25,757 | 16,302 | 30,597 | 8,485 | 21,005 |
| 1996년 | 376,596 | 39,935 | 1,935 | 17,791 | 26,660 | 8,782 | 48,028 | 10,815 | 13,558 |
| 1997년 | 425,964 | 59,442 | 197 | 29,173 | 26,685 | 6,161 | 29,627 | 12,394 | 28,441 |
| 1998년 | 393,638 | 57,252 | 281 | 18,217 | 19,342 | 8,080 | 30,406 | 12,051 | 23,442 |
| 1999년 | 367,867 | 73,254 | 974 | 14,056 | 16,410 | 16,088 | 22,557 | 7,838 | 11,838 |
| 2000년 | 321,131 | 79,397 | 1,038 | 13,673 | 17,752 | 12,744 | 11,197 | 3,569 | 13,338 |
| 2001년 | 307,878 | 68,880 | 734 | 10,803 | 6,522 | 5,799 | 20,581 | 5,527 | 5,333 |
| 2002년 | 353,006 | 58,324 | 1,094 | 7,730 | 19,231 | 8,605 | 22,026 | 4,898 | 10,479 |
| 2003년 | 341,209 | 85,131 | 392 | 9,979 | 21,155 | 6,066 | 24,104 | 8,524 | 11,847 |
| 2004년 | 366,892 | 65,717 | | 5,871 | 11,069 | 11,822 | 31,981 | 9,379 | 17,636 |
| 2005년 | 340,999 | 54,700 | | 13,000 | 13,117 | 13,850 | 26,646 | 7,305 | 21,406 |
| 2006년 | 340,262 | 49,752 | 802 | 16,872 | 19,563 | 15,918 | 32,061 | 3,888 | 13,971 |
| 2007년 | 316,310 | 37,807 | 514 | 11,974 | 19,773 | 10,198 | 16,903 | 11,913 | 30,949 |
| 2008년 | 327,503 | 57,556 | 2,914 | 13,586 | 30,640 | 6,944 | 14,385 | 10,646 | 14,414 |
| 2009년 | 286,789 | 29,962 | | 13,307 | 17,729 | 2,315 | 8,183 | 3,989 | 12,919 |
| 2010년 | 301,988 | 34,978 | | 8,633 | 13,563 | 10,624 | 14,052 | 8,400 | 23,282 |
| 2011년 | 220,781 | 38,019 | 2,242 | 9,466 | 7,537 | 11,885 | 13,647 | 5,753 | 22,660 |
| 2012년 | 187,342 | 20,336 | 4,278 | 3,757 | 4,587 | 5,352 | 15,784 | 3,987 | 26,376 |
| 2013년 | 198,920 | 20,652 | 3,438 | 7,440 | 9,376 | 3,966 | 22,022 | 6,797 | 10,827 |
| 2014년 | 274,943 | 40,215 | 14,987 | 9,787 | 9,771 | 10,843 | 23,689 | 9,310 | 11,039 |
| 2015년 | 279,119 | 25,160 | 17,382 | 5,760 | 15,815 | 4,080 | 22,656 | 9,751 | 13,587 |
| 2016년 | 309,457 | 26,903 | 7,653 | 11,264 | 27,835 | 6,856 | 16,321 | 3,855 | 10,618 |
| 2017년 | 399,754 | 28,744 | 15,479 | 12,049 | 23,078 | 6,633 | 21,145 | 9,720 | 19,816 |
| 2018년 | 465,469 | 37,840 | 14,027 | 7,251 | 14,416 | 6,665 | 26,602 | 10,261 | 24,408 |
| 2019년 | 419,753 | 49,390 | 11,421 | 14,511 | 10,916 | 4,003 | 26,343 | 12,831 | 17,609 |
| 2020년 | 365,323 | 51,915 | 5,655 | 12,493 | 15,621 | 6,766 | 27,651 | 2,972 | 17,991 |
| 2021년 | 293,419 | 34,762 | 9,168 | 5,389 | 17,360 | 6,306 | 18,010 | 1,492 | 19,287 |
| 2022년 | 336,228 | 27,778 | 3,793 | 13,716 | 20,728 | 9,939 | 27,077 | 3,628 | 43,079 |
| 2023년 | 367,597 | 36,715 | 3,092 | 4,898 | 34,784 | 3,423 | 25,351 | 8,786 | 45,663 |
| 2024년 | 364,113 | 28,257 | 3,616 | 8,853 | 24,300 | 16,809 | 15,151 | 4,493 | 29,740 |
| 2025년 | 278,349 | 42,952 | 1,840 | 4,995 | 12,767 | 11,861 | 14,652 | 4,581 | 21,414 |
| 2026년 | 206,669 | 28,716 | | 11,160 | 10,751 | 6,667 | 9,947 | 4,411 | 15,161 |
| 2027년 | 202,140 | 12,769 | | 7,560 | 1,152 | 16,912 | 16,844 | 4,893 | 15,828 |

| 지역 | 강원특별 자치도 | 경기도 | 경상남도 | 경상북도 | 전라남도 | 전북특별 자치도 | 충청남도 | 충청북도 | 제주도 |
|---|---|---|---|---|---|---|---|---|---|
| 전체 | 408,021 | 3,840,525 | 858,901 | 588,505 | 396,884 | 459,809 | 585,203 | 453,320 | 76,089 |
| 1990년 이전 | 24,967 | 109,347 | 49,030 | 25,873 | 19,701 | 25,738 | 8,182 | 20,433 | 2,938 |
| 1990년 | 8,269 | 45,587 | 11,005 | 13,975 | 9,183 | 8,466 | 6,000 | 10,936 | 1,824 |
| 1991년 | 10,566 | 33,669 | 20,798 | 16,730 | 10,806 | 12,990 | 8,500 | 10,621 | 1,623 |
| 1992년 | 11,940 | 79,893 | 38,642 | 17,740 | 20,956 | 15,747 | 6,945 | 13,494 | 2,554 |
| 1993년 | 9,064 | 110,757 | 24,281 | 21,718 | 15,176 | 18,426 | 10,609 | 11,372 | 2,993 |
| 1994년 | 11,984 | 133,087 | 32,468 | 21,689 | 11,975 | 15,954 | 13,625 | 16,116 | 1,821 |
| 1995년 | 14,925 | 123,349 | 18,287 | 23,408 | 13,414 | 29,199 | 16,334 | 18,665 | 1,719 |
| 1996년 | 11,519 | 85,237 | 24,352 | 26,011 | 13,416 | 12,057 | 20,722 | 14,914 | 864 |
| 1997년 | 16,056 | 105,565 | 15,990 | 20,193 | 11,831 | 18,539 | 26,493 | 18,178 | 999 |
| 1998년 | 18,236 | 82,490 | 31,649 | 22,104 | 11,340 | 23,511 | 24,198 | 8,395 | 2,644 |
| 1999년 | 13,672 | 96,133 | 16,837 | 22,255 | 6,882 | 18,363 | 15,446 | 14,402 | 862 |
| 2000년 | 11,627 | 89,539 | 17,464 | 11,369 | 6,671 | 8,781 | 13,261 | 8,018 | 1,693 |
| 2001년 | 10,105 | 101,908 | 16,186 | 15,705 | 7,903 | 13,540 | 8,540 | 4,684 | 5,128 |
| 2002년 | 9,466 | 130,310 | 27,022 | 12,466 | 13,408 | 11,511 | 5,691 | 9,090 | 1,655 |
| 2003년 | 5,458 | 98,424 | 19,620 | 10,041 | 9,640 | 7,267 | 10,842 | 11,045 | 1,674 |
| 2004년 | 7,479 | 127,687 | 24,918 | 13,099 | 8,067 | 8,902 | 16,453 | 5,618 | 1,194 |
| 2005년 | 9,014 | 94,918 | 33,782 | 11,317 | 6,785 | 6,908 | 18,469 | 6,987 | 2,795 |
| 2006년 | 15,961 | 92,822 | 17,268 | 6,132 | 6,823 | 10,101 | 22,208 | 13,546 | 2,574 |
| 2007년 | 10,000 | 76,491 | 21,381 | 14,950 | 8,422 | 12,426 | 16,458 | 15,735 | 416 |
| 2008년 | 10,023 | 88,815 | 23,634 | 12,862 | 8,821 | 9,271 | 11,263 | 10,651 | 1,078 |
| 2009년 | 9,189 | 111,205 | 20,293 | 14,201 | 5,570 | 9,582 | 21,169 | 6,934 | 242 |
| 2010년 | 4,956 | 115,491 | 13,630 | 16,022 | 5,407 | 6,121 | 13,733 | 11,838 | 1,258 |
| 2011년 | 2,279 | 61,221 | 8,231 | 9,524 | 5,156 | 6,391 | 9,819 | 4,039 | 2,912 |
| 2012년 | 4,425 | 64,417 | 7,174 | 4,742 | 4,841 | 7,860 | 6,285 | 1,289 | 1,852 |
| 2013년 | 3,574 | 49,946 | 20,224 | 7,059 | 11,090 | 6,331 | 5,460 | 6,358 | 4,360 |
| 2014년 | 10,298 | 52,451 | 25,247 | 8,677 | 15,566 | 10,632 | 10,076 | 9,902 | 2,453 |
| 2015년 | 6,439 | 69,973 | 22,602 | 16,506 | 11,630 | 10,916 | 12,458 | 11,219 | 3,185 |
| 2016년 | 7,441 | 92,889 | 22,220 | 17,021 | 12,935 | 8,441 | 22,620 | 10,547 | 4,038 |
| 2017년 | 6,369 | 133,619 | 41,076 | 24,557 | 8,652 | 6,847 | 25,275 | 12,495 | 4,200 |
| 2018년 | 18,803 | 168,945 | 34,810 | 23,942 | 11,795 | 12,995 | 26,226 | 24,497 | 1,986 |
| 2019년 | 18,696 | 143,267 | 46,990 | 18,806 | 9,687 | 12,846 | 8,597 | 11,961 | 1,879 |
| 2020년 | 11,412 | 124,085 | 18,922 | 12,794 | 13,532 | 14,083 | 13,099 | 14,845 | 1,487 |
| 2021년 | 11,046 | 113,183 | 8,539 | 8,675 | 11,267 | 6,733 | 11,883 | 9,312 | 1,007 |
| 2022년 | 6,580 | 113,731 | 9,345 | 4,747 | 8,233 | 10,875 | 24,810 | 8,037 | 132 |
| 2023년 | 8,378 | 112,884 | 15,679 | 10,452 | 10,054 | 9,087 | 26,377 | 10,727 | 1,247 |
| 2024년 | 11,899 | 113,708 | 21,348 | 23,817 | 11,761 | 10,190 | 22,002 | 17,367 | 802 |
| 2025년 | 9,423 | 74,741 | 21,734 | 11,822 | 6,992 | 9,971 | 13,943 | 13,168 | 1,493 |
| 2026년 | 7,855 | 67,328 | 8,133 | 4,307 | 4,451 | 6,727 | 11,268 | 9,408 | 379 |
| 2027년 | 4,463 | 79,587 | 2,075 | 9,361 | 6,805 | 1,743 | 11,312 | 8,707 | 2,129 |

# 08 수요와 공급, 이렇게 측정하라

**핵심부터 말하자면**

공급량 파악은 비교적 수월하게 할 수 있다.

수요는 정량적 방법 외의 변수가 많지만 '현장 동향'을 고려해야 한다.

부동산 시장에서 수요와 공급을 측정하는 일은 그 무엇보다 중요하다. 수요가 많으면 가격이 오르고, 공급이 많으면 가격이 떨어지기 때문이다. 수요와 공급 중 어느 쪽이 더 많은지 알고 싶다면 각 수치를 객관적으로 측정해야 한다.

먼저 공급량을 파악해야 수요의 많고 적음을 따질 수 있다. 지역 내 공급량은 인허가 실적 등을 통해 파악할 수 있다. 현재 주택의 재고 수량과 앞으로 입주할 신규 분양 세대수를 합산하는 것이다. 좀 더 자세히 계산하려면 멸실되는 주택 수를 제외한 다음 전체 주택을 아파트와 비아파트로 나누어서 분석해야 한다.

문제는 지역 내 수요량을 어떻게 파악하느냐는 것이다. 많은 사람이 다양한 방법으로 수요를 추정한다. 지역 내 주민등록된 인구의 0.5%를 계산해 필요 주택 수를 추정하는 것이 가장 보편화된 방법이다. 최근 프롭테크(정보 기술을 결합한 부동산 서비스 산업) 기업이 등장하면서 수요와 공급을 구체적 수치로 제공하기도 한다. 중요한 것은 실제 매물의 개수와 거래량이다. 매물 개수와 거래량이 준다는 것은 시장에서 거래 가능한 주택 수가 적다는 것이다. 매매든 전세든 말이다.

이런 시장에서 현재 필요 주택 수가 '조금 부족할 뿐'이라는 프롭테크 수치도 참고용으로 봐도 괜찮다. 다만 바람이 있다면 인구를 기준으로 하는 방법과 세대수를 기준으로 하는 방법을 함께 보여줬으면 하는 것이다. 세대당 인구가 꾸준히 줄어드는 상황이라 과거처럼 세대수와 인구가 비례하지 않는다. 주택 수는 세대수와 밀접하기 때문에 세대수의 증감 추이를 통계에 녹여낸다면 현실적인 데이터가 될 수 있다.

그럼에도 불구하고 수요 추정은 매우 어렵다. 정답이 있을 수 없다. 리스크를 낮추고 확률을 높이기 위해 아웃라인만 잡을 뿐이다. 부동산 수요 분석의 한계다. 부동산은 부증성(不增性)과 부동성(不動性)을 갖고 있다. 일정 면적 내 공급량이 정해져 있어서 일정량 이상 증가하는 데는 한계가 있다. 이것이 부증성이다. 이러한 공급량은 다른 곳으로 옮길 수도 없는데, 이를 부동성이라 한다.

하지만 수요에는 부증성과 부동성이 적용되지 않는다. 아무도 관심 갖지 않는 입지의 상품도 있고 누구나 원하는 부동산도 있다. 수요는 유동성이 크다. 부증성이 의미가 없다. 여기서 공급과 수요의 미스매칭이 발생한다. 과거에는 인기가 높았지만 지금은 인기 없는 지역도 있고, 수요가 전혀 없던 지역이 최고 인기 지역이 되기도 한다. 수요는 시기와 외부 영향에 따라 움직이고 부동성도 적용되지 않는다.

한때 모든 광역시 중 가장 잘나갔던 대전이 흔들리는 모습을 보면, 대도시라도 수요 감소의 리스크가 있음을 확인할 수 있다. 동탄과 송도는 수도권 내에서 인기가 매우 높은 곳이지만 두 곳 모두 신규 아파트 청약률이 0%인 단지가 나오기도 했다. 현재 미분양이 거의 없는 세종시도 첫 마을은 미분양이었다. 양주시와 영종도의 점포 겸용 단독주택 부지 분양이 당시 9,000 대 1이라는 놀라운 경쟁률을 기록했던 것도 수요 추정을 어렵게 하는 점이다.

사람이 많다고 해서 공급이 계속 필요한 것도 아니고, 사람이 없다고 수요가 사라질 수도 없다. 수요가 폭발적으로 증가하는 곳도 있고 계속 감소하는 곳도 있다. 입지마다 다른 조건을 하나의 기준으로 해석할 수는 없다. 할 필요도 없고 해서도 안 된다. 그러므로 입지 공부를 해야 하는 것이다.

해당 지역 내 수요를 추정하는 빠숑의 방법 중 하나는 현장에서 수요를 파악하는 것이다. 먼저 기존 아파트의 매물 수, 즉 잔여 임대 물량을 본다. 지역마다 단지마다 다른 기준이 적용되겠지만 일반적으로 매물이 전체 세대수의 1%가 안 되면 공급보다 수요가 더 많다고 판단한다. 10%를 초과하면 공급이 더 많은 걸로 본다. 그 사이는 적정한 수치다. 물론 보합 상태는 시기와 조건에 따라 다르게 판단해야 한다.

이 수치는 지역과 단지에 따라 달라져야 한다. 관심 지역이나 단지를 꾸준히 관찰하면서 그 지역만의 수치를 재정의해야 한다. 이 방법은 내가 25년 동안 수요 분석 프로젝트를 하며 체득한 수치일 뿐이다. 해당 지역과 단지의 수요는 현지 거주민이 가장 잘 안다. 거주민에게 정보를 얻기 어렵다면 중개업자를 통해 파악해야 한다. 매물(매매, 임대)의 잔여량과 현재 중개업자의 거래 동향을 함께 고려해 수요를 추정한다. 가장 현실적인 수요 추정 방법이다.

협의의 부동산은 공급이지만 광의의 부동산은 수요, 결국 사람이다. 사람들이 선택하는 입지, 선호하는 상품, 수용하는 가격은 계속 변화한다. 하나의 기준으로 수요를 정의하려는 것 자체가 불필요한 시도다. 공급은 그 입지 내에 있지만 수요는 그 입지 내에는 전혀 없을 수도 있기 때문이다.

## 09 | 갭 투자 가수요에 '호갱' 되지 않는 법

**핵심부터 말하자면**

가격 결정은 결국 공급과 수요다.
실수요층이 없으면 가격은 떨어진다.
총 옵션 비용을 잘 보라.

자본주의 사회에서 가장 중요한 요소는 가격이다. 가격은 수요와 공급의 균형점에 의해 결정된다. 공급 대비 수요가 많으면 가격은 올라가고, 수요 대비 공급이 많다고 판단되면 가격은 내려간다. 이것이 시장 논리다. 부동산 시장도 마찬가지다. 판매하는 매물보다 사려고 하는 매수자가 더 많으면 가격이 올라간다. 이것이 수요다.

물론 외부 영향이 있을 수 있다. 대표적인 것이 정부 정책이다. 금리를 인하/인상한다든가, 다주택자 세금을 인하/인상한다든가, 보유세나 양도소득세를 인하/인상한다든가, 신규 택지개발지를 억제한다든가, 건축 규제를 완화/강화한다든가, 대출 규제를 완화/강화한다든가 하는 일들은 부동산 시장에 영향을 줄 수 있다.

하지만 이러한 외부 영향이 직접 가격을 올리거나 내리거나 하는 것은 아니다. 다만 소비자의 심리를 자극해 실수요든 가수요든 매매를 발생시키는 데 일조를 하는 것뿐이다. 결국은 부동산의 시세 변동은 수요와 공급으로 결정된다.

실수요는 단기간에 늘거나 줄지 않는다. 예정된 물량이 거의 공급된다. 따라서 단기간에 부동산의 시세를 올리고 내리는 데 결정적인 역할을 하는 것은 가수요다. 우리가 흔히 쓰는 용어로 '투자 수요'다.

부동산 상품 중에 실수요만으로도 거래가 이루어지는 것은 거의 없다. 임대주택 정도가 예외라고 할까. 사적 재산이라고 판단되는 물건은 모두 가수요가 있다. 그래서 시세 전망을 하려면 가수요의 규모를 항상 눈여겨봐야 한다. 가수요가 실수요보다 많으면 가격이 더 많이 오른다. 가격을 올리는 거래 빈도가 많아지기 때문에 그렇다.

예를 들어보자. 특정 지역, 특정 단지의 소형 아파트가 있다. 집주인이 살다가 매도하는 경우로, 이 집을 한 투자자가 매수한다. 매수자는 집주인의 이사 시점에 맞추어 전세 세입자를 구한다. 전세금이 매매가에 가까울수록 투자자는 투자금이 적게 들어간다. 이것이 바로 많은 사람이 좋아하는 소액 갭 투자다.

같은 단지에 이와 유사한 형태의 매매와 임대가 발생한다. 같은 단지에서 매매를 많이 했거나 꾸준히 관찰한 사람들은 알겠지만, 이 경우 매매 거래 5건 정도로 매매 시세를 20%까지 올릴 수 있다. 심지어 전세는 40%까지도 끌어올릴 수 있다. 가격이 서서히 오르는 구조가 아니라 계단식으로 오르기 때문이다. 점차 매물이 줄어들거나 아예 없어진다.

전세 물량은 더 없다. 이렇게 되면 전세가가 상승하기 때문에 매매와 전세의 갭이 매우 가까워진다.

가격이 오르면 실제 소유자들은 시세 차익을 얻고 싶어 한다. 예전부터 소유해온 사람들은 더욱더 그렇다. 매물이 등장하기 시작한다. 매물을 기다리던 이들이 빠르게 매수한다. 또 매물이 나온다. 또 기다리던 이들이 매수한다. 단기간에 가격이 급등한다. 이 급등 타이밍에 통상적으로 갭 투자를 희망하는 사람들이 몰리게 된다.

예전부터 소유하던 세대 중에 매도를 희망하는 세대든, 소액 갭 투자 초기에 매수했던 투자자든, 대부분 이 시점에 매도한다. 수익이 상당하다. 이제는 매물이 줄어든다. 팔고 싶은 사람들은 대부분 팔았기 때문이다. 매매가 이루어지지 않으면 시세가 더 이상 오르지 않는다. 뒤늦게 매수한 사람들은 불안해하기 시작한다. 가격이 오르지 않아도 전세가가 오르거나 유지만 되어도 버틸 수는 있다.

하지만 가끔 문제가 발생하기도 한다. 역전세 등이 그것이다. 여기에 주변 물량 공급이 증가하면 매매 시세, 전세 시세가 모두 빠진다. 해당 단지의 수요가 급격히 줄어든다. 가수요층이 빠지는 것은 기본이고 실수요층도 줄어든다. 가수요층은 투자 수익이 예상되지 않으니 당연히 빠지고, 실수요층은 선택할 대안이 늘어나니 수요가 줄어든다.

그렇다면 수요가 빠지는지는 어떻게 알 수 있을까? 그 가격에 받아줄 실수요층이 없으면 수요는 빠진다. 단기적인 가격은 가수요층이 주도적으로 이끈다. 실수요층은 그 입지와 상품의 가치를 체득해온 사람들이다. 가격을 보수적으로 생각할 수밖에 없다.

하지만 가수요층은 대부분 현재 본인이 매수할 수 있는 가격인지만 본다. 실수요층이 판단하기에 조금 비싸다고 생각되는 가격에도 매수를 한다. 어느 정도 가격이 오를 때까지는 실수요층도 따라 매수한다. 하지만 실수요층이 매수하기 도저히 어렵다고 판단되는 가격대가 틀림없이 있다. 그 시세가 된 타이밍에 매수자의 절대 숫자가 빠지기 시작한다. 거래량이 급격히 줄어든다. 실수요자들이 관심이 없는데도 거래가 되는 경우도 종종 있다. 과열 양상을 보이는 신규 아파트 분양권 현장이나 투자층이 집단적으로 와서 임장(현장) 투어를 하면서 매수하는 경우다.

수요층이 있는지 없는지 판단하기 어렵다면 이것만 기억하자.

첫째, 신규 아파트 분양권의 경우, 분양가(프리미엄 포함)+중도금 대출 이자+발코니 확장 비용 등 총 옵션 비용이 주변 새 아파트보다 10% 이상 높다면 매수가 적절한지 고민해야 한다.

둘째, 기존 아파트에 갭 투자를 할 경우 매도 물건과 임대 물건이 많다면 매수할 이유가 없다. 특히 임대 물건이 많다면 희망하는 가격에 전세를 받기 어렵다.

남들이 추천한다고, 누가 샀다고, 입지·상품·가격도 충분히 고려하지 않고 매수하면 안 된다. 묻지 마 갭 투자를 해서는 안 되는 이유가 여기에 있다. 전문가가 추천한다고 무조건 좋은 물건이 아니다. 입지·상품·가격을 모두 객관적으로 따져봐야 한다. 매매가와 전세가의 갭이 작은 물건을 찾는 것이 중요한 것이 아니다. 돈이 아니라 리스크가 적은 물건을 선택하는 것이 훨씬 더 중요하다.

'호갱'이 되어서는 안 된다. 나는 아닐 거라고 생각하지 마라.

# 전국 아파트 미분양 현황(2023.09.~2025.07.)

(단위: 호)

| 지역 | 전국 | 서울특별시 | 세종특별시 | 광주광역시 | 대구광역시 | 대전광역시 | 부산광역시 | 울산광역시 | 인천광역시 |
|------|------|------------|------------|------------|------------|------------|------------|------------|------------|
| 2023.09. | 59,806 | 914 | | 573 | 10,501 | 918 | 2,235 | 2,990 | 1,787 |
| 2023.10. | 58,299 | 908 | 126 | 568 | 10,376 | 799 | 2,277 | 3,111 | 1,693 |
| 2023.11. | 57,925 | 877 | 125 | 604 | 10,328 | 747 | 2,534 | 3,069 | 1,298 |
| 2023.12. | 62,489 | 958 | 122 | 596 | 10,245 | 894 | 2,997 | 2,941 | 3,270 |
| 2024.01. | 63,755 | 997 | 120 | 860 | 10,124 | 1,112 | 3,372 | 2,725 | 3,094 |
| 2024.02. | 64,874 | 1,018 | 119 | 904 | 9,927 | 1,444 | 3,149 | 2,713 | 2,843 |
| 2024.03. | 64,964 | 968 | 112 | 1,286 | 9,814 | 1,339 | 3,222 | 2,640 | 2,669 |
| 2024.04. | 71,997 | 936 | 105 | 1,721 | 9,667 | 1,317 | 4,566 | 3,159 | 4,260 |
| 2024.05. | 72,129 | 974 | 103 | 1,707 | 9,533 | 2,538 | 5,496 | 2,976 | 4,911 |
| 2024.06. | 74,037 | 959 | 88 | 1,720 | 9,738 | 3,299 | 5,205 | 2,801 | 4,136 |
| 2024.07. | 71,822 | 953 | 85 | 1,370 | 10,070 | 2,718 | 5,862 | 2,428 | 2,849 |
| 2024.08. | 67,550 | 946 | 85 | 1,398 | 9,410 | 2,174 | 5,652 | 2,406 | 2,103 |
| 2024.09. | 66,776 | 969 | 57 | 1,294 | 8,864 | 1,995 | 4,871 | 2,416 | 3,408 |
| 2024.10. | 65,836 | 917 | 56 | 1,270 | 8,506 | 1,654 | 5,038 | 2,836 | 3,260 |
| 2024.11. | 65,146 | 931 | 56 | 1,242 | 8,175 | 1,580 | 4,900 | 2,711 | 3,042 |
| 2024.12. | 70,173 | 957 | 61 | 1,242 | 8,807 | 2,319 | 4,720 | 4,131 | 3,086 |
| 2025.01. | 72,624 | 1,352 | 57 | 1,234 | 8,742 | 2,095 | 4,526 | 3,943 | 3,261 |
| 2025.02. | 70,061 | 1,002 | 55 | 1,369 | 9,051 | 2,001 | 4,565 | 3,811 | 2,648 |
| 2025.03. | 68,920 | 942 | 58 | 1,366 | 9,177 | 1,811 | 4,489 | 3,726 | 2,059 |
| 2025.04. | 67,793 | 943 | 57 | 1,298 | 9,065 | 2,105 | 4,709 | 3,505 | 2,021 |
| 2025.05. | 66,678 | 989 | 58 | 1,298 | 8,586 | 1,794 | 5,420 | 3,140 | 2,162 |
| 2025.06. | 63,734 | 1,021 | 57 | 1,297 | 8,995 | 1,663 | 5,375 | 2,746 | 1,825 |
| 2025.07. | 62,244 | 1,033 | 57 | 1,357 | 8,977 | 1,514 | 5,573 | 2,531 | 1,737 |

| 지역 | 강원특별<br>자치도 | 경기도 | 경상남도 | 경상북도 | 전라남도 | 전북특별<br>자치도 | 충청남도 | 충청북도 | 제주도 |
|---|---|---|---|---|---|---|---|---|---|
| 2023.09. | 3,958 | 4,971 | 4,376 | 7,680 | 3,600 | 3,366 | 5,814 | 3,584 | 2,412 |
| 2023.10. | 3,861 | 4,726 | 4,188 | 7,376 | 3,585 | 3,227 | 5,324 | 3,631 | 2,523 |
| 2023.11. | 3,861 | 4,823 | 4,068 | 6,859 | 3,774 | 3,131 | 5,807 | 3,510 | 2,510 |
| 2023.12. | 4,001 | 5,803 | 3,682 | 8,862 | 3,618 | 3,075 | 5,484 | 3,442 | 2,499 |
| 2024.01. | 3,996 | 6,069 | 3,727 | 9,299 | 3,625 | 3,438 | 5,436 | 3,275 | 2,486 |
| 2024.02. | 3,814 | 8,095 | 3,733 | 9,158 | 3,716 | 3,342 | 5,204 | 3,210 | 2,485 |
| 2024.03. | 3,748 | 8,340 | 3,872 | 9,561 | 3,701 | 3,259 | 4,933 | 3,015 | 2,485 |
| 2024.04. | 3,747 | 9,459 | 4,746 | 9,197 | 3,685 | 3,219 | 5,697 | 3,679 | 2,837 |
| 2024.05. | 3,639 | 8,876 | 4,694 | 8,244 | 3,701 | 3,148 | 5,361 | 3,532 | 2,696 |
| 2024.06. | 4,740 | 9,956 | 5,217 | 7,876 | 3,731 | 3,187 | 5,536 | 3,290 | 2,558 |
| 2024.07. | 5,172 | 10,187 | 5,078 | 7,674 | 3,738 | 3,053 | 5,025 | 3,078 | 2,482 |
| 2024.08. | 4,712 | 9,567 | 4,996 | 7,330 | 3,775 | 2,946 | 4,715 | 2,905 | 2,430 |
| 2024.09. | 4,557 | 9,521 | 5,507 | 7,507 | 3,825 | 2,850 | 4,009 | 2,715 | 2,411 |
| 2024.10. | 4,347 | 9,771 | 5,313 | 7,263 | 3,683 | 2,799 | 3,716 | 2,579 | 2,828 |
| 2024.11. | 4,342 | 10,521 | 5,213 | 7,093 | 3,631 | 2,821 | 3,646 | 2,391 | 2,851 |
| 2024.12. | 4,408 | 12,954 | 5,347 | 6,987 | 3,598 | 2,743 | 3,814 | 2,192 | 2,807 |
| 2025.01. | 4,197 | 15,135 | 5,203 | 6,913 | 3,447 | 3,425 | 3,929 | 2,491 | 2,674 |
| 2025.02. | 4,045 | 13,950 | 5,088 | 5,881 | 3,391 | 3,265 | 4,921 | 2,404 | 2,614 |
| 2025.03. | 3,953 | 13,527 | 4,811 | 5,920 | 3,903 | 3,228 | 5,084 | 2,305 | 2,561 |
| 2025.04. | 3,855 | 12,941 | 4,757 | 5,849 | 3,815 | 3,336 | 4,817 | 2,186 | 2,534 |
| 2025.05. | 3,783 | 12,155 | 5,363 | 5,732 | 3,786 | 3,124 | 4,724 | 2,042 | 2,522 |
| 2025.06. | 3,526 | 11,093 | 4,770 | 6,482 | 3,280 | 2,976 | 4,260 | 1,885 | 2,483 |
| 2025.07. | 3,348 | 10,513 | 4,718 | 6,292 | 2,919 | 2,842 | 4,289 | 2,058 | 2,486 |

## 아파트 미분양이 많은 지역(2025년 7월 기준)

| 지역 | | 호 | 지역 | | 호 |
|---|---|---|---|---|---|
| 경기도 | 전체 | 10,513 | 경기도 | 하남시 | 2 |
| | 평택시 | 3,482 | | 파주시 | 1 |
| | 양주시 | 1,642 | 대구광역시 | 전체 | 8,977 |
| | 이천시 | 1,190 | | 달서구 | 2,618 |
| | 김포시 | 492 | | 동구 | 1,427 |
| | 용인시 | 459 | | 북구 | 1,267 |
| | 여주시 | 448 | | 수성구 | 1,165 |
| | 의정부시 | 402 | | 중구 | 865 |
| | 안성시 | 376 | | 남구 | 803 |
| | 가평군 | 361 | | 서구 | 774 |
| | 남양주시 | 358 | | 달성군 | 58 |
| | 광주시 | 261 | 경상북도 | 전체 | 6,292 |
| | 부천시 | 169 | | 포항시 | 3,020 |
| | 양평군 | 156 | | 구미시 | 1,172 |
| | 동두천시 | 137 | | 경주시 | 979 |
| | 포천시 | 123 | | 칠곡군 | 427 |
| | 고양시 | 95 | | 안동시 | 416 |
| | 화성시 | 85 | | 상주시 | 85 |
| | 안양시 | 70 | | 울진군 | 67 |
| | 구리시 | 68 | | 김천시 | 66 |
| | 성남시 | 55 | | 청도군 | 36 |
| | 연천군 | 39 | | 경산시 | 15 |
| | 시흥시 | 32 | | 영주시 | 6 |
| | 광명시 | 6 | | 영천시 | 3 |
| | 오산시 | 4 | | | |

| 지역 | | 호 | 지역 | | 호 |
|---|---|---|---|---|---|
| 부산광역시 | 전체 | 5,573 | 경상남도 | 통영시 | 264 |
| | 부산진구 | 875 | | 밀양시 | 221 |
| | 사하구 | 818 | | 고성군 | 148 |
| | 강서구 | 566 | | 함양군 | 146 |
| | 동래구 | 543 | | 진주시 | 78 |
| | 수영구 | 461 | | 남해군 | 76 |
| | 사상구 | 443 | | 거창군 | 60 |
| | 금정구 | 305 | | 산청군 | 42 |
| | 해운대구 | 280 | 충청남도 | 전체 | 4,289 |
| | 기장군 | 272 | | 아산시 | 1,219 |
| | 연제구 | 212 | | 천안시 | 1,079 |
| | 서구 | 211 | | 보령시 | 506 |
| | 동구 | 210 | | 계룡시 | 392 |
| | 북구 | 209 | | 공주시 | 287 |
| | 남구 | 146 | | 홍성군 | 198 |
| | 영도구 | 22 | | 예산군 | 197 |
| 경상남도 | 전체 | 4,718 | | 서산시 | 112 |
| | 창원시 | 1,256 | | 당진시 | 104 |
| | 김해시 | 1,121 | | 청양군 | 82 |
| | 거제시 | 462 | | 논산시 | 79 |
| | 양산시 | 459 | | 금산군 | 28 |
| | 사천시 | 385 | | 서천군 | 6 |

# 10 | 시세 하락·거래 절벽 시, 급매물 선별법

**핵심부터 말하자면**

시세 하락 반영 매물이 '급매물'로 포장됐을 가능성이 크다.
중개업소의 말만 믿으면 안 된다.

A씨는 잘 알고 지내던 공인중개업소 소장에게 한 통의 전화를 받았다. 좋은 급매물이 나왔다는 것이다. 3억 4,000만 원의 아파트 급매물이다. 적극적으로 협상하면 500만 원 정도 인하가 가능할 것이고, 그렇게 되면 3억 3,500만 원 수준에서 매수 가능하다고 제안했다. 해당 아파트는 매도 호가가 3억 6,000만 원에서 3억 8,000만 원인 데 반해 매수 호가는 3억 2,000만 원에서 3억 3,000만 원 정도다. 부동산 거래량이 급감한 요즘 같은 시기에는 매도 호가와 매수 호가의 차이가 크다.

공인중개업소 소장은 "2025년 부동산 시장 경기가 작년 같지 않아, 사고 싶은 사람보다 팔고 싶은 사람이 더 많아 충분히 조정 가능할 것 같다"는 설명도 덧붙였다. A씨의 고민이 시작됐다. 이 정도 급매물이라면 바로 구입하는 것이 좋을까?

급매물이라고 해서 무조건 매수하고 보자는 생각은 금물이다. 급매물일수록 입지와 상품 가치를 더 많이 고려해야 한다. 가격만으로는 판단할 수 없고, 판단해서도 안 된다. 중개업자의 추천뿐 아니라 여러 가지 부동산의 기본 조건을 조합해 의사 결정을 해야 한다.

A씨가 급매물이라며 추천받은 아파트가 3억 3,500만 원에 거래된다면, 다음에는 3억 2,500만 원 전후에서 거래될 것이다. 예상되는 해당 단지 매물의 거래 박스권 범위는 3억 3,000만 원에서 3억 원 선이다. 거래 빈도는 많지 않아도 한동안 그 금액 내에서 거래될 것이다. 투자 수요는 거의 없고 실거주 위주의 거래만이 예상된다. 중개업소 소장이 말한 3억 4,000만 원이라는 가격은 급매물 가격이라고 볼 수 없다.

해당 단지는 입지 조건만 보면 매우 좋은 곳이다. 초등학교, 중학교, 고등학교부터 대형 마트까지 도보권에 위치해 있다. 지하철도 멀지 않고, 서울 가는 광역버스도 많다. 도로망도 잘 갖춰져 있다. 입주 20년이 넘어 상품으로서의 경쟁력은 거의 없지만 입지만으로도 실거주 수요는 공실이 나지 않을 정도로 충분하다.

하지만 가격 평가는 조심스러워야 한다. 확신을 갖고 전망하는 것은 지양해야 한다. 특별한 부동산 의사 결정 기준이 없다면 말이다. '지금 얼마에 사면 나중에 얼마가 된다'라는 막연한 기대감을 섞은 중개업자들의 전망은 조심해야 한다.

중개업소 소장에게 추천받은 단지의 시세가 하향할 것이라는 이유는 분명하다. 해당 단지 인근 지역에 2년 내 5,000세대가 입주를 앞두고 있다. 이후 5,000세대가 추가로 신규 분양이 될 것이다. 새 아파트 단지는 입주할 때마다 먼저 들어선 단지의 시세에 영향을 준다. 다소 부정적으로. 상품 경쟁력에서 밀릴 수밖에 없다.

인플레이션 정도로 시세가 상승할 수는 있지만, 새 아파트가 오르는 비율을 따라가긴 어렵다. 경쟁 상품이 계속해서 생기는 지역의 구 아파트 한계다. 매매 시세뿐 아니라 전세 시세도 신규 아파트가 입주할 때마다 하락할 수 있다. 거래가 잘 안되는 이유가 여기에 있다.

거래가 잘 안되는 단지의 시세 예측은 오히려 쉽다. 시세 예측이 어려운 것은 투자 수요 때문인데, 투자 수요층이 없으니 단순하게 전망할 수 있다. 실수요층이 아파트를 선택하는 기준은 단순하기 때문이다. 가장 먼저 주변 단지 시세와 비교해보면 된다. 유사한 수준의 단지 시세와 비교하면 현재 시세가 적정 가격인지는 바로 판단할 수 있다. 해당 단지의 전세 시세만 알아도 매매 가격을 평가할 수 있다.

일반적으로 매도자의 개인적 사정 등으로 현재 시세보다 낮은 시세로 시장에 내놓는 부동산 매물을 '급매물'이라고 한다. 하지만 시세가 하락하는 시기라면 급매물의 가격을 판단하기 어렵다. 거래가 많지 않은 시기도 그렇다. 급매물이 진짜 급매물이 아닐 가능성이 높아진다. 그렇기 때문에 가격만 보고 급매물 거래를 결정하면 안 된다. 그것은 묻지 마 투자, 즉 투기가 된다.

많은 부동산 전문가가 급매물을 잡기 위해 중개업자와 친하게 지내라고 조언한다. 인간적인 관계가 있다면 거래 조건을 잘 조정해주고, 좋은 물건이 나오면 먼저 소개해줄 수도 있다. 하지만 오직 급매물을 받기 위한 목적이라면 좀 더 고민이 필요하다. 급매물에 대한 판단은 중개업소가 아니라 본인이 직접 해야 한다. 그리고 좋은 매물인지 평가하는 것이 우선이다. 저렴한 급매물보다는 시세보다 다소 비싸더라도 미래 가치가 높아질 아파트를 선택하는 것이 더 바람직하다.

서울, 경기, 광역시의 아파트 매매 건수 추이(2022.07.~2025.07.)

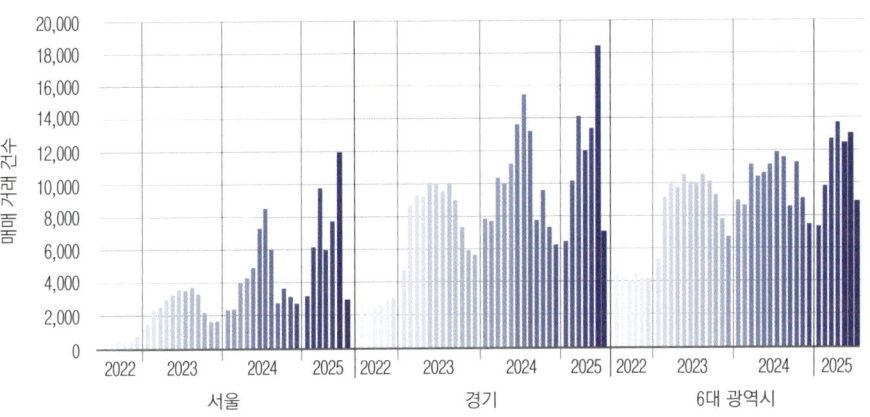

서울, 경기, 광역시의 아파트 전세 계약 건수 추이(2022.07.~2025.07.)

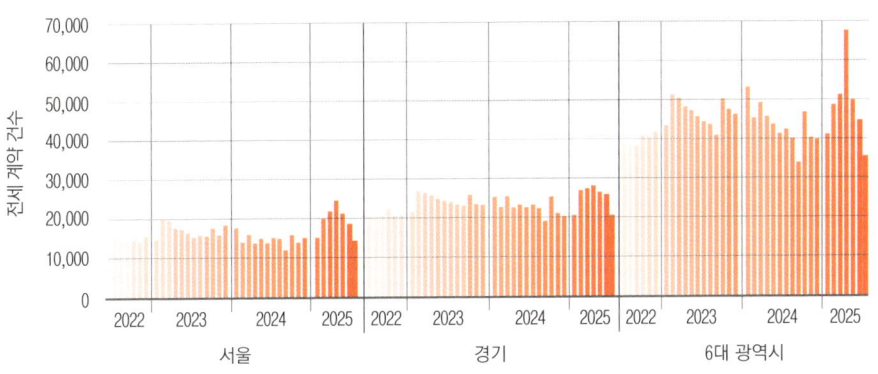

## 전국 아파트 매매 가격 변동률(2025년)

(단위: 전주 대비 %)

| | 전국 | 서울특별시 | 세종특별시 | 광주광역시 | 대구광역시 | 대전광역시 | 부산광역시 | 울산광역시 | 인천광역시 |
|---|---|---|---|---|---|---|---|---|---|
| 25.01.06. | -0.04 | 0.01 | -0.14 | -0.04 | -0.08 | -0.03 | -0.04 | -0.01 | -0.02 |
| 25.01.13. | -0.06 | 0.00 | -0.05 | -0.04 | -0.11 | -0.09 | -0.09 | -0.01 | -0.03 |
| 25.01.20. | -0.06 | 0.01 | -0.10 | -0.06 | -0.11 | -0.09 | -0.13 | -0.03 | -0.05 |
| 25.02.03. | -0.06 | 0.01 | -0.03 | -0.04 | -0.13 | -0.11 | -0.12 | -0.02 | -0.02 |
| 25.02.10. | -0.02 | 0.03 | -0.15 | -0.01 | -0.06 | -0.04 | -0.06 | -0.03 | -0.02 |
| 25.02.17. | -0.03 | 0.08 | -0.14 | -0.10 | -0.09 | -0.10 | -0.10 | 0.00 | -0.02 |
| 25.02.24. | -0.04 | 0.14 | -0.13 | -0.10 | -0.08 | -0.08 | -0.12 | -0.03 | -0.02 |
| 25.03.03. | 0.00 | 0.16 | -0.06 | -0.06 | -0.05 | -0.03 | -0.08 | 0.02 | -0.01 |
| 25.03.10. | 0.02 | 0.26 | -0.07 | -0.02 | -0.06 | -0.03 | -0.05 | 0.01 | 0.00 |
| 25.03.17. | 0.01 | 0.29 | -0.06 | -0.05 | -0.06 | -0.13 | -0.10 | 0.02 | -0.01 |
| 25.03.24. | 0.01 | 0.22 | -0.04 | -0.03 | -0.04 | -0.04 | -0.05 | 0.02 | 0.01 |
| 25.03.31. | 0.00 | 0.17 | 0.00 | -0.05 | -0.04 | -0.08 | -0.07 | 0.03 | 0.00 |
| 25.04.07. | 0.00 | 0.15 | -0.02 | -0.07 | -0.06 | -0.04 | -0.08 | 0.02 | -0.02 |
| 25.04.14. | 0.00 | 0.14 | 0.03 | -0.09 | -0.06 | -0.06 | -0.07 | 0.02 | -0.03 |
| 25.04.21. | 0.00 | 0.20 | 0.23 | -0.03 | -0.06 | -0.08 | -0.12 | 0.03 | -0.02 |
| 25.04.28. | 0.01 | 0.15 | 0.50 | -0.04 | -0.04 | -0.04 | -0.06 | 0.03 | -0.01 |
| 25.05.05. | 0.00 | 0.08 | 0.22 | -0.02 | -0.03 | -0.01 | -0.04 | 0.01 | 0.00 |
| 25.05.12. | 0.01 | 0.18 | 0.45 | -0.03 | -0.07 | -0.06 | -0.10 | 0.01 | -0.02 |
| 25.05.19. | 0.00 | 0.17 | 0.37 | -0.06 | -0.11 | -0.08 | -0.09 | 0.02 | -0.03 |
| 25.05.26. | 0.03 | 0.25 | 0.16 | -0.03 | -0.05 | -0.06 | -0.06 | 0.01 | -0.01 |
| 25.06.02. | 0.03 | 0.24 | 0.14 | -0.03 | -0.05 | -0.01 | -0.05 | 0.04 | -0.01 |
| 25.06.09. | 0.04 | 0.35 | 0.14 | -0.03 | -0.05 | -0.07 | -0.08 | 0.03 | -0.01 |
| 25.06.16. | 0.06 | 0.40 | 0.12 | -0.03 | -0.08 | -0.03 | -0.05 | 0.03 | 0.01 |
| 25.06.23. | 0.08 | 0.44 | 0.14 | -0.03 | -0.05 | -0.03 | -0.03 | 0.05 | 0.00 |
| 25.06.30. | 0.05 | 0.31 | 0.07 | -0.04 | -0.05 | -0.04 | -0.04 | 0.03 | 0.00 |
| 25.07.07. | 0.04 | 0.28 | 0.09 | -0.03 | -0.05 | -0.04 | -0.05 | 0.05 | 0.00 |
| 25.07.14. | 0.03 | 0.24 | 0.07 | -0.06 | -0.05 | -0.03 | -0.06 | 0.06 | 0.00 |
| 25.07.21. | 0.02 | 0.19 | 0.03 | -0.04 | -0.11 | -0.03 | -0.09 | 0.07 | -0.01 |
| 25.07.28. | 0.00 | 0.16 | 0.09 | -0.04 | -0.09 | -0.08 | -0.12 | 0.05 | 0.00 |
| 25.08.04. | 0.00 | 0.11 | 0.04 | -0.04 | -0.07 | -0.02 | -0.06 | 0.02 | -0.01 |
| 25.08.11. | 0.01 | 0.13 | 0.03 | -0.03 | -0.04 | -0.04 | -0.07 | 0.04 | -0.01 |
| 25.08.18. | 0.00 | 0.11 | 0.08 | -0.06 | -0.04 | -0.06 | -0.10 | 0.01 | -0.01 |
| 25.08.25. | 0.01 | 0.14 | 0.06 | -0.08 | -0.05 | -0.02 | -0.06 | 0.06 | 0.01 |

| | 강원특별<br>자치도 | 경기도 | 경상남도 | 경상북도 | 전라남도 | 전북특별<br>자치도 | 충청남도 | 충청북도 | 제주도 |
|---|---|---|---|---|---|---|---|---|---|
| 25.01.06. | −0.05 | −0.05 | −0.07 | −0.05 | −0.08 | −0.01 | −0.08 | −0.01 | 0.01 |
| 25.01.13. | −0.01 | −0.06 | −0.19 | −0.11 | −0.05 | 0.00 | −0.07 | −0.01 | −0.12 |
| 25.01.20. | −0.01 | −0.06 | −0.14 | −0.10 | −0.04 | −0.02 | −0.12 | −0.03 | −0.10 |
| 25.02.03. | −0.05 | −0.05 | −0.11 | −0.13 | −0.09 | 0.01 | −0.12 | −0.01 | −0.04 |
| 25.02.10. | −0.03 | −0.02 | −0.05 | −0.04 | −0.02 | 0.03 | −0.04 | −0.02 | 0.00 |
| 25.02.17. | −0.03 | −0.03 | −0.07 | −0.06 | −0.08 | 0.01 | −0.12 | 0.00 | −0.13 |
| 25.02.24. | −0.04 | −0.04 | −0.12 | −0.12 | −0.07 | −0.03 | −0.14 | 0.00 | −0.21 |
| 25.03.03. | 0.00 | −0.01 | −0.03 | −0.04 | −0.02 | 0.01 | −0.05 | −0.02 | −0.06 |
| 25.03.10. | 0.01 | −0.01 | −0.04 | −0.01 | −0.02 | 0.03 | −0.04 | −0.01 | −0.16 |
| 25.03.17. | −0.03 | −0.01 | −0.09 | −0.01 | −0.02 | 0.01 | −0.10 | −0.01 | −0.05 |
| 25.03.24. | −0.01 | −0.02 | −0.07 | 0.00 | −0.04 | 0.02 | −0.02 | 0.00 | −0.10 |
| 25.03.31. | 0.02 | −0.01 | −0.05 | −0.05 | 0.00 | 0.00 | −0.07 | 0.01 | −0.12 |
| 25.04.07. | −0.01 | 0.00 | −0.04 | −0.03 | −0.02 | 0.02 | −0.03 | 0.00 | −0.07 |
| 25.04.14. | −0.04 | −0.01 | −0.04 | −0.03 | −0.04 | 0.01 | −0.05 | −0.01 | −0.08 |
| 25.04.21. | −0.07 | −0.01 | −0.09 | −0.02 | −0.07 | 0.01 | −0.04 | −0.03 | −0.07 |
| 25.04.28. | −0.04 | 0.00 | −0.08 | −0.05 | −0.03 | 0.03 | −0.04 | −0.01 | −0.01 |
| 25.05.05. | −0.07 | 0.00 | −0.05 | 0.01 | −0.01 | 0.02 | −0.01 | −0.01 | −0.02 |
| 25.05.12. | −0.02 | 0.00 | −0.08 | −0.02 | −0.09 | 0.02 | −0.07 | −0.01 | 0.00 |
| 25.05.19. | −0.06 | −0.01 | −0.06 | −0.04 | −0.06 | 0.00 | −0.03 | 0.02 | 0.00 |
| 25.05.26. | −0.04 | 0.01 | −0.04 | −0.01 | −0.04 | 0.01 | −0.03 | 0.01 | −0.05 |
| 25.06.02. | −0.01 | 0.02 | −0.02 | −0.04 | −0.03 | −0.01 | −0.04 | 0.00 | −0.04 |
| 25.06.09. | −0.03 | 0.03 | −0.03 | −0.04 | −0.04 | 0.01 | −0.03 | 0.01 | −0.09 |
| 25.06.16. | −0.01 | 0.06 | −0.02 | −0.05 | −0.02 | 0.00 | −0.01 | 0.01 | −0.10 |
| 25.06.23. | −0.01 | 0.09 | −0.02 | −0.02 | −0.02 | 0.07 | −0.04 | 0.04 | −0.08 |
| 25.06.30. | −0.02 | 0.06 | −0.02 | −0.01 | −0.02 | 0.02 | −0.02 | 0.00 | −0.02 |
| 25.07.07. | −0.02 | 0.04 | −0.01 | −0.03 | −0.03 | 0.03 | 0.00 | 0.01 | −0.01 |
| 25.07.14. | −0.03 | 0.03 | −0.03 | −0.05 | −0.04 | 0.02 | 0.00 | 0.00 | −0.04 |
| 25.07.21. | −0.01 | 0.02 | −0.02 | −0.03 | −0.01 | −0.01 | 0.01 | −0.02 | −0.01 |
| 25.07.28. | −0.01 | 0.00 | −0.02 | −0.04 | −0.02 | 0.01 | 0.00 | −0.04 | −0.04 |
| 25.08.04. | 0.00 | 0.00 | −0.01 | −0.06 | 0.00 | 0.06 | −0.02 | −0.01 | −0.06 |
| 25.08.11. | 0.00 | 0.01 | −0.02 | −0.05 | −0.03 | −0.06 | −0.02 | 0.01 | −0.01 |
| 25.08.18. | −0.03 | 0.01 | −0.01 | −0.03 | −0.01 | −0.02 | −0.01 | −0.02 | 0.00 |
| 25.08.25. | −0.05 | 0.02 | 0.01 | −0.03 | −0.01 | 0.02 | −0.02 | 0.01 | −0.05 |

## 전국 아파트 매매 건수(2022.07.~2025.07.)

| | 전국 | 서울특별시 | 세종특별시 | 광주광역시 | 대구광역시 | 대전광역시 | 부산광역시 | 울산광역시 | 인천광역시 |
|---|---|---|---|---|---|---|---|---|---|
| 2022.07. | 62,129 | 15,213 | 950 | 1,553 | 1,977 | 1,579 | 3,486 | 898 | 3,858 |
| 2022.08. | 61,347 | 14,269 | 870 | 1,399 | 1,974 | 1,562 | 3,406 | 818 | 3,972 |
| 2022.09. | 60,783 | 13,745 | 865 | 1,471 | 1,991 | 1,565 | 3,472 | 839 | 3,770 |
| 2022.10. | 63,788 | 14,174 | 1,023 | 1,360 | 2,224 | 1,718 | 3,613 | 893 | 4,063 |
| 2022.11. | 62,081 | 13,636 | 982 | 1,312 | 2,112 | 1,854 | 3,989 | 855 | 3,620 |
| 2022.12. | 64,324 | 15,016 | 1,057 | 1,402 | 2,275 | 2,049 | 3,880 | 916 | 3,686 |
| 2023.01. | 65,759 | 14,203 | 1,072 | 1,686 | 2,359 | 1,974 | 4,027 | 915 | 3,946 |
| 2023.02. | 81,113 | 19,004 | 1,226 | 2,102 | 2,837 | 2,207 | 4,747 | 1,146 | 4,670 |
| 2023.03. | 77,566 | 18,766 | 916 | 1,962 | 2,745 | 1,918 | 4,451 | 1,049 | 5,144 |
| 2023.04. | 73,287 | 16,893 | 984 | 1,822 | 2,709 | 1,829 | 4,283 | 1,061 | 4,804 |
| 2023.05. | 71,834 | 16,675 | 990 | 1,700 | 2,666 | 1,897 | 4,221 | 1,074 | 4,584 |
| 2023.06. | 69,560 | 15,797 | 985 | 1,734 | 2,553 | 1,682 | 4,269 | 924 | 4,464 |
| 2023.07. | 68,409 | 14,766 | 914 | 1,687 | 2,411 | 1,809 | 3,932 | 947 | 4,428 |
| 2023.08. | 67,378 | 15,260 | 990 | 1,643 | 2,562 | 1,679 | 3,971 | 940 | 4,195 |
| 2023.09. | 65,130 | 15,054 | 972 | 1,749 | 2,489 | 1,442 | 3,551 | 993 | 3,939 |
| 2023.10. | 75,285 | 16,985 | 1,280 | 1,963 | 3,044 | 2,192 | 4,337 | 1,149 | 4,503 |
| 2023.11. | 70,569 | 15,297 | 1,157 | 1,681 | 3,016 | 1,962 | 4,341 | 1,145 | 4,049 |
| 2023.12. | 72,319 | 17,662 | 1,266 | 1,506 | 2,699 | 1,978 | 4,402 | 1,139 | 3,929 |
| 2024.01. | 76,943 | 16,913 | 1,275 | 1,766 | 3,057 | 2,078 | 4,995 | 1,241 | 4,882 |
| 2024.02. | 66,282 | 13,477 | 932 | 1,522 | 2,443 | 1,670 | 4,029 | 1,008 | 4,745 |
| 2024.03. | 71,665 | 15,364 | 922 | 1,744 | 2,616 | 1,669 | 4,140 | 1,100 | 5,498 |
| 2024.04. | 64,906 | 13,226 | 887 | 1,525 | 2,516 | 1,629 | 3,779 | 961 | 5,097 |
| 2024.05. | 66,221 | 14,380 | 860 | 1,650 | 2,267 | 1,605 | 3,490 | 987 | 4,955 |
| 2024.06. | 63,487 | 13,366 | 836 | 1,820 | 2,211 | 1,596 | 3,564 | 903 | 4,248 |
| 2024.07. | 65,844 | 14,464 | 949 | 1,582 | 2,352 | 1,598 | 3,811 | 924 | 4,227 |
| 2024.08. | 63,752 | 14,390 | 1,033 | 1,530 | 2,222 | 1,503 | 3,501 | 848 | 4,096 |
| 2024.09. | 54,049 | 11,560 | 902 | 1,465 | 1,965 | 1,350 | 3,139 | 684 | 3,139 |
| 2024.10. | 69,628 | 15,218 | 1,202 | 1,588 | 2,678 | 1,804 | 4,538 | 941 | 4,326 |
| 2024.11. | 62,066 | 13,437 | 1,132 | 1,502 | 2,195 | 1,759 | 3,977 | 844 | 3,479 |
| 2024.12. | 61,834 | 14,554 | 1,166 | 1,346 | 2,190 | 1,753 | 3,959 | 797 | 3,439 |
| 2025.01. | 63,316 | 14,551 | 1,086 | 1,523 | 2,276 | 1,807 | 3,776 | 779 | 3,895 |
| 2025.02. | 80,449 | 19,059 | 1,241 | 1,838 | 2,759 | 2,002 | 4,518 | 957 | 4,560 |
| 2025.03. | 81,797 | 20,869 | 1,069 | 2,554 | 2,800 | 1,924 | 4,597 | 935 | 5,117 |
| 2025.04. | 97,503 | 23,505 | 1,001 | 4,502 | 2,774 | 2,604 | 5,403 | 1,272 | 7,823 |
| 2025.05. | 78,051 | 20,290 | 1,068 | 2,256 | 2,815 | 2,233 | 4,405 | 903 | 4,693 |
| 2025.06. | 73,574 | 17,852 | 952 | 1,674 | 2,432 | 1,763 | 4,105 | 860 | 4,442 |
| 2025.07. | 58,108 | 13,782 | 899 | 1,282 | 1,836 | 1,378 | 3,308 | 661 | 3,663 |

| | 강원특별<br>자치도 | 경기도 | 경상남도 | 경상북도 | 전라남도 | 전북특별<br>자치도 | 충청남도 | 충청북도 | 제주도 |
|---|---|---|---|---|---|---|---|---|---|
| 2022.07. | 1,044 | 2,846 | 1,997 | 1,479 | 969 | 1,179 | 1,387 | 1,213 | 93 |
| 2022.08. | 1,070 | 2,757 | 1,742 | 1,549 | 859 | 1,038 | 1,376 | 964 | 114 |
| 2022.09. | 914 | 2,577 | 1,703 | 1,364 | 825 | 949 | 1,237 | 1,078 | 91 |
| 2022.10. | 840 | 2,667 | 1,812 | 1,484 | 844 | 938 | 1,305 | 1,122 | 107 |
| 2022.11. | 765 | 2,978 | 1,535 | 1,257 | 717 | 780 | 1,103 | 876 | 107 |
| 2022.12. | 676 | 3,129 | 1,347 | 1,154 | 603 | 658 | 1,078 | 799 | 83 |
| 2023.01. | 757 | 4,825 | 1,482 | 1,274 | 821 | 812 | 1,235 | 951 | 101 |
| 2023.02. | 1,077 | 8,828 | 2,485 | 1,910 | 1,100 | 1,298 | 1,941 | 1,538 | 111 |
| 2023.03. | 1,382 | 9,489 | 2,660 | 1,996 | 1,184 | 1,387 | 2,101 | 1,717 | 143 |
| 2023.04. | 1,248 | 9,339 | 2,439 | 2,036 | 1,139 | 1,362 | 1,938 | 1,509 | 131 |
| 2023.05. | 1,433 | 10,213 | 2,717 | 2,042 | 1,199 | 1,741 | 2,071 | 1,728 | 151 |
| 2023.06. | 1,320 | 10,072 | 2,513 | 1,942 | 1,103 | 1,490 | 2,034 | 1,477 | 130 |
| 2023.07. | 1,272 | 9,675 | 2,511 | 1,821 | 1,092 | 1,312 | 1,904 | 1,510 | 144 |
| 2023.08. | 1,459 | 10,169 | 2,640 | 1,910 | 1,126 | 1,464 | 2,088 | 1,606 | 183 |
| 2023.09. | 1,423 | 9,142 | 2,534 | 1,888 | 1,090 | 1,378 | 1,779 | 1,462 | 133 |
| 2023.10. | 1,404 | 7,455 | 2,667 | 2,078 | 1,154 | 1,448 | 1,985 | 1,730 | 152 |
| 2023.11. | 1,324 | 6,037 | 2,409 | 1,832 | 1,099 | 1,208 | 1,757 | 1,304 | 158 |
| 2023.12. | 1,108 | 5,745 | 1,998 | 1,663 | 905 | 1,263 | 1,505 | 1,204 | 143 |
| 2024.01. | 1,326 | 7,968 | 2,633 | 1,908 | 1,166 | 1,415 | 1,898 | 1,467 | 177 |
| 2024.02. | 1,325 | 7,828 | 2,262 | 1,935 | 1,097 | 1,308 | 1,854 | 1,452 | 137 |
| 2024.03. | 1,737 | 10,474 | 2,989 | 2,337 | 1,303 | 1,875 | 2,402 | 1,876 | 143 |
| 2024.04. | 1,541 | 10,166 | 2,787 | 1,964 | 1,198 | 1,654 | 2,080 | 1,601 | 154 |
| 2024.05. | 1,458 | 11,347 | 2,718 | 1,999 | 1,293 | 1,755 | 2,156 | 1,610 | 138 |
| 2024.06. | 1,390 | 13,740 | 2,496 | 1,832 | 1,261 | 1,554 | 2,124 | 1,456 | 162 |
| 2024.07. | 1,509 | 15,574 | 2,781 | 1,870 | 1,269 | 1,705 | 2,183 | 1,596 | 168 |
| 2024.08. | 1,422 | 13,356 | 2,589 | 1,919 | 1,164 | 1,655 | 2,162 | 1,548 | 159 |
| 2024.09. | 1,252 | 7,867 | 2,124 | 1,677 | 1,020 | 1,360 | 1,854 | 1,316 | 165 |
| 2024.10. | 1,640 | 9,703 | 2,947 | 2,185 | 1,435 | 1,874 | 2,372 | 1,767 | 185 |
| 2024.11. | 1,286 | 7,464 | 2,460 | 1,780 | 1,225 | 1,507 | 1,873 | 1,386 | 180 |
| 2024.12. | 1,171 | 6,359 | 2,190 | 1,561 | 1,022 | 1,286 | 1,694 | 1,342 | 151 |
| 2025.01. | 1,157 | 6,539 | 2,122 | 1,531 | 906 | 1,269 | 1,518 | 1,224 | 114 |
| 2025.02. | 1,458 | 10,267 | 2,811 | 2,050 | 1,270 | 1,688 | 2,032 | 1,649 | 159 |
| 2025.03. | 1,591 | 14,236 | 3,640 | 2,147 | 1,526 | 1,972 | 2,444 | 2,050 | 167 |
| 2025.04. | 1,623 | 12,139 | 5,517 | 1,876 | 1,647 | 1,741 | 2,443 | 1,817 | 145 |
| 2025.05. | 1,433 | 13,508 | 2,909 | 1,899 | 1,235 | 1,738 | 2,402 | 2,246 | 160 |
| 2025.06. | 1,468 | 18,580 | 3,017 | 1,963 | 1,149 | 1,712 | 2,205 | 1,758 | 163 |
| 2025.07. | 1,113 | 7,206 | 2,318 | 1,559 | 913 | 1,388 | 1,716 | 1,457 | 106 |

## 전국 아파트 전세 계약 건수(2022.07.~2025.07.)

| | 전국 | 서울특별시 | 세종특별시 | 광주광역시 | 대구광역시 | 대전광역시 | 부산광역시 | 울산광역시 | 인천광역시 |
|---|---|---|---|---|---|---|---|---|---|
| 2022.07. | 62,129 | 15,213 | 950 | 1,553 | 1,977 | 1,579 | 3,486 | 898 | 3,858 |
| 2022.08. | 61,347 | 14,269 | 870 | 1,399 | 1,974 | 1,562 | 3,406 | 818 | 3,972 |
| 2022.09. | 60,783 | 13,745 | 865 | 1,471 | 1,991 | 1,565 | 3,472 | 839 | 3,770 |
| 2022.10. | 63,788 | 14,174 | 1,023 | 1,360 | 2,224 | 1,718 | 3,613 | 893 | 4,063 |
| 2022.11. | 62,081 | 13,636 | 982 | 1,312 | 2,112 | 1,854 | 3,989 | 855 | 3,620 |
| 2022.12. | 64,324 | 15,016 | 1,057 | 1,402 | 2,275 | 2,049 | 3,880 | 916 | 3,686 |
| 2023.01. | 65,759 | 14,203 | 1,072 | 1,686 | 2,359 | 1,974 | 4,027 | 915 | 3,946 |
| 2023.02. | 81,113 | 19,004 | 1,226 | 2,102 | 2,837 | 2,207 | 4,747 | 1,146 | 4,670 |
| 2023.03. | 77,566 | 18,766 | 916 | 1,962 | 2,745 | 1,918 | 4,451 | 1,049 | 5,144 |
| 2023.04. | 73,287 | 16,893 | 984 | 1,822 | 2,709 | 1,829 | 4,283 | 1,061 | 4,804 |
| 2023.05. | 71,834 | 16,675 | 990 | 1,700 | 2,666 | 1,897 | 4,221 | 1,074 | 4,584 |
| 2023.06. | 69,560 | 15,797 | 985 | 1,734 | 2,553 | 1,682 | 4,269 | 924 | 4,464 |
| 2023.07. | 68,409 | 14,766 | 914 | 1,687 | 2,411 | 1,809 | 3,932 | 947 | 4,428 |
| 2023.08. | 67,378 | 15,260 | 990 | 1,643 | 2,562 | 1,679 | 3,971 | 940 | 4,195 |
| 2023.09. | 65,130 | 15,054 | 972 | 1,749 | 2,489 | 1,442 | 3,551 | 993 | 3,939 |
| 2023.10. | 75,285 | 16,985 | 1,280 | 1,963 | 3,044 | 2,192 | 4,337 | 1,149 | 4,503 |
| 2023.11. | 70,569 | 15,297 | 1,157 | 1,681 | 3,016 | 1,962 | 4,341 | 1,145 | 4,049 |
| 2023.12. | 72,319 | 17,662 | 1,266 | 1,506 | 2,699 | 1,978 | 4,402 | 1,139 | 3,929 |
| 2024.01. | 76,943 | 16,913 | 1,275 | 1,766 | 3,057 | 2,078 | 4,995 | 1,241 | 4,882 |
| 2024.02. | 66,282 | 13,477 | 932 | 1,522 | 2,443 | 1,670 | 4,029 | 1,008 | 4,745 |
| 2024.03. | 71,665 | 15,364 | 922 | 1,744 | 2,616 | 1,669 | 4,140 | 1,100 | 5,498 |
| 2024.04. | 64,906 | 13,226 | 887 | 1,525 | 2,516 | 1,629 | 3,779 | 961 | 5,097 |
| 2024.05. | 66,221 | 14,380 | 860 | 1,650 | 2,267 | 1,605 | 3,490 | 987 | 4,955 |
| 2024.06. | 63,487 | 13,366 | 836 | 1,820 | 2,211 | 1,596 | 3,564 | 903 | 4,248 |
| 2024.07. | 65,844 | 14,464 | 949 | 1,582 | 2,352 | 1,598 | 3,811 | 924 | 4,227 |
| 2024.08. | 63,752 | 14,390 | 1,033 | 1,530 | 2,222 | 1,503 | 3,501 | 848 | 4,096 |
| 2024.09. | 54,049 | 11,560 | 902 | 1,465 | 1,965 | 1,350 | 3,139 | 684 | 3,139 |
| 2024.10. | 69,628 | 15,218 | 1,202 | 1,588 | 2,678 | 1,804 | 4,538 | 941 | 4,326 |
| 2024.11. | 62,066 | 13,437 | 1,132 | 1,502 | 2,195 | 1,759 | 3,977 | 844 | 3,479 |
| 2024.12. | 61,834 | 14,554 | 1,166 | 1,346 | 2,190 | 1,753 | 3,959 | 797 | 3,439 |
| 2025.01. | 63,316 | 14,551 | 1,086 | 1,523 | 2,276 | 1,807 | 3,776 | 779 | 3,895 |
| 2025.02. | 80,449 | 19,059 | 1,241 | 1,838 | 2,759 | 2,002 | 4,518 | 957 | 4,560 |
| 2025.03. | 81,797 | 20,869 | 1,069 | 2,554 | 2,800 | 1,924 | 4,597 | 935 | 5,117 |
| 2025.04. | 97,503 | 23,505 | 1,001 | 4,502 | 2,774 | 2,604 | 5,403 | 1,272 | 7,823 |
| 2025.05. | 78,051 | 20,290 | 1,068 | 2,256 | 2,815 | 2,233 | 4,405 | 903 | 4,693 |
| 2025.06. | 73,574 | 17,852 | 952 | 1,674 | 2,432 | 1,763 | 4,105 | 860 | 4,442 |
| 2025.07. | 58,108 | 13,782 | 899 | 1,282 | 1,836 | 1,378 | 3,308 | 661 | 3,663 |

|  | 강원특별<br>자치도 | 경기도 | 경상남도 | 경상북도 | 전라남도 | 전북특별<br>자치도 | 충청남도 | 충청북도 | 제주도 |
|---|---|---|---|---|---|---|---|---|---|
| 2022.07. | 1,628 | 19,636 | 2,799 | 1,454 | 1,694 | 1,493 | 2,107 | 1,623 | 181 |
| 2022.08. | 1,745 | 19,347 | 3,214 | 1,538 | 1,772 | 1,278 | 2,468 | 1,514 | 201 |
| 2022.09. | 1,612 | 20,028 | 2,874 | 2,162 | 1,544 | 1,276 | 1,884 | 1,508 | 177 |
| 2022.10. | 1,600 | 21,234 | 3,267 | 1,968 | 1,405 | 1,348 | 2,071 | 1,639 | 188 |
| 2022.11. | 1,569 | 19,828 | 2,957 | 1,945 | 1,789 | 1,837 | 2,083 | 1,447 | 266 |
| 2022.12. | 1,696 | 20,005 | 2,994 | 1,856 | 1,770 | 1,335 | 2,439 | 1,604 | 344 |
| 2023.01. | 1,710 | 20,589 | 3,093 | 2,075 | 2,087 | 1,368 | 2,471 | 1,789 | 395 |
| 2023.02. | 1,991 | 25,561 | 3,892 | 2,255 | 2,366 | 2,060 | 2,707 | 2,012 | 330 |
| 2023.03. | 1,917 | 25,358 | 3,346 | 1,958 | 1,762 | 1,545 | 2,625 | 1,836 | 268 |
| 2023.04. | 2,101 | 24,587 | 3,037 | 1,797 | 1,595 | 1,378 | 2,378 | 1,731 | 298 |
| 2023.05. | 1,598 | 23,844 | 2,857 | 2,238 | 1,828 | 1,391 | 2,375 | 1,657 | 239 |
| 2023.06. | 1,501 | 23,350 | 3,097 | 1,617 | 2,174 | 1,433 | 2,165 | 1,601 | 214 |
| 2023.07. | 1,550 | 23,000 | 3,087 | 1,649 | 1,901 | 1,456 | 2,816 | 1,818 | 238 |
| 2023.08. | 1,663 | 22,376 | 3,072 | 1,553 | 1,870 | 1,354 | 2,267 | 1,736 | 247 |
| 2023.09. | 1,497 | 22,104 | 2,814 | 1,652 | 1,469 | 1,467 | 2,064 | 1,660 | 214 |
| 2023.10. | 1,801 | 24,674 | 3,318 | 1,921 | 1,606 | 1,811 | 2,645 | 1,808 | 248 |
| 2023.11. | 1,856 | 22,490 | 3,439 | 2,221 | 1,951 | 1,586 | 2,496 | 1,552 | 330 |
| 2023.12. | 1,925 | 22,223 | 3,627 | 1,877 | 1,807 | 1,727 | 2,581 | 1,587 | 384 |
| 2024.01. | 1,983 | 24,114 | 3,774 | 2,073 | 2,348 | 1,492 | 2,764 | 1,713 | 475 |
| 2024.02. | 1,630 | 21,776 | 3,047 | 1,987 | 1,872 | 1,612 | 2,622 | 1,530 | 380 |
| 2024.03. | 1,701 | 24,276 | 3,223 | 1,815 | 1,564 | 1,417 | 2,671 | 1,695 | 250 |
| 2024.04. | 1,656 | 21,626 | 2,853 | 1,713 | 1,415 | 1,547 | 2,520 | 1,709 | 247 |
| 2024.05. | 1,467 | 22,275 | 3,062 | 1,897 | 1,548 | 1,268 | 2,675 | 1,632 | 203 |
| 2024.06. | 1,462 | 21,631 | 2,880 | 1,541 | 1,713 | 1,427 | 2,329 | 1,760 | 200 |
| 2024.07. | 1,447 | 22,260 | 3,015 | 1,611 | 1,641 | 1,435 | 2,702 | 1,614 | 212 |
| 2024.08. | 1,451 | 21,305 | 3,105 | 1,510 | 1,788 | 1,150 | 2,513 | 1,607 | 200 |
| 2024.09. | 1,247 | 18,278 | 2,610 | 1,382 | 1,273 | 1,101 | 1,875 | 1,903 | 176 |
| 2024.10. | 476 | 24,261 | 3,370 | 1,819 | 1,788 | 1,918 | 1,250 | 2,258 | 193 |
| 2024.11. | 1,537 | 20,191 | 2,836 | 1,645 | 1,767 | 1,714 | 2,089 | 1,681 | 281 |
| 2024.12. | 1,610 | 19,558 | 2,992 | 1,770 | 1,528 | 1,177 | 2,200 | 1,515 | 280 |
| 2025.01. | 1,867 | 19,699 | 2,917 | 1,818 | 1,970 | 1,175 | 2,368 | 1,474 | 335 |
| 2025.02. | 2,343 | 25,758 | 3,970 | 2,873 | 2,128 | 1,766 | 2,543 | 1,818 | 316 |
| 2025.03. | 2,071 | 26,118 | 4,029 | 1,866 | 1,834 | 1,398 | 2,610 | 1,755 | 251 |
| 2025.04. | 2,401 | 26,759 | 7,502 | 2,597 | 2,253 | 1,250 | 2,740 | 2,864 | 253 |
| 2025.05. | 1,625 | 25,183 | 3,023 | 1,809 | 1,841 | 1,273 | 2,355 | 2,042 | 237 |
| 2025.06. | 1,861 | 24,765 | 3,125 | 1,639 | 2,317 | 1,275 | 2,456 | 1,818 | 238 |
| 2025.07. | 1,366 | 19,578 | 2,578 | 1,325 | 1,651 | 1,140 | 1,872 | 1,607 | 182 |

# 11 | 자가 점유율에 숨은 의미

**핵심부터 말하자면**

자가 점유율 낮은 강남과 1기 신도시,
'미래 가치'에 따라 달리 해석해야 한다.

독자로부터 자가 점유율과 투자 적격 여부에 관련된 질문을 받았다. 요지는 이렇다.

서울을 '자가 점유율이 40%대로 타 지자체 대비 매우 낮아 투자자의 관심이 많은 도시'라고 언급한 걸 봤다. 서울은 자가 점유율이 낮은 만큼 임차세대(전세·월세) 점유율이 상대적으로 높다. 아파트 시세가 높아 자가가 아닌 전월세로 거주하는 세대가 많다. 결국 실거주 수요자(전월세 거주자)가 많은 시장이니 투자자 비중이 낮을 거라고 생각하는데 이에 대한 의견이 어떠한가?

예리하면서 명쾌한 질문이다. 자가 점유율의 의미를 정리해보자. 자가 점유율에서도 입지별 차별화 전략이 필요하다. 입지에 따라 자가 점유율의 의미가 다르기 때문이다. 크게 보면 서울과 비서울이 다르고, 작게 보면 강남과 비강남이 차이가 난다.

통계 수치를 제시하진 않겠다. 통계 수치로는 입지별 자가 점유율 분석을 정확하게 할 수 없다. 같은 통계 수치라도 실제 거주 세대를 만나 개별 이야기를 모두 들어봐야 한다.

준공 25년 차 이상의 아파트 단지가 많은 두 개 지역이 있다고 가정해보자. 한 곳은 강남구 대치동, 다른 한 곳은 1기 신도시 중 하나다. 두 단지 모두 자가 점유율은 35%로 낮다. 65%는 임차 세대다. 두 단지의 자가 점유율이 낮은 이유가 동일할까?

수치만 봐서는 차이점을 구분하기 어렵다. 여기에 전세가율을 추가해보자. 대치동 단지는 전세가율이 45%다. 1기 신도시 단지는 80%다. 전세가율은 큰 차이가 있다.

자가 점유율이 50%가 안 되는 단지는 투자자가 많은 단지이자, 실수요가 많다고 할 수 있다. 질문을 보낸 독자는 서울 실거주를 원하는 사람이 많지만 아파트 시세가 너무 높아 자가 점유율이 낮다고 이야기했다. 표면적 의미만 따져보면 맞다. 하지만 그 표면적 의미만으로는 완벽한 해석이 어렵다.

앞서 가정한 1기 신도시 아파트 단지는 매매가와 전세가의 차이가 크지 않을 정도로 아파트 시세가 낮지만 자가 점유율이 낮다. 이유는 투자자의 심리에서 찾을 수 있다. 각각의 단지에 왜 투자했을까를 생각해보자.

월세든 전세든 세입자를 둔 주택을 소유한다는 건 투자 목적이다. 투자란 수익 창출을 목표로 한다. 전세라면 시세 차익이, 월세라면 월세 수익이 주목적이다. 부동산 시장에서 대부분의 아파트 투자는 시세 차익을 목적으로 한다. 매도 시점의 가격이 매수 가격보다 상승하길 기대한다. 준공 25년이 넘은 대치동 단지의 10년 후 가치와, 1기 신도시 단지의 10년 후 가치를 비교했을 때 어떤 아파트에 투자해야 할까?

전국 아파트 자가 점유율과 변화율(2020년 vs. 2023년)

|  | 2020년(%) | 2023년(%) | 변화량(%p) | 변화율(%) |
|---|---|---|---|---|
| 서울특별시 | 43.5 | 48.3 | 4.8 | 11.0 |
| 세종특별시 | 51.9 | 58.2 | 6.3 | 12.1 |
| 광주광역시 | 61.1 | 58.3 | −2.8 | −4.6 |
| 대구광역시 | 58.4 | 58.4 | 0.0 | 0.0 |
| 대전광역시 | 51.7 | 53.2 | 1.5 | 2.9 |
| 부산광역시 | 59.7 | 57.8 | −1.9 | −3.2 |
| 울산광역시 | 63.9 | 63.9 | 0.0 | 0.0 |
| 인천광역시 | 60.9 | 57.0 | −3.9 | −6.4 |
| 강원특별자치도 | 61.8 | 58.3 | −3.5 | −5.7 |
| 경기도 | 55.3 | 56.7 | 1.4 | 2.5 |
| 경상남도 | 66.4 | 62.9 | −3.5 | −5.3 |
| 경상북도 | 69.0 | 61.1 | −7.9 | −11.4 |
| 전라남도 | 71.1 | 61.8 | −9.3 | −13.1 |
| 전북특별자치도 | 67.7 | 59.1 | −8.6 | −12.7 |
| 충청남도 | 63.8 | 57.9 | −5.9 | −9.2 |
| 충청북도 | 62.2 | 58.6 | −3.6 | −5.8 |
| 제주특별자치도 | 56.6 | 56.1 | −0.5 | −0.9 |

자가 점유율이 낮다는 건 두 가지 상반된 의미가 있다. 첫째, 단기적 거주 목적일 뿐, 중장기 거주는 하고 싶지 않다는 것. 즉 미래 가치가 불분명해 자기가 거주하고 싶진 않다는 의미다. 둘째는 반대다. 내가 당장 거주하기에는 적당치 않지만 미래 가치는 거의 확실하다고 바라볼 수도 있다.

서울은 두 번째 의미에 해당하는 지역이 상대적으로 많고, 비서울은 첫 번째 의미에 해당하는 지역이 많다. 강남은 두 번째 의미에 해당하는 지역이, 비강남은 첫 번째 의미에 해당하는 지역이 많다.

자가 점유율은 미래 가치에 따라 달리 해석해야 한다. 자가 점유율이

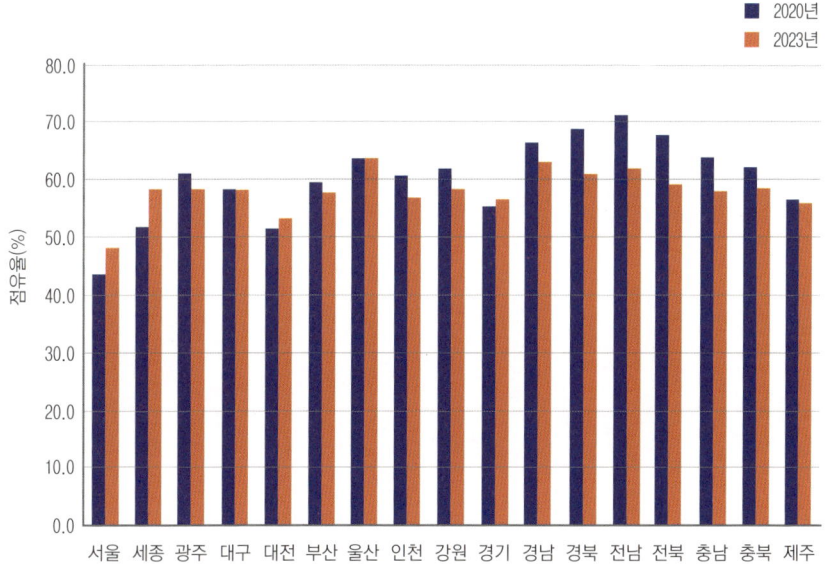

전국 아파트 자가 점유율(2020년 vs. 2023년)

낮고(전월세 비중이 높고) 매매가 대비 전세가율이 높으면 실수요는 많지만 매입할 만큼 미래 가치가 높지 않다는 뜻이다. 자가 점유율이 낮고 전세가율이 낮으면 실수요도 많고 미래 가치도 높다는 뜻이다.

특히 신축이 아니라 기존 아파트의 자가 점유율이 낮은 곳은 확정된 미래 가치가 있다고 판단했을 가능성이 매우 높다. 낡아서 거주 편의성이 낮지만 매매가는 높이 형성된 경우다. 자가 점유율에는 이런 비밀이 숨겨져 있다.

# 제3장

# 가격

싸다고 사지 마라,
경로를 읽어라

강남 아파트가 연일 신고가를 새로 쓴다. 화면에 찍히는 숫자는 아찔하고, "도대체 어디까지 오를까?"라는 질문은 습관처럼 따라붙는다. 답은 명확하다. 무한 상승은 없다. 다만 천장은 고정된 판자가 아니다. 지불 능력, 임대 수익, 대체지의 매력, 공급의 흐름이 변할 때마다 함께 움직인다. 그래서 가격의 핵심 질문은 "얼마까지 오르나"가 아니라 "어디까지 견딜 수 있나"다. 그 기준은 '전체 국민의 평균'이 아니라 그 동네에서 실제로 살아낼 사람들의 주머니와 시간표다. 이 단순한 문장을 이해하면 수많은 논쟁이 갈음된다.

강남은 비싸서 산다. 싸서 사는 동네가 아니다. 이 역설을 받아들이는 데 시간이 걸리지만, 받아들이고 나면 시장의 표정이 읽힌다. 사람들은 비싼 줄 알면서도 산다. 왜냐하면 그 비싼 값을 하는 삶의 경로—직주근접, 교육, 의료와 문화, 안전과 관리—가 그곳에 모여 있기 때문이다. 대기열이 끊기지 않는 한, 높은 가격은 비정상이 아니라 현실이다. "내가 못 사니 거품이다"라는 감정은 시장의 근거가 될 수 없다. 가격의 심판은 핵심 수요층이다.

그렇다고 강남이 끝없이 오르진 않는다. 가격이 멈추는 지점에는 언제나 세 가지 브레이크가 동시에 밟힌다.

첫째, 지불 능력 브레이크. 핵심 수요층의 세후 현금흐름 대비 PITI(원리금·세금·보험·관리비)가 임계선을 넘는 순간, 대기열의 속도가 떨어진다. 장바구니가 무거워질 때, 줄은 조금씩 짧아진다.

둘째, 임대 수익 브레이크. 월세 환산 수익률이 무위험 이자율의 그림자조차 밟지 못할 때, '거주 프리미엄'이라는 변명으로도 설명이 버거워진다. 그 순간부터는 "사는 즐거움"만으로는 논리가 모자라 소유의 부담이 체감된다.

셋째, 대체지 브레이크. 같은 생활권에서 체감 품질이 비슷하거나 나아진 곳이 확연히 싸질 때 발걸음이 갈라진다. 사람은 좋고 싼 쪽으로 흐른다. 대체 가능성은 언제나 가격의 뚜껑을 누른다.

이 세 신호가 겹치면 급락보다는 긴 조정이 온다. 가격이 아니라 시간이 하락을 대신한다. 숫자는 버티지만 거래는 얇아지고, "기다림"이 조정의 다른 이름이 된다.

가격을 읽는 가장 안전한 방법은 대장 앵커를 붙드는 일이다. 한 생활권에는 보통 준신축 대장과 10년 안팎 대장이라는 두 개의 기준점이 있다. 전자는 "미래 기대"를, 후자는 "검증된 거주 가치"를 대표한다. 주변 단지가 체감 품질에서 이들에 못 미치면서 가격만 추월하려 들면, 그 선 위는 공기가 가득한 공기층이다. 반대로 품질이 실제로 따라붙고 통근·교육·인프라의 경로가 받쳐주면, 다소의 고평가처럼 보이는 구간도 시간이 가격을 맞춘다. 경로가 가격을 끌어올리거나 끌어내리는 힘―이것이 부동산의 물리학이다.

여기서 첫 번째 결론은 '싸다고 사지 마라'다. 부동산의 '싸다'는 대개 경로가 나쁘다는 신호다. 입주 캘린더가 빵빵하면 향후 공급의 역풍이 예정된 것이고, 전세가율이 높으면 만기 리스크가 한꺼번에 몰린다. 다시 말해 전세가율이 높으면 집주인은 상환 부담으로 세입자 교체가 어려워져, 만기 때 금융·유동성 리스크가 '동시에 폭발'할 가능성이 커진다. "상권은 아직"이라는 말은 때로 "영영"이 될 수 있다. 상권은 의지로 만드는 게 아니라 사람과 동선의 밀도가 축적되어 생기는 결과다. 경로가 나쁘면 아무리 싸도 비싸다. 경로가 좋으면 지금 비싸도 결국 싸진다. 이 문장은 가격표를 보는 내내 머릿속에 떠 있어야 한다.

경로를 읽는다는 것은 차트를 외우는 일이 아니다. 미래의 생활을 상상하는 일이다. 아침 7시 40분, 문을 나서 엘리베이터를 기다린다. 1층까지 내려가는 데 걸리는 시간, 출근 러시에 엘리베이터가 몇 번 지나치는지, 역까지 걷는 발걸음이 끊기지 않는지, 신호등이 몇 번이나 흐름을 끊는지. 환승 통로의 폭과 경사, 대기 시간의 체감 길이, 앉을 확률. 저녁 8시 10분, 주차장은 막힘이 없는지, 집 앞 드롭오프가 얼마나 여유로운지. 병원·도서관·공원·학원이 15분 안에 모여 있는지. 관리비는 어느 수준이고, 장기수선 적립과 하자 처리는 얼마나 투명한지. 같은 생활권에서 합리적으로 갈아탈 수 있는 대체 단지가 무엇인지. 이 질문들에 선명하게 답할 수 있을 때, 그 집의 경로는 매끈하다. 답이 흐릿하면, 가격이 아무리 달콤해도 기다려라.

조정기는 늘 같은 방식으로 온다. 많이 가진 자에게서 먼저 터진다. 전세 레버리지에 의존한 다주택 보유는 만기가 겹치는 순간 연쇄 리스크가 된다. 하락기의 본질은 가격 하락이 아니라 거래의 소멸이다. 손절이 어려운 자산일수록, 처음부터 경로를 보고 사야 한다. "싸니까"가 아니라 "살아낼 수 있으니까" 사는 것. 그게 부동산의 문법이다. 상승기에는 실력 없는 수익이 가능하지만, 조정기에는 실력 없는 보유가 들통난다. 그 실력의 다른 이름이 바로 경로 해석력이다.

가격을 더 구체적으로 이해하려면, 삶의 경로와 자산의 경로를 함께 놓고 봐야 한다. 삶의 경로는 출근·교육·돌봄·여가가 만드는 하루의 동선이다. 자산의 경로는 정비·리모델링·교통 개통·상권 리뉴얼, 그리고 공급 파이프라인이 만드는 10년의 시간표다. 둘의 교점이 많을수록 가격은 단단해진다. 예컨대 같은 단지라도 동·라인·층의 배열과 주차·엘리베이터 동선의 실력, 커뮤니티와 관리의 수준이 10년 후의 평가를 바꾼다. 이 미세한 차이가 입주자 구성의 질을 바꾸고, 구성의 질은 다시 전세 대기열의 두께를 만든다. 결국 사람의 밀도가 가격을 지탱한다.

"거품인가?"라는 질문은 언제나 유혹적이다. 그러나 거품을 너무 빨리 단정하면 경로의 힘을 과소평가하기 쉽다. 한 단지가 일시적으로 고평가처럼 보여도, 교통·학교·상권·정비의 경로가 이어져 있다면 시간이 가격을 따라간다. 반대로 당장 싸고 넓어 보여도 입주 폭탄과 일자리의 역방향 이동이 겹친 곳은 시간이 가격을 벌한다. 시간은 두 개의 얼굴을 가졌다. 좋은 경로에는 친구가 되고, 나쁜 경로에는 심판이 된다.

구매 직전 하루를 이렇게 써보자. 아침 시간대에 실제로 출근 동선을 밟는다. 지도 앱의 분 단위 수치가 아닌 내 발로 체감한다. 중개업소 몇 곳에 전화를 걸어 세가 며칠 안에 빠질지 대기열의 체온을 느낀다. 최근 반년 거래 내역으로 흐름을 본다. 특정 동·라인·층에서 가격의 미세한 차이가 어떻게 형성되는지, 거래의 끊김이 어디서 시작되는지 살펴보자. 관리사무소에 들러 장기수선 적립·집행, 하자 이력, 엘리베이터·주차 설비의 교체 계획을 묻는다. 같은 생활권의 대체 단지 두세 곳을 돌아보고, 스스로에게 묻는다. "이 집을 포기할 합리적 이유가 있는가?" 포기할 합리적 이유가 뚜렷하다면, 그 이유는 오늘 당신을 지켜줄 방패가 된다.

"싸다"의 함정은 늘 달콤하다. 하지만 부동산에서 싼 것은 대부분 미래에는 비싸다는 뜻이다. 낮은 가격으로 들어온 대신, 긴 보유의 피로와 유동성의 막힘, 임대의 공백을 치른다. 반대로 오늘 비싸 보이는 집도 경로가 올곧다면 보유의 시간이 비용을 할인해준다. 우리는 결국 현금흐름과 시간으로 가격을 지불한다. 무엇으로 지불할지 미리 선택해야 한다.

강남의 상한선은 있을 것이다. 정확히 몇억, 평당 얼마라고 말할 수는 없지만, 우리는 브레이크의 작동으로 그것을 감지할 수 있다. 지불 능력의 경계가 보이고, 임대 수익의 논리가 헐거워지고, 대체지의 매력이 커질 때—그때부터는 속도가 가격을 앞지르지 않도록 스스로 브레이크를 밟아야 한다. 반대로 대기열이 두텁고, 경로의 연결이 이어지고, 대체지의 매력이 여전히 부족하다면—그때의 비쌈은 경로 프리미엄일 가능성이 크다.

결론은 단순하다. 가격은 결과다. 경로가 원인이다. 우리는 원인을 살피고 선택해야 한다. 좋은 경로는 시간을 편으로 만들고, 나쁜 경로는 시간을 심판으로 만든다. 그러니 다시, 책의 여백까지 빼곡히 적어두자.

싸다고 사지 마라. 경로를 읽어라.

시간은 친절하지 않지만, 올바른 경로에만 공정하다. 그 공정함이 결국 당신의 자산을 지켜줄 것이다.

# 01 집값 상승 경로를 선점하자

**핵심부터 말하자면**

강남 → 과천 → 분당 → 수지 → 영통
확산 경로를 읽는 투자자의 시선을 먼저 읽자.

서울 강남과 서초의 집값이 다시 한번 들썩이기 시작했다. 이곳에서 시작된 작은 불씨는 곧바로 과천으로 번졌고 분당과 용인 수지, 그리고 이제는 수원 영통까지 그 온기가 퍼지고 있다.

부동산 시장을 오래 지켜본 이라면, 이 흐름이 결코 우연이 아님을 알 것이다. 마치 강을 타고 흘러 내려가는 물살처럼, 집값의 상승은 일정한 경로와 논리를 따라 움직인다. 투자자라면 이 파도의 흐름을 읽고, 다음 물결이 어디로 향할지 예측해야 한다.

2025년 초, 강남과 서초의 집값이 다시 상승세를 타기 시작했다. 정부의 토지거래허가구역 재지정, 재건축 규제 완화, 그리고 금리 인하 기대감까지 여러 요인이 겹치며 강남권 아파트값은 순식간에 치솟았다. 하지만 강남의 문턱은 여전히 높다. 자금 여력이 부족한 실수요자와 투자자들은 자연스럽게 대체지를 찾게 된다. 그 첫 번째 파도가 닿은 곳이 바로 과천이다.

과천은 강남과 지리적으로 가깝고, 재건축 사업이 본격화되며 미래가치에 대한 기대가 컸다. 실제로 과천의 주요 단지들은 몇 달 사이 수억 원씩 가격이 올랐다. 강남에서 밀려난 수요가 과천으로 이동하면서, 이곳의 집값은 강남 못지않은 상승세를 보였다.

그런데 과천의 열기가 식기도 전에, 분당이 다시 주목받기 시작했다. 분당은 1기 신도시 중에서도 인프라와 학군, 교통 모두 뛰어난 곳이다. 최근에는 재건축 기대감까지 더해지며 젊은 실수요자와 투자자들이 몰려들고 있다. GTX-A 개통이 가시화되면서 분당의 가치가 한층 더 높아졌다.

분당에서 시작된 상승세는 용인 수지로 이어진다. 수지는 신혼부부와 젊은 직장인들이 선호하는 지역으로, GTX-A와 신분당선 등 교통 호재가 겹쳐 있다.

수지의 집값이 오르자 그다음 파도는 자연스럽게 수원 영통으로 넘어간다. 영통은 삼성디지털시티 등 대규모 산업단지와 가까워 실수요가 탄탄하다. 최근에는 대규모 신축 분양이 예고되면서 투자자들의 관심이 집중되고 있다.

이처럼 집값 상승의 불씨는 강남에서 시작해 과천, 분당, 수지, 영통으로 이어지는 뚜렷한 확산 경로를 보인다. 이 흐름은 단순한 우연이 아니라 교통 인프라와 재건축, 실수요의 이동이 만들어내는 결과다. 투

가격 상승 기대 강화

주택 가격
상승
순환 고리

가격 상승

수요 증가(유지),
매도(공급) 감소

자료: 국토연구원

자자라면 이 경로를 따라 미리 선점하는 전략이 필요하다.

먼저 강남권의 상승 신호가 포착되면 인접한 준강남권(과천·분당)에서 매수 기회를 탐색해야 한다. 이 지역들은 강남의 대체지 역할을 하며, 상대적으로 저평가된 단지들이 많다. 다음으로 분당과 수지처럼 교통 호재와 재건축 이슈가 겹치는 지역에 주목한다. GTX 개통 등 대형 인프라 사업은 집값 상승의 강력한 동력이 된다. 마지막으로 수원 영통처럼 아직 본격적인 상승이 시작되지 않은 지역을 미리 선점하는 것이 중요하다. 대규모 분양이나 신도시 개발이 예정된 곳, 산업단지와 가까운 곳, 그리고 젊은 인구 유입이 활발한 곳이 대상이다.

모든 투자가 그렇듯, 리스크 관리도 중요하다. 정부의 규제 정책, 금리 변동, 공급 과잉 등 변수는 언제든 시장의 흐름을 바꿀 수 있다. 특히 과천과 분당처럼 단기간에 급등한 지역은 조정 위험도 크다. 투자자는 항상 정책 변화를 예의주시하고 자금 계획을 보수적으로 세워야 한다.

또한 단기 차익에만 집착하기보다는 장기적인 관점에서 지역의 성장 가능성을 살펴야 한다. 교통 인프라 확충, 재건축 사업의 진행 속도, 인구 유입 추이 등 기초 체력을 갖춘 지역에 투자하는 것이 안정적인 수익을 보장한다.

부동산 시장은 언제나 움직인다. 그 움직임에는 일정한 패턴과 논리가 있다. 강남에서 시작된 집값 상승의 파도는 과천, 분당, 수지, 영통으로 이어지며 투자자들에게 새로운 기회를 제공한다.

중요한 것은 이 흐름을 미리 읽고 다음 파도가 어디로 향할지 예측하는 안목이다. 시장은 언제나 불확실하지만 그 속에서도 기회는 존재한다. 확산 경로를 따라 움직이는 집값의 논리를 이해하고 그 흐름에 올라탈 준비가 되어 있다면, 당신도 다음 부동산 파도의 주인공이 될 수 있다.

투자는 타이밍이 아니라, 흐름을 읽는 안목이다. 집값 상승의 파도가 어디로 흐를지, 그 물살 위에 먼저 올라타는 사람이 결국 승자가 된다.

# 전세가 상승, 위기일까 기회일까

전세가율은 시장 흐름을 예측하는 역할을 한다.
실제 거주 가치와 지역 발전 가능성을 종합적으로 고려해야 한다.

2025년에 들어와 부동산 시장은 새로운 국면을 맞이하고 있다. 전국 아파트 평균 전세가율이 68%를 기록하며 3년 만에 최고치를 경신했다. 이는 단순한 수치의 변화가 아닌, 부동산 시장의 구조적 변화와 새로운 투자 기회를 시사하는 중요한 신호다.

전세가율의 상승은 다양한 해석이 가능하다. 일부에서는 이를 부동산 시장의 위기로 해석하지만, 냉철한 분석과 전략적 접근을 통해 이를 새로운 투자 기회로 활용할 수 있다. 전세가율은 주택의 매매 가격 대비 전세보증금의 비율을 뜻한다. 예를 들어 매매 가격이 10억 원이고 전세보증금이 6억 8,000만 원이라면 전세가율은 68%다. 이 지표는 주택 시장의 주요 선행지수로 활용되며, 부동산 시장의 흐름을 예측하는 데 중요한 역할을 한다.

전세가율 상승 시장에서는 네 가지 시나리오가 전개될 수 있다.

첫째, 전세가 상승, 매매가 하락 또는 정체 시장이다. 현재 서울을 비롯한 주요 도시에서 나타나는 현상으로, 금리 부담과 대출 규제로 인해 매매 시장이 위축된 결과다.

둘째, 전세가 유지, 매매가 하락 시장이다. 경기 침체나 정책 변화로 인해 매매가 조정을 받으면서 상대적으로 전세가율이 상승한다.

셋째, 전세가와 매매가 모두 하락, 매매가 하락 폭이 더 큰 시장이다. 시장 불안이 심화되면서 두 가격이 모두 떨어지지만, 매매가의 하락 폭이 더 클 때 발생한다.

넷째, 전세가와 매매가 모두 상승, 전세가 상승 폭이 더 큰 경우다. 부동산 시장이 회복 국면에 접어들면서 나타날 수 있는 현상으로, 특히 전세 수요가 강한 지역에서 두드러진다.

전세가율은 지역에 따라 큰 차이를 보인다. 서울의 경우 전세가율이 상대적으로 낮은데, 이는 매매 가격이 높고 장기적인 가격 상승 기대감이 반영된 결과다. 반면, 지방은 전세가율이 상대적으로 높지만, 이것이 반드시 높은 투자 가치를 의미하지는 않는다. 중요한 것은 전세가율 자체가 아니라, 전세가가 꾸준히 상승하는 지역을 파악하는 것이다. 이러한 지역은 실수요가 강하고, 장기적으로 매매가 상승으로 이어질 가능성이 높기 때문이다.

전세가 상승을 활용한 투자 전략을 생각해보자. 이를 위해서는 전세가 상승 지역의 특성을 파악해야 한다. 전세가가 안정적으로 상승하는 지역은 다음과 같은 특징을 가진다.

신규 공급이 제한적인 지역이다. 서울 강남, 분당, 과천 등 공급이 한정된 지역은 전세 수요가 꾸준히 유지된다. 인구 유입이 지속되는 지역 역시 전세가가 안정적으로 상승한다. 세종시, 인천 송도, 판교 등 기업 유치와 교통 호재가 있는 지역은 장기적인 전세 수요가 예상된다. 우수한 학군과 생활 인프라를 갖춘 지역 역시 해당된다. 목동, 대치동, 해운대, 수성구 등 교육 수요가 강한 지역은 전세 수요가 안정적이다.

전세가율 변동 패턴을 분석할 필요도 있다. 과거 데이터를 살펴보면, 전세가율이 크게 하락했다가 이전 최고점을 돌파할 때 매매 시장의 반등이 시작되는 경우가 많았다. 현재 수도권과 지방 주요 도시에서 전세가율이 상승하고 있으며, 일부 지역에서는 이전 최고점을 넘어서고 있다.

특히 서울과 경기 일부 지역에서 전세가율이 급등하는 단지는 투자

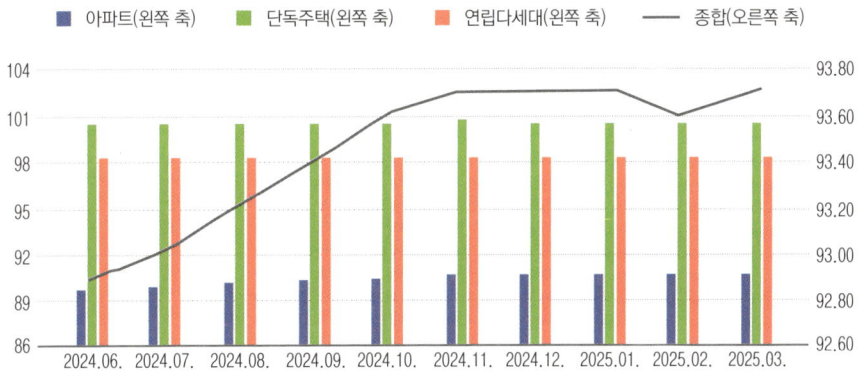

전국 전세가격지수(2024.06.~2025.03.)

2021년 6월 = 100
자료: KOSIS(한국부동산원)

가치가 높아지는 신호로 볼 수 있다. 전세가 상승률이 높을수록 실거주 수요가 탄탄하고, 매매 시장이 조정기를 거친 후 회복될 가능성이 크다.

그렇다면 전세가 상승을 활용하는 구체적인 투자 전략을 생각해보자. 전세가율 전고점 돌파 단지 공략 방법이다. 전세가율이 이전 최고점을 돌파한 단지의 매매 행태를 면밀하게 분석한다. 이런 단지는 향후 매매가 상승의 선두 주자가 될 가능성이 높다.

우선순위로 검토할 전략은 전세 수요가 강한 지역을 중심으로 매수하는 것이다. 학군, 역세권, 신축 중심으로 전세 수요가 많은 지역을 중심으로 매수를 고려해야 한다. 이러한 지역은 장기적으로 안정적인 임대 수익과 함께 매매 차익을 기대할 수 있다.

이는 전세 수익과 매매 차익을 동시 추구하는 전략이다. 전세 수요가 견고한 지역에서는 향후 전세 수익과 매매 차익을 동시에 노리는 전략이 유효하다. 이를 위해서는 지역별 전세가 추이와 매매가 변동을 지속적으로 모니터링해야 한다.

또한 입주장 이후 반등 기회 포착도 좋은 전략이 된다. 특정 지역에서 대규모 입주가 예정된 경우, 일시적으로 전세 가격이 하락할 수 있다. 하지만 이러한 단기 공급 문제가 해소되면 전세가는 다시 상승할 가능성이 크다. 이러한 시기를 매수 기회로 활용할 수 있다.

하지만 투자에서는 늘 리스크도 따져봐야 한다.

전세가율과 실거주 가치의 균형을 먼저 고려해야 한다. 전세가율만으로 투자 결정을 내리는 것은 위험하다. 실제 거주 가치와 지역 발전 가능성을 종합적으로 고려해야 한다. 예를 들어 서울의 경우 전세가율이 상대적으로 낮지만 장기적인 가치 상승 가능성이 높다. 반면에 지방의 높은 전세가율이 반드시 높은 투자 가치를 의미하지는 않는다. 서울과 지방의 전세가율 기준이 다르다는 점을 명심해야 한다.

금리 변동과 연계한 전략 수립에도 신경을 써야 한다. 금리 정책의 변화는 전세 시장에 큰 영향을 미친다. 금리가 하락할 경우 전세 수요가 증가할 수 있으므로, 이를 예측하여 선제적으로 대응하는 전략이 필요하다. 정부 정책과 관련해 부동산 정책과 임대차 법규의 변화를 지속적으로 모니터링해야 한다. 이러한 변화는 전세 시장의 구조를 크게 바꿀 수 있기 때문이다.

전세가는 단기적으로 변동성을 보일 수 있음도 기억해야 한다. 특히 대규모 입주가 예정된 지역에서는 일시적인 전세가 하락이 있을 수 있으므로, 이를 고려한 장기적 관점의 투자가 필요하다. 전세가율이 지나치게 높은 경우, 이른바 '깡통주택'의 위험이 있는 것도 늘 염두에 두어야 한다. 전세가율이 90%를 넘는 경우 특별한 주의가 필요하다.

2025년 부동산 시장에서 전세가 상승은 위기가 아닌 새로운 기회의 신호다. 전세가율의 상승은 단순한 시장 변동이 아니라 중장기적인 투자 기회를 제공하는 중요한 지표다.

전세가가 꾸준히 상승하는 지역에서는 매매 반등이 예상되는 만큼, 이를 활용한 전략적 매수를 고려할 필요가 있다. 다만 전세가율이 높다는 이유만으로 투자를 결정해서는 안 된다. 전세가의 꾸준한 상승세, 실거주 가치, 지역 발전 가능성 등을 종합적으로 고려하라.

## 전국 아파트 전세가격지수(2024.08.~2025.05.)

| | 2024.08. | 2024.09. | 2024.10. | 2024.11. | 2024.12. | 2025.01. | 2025.02. | 2025.03. | 2025.04. | 2025.05. |
|---|---|---|---|---|---|---|---|---|---|---|
| 전국 | 124.5 | 124.4 | 124.5 | 123.7 | 122.8 | 121.3 | 120.8 | 121.6 | 121.5 | 122.1 |
| 수도권 | 128.7 | 128.6 | 128.7 | 127.6 | 126.1 | 124.4 | 123.9 | 124.9 | 124.7 | 125.4 |
| 지방 | 115.6 | 115.7 | 115.7 | 115.9 | 115.9 | 114.9 | 114.7 | 114.9 | 115.0 | 115.2 |
| 서울-전체 | 133.1 | 132.6 | 132.6 | 131.5 | 129.5 | 127.8 | 127.1 | 128.3 | 127.7 | 128.8 |
| 서울-도심권 | 137.8 | 137.4 | 136.2 | 134.6 | 135.1 | 132.3 | 133.3 | 133.2 | 132.3 | 134.3 |
| 서울-동북권 | 132.9 | 132.5 | 132.9 | 132.1 | 129.9 | 129.5 | 128.0 | 128.7 | 128.4 | 129.0 |
| 서울-동남권 | 129.9 | 130.3 | 130.3 | 128.8 | 127.3 | 125.1 | 124.6 | 125.7 | 125.6 | 126.8 |
| 서울-서북권 | 136.1 | 135.6 | 134.7 | 132.6 | 129.8 | 127.7 | 128.3 | 130.3 | 129.7 | 130.9 |
| 서울-서남권 | 134.7 | 133.5 | 133.5 | 132.8 | 130.6 | 128.4 | 127.6 | 129.1 | 127.9 | 129.0 |
| 부산 | 106.0 | 105.2 | 105.3 | 105.2 | 105.6 | 105.5 | 105.6 | 105.9 | 105.3 | 106.0 |
| 대구 | 95.0 | 94.9 | 95.1 | 94.9 | 94.9 | 94.1 | 94.4 | 95.0 | 94.8 | 95.8 |
| 인천 | 120.8 | 121.3 | 121.2 | 120.2 | 118.5 | 116.5 | 115.5 | 116.5 | 116.0 | 116.9 |
| 광주 | 115.8 | 114.9 | 116.3 | 116.9 | 116.2 | 114.7 | 114.2 | 113.8 | 113.4 | 115.3 |
| 대전 | 133.0 | 134.8 | 135.3 | 135.6 | 133.5 | 132.2 | 129.3 | 128.9 | 129.3 | 129.7 |
| 울산 | 116.2 | 118.6 | 119.1 | 119.4 | 120.8 | 119.9 | 120.9 | 121.6 | 123.2 | 121.7 |
| 세종 | 140.2 | 140.6 | 140.9 | 142.8 | 141.4 | 138.2 | 138.7 | 139.0 | 142.0 | 142.6 |
| 경기 | 126.9 | 126.9 | 127.1 | 125.9 | 125.0 | 123.4 | 123.0 | 123.9 | 124.0 | 124.5 |
| 강원 | 117.7 | 119.8 | 115.5 | 117.5 | 118.4 | 116.6 | 116.1 | 116.6 | 115.3 | 116.8 |
| 충북 | 122.6 | 122.6 | 122.3 | 124.1 | 124.3 | 121.5 | 123.3 | 122.0 | 122.4 | 121.7 |
| 충남 | 118.5 | 117.3 | 118.2 | 119.2 | 118.0 | 118.1 | 116.6 | 117.0 | 117.1 | 118.0 |
| 전북 | 113.8 | 112.2 | 112.3 | 110.1 | 111.5 | 110.9 | 111.1 | 110.8 | 115.2 | 111.7 |
| 전남 | 113.8 | 114.4 | 114.2 | 112.5 | 112.8 | 110.9 | 112.3 | 113.3 | 111.9 | 110.0 |
| 경북 | 114.3 | 114.4 | 114.9 | 112.3 | 113.5 | 114.3 | 113.7 | 113.6 | 114.3 | 112.3 |
| 경남 | 122.6 | 122.9 | 123.7 | 123.0 | 123.9 | 122.4 | 122.1 | 122.6 | 121.5 | 120.9 |
| 제주 | 116.8 | 117.3 | 115.5 | 120.6 | 117.5 | 117.5 | 116.4 | 116.3 | 117.6 | 120.8 |
| 6대 광역시 | 114.0 | 114.2 | 114.5 | 114.2 | 113.5 | 112.3 | 111.8 | 112.2 | 112.1 | 112.8 |
| 5대 광역시 | 110.5 | 110.6 | 111.1 | 111.1 | 110.9 | 110.2 | 109.8 | 110.0 | 110.0 | 110.7 |
| 8개 도 | 118.7 | 118.7 | 118.4 | 118.4 | 118.8 | 117.8 | 117.6 | 117.7 | 117.8 | 117.4 |

# 03 고액 자산가의 선택이 말해주는 것

**핵심부터 말하자면**

부동산 자산 55.4%로 계속 선호도가 높다.

법인 활용, 지방 확장, 대체투자 등 다양한 전략을 구사한다.

2024년 KB금융지주 경영연구소가 발표한 '2024 한국 부자 보고서'는 우리나라 고액 자산가들이 부동산을 어떻게 바라보고, 이에 대응하며, 어떤 투자 전략을 수립하는지 구체적인 통찰을 제공한다. 보고서는 자산 규모가 10억 원 이상인 부자들의 부동산 투자 패턴과 그 변화 양상을 면밀히 분석했으며, 그 결과는 향후 부동산 시장의 방향성을 가늠하는 데 중요한 시사점을 제공했다. 이 조사는 금융 자산과 부동산 자산이 각기 10억 원 이상인 개인을 대상으로 한다.

한국 부자들의 부동산 자산 비중은 높은 수준이며 핵심 자산으로 계속해서 선호되고 있다. 한국의 고액 자산가들에게 부동산은 여전히 자산 포트폴리오의 중심축으로 자리 잡고 있다. 2024년 보고서에 따르면,

## 한국 부자는 2024년 46만 1천 명으로 전년 대비 5천명 늘며 완만한 증가 추세

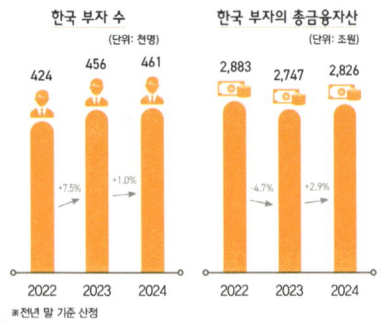

**한국 부자 수**
(단위: 천명)

424 → 456 → 461
+7.5% → +1.0%

2022 2023 2024

**한국 부자의 총금융자산**
(단위: 조원)

2,883 → 2,747 → 2,826
-4.7% → +2.9%

2022 2023 2024

※전년 말 기준 산정

## 한국 부자는 70.4%가 수도권에 거주, 전년 대비 이 지역에서 2천 4백 명이 증가

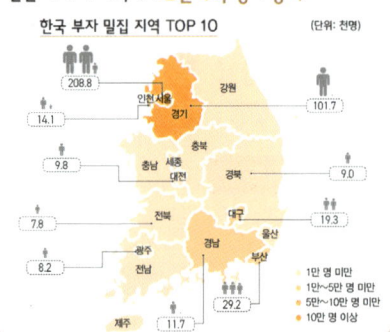

**한국 부자 밀집 지역 TOP 10**
(단위: 천명)

208.8 / 14.1 / 9.8 / 7.8 / 8.2 / 11.7 / 101.7 / 9.0 / 19.3 / 29.2

- 1만 명 미만
- 1만~5만 명 미만
- 5만~10만 명 미만
- 10만 명 이상

## 부자 가구의 총자산은 부동산자산 55.4%, 금융자산 38.9% 차지

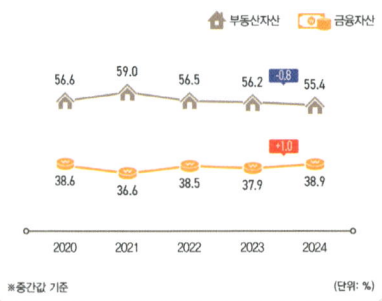

🏠 부동산자산    💰 금융자산

56.6 / 59.0 / 56.5 / 56.2 / 55.4 (-0.8)

38.6 / 36.6 / 38.5 / 37.9 / 38.9 (+1.0)

2020 2021 2022 2023 2024

※중간값 기준                    (단위: %)

## 전년 대비 총자산 포트폴리오에서 주식 및 거주용 외 주택의 비중 증가

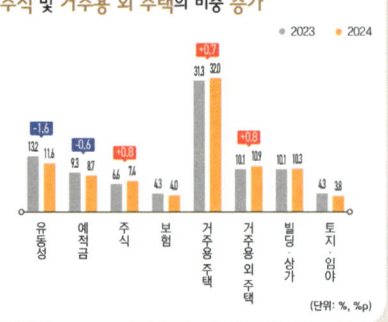

● 2023  ● 2024

| | 유동성 | 예적금 | 주식 | 보험 | 거주용 주택 | 거주용 외 주택 | 빌딩 상가 | 토지 임야 |
|---|---|---|---|---|---|---|---|---|
| 2023 | 13.2 | 9.3 | 6.6 | 4.4 | 31.3 | 10.1 | 10.1 | 4.3 |
| 2024 | 11.6 | 8.7 | 7.4 | 4.0 | 32.0 | 10.9 | 10.3 | 3.8 |
| | -1.6 | -0.6 | +0.8 | | +0.7 | +0.8 | | |

(단위: %, %p)

## '부자'라면 '총자산 100억 원'은 있어야 한다고 생각, 스스로 부자라고 생각하는 비율 전년 대비 증가

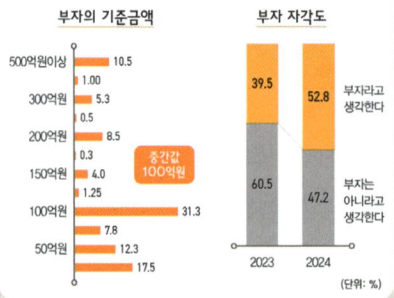

**부자의 기준금액**

500억원이상 10.5
1.00
300억원 5.3
0.5
200억원 8.5
0.3
150억원 4.0
1.25
100억원 31.3  중간값 100억원
7.8
50억원 12.3
17.5

**부자 자각도**

| | 2023 | 2024 |
|---|---|---|
| 부자라고 생각한다 | 39.5 | 52.8 |
| 부자는 아니라고 생각한다 | 60.5 | 47.2 |

(단위: %)

## 한국 부자는 '국내 부동산 투자'에 대한 지속 관심 속 전년 대비 '실물(금·보석) 투자'에 대한 관심도 상승

**한국 부자의 최근 관심사 순위**

| | | 2023 | 2024 |
|---|---|---|---|
| 🏢 | 국내 부동산 투자 | ① | ① |
| 🔨 | 실물(금·보석) 투자 | ④ | ② ↑2단계 |
| 💵 | 국내 금융 투자 | ② | ③ |
| 📋 | 국내외 경제동향 정보 수집 | ③ | ④ |
| 📑 | 세무 상담 | ⑤ | ⑤ |
| 💼 | 자산 포트폴리오 상담·조정 | ⑥ | ⑥ |

자료: KB금융지주 경영연구소

부자들의 전체 자산 중 약 55.4%가 부동산에 집중되어 있으며, 이는 전년 대비 소폭 감소한 수치다. 그러나 여전히 부동산은 주식, 채권 등 금융자산보다 높은 비중을 차지하며 안정적이고 예측 가능한 수익 창출 수단으로 인식되고 있다.

특히 '초고액 자산가(300억 원 이상)'의 경우, 자산 관리 효율성을 극대화하기 위해 법인을 활용해 대규모 상업용 부동산을 소유하거나 관리하는 경향이 두드러졌다. 이는 세금 절감 효과뿐만 아니라 자산의 안정적 관리를 위한 전략적 선택으로 해석된다.

또한 보고서에서는 서울 강남 3구(서초·강남·송파구)와 용산 등 프리미엄 지역의 부동산이 이들 자산가의 주요 투자처로 남아 있음을 보여주고 있다.

한국 부자들의 투자 성향은 점차 다각화되고 있다. 보고서에 따르면 부자 열 명 중 여섯이 자신들의 부동산 투자 지식을 높게 평가하며, 데이터 분석과 시장 연구를 기반으로 한 전략적 투자를 선호하고 있다.

동시에 전체 부자의 약 24.5%는 이전보다 공격적인 투자 성향을 보이며 새로운 시장 기회를 모색하고 있다. 예를 들어 일부 고액 자산가들은 상업용 부동산 리츠와 같은 대체투자 자산으로 눈을 돌리고 있으며, 이는 안정적 현금흐름을 창출하면서도 리스크를 분산시키는 데 도움을 준다. 보고서에서는 이러한 경향이 특히 중장기 경제의 불확실성이 증가하는 시점에서 더욱 두드러지고 있다고 지적한다.

다음은 한국 부자들의 부동산 투자에서 두드러진 특징이다.

첫째, 법인을 통한 자산 관리 증가다. 보고서에 따르면 초고액 자산가들은 부동산 소유 및 관리를 위한 법인 설립을 활발히 추진하고 있다. 이는 세제 혜택뿐만 아니라 대규모 프로젝트를 효율적으로 관리할 수 있는 구조적 장점을 제공한다. 그러나 정부의 법인 보유 부동산에 대한 규제가 강화될 가능성이 있어 이에 대한 대응 전략이 필요하다.

둘째, 수도권에 부동산을 집중하고 있다. 한국 부자 중 70% 이상이 수도권에 거주하며, 이 지역 내 고급 아파트와 상업용 부동산에 투자를 집중하고 있다. 특히 서울 강남 지역은 자산가들 사이에서 여전히 가장 선호되는 투자처로 남아 있다. 그러나 수도권에 집중된 투자는 지역적 리스크 분산이라는 과제를 남기고 있다.

셋째, 부동산 대체 투자가 확대되고 있다. 최근 부자들 사이에서 리츠, ETF, 금, 보석 등 대체자산에 대한 관심이 증가하고 있다. 이는 전통적인 부동산 투자에 의존하지 않고 자산 포트폴리오를 다변화하려는 전략으로 볼 수 있다. 특히 고액 자산가들이 상업용 부동산 리츠를 통해 안정적 수익을 확보하고 있다는 점은 주목할 만하다.

보고서는 고액 자산가들의 투자 태도를 구체적으로 보여준다. 예를 들어 한 초고액 자산가는 강남구에 위치한 상업용 빌딩을 매입한 후 이를 법인 명의로 전환해 운영 효율성을 극대화했다. 그는 빌딩 내 일부 공간을 스타트업에 임대해 안정적 임대 수익을 창출하고, 나머지 공간은 본인의 사업 운영을 위해 활용했다.

또 다른 사례로는 중견 부동산 투자자가 지방 광역시의 주거용 부동산을 매입해 공공 리츠에 참여한 경우를 들 수 있다. 그는 지방 부동산 시장에서 투자 기회를 발견하고, 이를 통해 포트폴리오를 다각화하며 안정적 수익을 확보했다.

그렇다면 2025년 이후 부자들이 선택할 전략은 무엇일까? 다음과 같이 세 가지로 압축된다.

첫째, 법인화를 통해 세금 최적화를 하라. 고액 자산가들은 부동산 투자와 관련하여 법인화를 적극 활용하는 경향을 보이고 있다. 이는 세금 효율성과 자산 관리의 투명성을 동시에 확보할 수 있는 전략이다.

둘째, 수도권 외에 지방으로 확장 전략이다. 부자들은 수도권 집중에서 벗어나 지방 광역시의 성장 가능성을 탐색할 필요가 있다. 특히 대구, 광주, 부산과 같은 주요 도시에서의 상업용 부동산과 신규 개발 프로젝트가 유망한 투자처로 평가받고 있다.

셋째, ESG와 지속 가능성 투자를 감안하라. 보고서는 지속 가능한 개발과 환경 친화적 부동산 프로젝트가 고액 자산가들에게 점점 더 중요한 투자 요소로 부각되고 있음을 지적하고 있다. 이는 부동산 투자와 관련한 사회적 책임과도 연결되며, 미래 시장에서 경쟁우위를 확보할 수 있는 중요한 전략이다.

요약하면 KB금융연구소의 부자 보고서는 한국 부자들의 부동산 투자 태도와 전략에 발생한 중요한 변화를 보여준다. 부자들은 여전히 부동산을 핵심 자산으로 보며, 이를 통해 자산 가치를 극대화하려 노력하고 있다. 그러나 법인을 활용한 자산 관리, 대체투자 확대, 지방으로의 투자 다변화 등 새로운 전략 역시 투자의 한 축으로 실행되고 있다. 이들의 변화는 전체 부동산 시장에 중요한 방향성을 제시하며, 향후 시장의 흐름을 예측하는 데 중요한 지표가 될 것이다.

# 국평 70억 시대, 아파트는 거주 공간을 넘어선다

매력적 투자처로 인식되며 해외 자본이 가세한다.
부동산 양극화 더욱 심해질 것이다.

최근 대한민국 부동산 시장에서 국민주택규모(전용면적 85㎡ 이하) 아파트가 70억 원에 거래되었다. '국평(국민평수) 70억 원 시대'가 도래했다는 소식은 충격적이면서도 상징적인 사건이 될 것이다. 이는 단순히 특정 아파트의 가격 상승이 아닌, 대한민국 부동산 시장의 전반적인 구조적 변화와 위상을 보여주는 중요한 지표라고 할 수 있다.

이 놀라운 거래를 말하기 전에, 먼저 국민주택규모의 상징성과 의미를 정리해보자. 국민주택규모 아파트, 즉 전용면적 85㎡ 이하 아파트는 그동안 중산층과 서민층의 대표적인 주거 형태로 간주되었다. 면적이 적당해 실거주와 투자 모두에서 인기가 높았으며, 실수요자들에게는 합리적인 가격으로 구매하는 경제적인 주택으로 인정받는다.

**최고가 순위**  　　　　　　출처 : 국토부 실거래 분석

지역 최고가 아파트가 보통 지역시세를 견인합니다.

| 서울 ▼ | 시/구/군 ▼ | 읍/면/동 ▼ |
| 매매 ▼ | 최고가 순위 ▼ | 31평 ~ 35평 ▼ |
| 23년 ▼ | 7월 ▼ | 1일 ▼ ~ 25년 ▼ | 9월 ▼ | 2일 ▼ |

**1위** **현대10,13,14차** 1987 입주　　　　　　　　　**72억**
서울 강남구 압구정동 | 25년6월 | 35평 | 7층

**2위** **래미안원베일리** 2023 입주　　　　　　　　　**72억**
서울 서초구 반포동 | 25년6월 | 34평 | 12층

**3위** **신현대(현대9,11,12차)** 1982 입주　　　　　　**70억**
서울 강남구 압구정동 | 25년6월 | 35평 | 6층

자료: 아실

　　하지만 국민주택규모 아파트가 70억 원에 거래되었다는 것은 대한민국 부동산 시장의 격차를 말해줄 뿐만 아니라 이 시장이 현재 어떤 위치까지 올랐는지 실감하게 한다.

　　첫째, 이러한 현상은 부동산 시장의 양극화 심화를 의미한다. 국민주택규모 아파트는 전통적으로 실수요자들이 주로 찾았지만 이제는 고가 주택의 상징으로 새롭게 자리 잡고 있다. 특히 서울의 강남 3구(강남·서초·송파)와 한강변의 인기 지역에서 이러한 현상이 두드러진다.

　　이로 인해 서민층이나 중산층이 접근할 수 없는 가격대에 진입하게 되었고, 이는 부동산 시장의 상류층과 중산층 간의 격차를 극명하게 드러내는 사례로 작용하고 있다.

　　둘째, 국민주택규모 아파트의 가격 상승은 주거의 가치가 단순한

'집' 이상의 자산으로 자리 잡았다는 것을 의미한다. 더 이상 주거 공간의 크기나 편의성이 아니라, 입지와 희소성이 주택 가격을 결정하는 중요한 요소로 작용하고 있다. 특히 강남권, 한강변 등 주요 입지에서 국민주택규모 아파트는 크기와 무관하게 희소성과 입지적 장점으로 인해 가격이 폭등하고 있다.

다음으로는 '국평 70억'이 대한민국 부동산 시장의 현황, 즉 자산시장으로서의 위상에 대해 말해주는 바를 살펴보자.

대한민국 부동산 시장은 이제 단순한 주거의 개념을 넘어 글로벌 자산시장에서 하나의 중요한 투자처로 자리 잡았다. 특히 2020년 이후 팬데믹 상황에서 저금리 기조와 막대한 유동성 공급이 겹치면서 자산 시장은 급격히 팽창했다. 그중에서도 부동산 시장은 가장 두드러진 성장을 보였다. 이는 주거 안정의 수단을 넘어 부동산이 자산 증식의 핵심 요소로 떠오르며 많은 이가 시장에 뛰어들었기 때문이다.

또한 국내 부동산 시장은 외국 자본의 유입으로 인해 더욱 글로벌화되고 있다. 특히 고급 주택 시장에서는 외국인 투자자들이나 외국 국적을 가진 자산가들이 적극적으로 참여하면서 가격 수준이 한 단계 높아지고 있다. 대한민국의 안정적인 경제 성장과 상대적으로 안전한 부동산 시장은 글로벌 투자자들에게 매력적인 투자처로 여겨지고 있으며, 이는 향후에도 지속적으로 이어질 것으로 예상된다.

부동산 가격의 상승은 단순한 수요와 공급의 원칙을 넘어선 복합적인 문제다. 정부의 각종 규제 정책, 세금 정책, 대출 규제 등 다양한 요인들이 부동산 시장에 영향을 미치고 있다. 이런 규제가 단기적으로는 가격 상승을 억제할 수 있을지 모르지만, 장기적으로는 오히려 가격 상승을 부추기는 결과를 낳기 쉽다. 다주택자에 대한 과세 강화는 이들의 매도 물량을 줄이고, 결국 매물 부족 현상을 일으켜 가격을 더 끌어올리는 악순환을 초래하기 때문이다.

이제 국민주택규모 70억 시대의 미래 부동산 시장의 방향을 전망해보자. 한국 부동산 시장의 위상 변화는 어떤 미래를 보여주게 될까?

첫째, 자산가들의 부동산 집중화 현상은 심화될 것이다. 자산이 많은 이들은 부동산을 통해 자산을 증식하고, 이는 상급지로의 자산 집중을 더욱 강화할 것이다. 강남, 서초, 한강변 같은 상급지는 더 고가의 주택들로 가득 차게 될 것이며, 이러한 지역에서의 국민주택규모 아파트 역시 고가에 거래될 가능성이 크다. 이는 상급지 주택의 희소성 증가와 맞물려 가격을 더욱 상승시키는 요인이 될 것이다.

둘째, 부동산 시장의 양극화는 심화될 것이다. 국민주택규모 아파트의 가격 상승은 상위 1%의 자산가들만이 이 시장에 접근할 수 있는 환경을 조성하게 된다. 이는 중산층과 서민층의 주택 소유 기회가 점점 더 축소된다는 것을 의미한다. 이러한 양극화 현상은 서울을 중심으로 한 핵심 지역과 지방 및 비핵심 지역 간의 가격 격차를 더욱 벌어지게 할 것이다. 서울의 주요 지역은 고가 주택이 중심이 되고, 상대적으로 저가 주택은 외곽 지역으로 밀려나는 현상이 지속될 가능성이 높다.

셋째, 부동산 투자에 대한 인식 변화가 일어날 것이다. 국민주택규모 아파트의 고가 거래는 단순한 주거 용도에서 벗어나 투자 가치가 높은 자산으로 평가받고 있다. 이는 부동산이 단순히 거주의 의미를 넘어,

자산 증식과 재산 보호의 수단으로 자리 잡고 있다는 뜻이다. 미래 부동산 시장에서도 이러한 흐름은 계속될 것이며, 특히 고급 주택이나 상급지 아파트에 대한 수요는 더욱 증가할 것으로 예상된다.

마지막으로 대한민국 부동산 시장의 미래 중 글로벌 자산 시장으로의 도약 가능성을 살펴보자. 국민주택규모 아파트의 70억 원 거래는 대한민국 부동산 시장이 글로벌 자산 시장으로 자리 잡고 있음을 상징적으로 보여주는 사건이다.

향후 대한민국 부동산 시장은 더욱 글로벌화될 가능성이 높다. 외국인 투자자들이나 외국 자본의 유입은 국내 부동산 시장에 새로운 수요를 창출할 것이며, 이는 가격 상승의 또 다른 요인이 될 것이다.

부동산 시장의 구조적 변화와 함께 기술 발전도 시장의 중요한 변화를 이끌 것이다. 특히 부동산 거래에 블록체인 기술이 도입되거나, 메타버스와 같은 가상 세계에서의 부동산 거래가 활발해질 가능성도 배제할 수 없다. 이러한 변화는 기존의 부동산 시장을 재편하고, 새로운 형태의 투자와 거래 방식을 만들어낼 것이다.

국민주택규모 아파트의 70억 원 거래는 한국 부동산 시장의 새로운 변곡점이다. 부동산이 단순한 주거 수단을 넘어 자산으로서의 가치를 가진다는 것을 다시 한번 확인시키는 중요한 변곡점이다.

앞으로 부동산 시장은 더욱 글로벌화되고 양극화가 심화되겠지만, 그 안에서도 새로운 기회와 도전이 기다릴 것이다. 세계적인 자산 시장의 일환으로서 더 큰 변화를 맞이하고 있으며, 이러한 변화 속에서 우리는 새로운 전략과 대응이 필요할 것이다.

# 05 거품 가격?
## 랜드마크 아파트로 파악하라

**핵심부터 말하자면**

대기 수요가 늘 존재하는 랜드마크 아파트의 시세는
외부 영향에도 크게 조정되지 않는다.
또한 아파트 시세가 늘 노출되어 있기 때문에 거품 가격이 발생하기 어렵다.
랜드마크 아파트와의 가격 격차를 보고 거품 가격 여부를 판단하면 된다.

부동산 시장에서 '거품 가격'이라는 말은 시세가 본래 가치보다 크게 초과해서 형성되어 있을 때 쓰는 표현이다. 부동산 시세에는 원가와 프리미엄이 포함되어 있고 프리미엄은 거품 가격까지 내포한다.

정상적으로 거래되는 부동산 시장에도 거품은 발생한다. 다만 과도하게 많이 발생하는 시기가 있고, 어느 정도 제거되는 시기가 있을 뿐이다. 이것을 알고 거래해야 한다.

부동산 매물이 거품인지 아닌지 판단하는 간단한 방법이 있다. 실수요층이 매수하는 매물인지 확인하는 것이다. 투자자끼리 거래하는 물건이면 거품일 가능성이 높다. 매수하려는 사람들이 집단적으로 몰려 있는 것은 미래 가치에 대한 기대 때문이다. 미래 가치가 어느 정도 되는지에 대한 한계선이 없는 곳이라면 거품이 과도하게 생길 수 있다. 실수요층이 아닌 투자자가 다수 시장에 들어와 있다고 판단되면 보수적으로 접근해야 한다.

미래 가치에 대한 한계선은 대략적 추정이 가능하다. 핵심 지역과 랜드마크 아파트로 판단하면 된다. 브랜드 아파트가 지역의 랜드마크로 자리 잡기 시작한 시기는 대략 2008년 금융위기 이후다. 2009년에 입주한 반포자이, 래미안퍼스티지 등이 최고가 지역을 만든 개국 공신 아파트였고, '아리팍'이라는 애칭의 아크로리버파크가 2016년 입주하면서 전국 톱 지역으로 위상을 공고히 하고 있다. 그리고 2024년부터는 2023년 입주한 래미안 베일리가 넘버원의 위상을 인계받았다. 서초구 반포동에 위치한 래미안원베일리는 평당 2억 원에 거래되기도 했다.

그런데 이것은 새 아파트이기 때문에 가능한 추정 방법이다. 구 아파트, 특히 20년 넘은 아파트는 이 같은 방법으로 평가할 수 없다. 입지 가치만 남았기 때문이다. 입지 가치만 남은 경우는 시장의 흐름에 민감해진다. 투자자가 가장 좋아하는 '싸고 좋은' 물건이다. 당장 쓰기에 좋아 보일지 몰라도 오랫동안 쓰면 싼값을 한다는 평가를 내릴 수밖에 없다.

미래 가치를 파악하기가 가장 어려운 것은 재개발, 재건축 아파트다. 개발이 확정돼 분양을 앞두고 있는 곳은 상관없다. 가격이 정해져 있기 때문이다. 하지만 가격 책정이 어려운 단계에 있는 것은 미래 가치 파악이 어렵다. 조심해서 접근해야 한다.

거품은 통상적으로 투자 수요가 실수요보다 월등히 많을 때 발생한다. 하지만 계속해서 거품 상태로 유지되지는 않는다. 오랫동안 거품이

서초구 반포동 래미안원베일리 조감도

서초구 반포동 래미안원베일리

존재하면 우리가 보지 못하는 사이 단단한 가치가 차오르는 경우도 존재했다. 시간이 지난 뒤에는 거품이 아닌 경우가 꽤 많았다. 2006년 버블세븐(강남 3구, 목동, 분당, 평촌, 수지)이라 불린 지역 대부분이 그랬다.

입지가 좋은 지역은 규제로 눌리기 마련이다. 거품을 진짜로 우려해야 할 곳은 그 풍선효과로 오른, 입지와 상품성이 약한 지역이다. 이런 현상은 시장이 침체할 때 자주 나타난다. 실수요가 아닌 투자 수요가 몰렸다는 의미이기 때문에 조심해야 한다. 풍선효과로 단기간에 돈을 벌었다는 소문이 발생하는 순간 '묻지 마' 식 투자자가 동시에 몰린다. 이런 지역은 제대로 된 입지 평가, 상품 평가, 가격 평가 없이 추종 매수를 할 가능성이 농후하다. 다시 강조하지만, 풍선효과가 발생하는 지역은 조심해야 한다. 단기 투자 수요가 몰리거나 상품 경쟁력이 떨어지는 아파트를 살필 때는 신중해야 한다.

지금은 입지, 상품, 가격을 모두 따져야 하는 시기다. 2014년부터 2016년까지 활발했던 소액 갭 투자 방법이 먹히는 때가 아니다. 앞서 세 가지 부동산 요소들을 모두 확인해야 하는 시기가 되었다. 투자의 정석대로 미래 가치가 확실한 지역과 상품을 봐야 한다. 그래야 거품인지 아닌지 확인할 수 있다.

## 지역별 랜드마크 아파트

| 시도 | 시군구 | 읍면동 | 단지명 | 총세대수 | 입주시기 | 신고가(만 원) |
|---|---|---|---|---|---|---|
| 서울특별시 | 서초구 | 반포동 | 래미안원베일리 | 2,990 | 2023년 | 720,000 |
| 세종특별시 | 세종시 | 나성동 | 나릿재2단지리더스포레 | 845 | 2021년 | 128,000 |
| 광주광역시 | 남구 | 봉선동 | 봉선3차한국아델리움 | 278 | 2014년 | 123,000 |
| 대구광역시 | 수성구 | 범어동 | 수성범어W | 1,340 | 2023년 | 168,000 |
| 대전광역시 | 유성구 | 도룡동 | 도룡SK뷰 | 383 | 2018년 | 134,000 |
| 부산광역시 | 해운대구 | 우동 | 마린시티자이 | 258 | 2019년 | 183,000 |
| 울산광역시 | 남구 | 신정동 | 문수로2차아이파크1단지 | 597 | 2013년 | 120,000 |
| 인천광역시 | 연수구 | 송도동 | 송도 더샵파크애비뉴 | 668 | 2018년 | 155,000 |
| 강원특별자치도 | 춘천시 | 온의동 | 춘천센트럴타워푸르지오 | 1,175 | 2022년 | 85,000 |
| 경기도 | 성남시 분당구 | 삼평동 | 봇들8단지휴먼시아 | 447 | 2009년 | 262,000 |
| 경상남도 | 창원시 성산구 | 용호동 | 용지더샵레이크파크 | 883 | 2017년 | 114,500 |
| 경상북도 | 경산시 | 중산동 | 중산자이1단지 | 1,144 | 2023년 | 69,000 |
| 전라남도 | 순천시 | 해룡면 | 중흥에듀힐스9단지 | 1,464 | 2019년 | 74,000 |
| 전북특별자치도 | 전주시 완산구 | 효자동 | 전주효천대방노블랜드에코파크 | 1,370 | 2020년 | 82,000 |
| 충청남도 | 천안시 서북구 | 불당동 | 천안불당지웰더샵 | 685 | 2016년 | 98,000 |
| 충청북도 | 청주시 흥덕구 | 복대동 | 청주지웰시티푸르지오 | 466 | 2019년 | 83,000 |
| 제주특별자치도 | 제주시 | 연동 | e편한세상연동센트럴파크1단지 | 102 | 2023년 | 105,000 |

## 아파트의 미래를 보여줄 '반포주공1단지 재건축'

**5,000세대 넘는 단지 중**
**단일 건설사가 시공하는 유일한 재건축 단지**

앞으로 래미안원베일리의 1위 위상은 어떤 아파트가 넘겨받게 될까? 아마도 반포주공1단지의 재건축 아파트가 황제의 자리에 오르게 될 것으로 예상된다. 반포주공1단지는 현재 재건축 중이며, 가장 오래된 반포동 아파트여서 보통 '구반포' 지역에 포함돼 있다.

반포동은 원래 경기도 소속이었다. 과천군 상북면 상반포리, 하반포리, 사평리였다고 한다. 1914년 부군면 통폐합 당시 과천군 상북면과 동면이 시흥군 신동면으로 개편되어 시흥군으로 편입됐다가 1963년 서울시 영등포구에 최초로 편입됐다. 1973년 성동구 반포동이 되었으며, 다시 1975년 강남구가 신설되면서 강남구 소속이 됐다. 1988년 서초구가 강남구에서 분리됐다.

반포주공1단지 1·2·4주구를 재건축하는 디에이치클래스트는 단일 단지로만 무려 5,002세대에 이른다.(자료: 현대건설)

반포(盤浦)라는 이름에서 알 수 있듯 한강에 접한 동이다. 한강 이남 서울 지역 중에서도 한가운데 위치해 서울 어디든 편히 접근할 수 있다. 읍·면·동 단위로 보면 아파트 가격이 전국 1위다. 강남구 압구정동을 포함해도 현재 1위는 반포동이다.

이 반포주공아파트가 최초 개발 당시에는 영등포구에 속해 있었으며, 1980년 동작구가 관악구에서 분구될 때 동작동이 동작대로를 기준으로 나뉘어 동쪽이 강남구 반포동에 편입되었다가 1988년에 서초구가 강남구에서 신설 분구되면서 서초구 소속이 됐다.

1972~1974년 완공된 반포주공1단지는 반포동에서 가장 먼저 개발된 단지로, 압구정 현대아파트, 서초동 삼풍아파트 등과 더불어 1970~1980년대를 대표하는 아파트였다. 구반포의 거의 전부가 대한주택공사에서 지은 주공아파트와 세계은행의 차관으로 지어진 소형 아파트들로 구성돼 있었는데, 1970년대 초반 국가에서 아파트 단지 개발에 착수할 때 이 지역에는 서민층이 아니라 중산층 이상을 위한 아파트를 건설했다.

주거 환경을 갖추기 위해 초등학교, 중학교, 고등학교도 신설했고, 단지 내부의 공원과 아케이드 형식의 상가도 추가하는 등 단순한 주택만이 아닌 중산층을 위한 신도시를 만들었던 것이다.

초기에는 서울대학교 교원이나 재무부, KDI(한국개발연구원)의 사원 주택 용도로 배정된 세대들도 있었고 주로 교수, 고위 공무원, 연구원 같은 고학력 상위 인력이 많이 입주했다고 한다. 그 외에도 사업가, 법조인 등 고소득자들도 유입되어 차츰 부촌으로서의 명성을 가지게 되었다.

분양을 받은 원주민이 많이 살았던 단지로도 유명하다. 하지만 교육 환경이 매우 좋고 교통도 편리한데 아파트가 낡으면서 노후 아파트 전세가가 상대적으로 저렴해지자 가성비 높은 환경을 찾는 3040 임차 세대도 많이 유입되었다. 한때 초등학생, 중학생 주민등록인구 기준 서울 지역 비중이 가장 높기도 했다.

다른 아파트 단지처럼 아파트 전체 구분등기가 아니라 아파트 각 동과 놀이터, 경비실 등 사용 용도마다 구분등기가 되어 있는데, 이러한 이유로 반포주공은 같은 면적이라도 동마다 미묘하게 대지 지분이 다른 곳으로 유명했다.

이 반포동 최고의 이슈는 재건축이다. 반포주공1단지보다 5~6년 나중에 지어진 반포주공2단지, 3단지는 이미 2008~2009년 래미안퍼스티지와 반포자이로 재건축됐지만, 반포주공1단지는 이제야 진행 중이다.

반포주공1단지는 총 4개 주구로 나뉘어져 있다. 반포주공1단지는 등기상의 명칭으로 1·2·4주구는 '반포주공1단지', 3주구는 세계은행의 차관을 받고 지어져 '에이아이디차관주택'으로 등기돼 있었다. 이러한 이유로 1·2·4주구 쪽에는 중대형 평형들이 분포하고, 3주구 쪽에 소형 평형인 22평형이 집중돼 있었다. 이 중 구반포역 남쪽에 위치하고 반포천과 맞닿은 3주구만 따로 재건축을 진행하고, 1·2·4주구가 같이 진행한다.

먼저 1·2·4주구는 현대건설이 시공하고 있고 브랜드는 디에이치클래스트다. 반포주공아파트 중에서도 한강과 맞닿은 입지이며, 대단지에 사업성이 매우 좋아 온 국민이 기대하는 단지다.

3주구는 삼성물산이 시공하고 있고 브랜드는 래미안트리니원이다. 과거 현대산업개발이 시공사로 선정된 후 1·2·4주구보다 빠르게 재건축하려 했으나 현대산업개발의 우선협상대상자 지위가 박탈됐고 현재는 삼성물산이 진행하고 있다. 두 지구 모두 지금은 철거되어 공사가 진행 중이다.

래미안원베일리 입주 이후 반포주공1단지에 쏠린 관심이 뜨겁다. 특히 1·2·4주구를 재건축하는 디에이치클래스트는 단일 단지로 무려 5,002세대에 이른다. 5,000세대가 넘는 단지 중 단일 건설사가 시공하는 유일한 단지이고, 상품이 이전에는 없던 구성이다. 옥상 공원, 외국계 호텔 컨시어지 서비스, 국내 아파트 최초의 오페라하우스 등 차별적인 구성을 선보인다.

공사비 인상 이슈 때문에 2024년 2월 주 시공사인 현대건설은 기존 약 2조 6,000억 원으로 책정됐던 공사비를 약 4조 원으로, 1조 4,000억 원을 증액해달라고 요청했었다. 사업성이 높은 단지라 조합원들의 부담이 크진 않겠지만 아마도 속도가 다소 늦어질 수 있을 것이다. 과연 대한민국의 아파트가 어디까지 보여줄 수 있을지 반포1단지의 행보에 관심이 집중되고 있다.

# 06 | 찔러도 안 터지면 거품 가격 아니다!

**핵심부터 말하자면**

단순히 절대 가격이 높고 낮음으로만 판단하면 안 된다.
투기 수요 속 실수요 시장을 확인해야 한다.
절대 가격이 낮아도 거품 가격은 존재한다.

대한민국 부동산 투자의 역사를 보통 50년으로 본다. 1970년대부터 아파트 개발이 본격화됐기 때문이다. 현재 서울 부동산 시장을 주도하는 반포동 동부이촌동, 압구정동, 여의도동, 잠실동 등의 아파트들이 모두 1970년대에 건설됐다. 지난 50년간 아파트 개발과 가격 상승은 1997년 IMF 외환위기와 2008년 금융위기 직후를 제외하고는 쉬지 않고 지속됐다.

혹자들은 이렇게 평가한다. 거품이 쌓이고 쌓여 폭발한 게 IMF 외환위기와 금융위기의 부동산 상황이라고. 사후적으로 보면 그런 분석도 가능하다. 하지만 당시 가격 하락장을 단지 거품이라고 단정해서 해석하기에는 설명되지 않는 부분이 너무 많다.

1997년 폭락 가격이 불과 2년 만에 모두 회복됐다는 게 대표적이다. 2008년 금융위기 하락 가격의 회복에는 IMF 때보다 더 오랜 시간이 걸렸다. 2015년 대부분이 회복됐지만, 대형 상품은 아직 회복되지 않은 지역도 존재한다. 이러한 상황으로 볼 때, 거품 이론으로 부동산 시장의 변화를 설명하는 데는 한계가 있다.

거품이라고 판단했던 가격도 시간이 지나면 대부분 일반적인 가격으로 인정된다. '대한민국 부동산 불패'라는 말에 어느 정도 신뢰가 가는 이유다. 버티면 무조건 이긴다는 부동산 투자계 선배들의 조언이 옳은 말처럼 느껴지기도 한다. 대한민국 부동산 시장에서는 거품이라는 말이 적용되지 않을까?

먼저 거품의 의미를 정의할 필요가 있다. 사전적 의미를 보면, 거품은 현상 따위가 일시적으로 생겨 껍데기만 있고 실질적인 내용이 없는 상태를 비유적으로 이르는 말이다. 그렇다면 거품을 판단하는 방법은 무엇일까?

거품을 예측하기 위해서는 속이 보여야 한다. 속이 보이려면 껍데기가 투명해야 한다. 거품인지 확인하기 어려운 것은 껍데기가 진해서 속을 알 수 없을 정도이기 때문이다. 이때 눈으로만 봐서는 정확하게 판단할 수 없다. 사후적으로는 누구나 알 수 있다. 따라서 미리 파악해야 한다. 거품이 꺼지기 전에 확인하는 방법은 두 가지다. 하나는 바늘로 직접 찔러보는 방법, 다른 하나는 거품이 만들어진 원재료를 파악하는 방법이다.

먼저 직접 바늘로 찔러보는 방법을 부동산 시장에 적용해보자. 바늘로 큰 거품을 찌르면 쑥 들어가기만 할 뿐, 터지지는 않는다. 바늘을 빼도 그렇다. 2022~2023년은 전국 아파트 대부분의 시세가 빠지는 시기였다. 하지만 압구정 신현대아파트는 거래가 되지 않았을 뿐, 시세가 빠지지 않았다. 오히려 그때부터 본격적으로 상승해서 무려 300% 전후가 올랐다. 아크로리버파크도 마찬가지다. 2022년~2023년은 거래가 되지 않았을 뿐이고, 그 이후 기존 시세 대비 2배 상승했다.

'거품이 안 터지네?' 사람들은 혼란에 빠진다. 분명 속이 비었고 껍데기만 있는데 터지지 않으니 말이다. 하지만 터질 때도 있다. 주변이 건조하면 거품이 마르거나 터진다. 거품 표면이 약해지기 때문이다.

이렇게 찔러보는 방법만으로 거품을 판단하려는 사람이 대부분이다. 그중 상당수는 거품이 아닐 것이라는 기대를 밑바탕에 깔고 있다. 분명 비어 있음을 알고도 계속 거품을 가지려 한다. 부동산 투자에서 인사이트를 가지고 기본을 지킨다는 건 그래서 중요하다. 알면서도 당하는 경우가 바로 이런 상황이다. 욕심은 거품을 보는 눈을 멀게 한다.

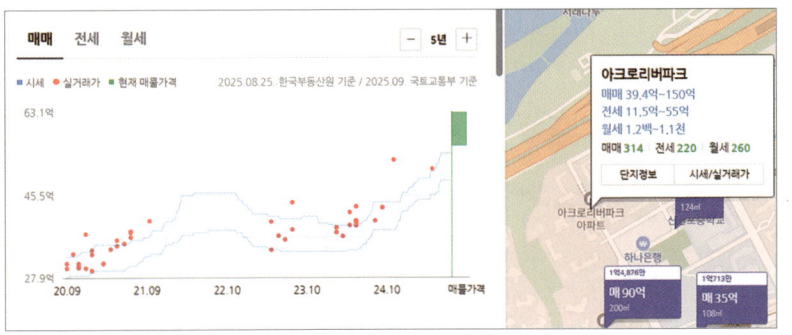

서초구 반포동 아크로리버파크의 거래 현황 (자료: 네이버 부동산)

결국 거품이 만들어진 원재료를 확인해야 거품인지 아닌지를 확신할 수 있다. 거품은 100% 가수요로 이루어진다. '투기 수요'다. 원재료에 실수요가 전혀 보이지 않는다면 일단 한발 물러서야 한다. 굳이 아무도 가지 않는 길의 개척자가 될 필요는 없다. 개척되는 길을 확인하고 뒤따라 들어가도 절대 늦지 않는다. 실수요가 어느 정도 들어가는 것을 확인하고 시작해도 충분히 투자 가치는 있다.

가수요가 많을 때 매수하면 거품을 매수하는 것이다. 말도 안 되는 입지의 대규모 미분양 물량이 대표적이다. 실수요가 들어올 리 만무하니까. 욕심과 가수요로 이루어진 그 시장은 그렇게 존재할 것이다.

사람들의 욕심이 소멸되지 않는 이상 지속적으로 존재하는 시장이

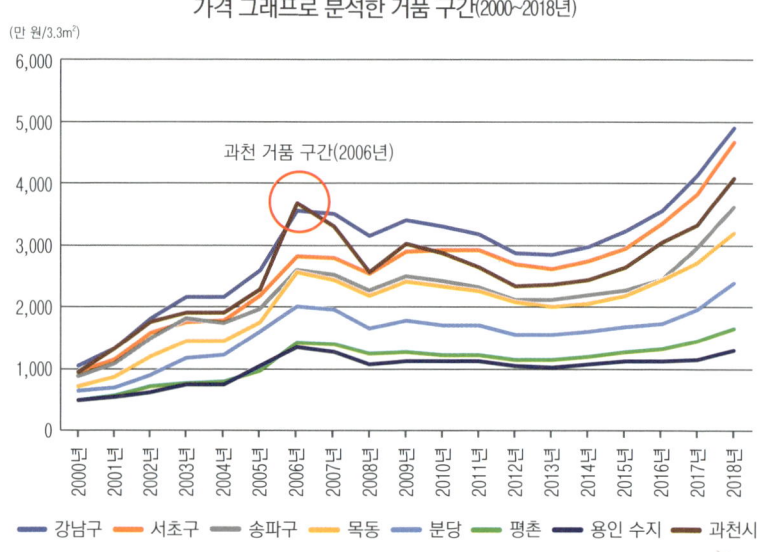

가격 그래프로 분석한 거품 구간(2000~2018년)

다. 거품을 판단하기 위해서는 바늘로 찔러보고, 실수요가 있는지도 확인해야 한다. 실수요가 존재하는 시장이라면 들어가도 된다. 당장은 문제 될지 몰라도 시간이 해결해주는 경우가 대부분이다. 2006년 전후 서울시 강남구, 경기도 과천시의 시세는 누가 봐도 거품이었다.

하지만 원재료를 확인했을 때 그 안에는 실수요가 존재하고 있었다. 거품인 줄 알았던 반포동, 동부이촌동, 압구정동, 여의도동, 잠실동 모두 실수요 시장이었다. 가격만으로 거품을 판단할 수 없다. 거품의 재료, 가수요, 실수요를 종합적으로 판단해야 한다.

**핵심부터 말하자면**

3.3㎡(평)당 1천만 · 2천만 · 3천만 · 4천만 원대마다
상품을 대하는 시장의 태도가 달라진다.
그 가격까지 지불할 만한 공감대가 형성되어야 한다.

서울 아파트의 역사는 약 50년이다. 그중 아파트 시세가 3.3m²당 1,000만 원을 넘기까지 소요된 시간은 30년. 초기부터 시세가 높았을 것 같은 강남도 2000년대 들어서야 3.3m²당 1,000만 원이 됐다. 3.3m²당 1,000만 원이 넘기까지 상당한 시간이 걸렸지만, 1,000만 원에서 2,000만 원이 되기까지는 오래 걸리지 않았다. 2,000만 원 넘는 상품이 등장한 건 2005년 전후이고, 2007년 전후에는 강남구 평균 시세가 3,000만 원을 넘어섰다. 2009년부터는 4,000만 원 이상 아파트도 꽤 많이 등장했다. 시세 상승이 급격히 빨라진 이유는 무엇일까?

서울을 제외한 타 지역을 통해 이유를 파악해보자. 서울 및 수도권을 제외하고 시군구 단위 중 평균 시세가 가장 높은 지역은 대구광역시 수

성구다. 대구 수성구와 경북권 지역을 비교하면 유의미한 메시지를 얻을 수 있다. 대구는 2015년까지 3년 연속 대한민국 1위 시세 상승 지역으로 손꼽혔다. 거의 모든 지역, 모든 아파트 가격이 상승했다. 하지만 2016년 전후로 상황이 바뀌었다. 오르는 곳과 오르지 않는 곳이 나뉘며 상승과 하락이 뒤섞인 현상이 나타나기 시작했다. 대구 전반의 하락 속에서도, 수성구는 투기과열지구로 지정된 후 시세가 상승했다. 대구도 양적인 시장에서 질적인 수요 시장으로 돌입했음을 보여주는 모습이다.

그에 비해 경상북도는 전반적인 침체 분위기다. 경상북도는 2015년 대세 상승기 이후 전국 지자체에서 가장 크게 조정받는 지역이다. 대구와 대부분의 경북권 지역 시장은 조정 중이다. 이곳은 2010년부터 2015년까지 가장 큰 폭으로 상승했다. 대구는 수도권과 유사한 흐름을 보이던 대전의 시세를 역전하고, 광역시의 대장인 부산의 시세까지 역전한 광역시 최고 시세의 도시였다. 특히 수성구는 말이다.

그렇게 5년을 쉬지 않고 상승하니 현재 조정받는 단계가 됐다. 서울의 부동산 역사를 따져보면 조정을 받는 타이밍은 3.3$m^2$당 1,000만 원/2,000만 원/3,000만 원/4,000만 원대다.

수성구의 랜드마크 아파트는 3.3$m^2$당 3,000만 원대이고 다른 준신축 아파트 대부분도 2,000만 원 전후다. 수성구 이외 지역이 평균 1,000만 원대에서 보합세를 보이는 것과는 차이가 크다. 최근까지의 가격 상승 때문에 추가 시세 상승은 어려울 수 있다. 시세가 더 상승하려면 랜드마크 아파트 가격이 더 오르든지, 일반 아파트 시세가 하락했다가 상승해야 한다. 3.3$m^2$당 평균 1,000만 원을 돌파한 수성구 이외

대구광역시 수성구

대구광역시 수성구 수성범어W 조감도

## 대구광역시 구별 아파트 시세(2000~2024년)

(단위: 만 원/3.3m²)

| | 수성구 | 중구 | 서구 | 대구광역시 | 남구 | 동구 | 달서구 | 북구 | 달성군 |
|---|---|---|---|---|---|---|---|---|---|
| 2000년 | 344 | 311 | 270 | 308 | 324 | 320 | 295 | 291 | 253 |
| 2001년 | 378 | 333 | 278 | 338 | 355 | 326 | 334 | 313 | 274 |
| 2002년 | 427 | 359 | 327 | 377 | 385 | 357 | 381 | 338 | 312 |
| 2003년 | 517 | 370 | 339 | 423 | 409 | 382 | 429 | 354 | 324 |
| 2004년 | 538 | 377 | 380 | 442 | 400 | 405 | 447 | 369 | 336 |
| 2005년 | 577 | 438 | 465 | 489 | 427 | 446 | 499 | 430 | 380 |
| 2006년 | 613 | 483 | 452 | 516 | 469 | 452 | 517 | 457 | 390 |
| 2007년 | 632 | 565 | 455 | 517 | 467 | 447 | 495 | 460 | 428 |
| 2008년 | 649 | 561 | 440 | 519 | 499 | 458 | 484 | 449 | 444 |
| 2009년 | 703 | 541 | 432 | 541 | 498 | 477 | 494 | 453 | 444 |
| 2010년 | 706 | 541 | 434 | 552 | 513 | 476 | 514 | 470 | 445 |
| 2011년 | 741 | 574 | 459 | 599 | 547 | 538 | 558 | 539 | 494 |
| 2012년 | 750 | 608 | 493 | 625 | 573 | 574 | 585 | 576 | 538 |
| 2013년 | 810 | 650 | 543 | 702 | 633 | 642 | 674 | 668 | 631 |
| 2014년 | 991 | 774 | 626 | 807 | 724 | 757 | 749 | 730 | 673 |
| 2015년 | 1,180 | 948 | 718 | 938 | 823 | 874 | 865 | 837 | 728 |
| 2016년 | 1,155 | 952 | 708 | 911 | 809 | 856 | 829 | 822 | 722 |
| 2017년 | 1,253 | 1,099 | 723 | 958 | 824 | 887 | 856 | 844 | 776 |
| 2018년 | 1,402 | 1,251 | 773 | 1,029 | 860 | 930 | 892 | 871 | 860 |
| 2019년 | 1,443 | 1,287 | 856 | 1,051 | 886 | 938 | 906 | 888 | 870 |
| 2020년 | 1,697 | 1,458 | 1,064 | 1,185 | 939 | 976 | 1,081 | 917 | 897 |
| 2021년 | 1,889 | 1,609 | 1,223 | 1,313 | 1,081 | 1,061 | 1,212 | 997 | 989 |
| 2022년 | 1,790 | 1,471 | 1,191 | 1,247 | 1,071 | 1,038 | 1,124 | 971 | 951 |
| 2023년 | 1,659 | 1,372 | 1,118 | 1,169 | 1,087 | 991 | 1,055 | 932 | 863 |
| 2024년 | 1,629 | 1,531 | 1,254 | 1,174 | 1,103 | 1,074 | 1,037 | 909 | 858 |

## 대구광역시 아파트 가격 최고가 순위(전체 평형 vs. 전용면적 84m²)

| 조건 | 순위 | 아파트명 | 입주 연도 | 위치 | 가격(만 원) |
|---|---|---|---|---|---|
| 전체 평형 | 1 | 두산위브더제니스 | 2009 | 수성구 범어동 | 540,000 |
| | 2 | 태왕아너스 | 2004 | 수성구 황금동 | 350,000 |
| | 3 | 수성SK리더스뷰 | 2010 | 수성구 두산동 | 247,000 |
| | 4 | 빌리브헤리티지 | 2023 | 수성구 수성동4가 | 236,000 |
| | 5 | 힐스테이트범어 | 2020 | 수성구 범어동 | 210,000 |
| | 6 | 수성범어W | 2023 | 수성구 범어동 | 205,000 |
| | 7 | 만촌역서한포레스트(주상복합) | 2022 | 수성구 만촌동 | 191,500 |
| | 8 | 유림노르웨이숲 | 2006 | 수성구 범어동 | 190,000 |
| | 9 | 만촌역태왕디아너스(주상복합) | 2024 | 수성구 만촌동 | 184,563 |
| | 10 | 범어SK뷰 | 2009 | 수성구 범어동 | 180,000 |
| | 11 | 만촌삼정그린코아에듀파크 | 2019 | 수성구 만촌동 | 170,500 |
| | 12 | 범어롯데캐슬 | 2009 | 수성구 범어동 | 170,500 |
| 전용면적 84m² | 1 | 수성범어W | 2023 | 수성구 범어동 | 168,000 |
| | 2 | 힐스테이트범어 | 2020 | 수성구 범어동 | 166,300 |
| | 3 | 석우리치타운 | 2007 | 중구 동산동 | 150,000 |
| | 4 | 대우범어아이파크 | 2024 | 수성구 범어동 | 135,000 |
| | 5 | 빌리브범어 | 2018 | 수성구 범어동 | 129,000 |
| | 6 | 빌리브범어2차 | 2022 | 수성구 범어동 | 126,000 |
| | 7 | 범어센트럴푸르지오 | 2019 | 수성구 범어동 | 125,000 |
| | 8 | 만촌자이르네 | 2023 | 수성구 만촌동 | 125,000 |
| | 9 | 경남타운 | 1982 | 수성구 범어동 | 118,500 |
| | 10 | 범어SK뷰 | 2009 | 수성구 범어동 | 118,200 |
| | 11 | 범어센트레빌 | 2020 | 수성구 범어동 | 116,000 |
| | 12 | 힐스테이트만촌역(주상복합) | 2024 | 수성구 만촌동 | 114,000 |

2023년 7월 2일~2025년 9월 2일 거래 기준
자료: 아실

지역도 마찬가지다. 지역 내 시세 선두 아파트가 더 오르거나 다른 일반 아파트 시세가 조정되고 나서야 부동산 시장이 다시 움직일 것이다. 투자 수요가 많을 때는 적정 가격을 알 수 없다. 투자 수요가 빠져야만 알 수 있다. 현재 대구는 투자 수요가 많이 빠져 적정 시세를 제대로 평가할 수 있는 타이밍이 됐다.

적정 시세를 따질 때는 대구 시장 자체에서는 벤치마킹할 수 없다. $3.3m^2$당 평균 1,000만 원, 2,000만 원대 시장을 경험하지 않았기 때문이다. 그래서 서울 부동산을 보고 벤치마킹해야 한다. 1,000만 원에서 2,000만 원까지 갈 때 어떤 일이 있었는지, 2,000만 원에서 3,000만 원으로 갈 때는 또 어떤 일이 있었는지 말이다.

$3.3m^2$당 평균 1,000만 원 이하 시장에서는 '키 바잉 팩터(Key Buying Factor: 교통, 교육, 상권, 환경)'를 크게 따지지 않는다. 수요 대비 공급이 부족한 시장, 즉 양적인 시장이기 때문이다. 1,000만 원이 넘어가면 교통, 교육, 상권의 질을 따져야 한다. 이런 기반 시설이 갖춰져야 1,000만 원대 아파트가 된다. 입지에 대한 기대가 다르다.

2,000만 원대 아파트부터는 양질의 조건을 추가해야 한다. 환경적 요소가 반드시 고려돼야 한다. 주변 환경, 단지 내 환경도 좋아야 한다. 입지와 상품에 대한 기대 수준이 1,000만 원대와는 또 다르다. 강남이 1,000만 원대에서 2,000만 원대로 넘어간 것은 상품의 수준이 높아졌기 때문이다. 마감재도 조경도 다르다. 서울뿐 아니라 부산, 대전, 대구, 인천 등 $3.3m^2$당 평균 2,000만 원을 경험한 지역 어디에나 적용된다.

수성구가 2,000만 원대 시장이 된 건 다른 지역과 상품 수준이 달라졌기 때문이다. 그렇다면 3,000만 원, 4,000만 원으로 상승하는 시장이 되려면 어떤 조건이 추가로 필요할까? 프리미엄이다. 다른 지역과 완전히 차별화된 프리미엄이 있어야 한다. 그 프리미엄은 서울 강남에서 벤치마킹하면 된다.

수성구는 중간중간 조정을 받겠지만 틀림없이 3,000만 원대 시장까지 갈 것이다. 다른 지역과 차별화된 프리미엄이 있기 때문이다. 교육 환경은 대한민국 최고 위상을 갖고 있으며 교통이 편리하다. 무엇보다 선호하는 양질의 일자리가 많고 상권도 잘 형성되어 있다.

물론 서울 강남처럼 단기간에 3,000만 원, 4,000만 원을 돌파할 수는 없다. 서울도 10년이 걸린 변화를 대구는 5년 만에 이뤄냈기 때문에 시간이 더 필요하다. 강남도 1997년과 2008년 두 번의 조정을 겪고 나서야 질적인 수요 시장으로 진입했다.

대구 수성구와 유사한 시세 변화를 보이고 있는 지자체가 부산광역시 해운대구다. 해운대구의 동별 시세 변화와 주요 아파트 시세를 함께 살펴볼 필요가 있다.

2017년 8·2 부동산 대책, 2018년 9·13 부동산 대책 이후 과열됐던 투자 수요가 크게 빠졌다. 이제 시장의 실체가 드러날 것이다. 수요가 몰렸던 지역은 모두 해당된다. 옥석 가리기를 할 수 있는 좋은 시장이 되었다. 과연 1,000만 원에서 2,000만 원으로 갈 수 있는 입지와 아파트 상품은 무엇인지, 2,000만 원에서 3,000만 원, 4,000만 원으로 갈 수 있는 지역과 상품은 무엇인지 따져보기 좋은 시기다.

시세가 하락할 수도 있다. 그렇게 되면 조정받는 시기가 고마워진다. 입지와 상품 공부하기에 좋기 때문이다. 조정기를 충분히 활용하자.

## 부산광역시 아파트 가격 최고가 순위(전체 평형 vs. 전용면적 84m²)

| 조건 | 순위 | 아파트명 | 입주 연도 | 위치 | 가격(만 원) |
|---|---|---|---|---|---|
| 전체 평형 | 1 | 해운대아이파크 | 2011 | 해운대구 우동 | 600,000 |
| | 2 | 해운대엘시티더샵 | 2019 | 해운대구 중동 | 498,000 |
| | 3 | 해운대두산위브더제니스 | 2011 | 해운대구 우동 | 480,000 |
| | 4 | 해운대경동제이드 | 2012 | 해운대구 우동 | 480,000 |
| | 5 | 대우월드마크센텀 | 2010 | 해운대구 우동 | 380,000 |
| | 6 | 더블유 | 2018 | 남구 용호동 | 365,000 |
| | 7 | 더샵센텀스타(주상복합) | 2008 | 해운대구 재송동 | 350,000 |
| | 8 | 트럼프월드마린 | 2007 | 해운대구 우동 | 318,000 |
| | 9 | 트럼프월드센텀I | 2006 | 해운대구 우동 | 297,500 |
| | 10 | 현대베네시티 | 2005 | 해운대구 우동 | 267,000 |
| | 11 | 더샵센텀파크1차 | 2005 | 해운대구 재송동 | 258,000 |
| | 12 | 삼익비치타운 | 1980 | 수영구 남천동 | 240,000 |
| 전용면적 84m² | 1 | 트럼프월드센텀I | 2006 | 해운대구 우동 | 160,000 |
| | 2 | 테넌바움294 | 2023 | 수영구 민락동 | 158,000 |
| | 3 | 남천자이 | 2023 | 수영구 남천동 | 156,000 |
| | 4 | 마린시티자이 | 2019 | 해운대구 우동 | 147,000 |
| | 5 | 삼익비치타운 | 1980 | 수영구 남천동 | 134,700 |
| | 6 | 광안쌍용예가디오션 | 2014 | 수영구 광안동 | 130,000 |
| | 7 | 더비치푸르지오써밋 | 2023 | 남구 대연동 | 130,000 |
| | 8 | 해운대경동리인뷰2차 | 2024 | 해운대구 우동 | 127,390 |
| | 9 | 더샵센텀파크1차 | 2005 | 해운대구 재송동 | 125,000 |
| | 10 | 드파인광안 | 2026 | 수영구 광안동 | 123,824 |
| | 11 | 해운대자이2차 | 2018 | 해운대구 우동 | 123,000 |
| | 12 | 남천더샵프레스티지 | 2022 | 수영구 남천동 | 120,500 |

2023년 7월 2일~2025년 9월 2일 거래 기준
자료: 아실

## 부산광역시 구별 아파트 시세(2020~2024년)

(단위: 만 원/3.3m²)

| | 수영구 | 해운대구 | 동래구 | 연제구 | 남구 | 부산광역시 | 동구 | 부산진구 | 금정구 |
|---|---|---|---|---|---|---|---|---|---|
| 2000년 | 314 | 374 | 358 | 339 | 290 | 325 | 279 | 304 | 418 |
| 2001년 | 359 | 409 | 377 | 369 | 344 | 354 | 269 | 332 | 468 |
| 2002년 | 421 | 482 | 426 | 437 | 423 | 406 | 293 | 370 | 494 |
| 2003년 | 456 | 494 | 474 | 485 | 479 | 439 | 318 | 399 | 531 |
| 2004년 | 500 | 495 | 484 | 482 | 510 | 448 | 326 | 407 | 534 |
| 2005년 | 595 | 511 | 505 | 491 | 521 | 461 | 359 | 424 | 516 |
| 2006년 | 633 | 571 | 563 | 513 | 513 | 494 | 602 | 440 | 588 |
| 2007년 | 663 | 628 | 572 | 522 | 514 | 513 | 602 | 446 | 602 |
| 2008년 | 679 | 727 | 592 | 537 | 547 | 547 | 580 | 455 | 604 |
| 2009년 | 756 | 762 | 617 | 565 | 594 | 583 | 601 | 484 | 626 |
| 2010년 | 816 | 828 | 700 | 655 | 671 | 663 | 682 | 570 | 685 |
| 2011년 | 880 | 967 | 803 | 755 | 768 | 775 | 801 | 700 | 793 |
| 2012년 | 861 | 952 | 800 | 774 | 757 | 772 | 796 | 702 | 798 |
| 2013년 | 870 | 952 | 820 | 776 | 774 | 784 | 803 | 743 | 804 |
| 2014년 | 921 | 983 | 839 | 805 | 819 | 813 | 811 | 765 | 842 |
| 2015년 | 1,091 | 1,111 | 948 | 903 | 888 | 891 | 843 | 810 | 938 |
| 2016년 | 1,307 | 1,315 | 1,078 | 1,057 | 1,013 | 1,010 | 898 | 890 | 1,012 |
| 2017년 | 1,343 | 1,310 | 1,137 | 1,074 | 1,044 | 1,037 | 918 | 936 | 1,091 |
| 2018년 | 1,304 | 1,268 | 1,127 | 1,079 | 1,090 | 1,030 | 955 | 921 | 1,096 |
| 2019년 | 1,493 | 1,349 | 1,143 | 1,102 | 1,153 | 1,063 | 1,166 | 931 | 1,091 |
| 2020년 | 2,156 | 1,917 | 1,476 | 1,400 | 1,441 | 1,350 | 1,299 | 1,132 | 1,257 |
| 2021년 | 2,637 | 2,434 | 1,774 | 1,597 | 1,773 | 1,624 | 1,461 | 1,290 | 1,454 |
| 2022년 | 2,514 | 2,338 | 1,708 | 1,565 | 1,683 | 1,570 | 1,398 | 1,222 | 1,449 |
| 2023년 | 2,273 | 2,178 | 1,697 | 1,444 | 1,581 | 1,494 | 1,619 | 1,238 | 1,378 |
| 2024년 | 2,106 | 2,032 | 1,549 | 1,536 | 1,493 | 1,402 | 1,390 | 1,230 | 1,221 |

| | 서구 | 북구 | 강서구 | 기장군 | 사상구 | 영도구 | 사하구 | 중구 |
|---|---|---|---|---|---|---|---|---|
| 2000년 | 341 | 258 | | 276 | 273 | 348 | 266 | 350 |
| 2001년 | 340 | 287 | | 295 | 304 | 361 | 276 | 349 |
| 2002년 | 409 | 342 | | 329 | 338 | 393 | 316 | 363 |
| 2003년 | 429 | 390 | | 374 | 361 | 400 | 333 | 382 |
| 2004년 | 456 | 407 | | 395 | 358 | 413 | 333 | 382 |
| 2005년 | 478 | 412 | | 395 | 351 | 406 | 334 | 376 |
| 2006년 | 471 | 411 | | 393 | 352 | 403 | 339 | 362 |
| 2007년 | 483 | 417 | | 397 | 352 | 413 | 388 | 354 |
| 2008년 | 485 | 425 | | 511 | 364 | 429 | 398 | 355 |
| 2009년 | 494 | 460 | 728 | 500 | 400 | 494 | 416 | 361 |
| 2010년 | 568 | 566 | 728 | 560 | 520 | 565 | 498 | 388 |
| 2011년 | 644 | 653 | 728 | 657 | 636 | 670 | 599 | 472 |
| 2012년 | 654 | 697 | 723 | 650 | 624 | 678 | 593 | 506 |
| 2013년 | 665 | 722 | 785 | 669 | 623 | 681 | 603 | 525 |
| 2014년 | 720 | 751 | 768 | 706 | 643 | 680 | 615 | 535 |
| 2015년 | 760 | 796 | 810 | 784 | 665 | 695 | 633 | 544 |
| 2016년 | 797 | 910 | 889 | 846 | 706 | 708 | 676 | 563 |
| 2017년 | 838 | 939 | 858 | 854 | 741 | 730 | 692 | 599 |
| 2018년 | 850 | 927 | 873 | 843 | 733 | 731 | 691 | 619 |
| 2019년 | 833 | 902 | 826 | 822 | 729 | 728 | 682 | 628 |
| 2020년 | 828 | 1,073 | 1,004 | 859 | 774 | 742 | 723 | 625 |
| 2021년 | 843 | 1,235 | 1,177 | 1,117 | 859 | 814 | 817 | 638 |
| 2022년 | 847 | 1,190 | 1,162 | 1,090 | 863 | 826 | 814 | 646 |
| 2023년 | 852 | 1,145 | 1,061 | 1,030 | 840 | 892 | 794 | 646 |
| 2024년 | 1,174 | 1,100 | 1,039 | 963 | 887 | 859 | 830 | 780 |

## 08 | 아파트의 적정 가격은 이렇게 본다

**핵심부터 말하자면**

아파트의 시세 판단 기준은 지역 내 최고가 아파트 시세다.
최고가 아파트 가격이 주변 다른 아파트보다 낮아졌다면
다시 오를 수 있다. 매수 기회가 된다.

아파트 시세는 특별한 입지 조건의 변화가 없다면 준공 후 약 10년간은 대체적으로 신고가를 경신할 수밖에 없다. 하지만 늘 불안하다. 지금 시세가 꼭지는 아닌지 우려된다. 절대 가격으로만 보면 비싼데 분양이 잘되는 단지가 있다. 절대 가격으로 보면 상대적으로 저렴한 수준인데 지역에서는 시세가 높다고 거래가 잘 안되는 단지도 있다.

아파트 시세가 적정한지, 너무 높은 것은 아닌지 어떻게 판단할 수 있을까? 간단하게 아파트의 시세 수준을 평가하는 방법이 있다. 지역 내 최고가 아파트 가격과 비교하는 것이다.

2016년 1월 분양된 신반포자이라는 단지가 있다. 반포한양아파트를 재건축한 아파트다. 신반포자이는 서초구 잠원동 소재 아파트로 평균 분양가가 3.3m²당 4,290만 원이라는, 잠원동 아파트 사상 최고가를 기록했다. 분양가가 사전 공개되었을 때 대부분의 매스컴과 부동산 전문가들은 분양이 완판되지 못할 정도로 비싸다고 평가했다. 아무리 강남권이지만 계약 완료까지는 시간이 많이 소요될 것이라는 전망도 나왔다. 하지만 인근 지역 최고가 아파트와 시세를 비교해보면, 신반포자이의 분양가는 적정 가격이었음을 알 수 있다.

신반포자이 인근 입지의 최고가 아파트는 반포자이였다. 반포주공3단지를 재건축해 2008년 12월 입주한 반포자이의 당시 시세는 3.3m²당 4,300만 원이었다. 신반포자이가 준공 완료되어 입주한 시점은 2018년이다. 상품 경쟁력만 놓고 보면 반포자이와 약 10년 차이가 난다.

거의 같은 입지 조건, 즉 같은 생활권 내의 10년 차이 새 아파트가 같은 시세로 분양된 것이다. 이렇게 보면 신반포자이의 분양가는 반포자이에 비해 높은 금액이 아니라는 판단이 선다. 오히려 저렴하다고 판단할 수도 있었다. 비강남권에서는 3.3m²당 4,000만 원대면 비싸다고 평가할 테지만 실질적으로 서초구 신규 아파트를 분양받고자 하는 잠재 수요층에게는 그렇게 비싸다고 인식되지 않은 것이다. 그렇기 때문에 1순위 청약 완료에 계약까지 빠르게 완료될 수 있었다.

이렇게 지역 내 유사한 인근 입지의 최고가 아파트와의 시세 비교는 현 시세가 높은지 낮은지 판단하는 데 유용하게 활용될 수 있다. 강남구 개포주공2단지를 재건축한 래미안블레스티지의 평균 분양 가격은 3.3m²당 3,760만 원이었다. 개포동에는 새 아파트가 없기 때문에 가장 가까운 생활권인 강남구 대치동과 시세를 비교해볼 수 있다.

서초구 잠원동 신반포자이 조감도

서초구 잠원동 신반포자이 조감도

대치동 새 아파트 중 가장 비싼 아파트인 래미안대치팰리스의 시세는 당시 3.3㎡당 4,100만 원 전후였다. 물론 지역 프리미엄이 대치동보다 낮게 평가되는 개포동인 것을 감안하더라도 강남구 개포동의 신규 아파트 가격으로 3.3㎡당 3,760만 원은 저렴하게 생각되기 때문에 래미안블레스티지 역시 청약부터 계약까지 빠르게 완료되었다.

이렇게 지역 내 최고가 아파트는 신규 아파트의 분양가뿐 아니라 기존 아파트 시세의 적정성을 판단하는 기준이 될 수도 있다. 2016년까지 금천구에서 가장 비싼 아파트는 시흥동 남서울 힐스테이트였다. 당시 시세는 3.3㎡당 1,400만 원에서 1,600만 원 정도였다. 2017년에 금천구 최고가 아파트가 바뀌었다. 바로 롯데캐슬 골드파크로 3.3㎡당 1,400만 원에 분양됐고, 분양권 프리미엄이 3,000~8,000만 원까지 형성됐다. 롯데캐슬 골드파크의 2025년 현재 시세는 3.3㎡당 4,200만 원이다. 금천구에서 가장 비싼 아파트다.

2017년 이후 금천구에서는 롯데캐슬 골드파크가 금천구 아파트의 판단 기준이 된다. 이 가격과 격차가 많이 나는 지역 내 아파트의 경우 시세는 올라갈 확률이 높아진다. 대표적인 사례가 골드파크 인근에 있는 베르빌 아파트다. 2004년 입주한 베르빌은 3.3㎡당 시세가 1,000만 원 미만에서 1,400만 원대까지 상승했다. 지역 내 최고가 아파트와 입지 여건이 유사한 상황에서 가격 차이가 크다고 판단한 실수요층이 가격적인 메리트가 있다고 판단한 후 매수한 것이다.

이런 식으로 금천구의 아파트들은 롯데캐슬 골드파크와의 입지적인 차이, 상품적인 차이를 비교해가며 시세가 변동할 것이다. 이런 방법으

금천구 독산동 롯데캐슬 골드파크 조감도

금천구 독산동 롯데캐슬 골드파크

로 기존 아파트의 현 시세가 높은지 낮은지 판단할 수 있다.

요약하면 지역 내 최고가 아파트 대비 적정가 산정 원칙은 다음과 같다. 첫째, 지역 내 최고가 아파트를 찾는다. 둘째, 최고가 아파트와 비교할 아파트의 가격 차이를 확인한다. 셋째, 가격 차가 클 경우 상승 가능성이 높다. 가격 차가 없으면 최고가 아파트 시세가 더 상승하거나 비교 아파트 시세가 하락한다. 비교할 아파트가 최고가 아파트일 경우는 다른 방법으로 가격 적정성을 판단해야 한다. 해당 아파트의 실수요층이 충분히 있으며 추가 수요가 더 확대될 조건인지 따져보는 것이다.

실수요층의 존재 여부는 단지 내 자가 거주, 임대 거주 비율을 확인하면 된다. 추가 수요가 확대될 조건인지는 지역 내 호재가 있는지를 확인해보면 된다. 가장 중요한 호재는 교통망 확대다. 금천구는 2016년 강남순환고속도로 개통 후 수요가 급증했다. 15분이면 강남권 출퇴근이 가능하기 때문이다. 강남으로 출퇴근하려는 세대에게 금천구는 출근 가능 지역이 되는 것이다. 그렇다면 금천구 시세가 터무니없이 높지 않다면 지속적으로 시세가 오를 수 있다. 신안산선이 착공된 것 또한 호재로 추가될 것이다.

가격이 터무니없이 높은지에 대한 판단은 유사 입지와 비교하면 된다. 강남권 출퇴근이 가능한 지역, 즉 금천구, 관악구, 동작구, 광명시, 안양시에 있는 비슷한 수준의 아파트 시세와 비교하는 것이다. 그렇다면 현재 관심을 가진 지역의 아파트 시세가 적정한지를 판단할 수 있다.

지역 내 최고가 아파트를 활용한 시세 적정성 파악은 실거주 목적이든 투자 목적이든 아파트를 매수할 때 반드시 실시해야 한다.

## 서초구 아파트 가격 최고가 순위

| 순위 | 아파트명 | 입주 연도 | 위치 | 가격(만 원) |
|---|---|---|---|---|
| 1 | 래미안원베일리 | 2023 | 서초구 반포동 | 720,000 |
| 2 | 아크로리버파크 | 2016 | 서초구 반포동 | 565,000 |
| 3 | 메이플자이 | 2025 | 서초구 잠원동 | 550,000 |
| 4 | 래미안퍼스티지 | 2009 | 서초구 반포동 | 520,000 |
| 5 | 반포센트럴자이 | 2020 | 서초구 잠원동 | 500,000 |
| 6 | 반포자이 | 2008 | 서초구 반포동 | 500,000 |
| 7 | 아크로리버뷰 | 2018 | 서초구 잠원동 | 482,000 |
| 8 | 래미안원펜타스 | 2024 | 서초구 반포동 | 470,000 |
| 9 | 반포래미안아이파크 | 2018 | 서초구 반포동 | 450,000 |
| 10 | 신반포자이 | 2018 | 서초구 잠원동 | 449,000 |
| 11 | 반포르엘 | 2022 | 서초구 잠원동 | 440,000 |
| 12 | 래미안신반포팰리스 | 2016 | 서초구 잠원동 | 430,000 |

2023년 7월 1일~2025년 9월 2일 거래, 전용면적 84m² 기준 (자료: 아실)

## 금천구 아파트 가격 최고가 순위

| 순위 | 아파트명 | 입주 연도 | 위치 | 가격(만 원) |
|---|---|---|---|---|
| 1 | 롯데캐슬골드파크3차 | 2018 | 금천구 독산동 | 135,000 |
| 2 | 롯데캐슬골드파크1차 | 2016 | 금천구 독산동 | 123,500 |
| 3 | 롯데캐슬골드파크2차 | 2017 | 금천구 독산동 | 108,500 |
| 4 | 남서울힐스테이트 | 2012 | 금천구 시흥동 | 95,000 |
| 5 | e편한세상독산더타워 | 2019 | 금천구 독산동 | 86,000 |
| 6 | 독산동한양수자인 | 2010 | 금천구 독산동 | 85,000 |
| 7 | 독산중앙하이츠빌 | 2004 | 금천구 독산동 | 79,000 |
| 8 | 이랜드해가든 | 2008 | 금천구 독산동 | 78,000 |
| 9 | 신도브래뉴 | 2002 | 금천구 독산동 | 78,000 |
| 10 | 무지개 | 1980 | 금천구 시흥동 | 76,000 |
| 11 | 가산두산위브 | 1998 | 금천구 가산동 | 73,500 |
| 12 | 금천현대 | 2002 | 금천구 독산동 | 73,000 |

2023년 7월 1일~2025년 9월 2일 거래, 전용면적 84m² 기준 (자료: 아실)

# 09 갭 투자, 반드시 지켜야 할 원칙

**핵심부터 말하자면**

시장 동향을 철저히 조사해야 한다.

재정적 준비, 법적 검토, 리스크 관리 등 많은 준비가 필요하다.

보통 갭 투자(gap investment)란 주식시장에서 주가의 갭을 이용한 투자 방법이다. 주식시장에서 '갭'은 전 거래일의 종가와 다음 거래일의 시가 사이에 발생하는 가격 차이를 의미한다. 갭 투자는 이러한 가격 차이를 분석해 투자 결정을 내리는 전략이다. 이 주식 투자의 갭은 주로 다음과 같은 세 가지 유형으로 나뉜다.

첫째, 상승 갭(up gap)은 전 거래일의 최고가보다 높은 가격에서 다음 날 거래가 시작될 때 발생한다. 이는 보통 긍정적인 뉴스나 이벤트가 주가를 밀어 올렸다는 의미다.

둘째, 하락 갭(down gap)은 전 거래일의 최저가보다 낮은 가격에서 다음 날 거래가 시작될 때 발생한다. 이는 통상 부정적인 뉴스나 이벤트에 의해 주가가 떨어졌다는 의미다.

셋째, 분리 갭(breakaway gap)은 주가가 중요한 저항선이나 지지선을 뚫고 이동할 때 큰 가격 차이를 보이며 발생한다. 이는 새로운 가격 범위로의 이동을 나타내며, 강력한 추세의 시작을 의미할 수 있다.

갭 투자 전략은 이러한 갭이 발생한 후 주가의 움직임을 예측해 매수 또는 매도하는 것이다. 예를 들어 상승 갭이 발생한 후 추가 상승이 예상되면 매수할 수 있으며, 하락 갭이 발생한 후 추가 하락이 예상되면 매도할 수 있다. 하지만 갭이 추후에 '채워질' 가능성이 있는 경우, 즉 가격이 갭을 발생시킨 반대 방향으로 다시 이동할 가능성이 있는 경우에는 신중한 접근이 필요하다.

갭 투자는 기술적 분석을 중시하는 투자자에게 인기가 있으며, 갭의 발생 이유와 그 이후의 시장 반응을 면밀히 분석함으로써 시장의 기회를 포착하려는 전략이 될 수 있다.

부동산에서도 갭 투자가 있다. 주식시장의 갭 투자와는 다른 개념이다. 부동산 갭 투자란 원래 부동산 거래에서 매매 계약과 동시에 잔금 지급 이전에 원래 매수인이 아닌 제3자에게 부동산을 전매하는 방식만을 의미했다. 최근에는 전세를 끼고 사는, 즉 전세 자금을 레버리지로 사용해 매매가와 전세가의 차이 정도로 투자하는 방식을 통칭하는 개념으로 확대됐다. 부동산 갭 투자는 주로 부동산 시장이 상승세일 때 유용하게 사용된다.

부동산 갭 투자의 기본 개념과 절차는 다음과 같다. 갭 투자의 목적은 매수인이 부동산을 매입한 후, 더 높은 가격에 다른 구매자에게 매도하는 것이다. 매수인은 본인이 실제로 부동산을 완전히 소유하기 전이라도 이익을 실현할 수 있다. 이 과정에서 매수인은 매수와 매도 사이의 가격 차익으로 이익을 얻는다.

부동산 갭 투자는 시장 상황에 민감할 수밖에 없다. 부동산 가격이 예상대로 상승하지 않을 경우 큰 손실을 입을 수 있기 때문이다. 가격이 하락하면 집을 팔지도 못하고, 세입자에게 보증금을 돌려주기도 벅찰 수 있다. 또한 법적 제한이나 규제가 존재하는 지역에서는 실행이 어려울 수 있다. 부동산 거래의 투명성 및 안정성을 해칠 수 있는 행위로 각종 규제를 받을 수 있다.

요약하면 부동산 갭 투자는 빠르게 이익을 얻을 가능성이 있지만, 리스크도 상당하므로 신중한 접근과 충분한 시장 분석이 필요하다. 부동산 갭 투자를 성공적으로 수행하기 위해서는 다음의 과정을 반드시 거치길 바란다.

먼저 시장 조사 및 분석이다. 투자하려는 지역의 부동산 시장 동향을 철저히 조사해야 한다. 공급과 수요, 인구 통계, 경제 상황 등을 파악해 부동산 가격이 상승할 가능성이 높은 지역을 선택해야 한다. 갭 투자는 시장의 가격 변동성이 클 때 유리하다. 짧은 기간 내에 가격이 상승할 것으로 예상되는 부동산을 찾아야 하는 이유가 여기에 있다.

둘째, 재정적 준비가 철저해야 한다. 갭 투자는 초기 계약금과 잠재적인 추가 비용을 포함할 수 있으므로 충분한 자본을 준비해야 한다. 금융 조달 계획이 필요한데, 재매도 전에 잔금을 지불할 계획이나 자금 조달 방안이 있다면 투자가 수월할 수 있다.

셋째, 정책적·법적인 부분을 따져봐야 한다. 계약 조건 검토 시 전매가 가능한지 확인해야 한다. 일부 계약은 전매를 금지하거나 제한할 수 있기 때문이다. 특히 세무적 자문이 필요하다. 부동산 세무 전문가의 도움을 받아 세무적인 문제를 미리 파악하고 대비해야 한다.

넷째, 리스크 관리가 필요하다. 시장 상황이 급변할 수 있으므로, 갭 투자 과정에서 시장 변화를 지속적으로 모니터링하고 대응 계획을 준비해야 한다. 손실 가능성이 있음도 인정해야 한다. 모든 투자에는 리스크가 수반되므로, 투자 금액을 잃을 가능성을 고려해 철저한 리스크 분석과 관리 전략을 수립해야 한다.

마지막으로 네트워킹이 중요하다. 부동산 네트워크를 잘 활용해야 한다. 부동산 중개인, 대출 전문가, 세무 전문가, 그리고 부동산 인사이트를 알려주는 전문가들과의 네트워크를 활용해 잠재적인 거래 기회를 빠르게 파악하고 활용해야 한다.

부동산 갭 투자는 큰 이익을 낼 수 있는 투자 수단이지만, 위험도 포함하므로 철저한 준비와 신중한 접근이 필수다.

# 10 언제 살까? 언제 팔까?

**핵심부터 말하자면**

조금 쌀 때 매수하고, 시세가 상승했을 때 매도하자.
'바닥'과 '머리'를 확인하면서 매도·매수하는 것은 불가능하다.

투자자뿐 아니라 1가구 1주택 실거주 세대에서도 매수와 매도 시점은 늘 고민이다. 아파트는 언제 매수하는 것이 가장 좋을까? 가격이 오를 때? 아니면 내릴 때? 반대로 매도 시점은 언제가 적당할까?

모든 투자가 그렇듯이 아파트 투자에서도 가장 고민되는 부분은 매수·매도 시점이다. 많은 부동산 전문가가 최적의 매수·매도 타이밍을 제안한다. 하지만 정답이 있을 수 없다. 입지마다 가격 수준이 다르고, 수익에 대한 투자자의 기대 수준이 다르기 때문이다. 따라서 모든 입지, 모든 상품, 모든 사람에게 적용되는 절대적 기준은 없다는 것을 이해해야 한다.

매수·매도 타이밍에 절대 법칙이라는 것은 있을 수 없지만, 투자할 때 욕심을 버려야 한다는 것은 언제나 적용된다. 어떤 경우라도 바닥 가격에 사서 머리 가격에 팔 수는 없다. 그건 투기이고 욕심이다. 그런 기준으로 투자하면 백전백패한다.

부동산 차트를 활용하면 부동산 바닥을 알 수 있다고 말하는 사람들이 있다. 물론 그럴 수도 있다. 문제는 그 당시에는 그게 바닥인지 아닌지 절대 알 수 없다는 것이다. 최소 2년 이상은 지나야 바닥이었다고 판단할 수 있다.

머리 시점은 파악하려는 시도 자체가 모순이다. 부동산 시세라는 것이 오르락내리락을 반복하겠지만, 결국 양호한 입지의 경쟁력 있는 상품이라면 우상향 곡선으로 가게 된다. 인플레이션이 진행되는 한 그렇다. 머리 시점을 따지는 것은 의미가 없다는 말이다. 결국 언제 매도할 것인가라는 판단의 문제가 관건이다. 그리고 정답은 없다. 적절한 타이밍이 있을 뿐이다.

그렇다면 적절한 매수·매도 시점을 어떻게 선정해야 할까? 먼저 선호하는 입지와 실거주할 만한 상품 수준을 고려해 매수 대상 아파트 단지를 선정해보자. 인플레이션만큼은 상승할 수 있는 양호한 입지 조건과 경쟁력 있는 상품이라는 것을 전제로 해야 한다. 상품을 정했다면 그 아파트 단지의 시세를 정기적으로 체크해보자. 가격이 오를 것이다, 내릴 것이다 등의 판단 자체는 금지다. 그저 주변 아파트 혹은 주변 시세 대비 조금 쌀 때 매수하고, 조금 비싸다는 인식이 생길 즈음에 매도한다고 생각하면 된다.

예를 들어보자. 2010년 이후 8년 동안 가격 상승률이 가장 높았던 지역은 대구다. 대구 지역 아파트를 매수하기 가장 좋았던 시기는 돌아보면 2010~2011년도였다. 10년 차 전후의 아파트 3.3㎡당 시세가 500만 원 전후였다. 달서구, 수성구의 10년 미만 아파트 중에는 80㎡(24평)형이 1억 원에 못 미치는 단지도 많았다.

당시 아파트 신규 분양가가 3.3㎡당 1,000만 원 이상이었기에 기존 아파트와 가격 차이가 꽤 벌어졌다. 기존 아파트는 양호한 입지의 나쁘지 않은 상품이었기에 다소 저렴하다는 평가를 받았다. 그래서 대구 아파트 시세를 꾸준히 관찰한 수요층이 대구를 매수하기 시작한 시점이 2010년이다.

4~5년이 지난 2014~2015년이 되자 기존 아파트 시세가 3.3㎡당 800~1,000만 원까지 상승했다. 그때도 신규 분양가가 1,000만 원 수준이었기에 기존 아파트 대비 가격 경쟁력이 낮아지기 시작했다고 판단되었다. 또 실거주 수요자들이 매수할 수 있는 가격이었다. 그때가 매도하기 가장 좋은 시점이다. 이미 매수가 대비 시세가 100% 전후 상승했고, 매수해줄 실거주층이 대기하고 있었으니 말이다.

물론 대구 부동산은 2015년 이후에도 계속 올랐다. 3.3㎡당 1,000만 원이 넘는 지역이 속출했고, 수성구 대형 아파트는 2,000만 원을 넘어섰다. 2015년 이후 매도했다면 더 큰 수익을 낼 수 있었을 것이다. 하지만 그것은 실제 거주하는 사람들의 이익이라고 생각해야 한다. 굳이 머리 시점까지 확인할 필요가 없다. 4~5년 만에 100%라면 엄청난 상승률이다. 150%, 200%까지 기대하는 것은 욕심이고 투기다.

결국 매수·매도 타이밍을 정할 때는 조금 싼 듯, 조금 비싼 듯 한 가격에 대한 기준 선정이 필요하다. 그 기준은 두 가지다. 첫째, 랜드마크 아파트가 아니라면 랜드마크와의 시세 차이로 판단한다. 둘째, 랜드마크 아파트라면 추가적인 상승 여력이 갖춰져 있는지 확인한다. 교통, 교육, 상권, 환경 등의 개발 여부와 추가 발전 가능성, 그로 인한 인구 유입 가능성 등을 따져보면 된다.

이러한 기준을 바로 투자에 적용하기 어렵다면 주식과 같이 모의 투자를 해보는 것이 좋다. 특정 지역, 특정 단지를 가지고 매수·매도 시점 선정 연습을 하는 것이다. 관심 지역, 관심 단지를 선정한 뒤 과거 특정

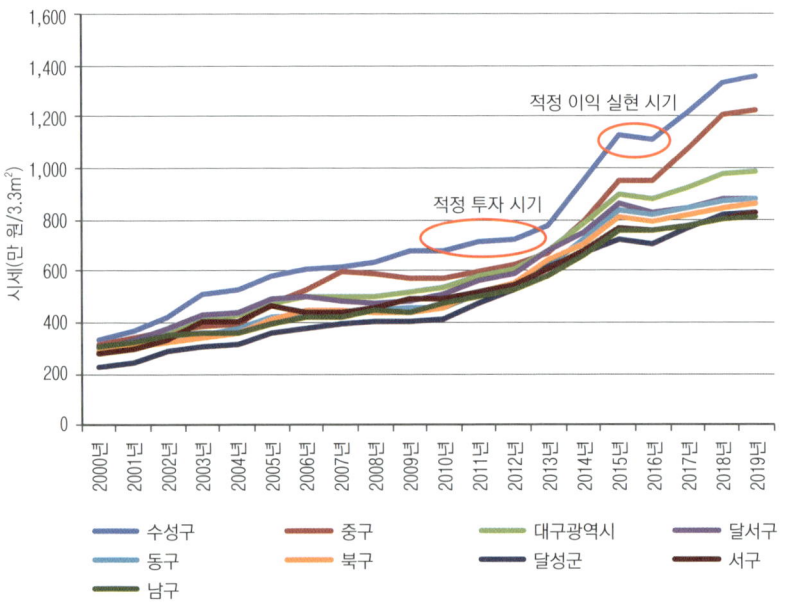

대구광역시 아파트 시세 변화(2000~2019년)

시점으로 돌아가 적정 매수·매도 시점을 판단해보자. 부동산 투자도 복기 연습이 가능하다.

주의할 점이 있다. 복기를 하면 바닥과 머리를 확인할 수 있다. 그렇다고 바닥에서 산 뒤 머리에서 매도하려는 시도를 해서는 안 된다. 모의 투자 시에도 가장 중요한 것은 조금 싼 듯한 시점과 조금 비싸다고 판단되는 시점을 찾는 것이다. 바닥에서 사서 머리에서 팔 수 있다고 제안하는 사람이 있다면 경계해야 한다. 거래만 성사시키고 수수료만 챙기려는 업자일 가능성이 단언컨대 확실하다.

매수·매도 시점에 대한 의사 결정은 무조건 본인이 해야 한다. 모든 투자의 기본은 무릎에서 사서 어깨에서 파는 것이다. 이 원칙만 지킬 수 있다면 안전하고 확률 높은 매수·매도 시점의 선정 기준을 스스로 만들 수 있다.

## 11 GTX-A가 가격 경로에 미치는 힘

**핵심부터 말하자면**

우리가 사야 할 것은 좌표가 아니라 하루의 경로다.
경로가 바뀌면 가격은 따라온다.

지도보다 먼저 바뀐 것은 하루였다. 동탄에서 수서까지 20여 분, "멀다"는 감정이 시간표에서 지워지는 순간, 집값의 문법도 바뀌었다. 2024년 3월 30일 수서 – 동탄 구간이 문을 연 뒤, 사람들은 차가 아니라 시간으로 거리를 재기 시작했다. 그해 6월에는 구성역이 이어 붙으며 남부 축의 미세한 단절이 메워졌고, 연말에는 운정 – 일산 – 대곡 – 연신내 – 서울역으로 이어지는 북부 축이 켜졌다. 남과 북이 각각 달리기 시작했고, 가운데(수서 – 삼성 – 서울역)가 제대로 연결되는 2028년을 향해 달력의 바늘이 움직이고 있다.

열차가 다니면 첫째로 출퇴근의 밀도가 달라진다. 아침의 피로가 줄고, 저녁의 여유가 생긴다. 이 변화는 숫자보다 빠르게 "살고 싶은 마

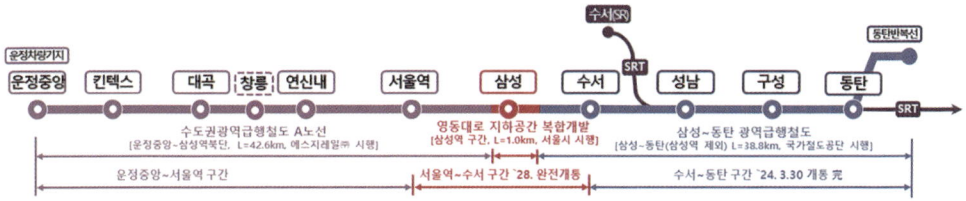

GTX-A 노선 구성도 (자료: 지티엑스에이운영(주))

음"을 불러낸다. 동탄-용인-성남-수서, 그리고 운정-일산-대곡-
연신내-서울역으로 이어지는 역세권들은 같은 역세권이라도 환승의
질·보행의 연속성·상업과 학군의 완성도에 따라 서로 다른 탄성을 드
러냈다. 좋은 곳은 더 빨리 '생활의 가격'으로 굳었고, 그렇지 못한 곳은
'기대의 가격'이 눕는 시간을 겪었다. 수서-동탄 20분대, 운정-서울역
20분대가 현실이 된 이후의 체감 변화가 이를 증명한다.

둘째, 역세권 경제가 켜졌다. 출근 인구의 시계가 바뀌면 카페·편의·

근린업이 먼저 불이 들어오고 뒤이어 오피스텔과 소형 주거, 상가의 MD가 재편된다. 다만 '역 하나'로는 오래가지 못한다. 역+환승+보행 네트워크가 하나의 경로로 묶일 때, 비로소 가격이 버틴다. 남부 축에서 수서의 강남권 인프라 접근성, 성남·용인의 산업벨트, 동탄의 신도시 체력은 철도와 만나 '하루의 효율'을 부풀렸다. 북부 축은 도심 앵커(서울역)와 환승 허브(연신내·대곡)에 실사용 데이터가 쌓일수록 실수요의 대기열이 두꺼워지고 있다.

셋째, 균형 발전이 지도 위의 선에서 생활 속의 선으로 옮겨 탔다. 한때 "GTX는 강남을 더 강하게 만든다"는 비관이 있었다. 그러나 남북양 날개가 커지면서, 강남 의존을 덜어내는 것은 '선언'이 아니라 배차표와 환승 동선의 품질이라는 사실이 또렷해졌다. 실제 이용량과 통행 시간의 단축은 도로 정체와 배출을 일부 레일로 이전시키며, 도시의 체력을 깎아먹던 통근 비용을 줄이고 있다.

앞으로의 분기점은 가운데를 매끄럽게 꿰는 일이다. 수서-삼성-서울역이 하나의 호흡으로 이어지는 2028년은 GTX-A의 완성도가 가격 경로에 본격적으로 체화되는 시기다. 그때까지는 남북 분리 운행 체제여서 환승의 질이 단지 간의 미세한 격차를 만든다. 역이 같아도 문에서 문까지의 시간과 피로가 다르면 가격도 다르다.

이제 질문을 바꾸자. "어느 역이 유망한가?"가 아니라 "어떤 경로가 삶을 바꾸는가?" 수서는 강남권의 뒷문이 아니라 정면 출입구다. 성남·용인은 경부축 제조·IT 클러스터와 교차하며, 동탄은 자족의 체력 위에 '20분 강남'이 얹혔다. 북부의 운정·일산·대곡·연신내·서울역 축은 후발이지만, 도심 앵커와 환승 허브의 체감 시간이 짧아질수록 대장·준대장의 격차가 힘을 얻는다. 이 격차는 호재의 문장으로가 아니라 출퇴근표로 읽어야 한다.

행동의 원칙도 간단하다. 역을 사지 말고 경로를 사라.

실수요자에게 GTX는 "때문에"가 아니라 덤이어야 한다. 지금도 삶이 편한 집-입지·상품·가격이 균형을 이룬 집-을 먼저 고르고, GTX는 덤으로 받아들이는 편이 안전하다. 덤에 인생을 걸면 생활이 불확실해진다. 투자를 생각한다면, '허상의 프리미엄'이 걷히고 '생활의 프리미엄'이 붙기 시작하는 개통 직전 12~24개월 구간이 합리적이다. 그때는 시운전, 배차, 환승 동선이 공개되어, 홍보 도면이 아니라 실제 통근 시간이 가격을 이끈다. 너무 앞서 가서 전세 레버리지로 당기는 전략은 만기 리스크가 크다. 특히 환승·보행·상권이 빈약한 외곽 역세권은 '빠른 선 하나'가 오히려 사람을 더 큰 축으로 빨아갈 수 있다.

마지막으로 라벨과 뉴스는 속도를 말하고, 수요와 생활은 방향을 말한다. 2024년의 개통과 2025년의 이용 누적 데이터는 "A는 달리고, B·C는 아직 흔들린다"는 대비를 더 선명하게 만들었다. 그사이 A축의 저점 탄성과 회복 속도는 '사용의 신뢰'를 바탕으로 강화됐다. 그러나 어떤 라벨도 동네의 삶을 대신 설명해주지 않는다. 역-환승-보행-학군-상권-안전-관리가 맞물릴 때만 가격은 버틴다. 우리가 사야 할 것은 좌표가 아니라 하루의 경로다. 경로가 바뀌면 가격은 따라온다. 그리고 GTX-A는 이미 그 경로를 바꾸기 시작했다.

# 12 | 재건축 가능 연한 연장?
오해하지 마시라

**핵심부터 말하자면**

'신축 아파트'의 지속적인 공급이 없으면
이미 지어진 '신상' 가격은 급등할 것이다.
신축과 신상을 모두 활용하자.

현재 재건축 가능 연한은 준공 후 30년 차부터다. 정부는 시세 상승장만 되면 재건축 기준 연한을 40년으로 연장하는 방안을 검토하려고 한다. 서울 시세 상승의 주된 원인이 재건축이라 판단하기 때문이다. 과거 시장의 패턴 분석 결과를 지금의 시장에 적용하려는 모습이다.

정부 대응을 보면서 강남 외 다른 지역을 활용하는 게 더 효과적이지 않을까 하는 생각이 든다. 신축 아파트의 영향만 고려할 게 아니라 기축 아파트의 활용도를 높이는 방안도 고려했으면 한다.

과거와는 시장의 전개 상황이 다르다. 2008년 이전까지는 주택 보급률이 100%를 넘지 않았다. 아파트 비율도 현재처럼 높지 않았다. 아파트라는 희망 주택의 절대 공급량이 부족한 시장 내에서는 강남이 오르면 타 지역이 따라 오르는 패턴이 주기적으로 반복됐을 수도 있다.

2010년 이후 부동산 시장은 완전히 달라졌다. 이전에는 신축이든 구축이든 대부분의 아파트 가격이 상승했다. 2010년 이후에는 재건축 가능 아파트를 제외하면 20년 차 미만 아파트만 올랐다. 2020년 이후엔 10년 차 미만 아파트 위주로 상승했다. 실제로 신축 아파트에 대한 로열티는 상승하고, 기축 아파트는 수요가 급감하고 있다.

2000년 이전 부동산 시장처럼 지역별, 상품별 격차가 크지 않은 시장이라면 재건축 연한 연장이 고려해볼 만한 정책이다. 하지만 지금처럼 신축과 구축의 수요가 급격하게 벌어지는 시장에서는 신축 공급을 줄이면 신축 아파트는 물론 준신축 시세까지 폭등으로 이어진다.

'팩트 폭격'을 하나 더 한다면, 과거 공급 제한으로 2012~2014년 입주 물량이 급감했고 이후 서울 부동산 가격은 상승했다. 2017~2018년 서울 아파트 시세 폭등은 말 그대로 새 아파트 위주였다. 입지 좋은 곳에 새 아파트가 공급됐으니 시세가 오를 수밖에 없었다.

지금처럼 신축과 구축의 가격 차가 두 배 가까이 나는 시장에서, 강남 신축 시세를 잡아서 타 지역까지 공급을 축소하는 정책은 이후 시장 전개에 악영향을 줄 수밖에 없다.

지역별 상한선은 존재한다. 2025년 현재 강남구는 3.3m²당 8,700만 원대, 도봉구는 2,100만 원대다. 강남구가 1억 원이 되면 도봉구는 2,400만 원이 되리라는 예측은 현재의 시장을 너무 단순하게 판단하는 것이다. 지금은 질적인 시장이다. 입지, 상품, 지역 위상, 입주민에 따라 넘어갈 수 없는 가격대가 있다. 지역마다 지불할 수 있는 가격대가 다르다.

현재 시장을 이해하는 데 가장 중요한 '실수요층'을 고려하지 않은 것 같다. 서울은 문재인 정부 대비 거래량이 4분의 1로 줄었다. 투자 수요가 아니라 실수요가 감소했다. 이건 시장에 문제가 발생했음을 의미한다.

정부는 여전히 서울 부동산 시장을 투자층이 주도한다고 판단한다. 지난 50년간 부동산 시장에서 성공한 정책은 실거주층을 위한 정책이었고, 실패한 정책은 대부분 투자자를 타깃으로 했다. 두 집단의 비율 자체가 비교가 안 될 정도다.

게다가 시장을 입지마다 세부적으로 쪼개 보지 않는다. 강남권을 제외하면 서울에서도 시세가 상승하는 지역보다 조정받는 지역이 더 많다. 지방은 상승하는 지역 자체를 찾아보기 힘들다. 과거 정부의 시행착오를 반복하고 있는 게 안타깝다.

재건축 연한을 연장하면 공급이 줄어든다. 기존 입주 물량이 많으니 괜찮다는 전문가도 있다. 하지만 2025년부터 분명 공급량이 급감한다. 세대수가 증가하는 만큼 공급이 늘지 않으면 공급 축소와 같은 효과가 발생한다.

정부와 전문가들이 오해하는 게 있다. 단독주택, 다세대, 빌라, 오피스텔도 주택이라 생각하는 것이다. 그 주택까지 포함하면 절대로 공급량이 부족하지 않다고 말한다. 국토교통부에서 매년 실시하는 주거실태조사 결과를 보라. 현재 거주 유형에 관계없이 아파트 선호도가 압도적으로 높고, 특히 신규 아파트 선호도는 매년 증가하고 있다. 현재 시장에서 필요한 건 비아파트도, 구축 아파트도 아닌 신축 아파트다.

서울 부동산 시장은 수요 대비 공급이 적을 수밖에 없다. 이를 부정하는 건 억지일 뿐이다. 그래서 서울 공급을 축소함으로써 서울에 몰린 수요를 비서울 지역으로 분산하려는 정책도 나온다. 하지만 서울 수요층 중에는 비서울 지역으로 절대 가지 않을 수요도 있다. 이들이 많으면 많을수록 가격은 상승한다. 이게 서울 시세 상승의 이유다.

수요·공급 문제를 떠나, 강남 집값이 오른다고 그 자체를 없애겠다는 발상은 단기적인 전략이다. 재건축 가능 연한 연장은 궁여지책으로밖에 보이지 않는다. 역효과가 훨씬 클 것이라 예상된다.

재건축이 늦어지면 늦어질수록 신규 아파트 시세는 더욱 상승하고, 수요가 빠지며 조정장에 진입하던 서울의 기축 아파트까지 오를 수 있다. 아울러 이미 조정장이던 비서울 지역 중 입지 좋은 곳의 부동산도 뜬금없이 상승 전환될 수 있다. 서울의 핵심 지역 대비 시세가 낮은 부동산이 오르면 줄어든 소액 투자 수요가 다시 증가하게 된다.

2006~2007년과 2015년 전후의 투자, 투기, 거품 시장이 오버랩된다. 가격을 규제하기 위한 정책보다는 수요가 필요한 곳에 공급을 늘려 수요를 분산하고, 교통망을 확충하는 것이 정부의 진짜 역할이라고 생각한다.

# 제4장

# 상품

아파트만 보지 말고
경쟁력을 비교하라

아파트를 고를 때 우리는 여전히 숫자부터 본다. 몇 평인지, 몇 동인지, 몇 층인지, 몇억 원인지를 확인한다. 그러나 오늘의 시장은 숫자보다 삶이 먼저다. "아파트를 사지 말고 경쟁력을 사라." 이 문장을 전제로 삼는 순간, 시장의 지도가 달라진다.

질의 시대는 이미 시작됐다. 서울은 2005년 전후를 기점으로 완전히 바뀌었다. 청계천 복원, 도심 재생, 광역 교통망, 대규모 정비사업이 겹치면서 '넓음의 미학'에서 '살아냄의 기술'로 초점이 이동했다. 같은 한국, 같은 수도권이지만 서울과 비서울의 가격대가 더블 스코어로 벌어진 이유도 여기에 있다. 단순히 비싸서가 아니다. 겹침의 밀도—일자리·교통·교육·상권·공원의 중첩—가 다르기 때문이다. 겹침이 짙은 곳은 사람들이 "비싸도 산다". 겹침이 옅은 곳은 사람들이 "싸도 망설인다".

수요를 구성하는 주체는 두 부류다. 실수요와 투자 수요. 순서는 명확하다. 실수요가 시장을 만들고, 투자 수요는 그 위를 흐른다. 실수요가 두텁게 깔린 지역은 규제가 바뀌어도, 금리가 출렁여도, 버티는 힘이 있다. 서울이 그렇다. 다만 여기서 중요한 반전이 하나 있다. 입지 경쟁력이 좋을수록 상품 경쟁력의 기준은 더 까다로워진다. 땅값이 모든 걸 해결해주던 시대가 아니라는 뜻이다. 입지는 무대, 상품은 연기. 무대만 훌륭하면 오래 못 간다. 연기가 받쳐줘야 작품이 된다.

상품 경쟁력은 구호가 아니다. 생활의 마찰을 얼마나 줄여주느냐의 문제다. 아침 7시 40분, 문을 나서 엘리베이터를 기다리는 시간부터 저녁 8시 10분 주차장의 한숨까지. 가격은 투표이고, 생활은 개표다. 사람은 매일의 피로가 낮은 곳에 표를 던진다. 내가 정의하는 상품 경쟁력은 네 단어로 요약된다. 입지의 밀도, 설계의 품질, 관리의 신뢰, 네트워크의 확장성.

입지의 밀도는 15분 생활권의 진짜 완성도다. 설계의 품질은 층고·채광·단열·소음·수납·동선이 체감되는 순간의 합이다. 관리의 신뢰는 관리비의 설명력과 장기수선의 성실함, 하자 대응의 속도에서 드러난다. 네트워크의 확장성은 정비·교통·복합개발이 호재의 뉴스로 끝나지 않고 생활의 개선으로 실현되는가의 문제다. 네 축이 고르게 높으면 비싸도 팔리는 집이 되고, 한 축이라도 꺼지면 싸도 안 움직이는 집이 된다.

연차는 또 하나의 진실을 보여준다. 0~7년은 신생아 프리미엄의 시기다. 기대가 가격을 앞선다. 8~15년은 단지의 본색이 드러난다. 하자 수습이 끝나고 관리 체계가 자리 잡는다. 16~25년은 피로가 누적되는 구간이다. 설비·외피의 성능 한계가 나타나고 관리의 실력이 가격을 가른다. 26~30년은 갈림길이다. 리모델링·재건축·부분개선 중 무엇을, 얼마나 빠르게, 얼마나 투명하게 결정하는지가 프리미엄이 된다. 같은 20년 차라도 어떤 단지는 젊고 어떤 단지는 노후화를 피하지 못한다.

과거 사례로 잠시 돌아가자. 1990년대 초반, 서울의 대규모 준공단지가 20년 차를 맞고 1기 신도시가 한꺼번에 입주했다. 수요는 자연스럽게 분산됐고, 규제 없이도 시장은 부드럽게 조정됐다. 그때는 서울 안에 양적 수요와 질적 수요가 공존했다. 20년이 더 흐른 지금, 1기 신도시는 상품의 피로도를 드러내고, 서울은 정비·재건축·리모델링으로 상품 업그레이드 사이클에 올라탔다. 결과는 분명하다. 질 높은 상품을 향한 귀환 수요가 커지고 있다. 앞으로 10년, 이 흐름은 더 선명해질 것이다. 좋은 상품은 시간을 '내 편'으로 만들고, 나쁜 상품은 입지를 갉아먹는다.

여기서 흔한 착각을 하나 고치자. "싼 게 이익"이라는 믿음이다. 부동산에서 '싸다'는 종종 경로가 나쁘다는 신호다. 입주 캘린더가 빵빵하면 공급의 역풍이 예정된 것이고, 전세가율이 높으면 만기 리스크가 한꺼번에 몰린다. "상권은 아직"이라는 말은 때로 "영영"이 된다. 반대로 오늘 비싸 보여도 경로가 곧다면, 시간이 가격을 싸게 만들어준다. 이것이 질적 시장의 문법이다.

또 하나. 아파트만 보지 말고 경쟁 상품도 함께 살펴보자. 같은 생활권이라면 오피스텔·레지던스의 관리 일체형 편의, 신축 다세대의 세대 분리 유연성, 리모델링 단지의 평면 갱신력, 재건축 후보지의 미래 가치까지 같이 놓고봐야 한다. 상대를 보지 않으면 절댓값을 놓친다. "같은 돈이면 어디가 더 삶의 편의성이 있는가?" 이 질문이 가격표보다 먼저다. 현장에 직접 가서 삶의쾌적함이 어느 정도인지 체크하자.

서울은 지금 실수요의 도시다. 이미 입주한 새 아파트에 사는 사람들, 공사 중인 새 아파트에 들어갈 사람들, 앞으로 10년 분양을 기다리는 사람들. 이들의 공통점은 하나다. 상품을 고르는 눈을 가졌다는 것이다. 2005년 이전처럼 "주상복합은 무조건 프리미엄", "대형은 무조건 고급" 같은 단순한 믿음으로 움직이지 않는다. 평면의 뼈대와 관리의 성숙도, 동선의 응답성으로 가치를 판단한다. 그래서 서울의 가격은 더 이상 랜덤이 아니다. '입지 프리미엄 ×상품 프리미엄'으로 설명된다.

결론은 간단하다. 비교의 기술이 곧 생존의 기술이다. 아파트 vs. 아파트가 아니다. 생활 vs. 생활, 경쟁력 vs. 경쟁력의 비교다. 같은 돈이면 더 오래 버티는 상품을, 같은 입지면 더 멀리 가는 상품을 선택하라. 비싸도 팔리는 것에는 이유가 있고, 싸도 안 팔리는 것에는 사연이 있다. 그 이유와 사연을 생활의 언어로 해부하면 길이 보인다. 그리고 그 길 위에서 가격은 따라온다.

# 01 상급지 갈아타기 vs. 단기 투자 - 지금의 최적 전략은?

**핵심부터 말하자면**

안정적인 장기 투자냐, 수익률 높이는 단타냐
재정 상태와 전략적 대응 능력을 고려해야 한다.

부동산 시장은 끊임없이 변화하기에, 투자자들은 자신의 재정 상황과 시장 조건에 따라 최적의 전략을 선택해야 한다. 최근 부동산 시장의 상황을 고려할 때, 상급지 갈아타기와 단기 투자에 대한 논의가 활발히 이뤄지고 있다. 우리는 상급지 갈아타기와 단기 투자의 장단점을 각각 분석하고, 어떤 전략을 선택해야 할지 정리할 필요가 있다.

먼저 상급지 갈아타기의 개념과 장점이다. 상급지 갈아타기는 주로 자신의 현재 거주지보다 더 높은 가격대와 더 나은 입지의 부동산으로 이동하는 것을 의미한다. 이는 주로 자산 가치 상승과 더 나은 생활환경을 추구하기 위한 전략이다. 상급지 아파트는 일반적으로 가격 하락 폭이 작고, 상승 시 더 큰 폭으로 오르는 경향이 있다. 또한 학군, 교통,

편의시설 등이 우수하여 장기적으로 자산 가치가 유지되거나 상승할 가능성이 높다. 장점으로는 자산 가치 상승, 생활환경 개선, 안정적인 수익 등을 기대할 수 있다.

다음은 단기 투자의 개념과 장점이다. 단기 투자는 주로 부동산 경매나 저평가된 자산을 활용해 짧은 기간 내에 수익을 창출하는 전략이다. 이는 시장의 단기적인 변동을 활용한 빠른 현금 회수를 목표로 한다. 주로 소액으로 시작할 수 있으며, 투자 기간이 짧아 빠른 수익 실현이 가능하다. 장점은 빠른 현금 회수, 소액 투자 가능, 시장 변동성 활용 등이다.

그렇다면 현재 상급지 갈아타기와 단기 투자 중 어떤 방법이 적합할까? 현재 부동산 시장은 불황을 지나 매수세가 살아나지만, 상급지 갈아타기는 쉽지 않은 상황이다. 상급지 가격 상승이 중급지와 하급지보다 가파른 경우가 많아, 내 집을 싸게 팔고 다른 집을 비싸게 사는 상황이 발생할 수 있다. 따라서 상급지로 갈아타기에는 신중한 접근이 필요하다.

반면, 단기 투자는 시장의 단기적인 변동성을 활용할 기회를 제공한다. 특히 부동산 경매를 통해 저평가된 자산을 매입하고 시세로 되팔아 수익을 창출할 수 있다. 그러나 단기 투자는 시장의 변동성에 민감하게 반응해야 하며, 타이밍을 잘못 잡으면 손실을 입을 수도 있다.

결국 전략적 선택이 필요하다. 현재 시점에서 상급지 갈아타기와 단기 투자 중 어떤 전략을 선택할지는 투자자의 재정 상황과 목표에 따라 달라진다. 상급지 갈아타기는 장기적인 자산 가치 상승과 생활환경 개선을 목표로 하는 경우 적합하다. 그러나 이는 높은 초기 자금과 시장 상황에 대한 신중한 분석이 필요하다. 단기 투자는 시장의 단기적인 변동성을 활용하여 빠른 수익을 추구하는 경우에 적합하다. 하지만 높은 위험이 뒤따르기 때문에 투자자의 경험과 시장 분석 능력이 중요하다.

결론적으로 투자자들은 자신의 재정 상황과 목표에 맞는 전략을 선택해야 하며, 시장의 변동성을 신중하게 분석하고 대응하는 것이 중요하다. 현재 부동산 시장의 상황을 고려할 때, 장기적인 안목과 신중한 선택이 필요하다는 것이다.

이 두 전략을 중심으로 매물 찾기, 자금 마련, 매도 전략까지 구체적으로 살펴보자.

먼저 매물 찾기 전략이다. 상급지로 갈아타기 위해서는 무엇보다 우량 매물을 찾는 것이 중요하다. 우수한 학군, 교통 접근성, 생활 인프라 등의 편의시설 밀집도를 부동산 앱이나 중개 플랫폼을 활용해 확인하는 것도 좋지만, 가장 효과적인 방법은 현장 조사를 통한 접근이다. 주말이나 평일 저녁 시간을 활용하여 직접 방문해 매물의 실제 상태, 단지 환경, 주민들의 만족도를 점검해야 한다. 특히 재건축이나 리모델링 추진 가능성이 있는 단지를 중점적으로 살펴보는 것이 좋다.

단기 투자에서는 저평가된 급매물을 찾는 것이 핵심이다. 부동산 경매 정보 사이트를 활용해 경매 물건의 감정가 대비 매각가율이 낮은 매물을 선별해야 한다. 입찰 예정 매물의 권리분석과 현장 방문을 병행해 명확한 입찰가를 정하는 것이 중요하다.

또한 급매물이 자주 나오는 지역 내 공인중개사와 네트워크를 구축하여 급매물 정보를 우선적으로 받도록 관계를 맺는 것도 효과적이다.

다음은 자금 마련 전략이다. 상급지 갈아타기의 가장 큰 난관은 초기 자금 마련이다. 이때 현재 보유한 부동산을 활용한 레버리지 전략을 적극 검토해야 한다. 대표적으로 주택담보대출의 활용이 있으며, 보금자리론, 디딤돌대출 등 정부 정책 대출 상품을 적극 활용하여 자금 비용을 최소화하는 전략이 필요하다. 주택연금이나 전세금 반환 보증을 활용해 기존 자산에서 추가 자금을 유동화하는 방법도 고려할 수 있다.

단기 투자는 소액으로 시작 가능한 장점이 있지만, 보다 유연한 자금 조달이 필요하다. 이때는 신용대출이나 마이너스 통장 등 단기 금융상품을 적극 활용하는 것이 좋다. 특히 저금리 상황에서 단기 이자 비용과 투자 회수 기간을 철저히 계산하여 리스크를 최소화해야 한다. 투자 기간 내 회수가 확실한 경우에만 단기 금융상품을 활용하는 것이 중요하다.

마지막으로 매도 전략이다. 상급지로 갈아탈 경우, 기존 주택의 매도 시점을 신중하게 선택해야 한다. 시장 상승기보다는 횡보나 하락 직전에 매도하여 차익을 극대화하는 전략이 필요하다. 매도 타이밍을 놓쳤다면 전세나 월세 전환을 통해 현금흐름을 확보하면서, 시장 반등을 기다리는 방법도 현명한 접근 방식이다.

단기 투자는 빠른 매도 전략이 핵심이다. 매입 직후 리모델링을 통한 가치 상승 후 즉시 시장에 내놓는 것이 일반적이다. 또한 매수자를 찾기 위해 부동산 플랫폼을 적극 활용하고, 주변 중개업소와 적극 협력하여 빠르게 매도하는 것이 중요하다. 타이밍을 놓치지 않으려면 시세 상승 직후 신속하게 처분하여 빠른 자금 회수를 해야 한다.

상급지 갈아타기와 단기 투자는 각각의 장점과 리스크가 존재한다. 상급지 갈아타기는 장기적 관점에서 안정적이지만 초기 자금 부담과 세금 이슈를 철저히 관리해야 한다. 단기 투자는 짧은 투자 기간 내에 높은 수익률을 기대할 수 있지만, 리스크 관리와 세무 처리를 철저히 해야 한다.

결론적으로 투자자는 자신의 재정 상태와 목표에 맞춰 철저히 시장을 분석하고 전략을 세워야 한다. 시장 변화에 따른 전략적 대응 능력과 자금 조달 계획, 매도 및 세무 전략까지 전 과정을 통합적으로 관리할 때 부동산 투자에서 성공적인 결과를 얻게 될 것이다.

# 02 왜 아파트에 투자해야 할까

**핵심부터 말하자면**

생활 인프라, 보안, 유지·보수 장점
'피해야 할 입지' 구분 능력 키워야

대한민국에서 아파트의 인기는 특별한 의미가 있다. 실거주 가치와 투자 가치를 모두 소유하고 있기 때문이다. 그래서 아파트는 가장 인기 있는 주거 상품이다. 이는 여러 가지 사회적, 경제적 요인에서 그 원인을 찾을 수 있다. 몇 가지 요인만 정리해보자.

먼저 편리한 생활 인프라다. 아파트 단지는 대개 생활 편의시설이 잘 갖추어진 위치에 자리 잡고 있다. 예를 들어 서울, 부산 등 대도시에서는 쇼핑몰, 학교, 병원 등과 가까운 거리에 위치해 있어 생활 편의성이 뛰어난 단지가 인기가 많다. 이는 특히 바쁜 현대인과 가족 단위 거주자들에게 중요한 요소가 된다.

또한 대중교통 접근성이 좋아 직장인들에게도 큰 장점이 된다. 가장 대표적인 곳이 현시점 최고가를 경신하고 있는 서초구 반포동 내 주요 아파트들이다. 반포자이, 래미안퍼스티지, 아크로리버파크, 래미안원베일리 등이 좋은 사례가 될 것이다.

둘째, 보안 및 안전 측면이다. 아파트 단지에는 경비 시스템, CCTV, 출입 통제 시스템 등 보안 시설이 잘 갖춰져 있다. 이는 범죄 예방에 효과적이며, 특히 딸을 둔 가정에서 중요하게 고려하는 요소다. 고층 아파트의 경우, 입주민 외에 외부인이 출입하기 어려운 구조로 더욱 안전한 환경을 제공한다.

셋째, 아파트는 관리업체나 관리사무소를 통해 공용시설과 외부 공간의 유지·보수가 이뤄지는데, 단독주택과 달리 거주자들이 개별로 신경 쓸 필요가 없다는 장점이 된다. 정기적인 청소, 쓰레기 수거, 보수 작업 등이 체계적으로 이루어져 편리한 생활이 가능하다는 의미다. 이러한 장점들 때문에 아파트를 선호하는 세대가 매년 증가하고 있다.

정부 입장에서도 아파트는 중요한 역할을 한다. 대한민국은 높은 인구 밀도와 제한된 국토 면적으로 인해 공간 효율성이 중요한 이슈다. 고층 아파트는 한정된 면적에 많은 사람을 수용할 수 있어 주거 공급 문제의 해결에 기여한다.

일반인의 아파트 선호도가 더 높기 때문에 아파트는 안정적이고 매력적인 수익을 기대하는 투자 대상으로도 인기가 많다. 아파트는 특히 대도시에서 거주 혹은 임대 수요가 꾸준히 존재해 안정적인 투자 수익을 기대할 수 있다. 예를 들어 서울과 같은 대도시는 인구 밀도가 높고 직장과 학교가 집중돼 있어 임대 수요가 많다.

이러한 안정성은 장기적인 수익을 추구하는 투자자들에게 매력적인 투자처가 될 수 있다. 아파트는 장기적으로 자산 가치가 상승할 가능성이 크다. 특히 개발 호재나 교통망 개선이 예정된 지역의 아파트는 미래 가치가 높아질 수 있다.

예를 들어 서울의 강남구, 용산구 같은 핵심 지역은 일자리 증가 등을 통해 수요가 늘고 재건축, 재개발 등으로 주거환경이 개선되기 때문에 자산 가치 상승이 예상된다. 특히 주거지가 아니었던 지역의 정주 인구 증가와 같은 구조적 요인도 아파트의 가치를 높이는 요소로 작용하게 될 것이다.

하지만 아파트 투자라고 해서 '묻지 마'로 해서는 안 된다. 다양한 분석을 통해 접근해야 한다. 예를 들어 대세 상승기에는 너무 높은 가격으로 매수할 수 있기 때문에 단기 투자자에게는 독이 될 수 있다. 부동산의 특성상 수요와 공급이 맞지 않을 경우에는 단기간 상승하고 단기간 하락하는 예측 불가한 상황이 종종 발생하므로 투자에 신중을 기할 필요가 있다.

아파트는 단기적 가격 등락을 크게 신경 쓰기보다는 궁극적으로 가격 상승이 예상되는 지역에 중장기 투자를 함으로써 미래 수익을 기대하고 투자해야 한다. 시장 하락기를 이용해 미래 가치가 있는 아파트를 저렴하게 매입하는 전략이야말로 최고의 부동산 투자 전략이다.

한편 재건축·재개발 투자는 미래 가치가 높은 자산에 초기에 투자하는 방법 중 하나다. 시간에 투자하는 만큼 사후적으로 높은 수익률을 기대할 수 있다.

아파트는 대한민국에서 가장 선호되는 주거 형태로서 편리한 생활 인프라, 보안, 효율적인 공간 활용 등 다양한 이유로 인기를 끌고 있다. 또한 안정적인 수익, 자산 가치 상승 가능성 등 여러 이유에서 매력적인 투자처로 활용되고 있다.

그러나 투자는 항상 리스크를 염두에 두어야 한다. 시장 동향을 면밀하게 분석하고 미래 가치를 기준점으로 둔 채 입지, 상품, 가격 경쟁력을 파악하는 것이 매우 중요하다. 아파트 투자는 중장기적인 관점에서 신중하게 접근해야 하는 이유가 여기에 있다.

2025년 8월 시점의 아파트 시황을 고려해 투자 지역과 상품을 고려한다면 다음과 같은 지역과 전략을 검토해볼 수 있을 것이다. 서울이면 모두 상승할 것처럼 보이지만 그렇지 않다는 것을 염두에 두자. 서울의 중심 지역, 특히 강남권, 용산구, 잠실 등의 핵심 입지는 여전히 높은 투자 가치를 지니고 있다. 이러한 지역들은 안정적인 수요와 미래 가치 상승이 기대되며, 특히 신축 아파트와 재건축이 활발한 단지는 앞으로도 주목받을 것이다.

공사비 상승과 상가 쪼개기 문제 때문에 주춤하고 있긴 하지만, 재건축과 재개발이 예정된 지역은 미래 가치가 높아질 가능성이 앞으로도 크다. 다만 이러한 투자처들은 미래 가치를 중심으로 한 철저한 사업성 검토가 필수적이다. 재건축 조합의 규정이나 정책 변화를 주의 깊게 살펴봐야 한다.

1~2인 가구 증가와 같은 인구 구조 변화로 인해 소형 아파트의 수요가 증가하고 있다. 특히 서울 내에서 아파트 공급 부족 문제와 맞물려 투자 매력도가 높아지고 있다. 하지만 소형의 수요가 증가한 것이지, 그것이 곧 대세라는 말은 아니다.

그러면 비수도권 아파트 투자는 어떻게 바라봐야 할까? 지금은 시장 분위기가 좋지 않지만 부산, 대구, 광주, 대전 등 지방 대도시에서도 특정 지역은 긍정적인 투자 지역이다. 물론 서울과 수도권에 비해 미래 가치 측면에서 상대적으로 리스크가 높을 수 있으므로 신중한 접근이 바람직하다. 아파트 투자는 지역별, 입지별로 차별화해서 접근하는 것이 필요하다.

# 03 KB부동산 '최애' 단지의 허와 실!

**핵심부터 말하자면**

실상은 특정 플랫폼에 등록을 가장 많이 한 곳일 뿐,
가격, 미래 가치, 거주 만족도 등 기준은 다양

KB국민은행에서 KB부동산 고객이 뽑은 '최애' 단지를 발표한 것이 화제였다. 2024년 6월 발표에서 서울 송파구 가락동 헬리오시티(9,510가구)가 1위로 선정되었고 서울 강동구 고덕동 고덕그라시움(4,932가구), 서울 송파구 신천동 파크리오(6,864가구), 서울 강동구 둔촌동 올림픽파크포레온(1만 2,032가구), 경기 수원시 팔달구 매교동 매교역푸르지오SK뷰(3,603가구)가 2~5위를 차지했다.

이어서 서울 송파구 잠실동 잠실엘스(5,678가구)가 6위, 서울 송파구 잠실동 리센츠(5,563가구), 서울 강남구 개포동 디에이치퍼스티어아이파크(6,702가구), 서울 마포구 아현동 마포래미안푸르지오(3,885가구), 인천 부평구 청천동 e편한세상부평그랑힐스(5,050가구)가 7~10위로 꼽혔다.

## KB부동산 고객이 뽑은 '최애' 단지 순위

| 순위 | 단지명 | 지역 | 총 세대수 | 준공 연도 |
|---|---|---|---|---|
| 1 | 헬리오시티 | 서울 송파구 가락동 | 9,510 | 2018 |
| 2 | 고덕그라시움 | 서울 강동구 고덕동 | 4,932 | 2019 |
| 3 | 파크리오 | 서울 송파구 신천동 | 6,864 | 2008 |
| 4 | 올림픽파크포레온 | 서울 강동구 둔촌동 | 12,032 | 2024 |
| 5 | 매교역푸르지오SK뷰 | 경기 수원시 팔달구 매교동 | 3,603 | 2022 |
| 6 | 잠실엘스 | 서울 송파구 잠실동 | 5,678 | 2008 |
| 7 | 리센츠 | 서울 송파구 잠실동 | 5,563 | 2008 |
| 8 | 디에이치퍼스티어아이파크 | 서울 강남구 개포동 | 6,702 | 2023 |
| 9 | 마포래미안푸르지오 | 서울 마포구 아현동 | 3,885 | 2014 |
| 10 | e편한세상부평그랑힐스 | 인천 부평구 청천동 | 5,050 | 2023 |
| 11 | 산성역포레스티아 | 경기 성남시 수정구 신흥동 | 4,089 | 2020 |
| 12 | 루원시티SK리더스뷰 | 인천 서구 가정동 | 2,378 | 2022 |
| 13 | 산성역자이푸르지오 | 경기 성남시 수정구 신흥동 | 4,774 | 2023 |
| 14 | SK북한산시티 | 서울 강북구 미아동 | 3,830 | 2004 |
| 15 | 올림픽선수기자촌 | 서울 송파구 방이동 | 5,540 | 1988 |
| 16 | 성산시영 | 서울 마포구 성산동 | 3,710 | 1986 |
| 17 | 힐스테이트푸르지오수원 | 경기 수원시 팔달구 매교동 | 2,586 | 2022 |
| 18 | 구월힐스테이트롯데캐슬골드(1단지) | 인천 남동구 구월동 | 5,076 | 2007 |
| 19 | DMC파크뷰자이 | 서울 서대문구 남가좌동 | 4,300 | 2015 |
| 20 | 운정신도시아이파크 | 경기 파주시 동패동 | 3,042 | 2020 |

2023.06.01.~2024.05.31. KB부동산 우리집 서비스 등록 건수 기준 (자료: KB부동산)

    10위까지의 순위를 쭉 훑어보니 살짝 의구심이 들었다. 최애 단지 선정 기준이 뭐냐는 점이다. KB부동산이 발표한 최애 단지는 2023년 6월 1일부터 2024년 5월 31일까지 1년간 전국 아파트 단지 중 KB부동산 유저가 해당 사이트에 등록한 건수가 가장 많은 20개 단지였다.

    결국 일반인들 기준의 최애 단지가 아니라 KB부동산이라는 플랫폼에 자기 단지 등록을 가장 많이 한 것뿐이다.

상위권에 이름이 등장한 아파트들에서 크게 두 가지 특징을 발견할 수 있었는데, 하나는 해당 지역에서 규모가 가장 큰 랜드마크 단지라는 것이고, 다른 하나는 입주 5년 차 이내 신축 아파트가 대부분이라는 것이었다.

KB부동산 관계자도 "지역을 대표하는 대장 단지인 만큼 실제 입주민이 많고 KB 시세 및 실거래가, 매물 등록 등 변동 사항을 신속히 알고 싶어 하는 고객이 많았던 것으로 풀이된다"고 설명했다.

11위부터 20위까지의 순위도 살펴보자. 10위권까지는 서울 단지가 많았으나 20위권 내에는 경기도와 인천광역시의 단지가 상대적으로 더 많았다. 11위부터는 경기 성남 수정구 신흥동 산성역포레스티아(4,089가구), 인천 서구 가정동 루원시티SK리더스뷰(2,378가구), 경기 성남 수정구 신흥동 산성역자이푸르지오(4,774가구), 서울 강북구 미아동SK북한산시티(3,830가구), 서울 송파구 방이동 올림픽선수기자촌(5,540가구), 서울 마포구 성산동 성산시영(3,710가구), 경기 수원 팔달구 매교동 힐스테이트푸르지오수원(2,586가구), 인천 남동구 구월동 구월힐스테이트롯데캐슬골드 1단지(5,076가구), 서울 서대문구 남가좌동 DMC파크뷰자이(4,300가구), 경기 파주 동패동 운정신도시아이파크(3,042가구)가 이름을 올렸다.

10위권 내는 대체로 재건축·재개발이 된 아파트들이다. 하지만 20위권 내에는 재건축·재개발이 된 아파트는 물론 재건축·재개발 대상 아파트들도 포함됐으며, 재건축과 무관한 구축 아파트도 상당수 포함돼 있다. 상위권에 선정된 아파트들은 해당 지역 내 대장주 단지로 불리는

KB부동산 발표 '최애' 단지 1위로 선정된 헬리오시티

3,000세대 이상 대단지 아파트가 대부분이다.

　1위 헬리오시티는 이미 입주한 단일 단지 아파트로는 국내 최대 규모다. 이 단지는 2023년의 거래가 상대적으로 활발했다. 국토교통부 실거래가 시스템 정보에 의하면 2023년 헬리오시티는 총 320건이 계약되어 서울에서 가장 많이 매매된 아파트다. 2018년 12월 준공 아파트로 4~5년 차가 되면서 매매 거래가 급증했을 것으로 판단된다.

　2위로 선정된 서울 강동구 고덕동 고덕그라시움(4,932가구)도 2019년 9월에 준공했으니 같은 이유로 선정됐을 것이다. 한동안 이 추세가 지속될 것으로 보인다. 그렇다면 2024년 11월에 입주를 시작한 올림픽파크포레온이 4~5년 차가 되는 2028~2029년에는 1위가 바뀔 가능성이 매우 높다.

내가 말하고자 하는 바는 선호 단지 1위가 어디인지 가리려는 게 아니다. 이런 식의 선호도 발표가 별 의미가 없다는 사실을 알려주고 싶다. 20위까지 선정된 아파트들은 모두 인기가 많은 아파트다. 대기 수요가 많아서 꾸준히 거래되는 좋은 아파트들임은 확실하다.

그렇다고 '최애 단지'까지는 아니다. 최다 거래 단지, 더 정확하게는 KB부동산에 가장 많이 등록된 단지가 맞는 표현일 것이다. 언론사나 일반인들도 광고 홍보에 휘둘렸을 가능성이 높다.

그렇다면 진짜 최애 단지는 어떤 단지일까? 여기에 단일한 기준은 없다. 가격으로 기준을 정하면 평당 가격이 가장 비싼 아파트가 될 것이다. 서초구 반포동의 아크로리버파크나 래미안원베일리가 1~2위 경쟁을 할 가능성이 높다. 미래 가치로 따지면 압구정 현대아파트나 반포주공1단지(디에이치클래스트)가 1~2위를 할 가능성이 높다.

거주민 만족도 조사를 실시하는 것도 좋은 방법이다. 현 거주 아파트에 대한 거주 만족도를 평가한 뒤 우선순위를 정해야 하는 번거로움이 있긴 하지만 말이다.

'나만의 최애 단지'는 사람들마다 기준이 다르다. 하지만 내 가족들과 행복하게 살 수 있는 보금자리라면 모든 아파트가 최애 단지가 될 수 있을 것이다. 주택의 가장 큰 목적은 내 가족들과 편안한 잠을 자고, 맛있는 식사를 하며, 휴식을 취하는 것이 될 테니까 말이다.

# 04 중대형 아파트 '인기'에 속지 마라

**핵심부터 말하자면**

규제로 인한 풍선효과일 가능성이 크다.
입주민 계층까지 살피며 더 꼼꼼히 따져야 한다.

최근 분양 시장에서 중대형 평형의 1순위 경쟁률이 가장 높은 것으로 조사됐다. 지난 몇 년 동안 중소형 위주로 공급되어 중대형 물량이 상대적으로 적었다. 또 현재 정책상 투자자들이 몰렸던 중소형 위주의 다주택자 규제와 청약 가점제 시행으로, 추첨제가 포함된 중대형 청약이 반사이익을 누린 것으로 볼 수 있다.

적은 공급과 정부의 다주택자 규제로 인해 똘똘한 한 채에 대한 관심이 중대형에 대한 수요로 이어지고, 가점이 낮은 청약자들이 추첨제가 포함된 중대형 평형을 청약 신청하면서 경쟁률이 높아졌다.

몇몇 전문가는 이렇게 분석한다. 몇 년 동안 지속된 전국적인 중소형 아파트의 인기가 이제는 중대형으로 옮겨 갔으며, 중소형과 중대형의 시세 차이가 줄고 건설사들도 중대형 위주로 공급하면서 중대형 아파트 선호 시대로 바뀌고 있다고 말이다. 과연 그럴까?

지금과 같은 시장의 분위기는 2005년부터 2007년까지 이어진 중대형 아파트 폭등 시장과 유사하다. 노무현 정부 때에도 다주택자들에 대한 부동산 규제가 강화되자 중대형 아파트의 폭등 현상으로 이어졌다. 하지만 그 결과는 버블세븐이라는 용어로 마무리되었다. 중대형 아파트 시세가 크게 상승했던 강남·서초·송파·목동·분당·평촌·용인의 아파트 가격이 중대형 위주로 폭락한 것이다.

상승률이 가장 높았던 용인시 대형 아파트의 폭락은 시장에 큰 교훈을 주었다. 특히 2007년 분양가 상한제 시행 직전에 몰아치기 분양 식으로 급하게 분양했던 상현동·성복동·신봉동의 1군 브랜드 대형 아파트들은 여전히 10여 년 전 시세를 회복하지 못하고 있을 정도다.

아직도 기억나는 2007년 1군 대형 아파트 분양 홍보 문구가 있다. "분당의 낡은, 브랜드 없는 아파트들이 평당 2,000(만 원)이면, 용인의 명품 1군 아파트는 평당 4,000(만 원)이 될 겁니다. 분당의 부자들이 다 용인으로 올 겁니다!"

용인뿐 아니라 고양시 일산서구 덕이동·탄현동, 일산동구 식사동의 1군 대형 아파트들도 여전히 분양가 시세조차 회복하지 못하고 있다. 앞으로 우려되는 상황은 바로 그때 그 시장의 재현이다. 2017년 8·2 부동산 대책, 2018년 9·13 부동산 대책으로 이어지는 역대 최강의 부동산 규제 정국으로 시장이 계속 변화하고 있다. 2019년 11월에는 민간택지 분양가 상한제 적용 지역을 지정했다.

분양가 상한제 시행 계획 발표 이후 강남권 재건축은 사업성 검토로 주춤해졌다. 그 풍선효과로 5년 차 미만 신축 아파트와 그동안 가격이 오르지 않던 중대형 아파트가 반사이익을 얻어 실수요층과 투자층에게 스포트라이트를 받았다. 이는 서울 중대형 아파트 가격 급등의 원인을 상당히 제공한 셈이다. 서울 중대형 아파트가 움직이면 서울 주변 경기, 인천의 중대형 아파트까지 들썩인다. 2005~2007년 부동산 시장과 거의 정확히 오버랩되고 있다.

더 놀라운 사실은 2005~2007년 이전에도 이런 시장이 있었다는 것이다. 1988년 서울 올림픽 이후 펼쳐진 경제 호황기다. 아시아선수촌, 올림픽선수촌아파트가 부각된 것도 그때다.

분양가 상한제는 말 그대로 분양가만 낮추는 효과가 있는 정책이다. 기존 아파트들의 시세나 선호 태도를 변경할 수는 없다. 현재 추진 중인 재건축·재개발 사업지의 진행 속도만 늦어질 뿐, 시장에 별다른 영향을 주지 못하고 있다.

2005~2007년 중대형 강세 시장은 투자 시장이었다. 실수요자들이 아니라 투자자들이 주로 선택했다. 하지만 현재 시장에서는 투자자들이 아닌 실수요층이 선택하고 있다. 10여 년 전과 다른 양상이라는 것이다.

자칫 잘못하면 대형 아파트가 혼란한 현재 시장의 유일한 방법이라는 오해를 낳을 수도 있다. 몇몇 전문가는 입지 불문 대형 아파트만 추천하는 경우도 있다. 시세가 낮은 입지의 대형 아파트를 노골적으로 추천하는 칼럼이나 강의도 있다고 한다.

## 서울 아파트 면적별 시세(2025년 8월)

(단위: 만 원/3.3m²)

| | 전체 | 60m² 이하 | 60~85m² | 85m² 초과 |
|---|---|---|---|---|
| 강남구 | 8,767 | 8,082 | 9,028 | 8,782 |
| 서초구 | 8,764 | 8,778 | 10,149 | 7,778 |
| 송파구 | 6,499 | 6,355 | 7,124 | 5,813 |
| 용산구 | 6,297 | 6,277 | 5,794 | 6,544 |
| 성동구 | 5,204 | 5,526 | 5,096 | 5,131 |
| 마포구 | 4,761 | 5,457 | 4,758 | 4,144 |
| 광진구 | 4,735 | 4,744 | 4,830 | 4,558 |
| 서울특별시 | 4,656 | 4,199 | 4,535 | 5,153 |
| 양천구 | 4,614 | 4,392 | 4,291 | 5,160 |
| 영등포구 | 4,467 | 4,011 | 4,124 | 5,209 |
| 강동구 | 4,287 | 4,909 | 4,208 | 3,800 |
| 종로구 | 4,229 | 3,907 | 4,503 | 3,991 |
| 동작구 | 4,106 | 4,566 | 4,272 | 3,445 |
| 중구 | 4,046 | 4,382 | 4,176 | 3,643 |
| 서대문구 | 3,257 | 3,662 | 3,372 | 2,671 |
| 강서구 | 3,204 | 3,448 | 3,191 | 2,992 |
| 동대문구 | 3,053 | 3,409 | 3,162 | 2,498 |
| 은평구 | 2,847 | 3,324 | 2,793 | 2,461 |
| 성북구 | 2,750 | 3,152 | 2,746 | 2,348 |
| 관악구 | 2,681 | 3,060 | 2,625 | 2,421 |
| 구로구 | 2,599 | 2,725 | 2,583 | 2,509 |
| 노원구 | 2,524 | 2,509 | 2,579 | 2,427 |
| 중랑구 | 2,413 | 2,450 | 2,416 | 2,348 |
| 강북구 | 2,192 | 2,477 | 2,189 | 1,908 |
| 금천구 | 2,149 | 2,265 | 2,268 | 1,832 |
| 도봉구 | 2,125 | 2,180 | 2,076 | 2,214 |

대형 아파트는 입지 분석이 더 많이 필요하다. 중소형 아파트보다 입지가 더 중요하다. 중소형 아파트의 입지 분석에서는 직장 접근성, 교통 편리성, 교육 환경 우수성, 생활 편의 시설 이용 편리성, 환경 쾌적성

만 따지면 되지만, 대형 아파트 입지는 이 조건에 가장 중요한 한 가지 요소를 더 보태야 한다.

바로 그 단지 입주민들의 이른바 신분 혹은 계층이다. 그 입지에, 그 단지에 거주한다는 것만으로 프리미엄이 발생하는 입지, 단지여야 한다. 해당 대형 아파트에 거주하는 이들이 어떤 계층인지 체크해야 한다. 단순히 중소형 아파트와 가격 차이가 크지 않다는 이유만으로 대형 아파트를 매수해서는 안 된다는 것을 강조하고 싶다.

그렇다고 어떤 지역이든 무조건 대형 아파트의 수요가 없다는 말이 아니다. 다만 대부분의 지역에서 적다는 의미다. 지금 중대형 아파트 선호 현상에 대해 입지마다 상품마다 다른 생각을 해야 한다.

# 05 입지가 중요한가, 상품성이 중요한가?

**핵심부터 말하자면**

입지가 전부는 아니다. 상품 경쟁력도 중요해졌다.

하지만 입지가 상품보다 더 중요하다.

지불 가능한 경제력 내에서 가장 좋은 입지를 선택하는 것이 현명하다.

실거주든 투자든 부동산 구입을 고려한다면 반드시 고민해야 할 부분이 있다. '입지 경쟁력'과 '상품 경쟁력'이다. 두 마리 토끼를 한 번에 잡기는 생각보다 어렵다. 어느 쪽에 우선순위를 둬야 할까?

대체로는 입지 경쟁력에 더 큰 비중을 둔다. '첫째도 입지, 둘째도 입지, 셋째도 입지'라는 부동산계의 명언은 괜한 말이 아니다. 대개는 입지만 보고 부동산을 선택해도 문제가 없었다. 하지만 부동산 시장이 과거와는 완전히 달라졌다. 누구나 집을 매수하려 했던 시대에는 입지가 가장 중요했지만 이제는 그렇지 않다.

지금은 생각보다 많은 세대가 집을 구입하려 하지 않는다. 거주할 공간이 필요할 뿐, 소유하려는 목적이 없는 이도 많다. 재산으로서의 가치가 아닌 실거주지로서 가치가 더 중요해지는 시대에는 부동산 선택 전략을 어떻게 짜야 할까?

먼저 부동산 시장 플레이어를 네 가지 유형으로 나누어보자. 집을 매수하려는 집단과 매수하지 않으려는 집단이 있다. 또한 부동산 선택 시 입지를 중요하게 생각하는 집단과 상품을 고려하는 집단이 있을 것이다. 종합해보면 매수 집단 중에 입지 고려 집단과 상품 고려 집단이 있고, 비매수 집단 중에도 입지 고려 집단과 상품 고려 집단이 있다.

집을 사려는 매수 집단 중 입지 고려 집단이 많을까, 상품 고려 집단이 더 많을까? 입지 고려 집단이 조금 더 많을 것이다. 임차로 거주하려는 비매수 집단 중에도 입지 고려 집단이 더 많을 것으로 예상된다.

그래서 입지 좋은 곳의 오래된 부동산은 입지가 나쁜 지역의 새 부동산보다 더 비싸다. 이것이 지금까지의 판세였다.

그런데 교통이 발달하며 부동산 시장도 변하기 시작했다. 도심에서 떨어진 교외 지역 신도시로도 사람들이 모여들었다. 신도시가 등장하면서 상품의 중요성은 과거 대비 커졌다. 분당신도시 초기 입주자의 대다수는 기존 강남권 거주자들이었다. 그들은 강남이라는 양질의 입지를 포기하고 신도시의 새 상품을 선택했다. 도로와 전철 등 교통망의 확충이 결정적인 역할을 했다.

신도시로 사람들이 지속적으로 이사하자 기반 시설이 추가되며 입지 경쟁력도 좋아지게 되었다. 결국 신도시는 서울 못지않은 입지 경쟁력까지 갖춘 곳으로 떠올랐다.

시간이 지나자 신도시에도 문제가 생기기 시작했다. 이름만 신도시

일 뿐, 구도시가 되어가고 있는 것이다. 신도시가 형성된 지 20년이 넘어가니 상품 경쟁력이 급격히 떨어지기 시작했다. 반면 구도심은 도시 재생 사업으로 상품 경쟁력이 좋아지기 시작했다. 좋은 입지에 상품 경쟁력까지 갖추니 이전보다 더 많은 선택을 받게 된다.

자연히 수요층이 늘어나고 가격이 급등한다. 기존의 구도심 거주층에다, 신도시로 떠났던 이들까지 도심으로 복귀하니 수요층이 더 늘어난 것이다. 입지 좋고 상품 좋은 부동산은 언제나 수요층이 있다.

구도심에 수요층을 빼앗긴 신도시에는 또 다른 경쟁자까지 등장했다. 새로운 신도시인 2기 신도시, 3기 신도시가 도전해온다. 입지 조건은 아직 신도시만 못하지만 상품 경쟁력은 더 뛰어나다. 주차 공간도 넉넉하고, 조경 공간이 좋고, 평면 구조와 옵션이 다양하다. 신도시는 구도심 및 새로운 신도시와의 경쟁력 싸움에서 밀리게 된다.

수도권 부동산 시장은 한동안 혼란스러울 것이다. 시장만 보고 '묻지 마 투자'를 하면 안 되는 시기가 되었다. 철저하게 지역별로 입지 경쟁력과 상품 경쟁력을 따져야 한다. 구도심에서는 상품 경쟁력이 좋아질 곳이 어딘지 파악해야 하고, 신도시에서는 어떤 입지 경쟁력이 있는지 분석해야 한다. 인기가 하락하는 신도시라도 경쟁력 있는 입지는 매수 대상이 될 수 있다. 부동산은 경쟁력 있는 입지를 선택하는 것만으로 80%는 성공한 투자라고 할 수 있다.

입지가 좋으면 상품성은 보완할 수 있다. 하지만 상품성이 좋다고 해서 저절로 입지까지 좋아지기는 어렵다. 그래서 입지가 상품보다 더 중요하다. 어떤 부동산을 선택해야 할지 고민이 된다면 지불 가능한 경제

## 경기도 성남시 분당구 아파트 가격 순위

| 순위 | 지역 | 단지명 | 총 세대수 | 평단가(만 원) | 입주 시기 |
|------|------|--------|-----------|---------------|-----------|
| 1 | 백현동 | 백현마을1단지푸르지오그랑블 | 948 | 8,374 | 2011.07. |
| 2 | 삼평동 | 봇들마을8단지 | 447 | 7,174 | 2009.11. |
| 3 | 삼평동 | 봇들마을9단지 | 850 | 6,939 | 2009.07. |
| 4 | 백현동 | 백현마을2단지 | 772 | 6,653 | 2009.12. |
| 5 | 정자동 | 상록우성 | 1,762 | 6,582 | 1995.06. |
| 6 | 수내동 | 분당지웰푸르지오 | 166 | 6,542 | 2022.03. |
| 7 | 백현동 | 백현마을7단지 | 464 | 6,518 | 2009.11. |
| 8 | 정자동 | 파크뷰 | 1,829 | 6,461 | 2004.06. |
| 9 | 백현동 | 백현마을5단지 | 584 | 6,390 | 2009.10. |
| 10 | 삼평동 | 봇들마을7단지 | 585 | 6,289 | 2009.07. |
| 11 | 이매동 | 아름풍림 | 876 | 6,245 | 1993.08. |
| 12 | 백현동 | 백현마을6단지 | 396 | 6,229 | 2009.10. |
| 13 | 정자동 | 느티공무원3단지 | 770 | 6,144 | 1994.12. |
| 14 | 삼평동 | 봇들마을4단지 | 748 | 6,073 | 2009.07. |
| 15 | 백현동 | 판교알파리움1단지(C2-2) | 417 | 6,017 | 2015.11. |
| 16 | 수내동 | 양지5단지한양 | 1,430 | 6,013 | 1992.04. |
| 17 | 정자동 | 느티공무원4단지 | 1,006 | 5,974 | 1994.12. |
| 18 | 백현동 | 판교알파리움2단지(C2-3) | 514 | 5,921 | 2015.11. |
| 19 | 운중동 | 산운마을10단지 | 257 | 5,883 | 2009.01. |
| 20 | 서현동 | 시범한양 | 2,419 | 5,858 | 1991.09. |
| 21 | 서현동 | 시범우성 | 1,874 | 5,643 | 1991.10. |
| 22 | 이매동 | 이매진흥 | 832 | 5,630 | 1993.03. |

력 내에서 가장 좋은 입지를 선택하는 것이 현명하다.

# 06 구축 아파트, 입지와 상품 경쟁력 모두 따져라

**핵심부터 말하자면**

입지가 최우선이다.
상품성은 준공 연차별로 달라진다.
주변의 대규모 공급도 살펴봐야 한다.

"새 아파트는 너무 비싸요. 입주 20년 차 넘은 구축 아파트들이 저렴한 것 같은데 사도 될까요?" 최근 가장 많이 받는 질문이다.

부동산은 입지가 가장 중요하다. 입지를 제외하고 아파트 준공 연도만 가지고 매수 여부를 결정할 수 없다. 결정해서도 안 된다. 아파트 가격은 해당 입지의 수요와 공급을 파악하는 것이 더 중요하기 때문이다.

대한민국 아파트 역사상 가장 많은 아파트가 공급되었던 시기는 1980년대와 1990년대. 1980년 이전에 공급된 아파트는 대부분 현재 재건축을 했거나 준비하고 있다. 현재 부동산의 시세를 이끄는 아파트들은 이 시기에 최초 준공되었고 현재 재건축한 아파트들이다.

과거에 이미 좋은 입지였고 지금은 과거보다도 더 선호하는 입지가 되었다. 인기 있는 입지에 새 아파트라는 선호 상품이기 때문에 구축 아파트보다 시세도 크게 높다. 시세가 높아도 매수 대기자가 차고 넘치니 수요층이 충분히 많다. 조정기가 온다고 해도 하락 여부를 걱정할 필요가 없다는 것이다. 새로 입주한 아파트나 곧 재건축에 들어갈 아파트 소유주들에게는 꽃놀이패 시장이다. 신규 아파트 공급 물량이 점점 더 줄고 있으니 말이다.

지금 아파트 실수요자들의 최대 고민은 재건축 이슈가 전혀 없는 구축 아파트의 매수 여부다. 구축 아파트의 소유자도, 매수 대기자도 고민스럽다. 매수해도 되는지, 아니면 무리해서라도 신축 아파트를 사야 하는지 말이다.

아마도 현재 부동산 시장에서 가장 많은 비중을 차지할 수요층이다. 준공 연도로 따지면 1980년 중반부터 2000년 이전 아파트들이다. 현재 가장 많은 사람이 살고 있으며, 매매와 임대 거래도 가장 많다. 팔아야 하는가, 사야 하는가? 매도 희망층과 매수 희망층은 어떤 선택을 해야 할까?

기준은 의외로 간단하다. 그 입지의 아파트를 매수할 수요가 현재 존재하는지와, 주변에 추가로 공급될 신규 아파트들이 얼마나 있는지에 따라 판단하는 것이다. 아파트 재건축 가능 연한이 30년이니 아파트의 수명을 30년으로 가정하자. 10년씩 나누어 경쟁력 유무를 따지면 구축 아파트 매수 기준이 나온다.

10년 미만 아파트는 상품성에 특별한 문제가 없다. 신규 아파트로서 가장 좋은 상품 경쟁력 평가를 받을 수 있다. 상품력 자체를 검토할 필요가 없다. 입지만 보면 된다. 기존 도심이라면 현재 기준으로 입지의 수준을 평가하면 되고, 신도시라면 기반 시설이 언제쯤 완성될지를 예측해 판단하면 된다.

10~20년 차 아파트는 가장 인기가 많고 거래가 활발한 연차다. 입지적 인 요소와 상품적인 요소를 비슷한 비율로 고려해야 하는 시기다. 10년이 넘었다면 신도시라 하더라도 충분히 입지가 활성화될 만한 시간이다. 따라서 현재의 입지 평가가 좋지 않다면 매수를 피해야 한다.

입지 조건은 양호한데 주변에 신규 아파트가 많이 공급되었거나 될 예정이라면 상품 경쟁력에서 밀릴 수 있다. 이 경우 추가 시세 상승 가 능성이 있는지, 공급이 지역 수요보다 많은지를 따져봐야 한다.

매수 결정 시 가장 많이 고민해야 할 대상은 20년 넘은 아파트들이 다. 목동, 상계동, 광명시 등 서울권 준도심 지역과 서울 주변 1기 신도 시의 거의 모든 단지가 해당된다. 20년 이상이 되면 입지 경쟁력은 검 증이 끝난 상태이기 때문에 입지에 대해서는 고려할 필요가 없지만, 상 품으로서의 경쟁력이 급격히 떨어진다.

입지가 좋기 때문에, 매수 의향은 낮더라도 임차로 살려는 수요는 많 을 수 있다. 전세가율이 높은 이유가 여기에 있다. 전세가율이 높다는 것은 실수요가 많기 때문에 투자하는 입장에서는 긍정적인 입지라고 평가할 수 있다. 하지만 매수 대상으로서의 평가는 몇 가지 더 고려할 요인이 있다. 입지가 좋기 때문에 거주는 해야 하는데 낡은 아파트를 굳이 매수하고 싶지 않은 것이다. 이 부분이 구입 여부를 판단하기 어 렵게 한다.

아파트를 매수할 때는 향후 인플레이션 이상의 시세 차익이 기대되어야 한다. 시세가 오르지 않을 것으로 예상되는 부동산은 굳이 살 필요가 없다. 매매 시세가 오르지 않는다면 전세로 사는 것이 더 경제적이다.

따라서 20년 차 이상의 아파트를 매수할 때는 추가 상승 가능성이 있는지를 따져봐야 한다. 가격이 오르는 원리는 단순하다. 공급량 대비 수요량이 많으면 가격이 오른다. 추가로 공급되는 상품이 없다면 상품력이 떨어지는 20년 차 아파트라도 가격은 상승할 것이다.

1기 신도시의 대표라 할 수 있는 분당과 일산을 예로 들어보자. 분당은 1991년에 입주를 시작했기 때문에 가장 오래된 신도시다. 2000년대 입주한 주상복합을 제외하면 대부분의 단지가 20년이 넘었다. 가격 추이를 보면 2007년을 고점으로 2013년까지 가격이 하락했다가 최근 다시 꾸준히 상승하고 있다. 공급 대비 수요가 여전히 많다는 것이다. 분당 내 추가 공급 계획도 없다. 따라서 이 상승 추세는 지속될 가능성이 높다. 단, 40평형대 이상 대형 아파트는 여전히 전고점을 회복하지 못했다. 수요가 그만큼 없다는 것이다. 따라서 중소형과 대형은 매수 여부를 다르게 결정해야 할 것이다.

일산신도시의 경우 초기부터 10년까지는 분당, 평촌과 함께 신도시 부동산 전성시대를 이끈 인기 지역이었다. 하지만 최근의 위상을 보면 분당, 평촌, 중동, 산본 신도시 등의 5대 신도시 중에서 시세가 가장 낮다. 지난 20년 동안 최하위였던 산본보다도 낮은 시세를 형성하고 있다. 왜냐하면 상품 경쟁력이 낮아진 데다가 주변 공급이 대량으로 추가되고 있기 때문이다. 일산 북쪽에는 파주 운정신도시가, 서쪽에는 김포

## 경기도 고양시 아파트 가격 순위(2019년)

| 순위 | 지역 | 단지명 | 총 세대수 | 평단가(만 원) | 입주 시기 |
|---|---|---|---|---|---|
| 1 | 덕양구 삼송동 | 삼송2차아이파크 | 1,066 | 2,056 | 2015.09. |
| 2 | 일산동구 식사동 | 위시티일산자이(주상복합) | 176 | 1,999 | 2010.09. |
| 3 | 일산동구 백석동 | 일산요진와이시티 | 2,404 | 1,995 | 2016.06. |
| 4 | 덕양구 원흥동 | 삼송15단지계룡리슈빌 | 1,024 | 1,770 | 2012.12. |
| 5 | 덕양구 동산동 | 동산마을22단지호반베르디움 | 1,426 | 1,692 | 2012.01. |
| 6 | 덕양구 화정동 | 별빛마을7단지 | 1,136 | 1,687 | 1995.11. |
| 7 | 일산서구 주엽동 | 문촌16단지뉴삼익 | 956 | 1,682 | 1994.06. |
| 8 | 일산서구 주엽동 | 강선19단지우성 | 412 | 1,667 | 1994.03. |
| 9 | 덕양구 삼송동 | 동원로얄듀크 | 598 | 1,651 | 2012.09. |
| 10 | 일산서구 주엽동 | 강선14단지두산 | 792 | 1,645 | 1994.03. |
| 11 | 덕양구 도내동 | 원흥호반베르디움더퍼스트 | 967 | 1,643 | 2017.09. |
| 12 | 일산동구 중산동 | 일산센트럴아이파크 | 1,802 | 1,630 | 2018.05. |
| 13 | 일산동구 장항동 | 호수4단지LG롯데 | 472 | 1,592 | 1994.07. |
| 14 | 일산동구 주엽동 | 문촌19단지신우 | 658 | 1,590 | 1994.10. |
| 15 | 덕양구 삼송동 | 고양삼송스타클래스(A19) | 627 | 1,574 | 2015.01. |
| 16 | 덕양구 화정동 | 옥빛신덕가든12차 | 570 | 1,569 | 1995.11. |
| 17 | 일산서구 주엽동 | 문촌18단지대원 | 378 | 1,556 | 1995.10. |
| 18 | 덕양구 도내동 | 고양원흥동일스위트7단지 | 1,257 | 1,544 | 2018.01. |
| 19 | 일산서구 주엽동 | 문촌17단지신안 | 504 | 1,538 | 1994.10. |
| 20 | 일산서구 탄현동 | 일산두산위브더제니스 | 2,700 | 1,536 | 2013.04. |
| 21 | 일산동구 장항동 | 호수2단지현대 | 1,144 | 1,529 | 1994.10. |
| 22 | 덕양구 화정동 | 옥빛일신건영 | 582 | 1,527 | 1995.11. |

한강신도시가, 남쪽에는 삼송신도시가 무서운 속도로 성장하고 있다.

이 때문에 서울 서북부 부동산 시장에서 일산의 위상이 크게 낮아졌다. 따라서 일산신도시만의 차별화 경쟁력이 있는 입지(교육·환경)를 제외하면 경쟁력이 지속적으로 낮아질 확률이 높다. 아파트 준공 연차별로 다른 전략을 가져가야 하는 이유가 여기에 있다. 준공 연차가 낮으

## 경기도 고양시 아파트 가격 순위(2025년)

| 순위 | 지역 | 단지명 | 총 세대수 | 평단가(만 원) | 입주 시기 |
|---|---|---|---|---|---|
| 1 | 일산동구 장항동 | 킨텍스원시티(M3주상복합) | 782 | 5,638 | 2019.08. |
| 2 | 일산동구 장항동 | 킨텍스역원시티(M2) | 959 | 5,429 | 2019.08. |
| 3 | 일산동구 백석동 | 일산요진와이시티 | 2,404 | 4,850 | 2016.06. |
| 4 | 일산동구 장항동 | 힐스테이트킨텍스레이크뷰 | 299 | 4,740 | 2019.10. |
| 5 | 덕양구 덕은동 | DMC삼정그린코아더베스트 | 366 | 4,042 | 2023.09. |
| 6 | 덕양구 덕은동 | DMC자이더리버 | 702 | 4,032 | 2022.11. |
| 7 | 일산동구 장항동 | 킨텍스역원시티1블럭 | 297 | 3,733 | 2019.08. |
| 8 | 일산서구 대화동 | 한화포레나킨텍스 | 1,100 | 3,679 | 2019.02. |
| 9 | 덕양구 덕은동 | DMC리버포레자이 | 318 | 3,307 | 2022.10. |
| 10 | 덕양구 덕은동 | DMC한강숲중흥S클래스 | 503 | 3,170 | 2022.11. |
| 11 | 덕양구 덕은동 | DMC한강호반써밋 | 560 | 3,147 | 2022.12. |
| 12 | 덕양구 덕은동 | DMC한강에일린의뜰 | 206 | 3,127 | 2022.07. |
| 13 | 덕양구 지축동 | 지축역센트럴푸르지오 | 852 | 3,089 | 2019.12. |
| 14 | 덕양구 토당동 | 대곡역롯데캐슬엘클라씨 | 834 | 2,955 | 2022.12. |
| 15 | 덕양구 향동동 | DMC중흥S클래스더센트럴 | 951 | 2,900 | 2020.03. |
| 16 | 일산서구 일산동 | e편한세상일산어반스카이 | 552 | 2,896 | 2022.12. |
| 17 | 일산동구 식사동 | 위시티일산자이 | 176 | 2,872 | 2010.09. |
| 18 | 덕양구 지축동 | e편한세상지축센텀가든 | 331 | 2,847 | 2022.10. |
| 19 | 덕양구 향동동 | DMC리슈빌더포레스트 | 969 | 2,793 | 2019.02. |
| 20 | 덕양구 삼송동 | 삼송2차아이파크 | 1,066 | 2,754 | 2015.09. |
| 21 | 덕양구 토당동 | 대곡역두산위브1단지2단지 | 643 | 2,735 | 2022.09. |
| 22 | 덕양구 지축동 | 지축역북한산유보라 | 549 | 2,717 | 2019.11. |

면 입지적인 요소에 비중을 더 두고, 연차가 많아질수록 상품력에 대한 검토 비중을 높여야 한다. 단순히 전세가율이 높다는 이유만으로 매수 여부를 결정하면 안 된다. 꼭 입지 경쟁력과 상품 경쟁력의 지속 유무를 함께 고려해야 한다.

# 07 재건축과 재개발의 시대다. 이유가 뭘까?

**핵심부터 말하자면**

주택 보급률 100%는 이제 질적인 시장으로 변화된다는 뜻이다.
입지는 좋지만 상품이 좋지 않으면 선택될 확률이 낮다

2024~2025년 서울 아파트 최고 청약 경쟁률을 기록한 디에이치대치에델루이의 청약 경쟁률은 1,133.88 대 1이었다.

이 외에도 강남구, 서초구에서 메이플자이, 원펜타스, 레번투스, 디에이치방배, 청담르엘, 잠실래미안아이파크, 아크로리치카운티, 원페를라 등이 분양되었고, 모두 세 자릿수 경쟁률을 보이면서 완판되었다. 이들의 공통점은 재건축·재개발 단지라는 것이다. 최근 서울 아파트 분양 물량을 보면 강남권 재건축 아파트 분양이 유독 많다. 2025년 이후에도 서울 주요 지역에 재건축·재개발 아파트 분양 계획이 많다.

강남권 지역에는 재건축, 비강남권 지역에는 재개발 계획이 많다. 진행되고 있는 분양 물량들을 보면 현재 부동산 시장은 재건축과 재개발

강남구 대치동 디에이치대치에델루이 조감도

을 중심으로 한 도시정비사업 위주로 전개될 것이라는 사실을 알 수 있다.

2017년까지는 동탄, 평택, 용인, 광교, 세종, 김포, 파주 운정, 의정부 민락 등의 택지개발사업이 부동산 시장을 주도했다. 여전히 신도시 분양 물량이 많이 남아 있지만 시장 이슈에서 순위가 밀린다. 도시정비사업 관련 뉴스가 훨씬 더 많은 비중을 차지한다. 향후 부동산 시장은 이슈를 독차지하는 도시정비사업을 주목해야 한다. 여전히 신도시보다 도시 내 새 주거 시설의 선호도가 높고 시세도 더 높기 때문이다.

왜 택지개발지구보다 도시정비사업에 더 주목해야 할까? 이제 부동산 시장은 양적인 주택 수요가 어느 정도 충족됐기 때문이다. 2008년을 전후로 주택 보급률이 100%를 넘었다. 지역에 따라 다르지만 '평균적으로' 거의 모든 지역이 100% 전후다. 주택 보급률 100%의 의미는 한 세대당 한 집씩 물리적으로 소유할 수 있다는 뜻이다. 이는 부동산 폭락론의 근거가 되기도 한다.

하지만 주택 보급률 100%와 무관하게 수도권 거주자 중 대부분은 서울 중심지 주변에 살고 싶어 한다. 도심에, 중심지에 일자리가 가장 많기 때문이다.

서울이 이러한 거주 수요를 모두 감당할 수 없기 때문에 서울 주변에 대규모 택지지구, 즉 신도시를 개발하게 된 것이다. 분당, 일산, 평촌, 중동, 산본 등 1기 신도시조차 포화되자 판교, 광교, 동탄, 김포, 운정, 별내, 다산, 위례 등 2기 신도시를 추가로 건설하는 것이다. 2기 신도시를 개발하는 중에 주택 보급률이 100%를 넘어섰다.

다시 정의하는 주택 보급률 100%의 의미는 '주택이면 무조건 수요가 있는' 부동산 시장은 끝났다는 것이다. 입지는 좋지만 상품이 좋지 않으면 선택될 확률이 낮다는 얘기다. 서울에 살고 싶은 수요와, 새집에 살고 싶은 수요 조건이 충족되지 않으면 점차 수요가 줄 것이라는 의미다.

이재명 정부는 6·27 대책 이후 지속적으로 규제 정책을 발표, 추진하고 있다. 추가적인 택지 공급은 없는 상황에서 양적인 세대수 증가는 한계가 온 것이다. 아울러 이제부터는 도시정비사업을 중심으로 질적인 수요 교체로 방향을 전환하게 됐다. 향후 시장은 택지 개발로 주택을 양적으로 공급하기보다 도시 내 낙후된 주거 환경을 새 주거 환경으로 개선하는 쪽으로 전개될 것이다.

물론 낙후된 도심의 낡은 지역, 낡은 주택이라고 무조건 재건축·재개발이 되는 것은 아니다. 사업성이 있어야 하기 때문이다. 해당 지역에 새 아파트 거주 수요가 충분한 상태에서 재건축·재개발 정비사업 대상 주택을 구입한 가격에 추가 분담금을 포함한 가격이 신규 분양 아파트의 가격보다 낮아야 사업성이 있다고 할 수 있다. 정비사업을 추진하려면 시장에서 수용 가능한 분양가가 어느 정도 이상이어야 한다. 집을 소유한 거주민(조합원)들의 경제적 수준 역시 마찬가지다.

따라서 현재 시점에서 재건축·재개발 정비사업이 가능한 지역은 서울, 부산, 대구 등 경제력이 있는 도심이 대부분이다. 향후 3~4년 동안 서울에 재건축·재개발 물량이 몰린 이유가 여기에 있다. 그에 비해 비서울권 재개발은 사업 추진이 쉽지 않다. 기존 주택의 시세가 높지 않은 데다가 원주민들의 경제력이 높지 않기 때문이다.

결국 비서울 지역은 기존 원주민의 경제력이나 수요가 아니라 타 지역에서 해당 지역으로 신규 유입되는 수요층이 얼마나 될 것인지가 사업 진행 여부를 판단하는 기준이 된다. 재개발이 추진되려면 교통편과 생활 여건이 좋은 입지여야 한다. 재개발의 경우는 기반 시설이 좋으면 추진될 가능성이 높고, 부실하면 재개발 지역에서 해제될 확률이 높다.

결론적으로 얘기하면 재건축·재개발 등 도시정비사업의 추진 기준은 주변 시세, 입지 여건, 조합원의 경제력이다. 이 세 조건은 연결되어 있다. 교통이 편리하고 학군 등 생활 여건이 좋은 입지는 시세가 높다. 시세가 높은 곳에 주택을 소유한 층들은 경제력도 높을 것이다. 이런 조건이어야 도시정비사업이 추진될 확률이 높다.

재건축·재개발 투자도 입지 여건을 가장 먼저 고려해야 한다. 2018년 하반기 이후 부동산 시장은 입지가 좋고 나쁨을 공부하기 좋은 시장이다. 분양이 잘되는 지역이 있고 미분양이 쌓이는 지역이 있을 것이다. 미분양이 발생하는 원인만 꾸준히 비교해도 누구나 부동산 전문가가 될 수 있다. 수요가 어디를 향하는지가 향후 부동산을 이해하는 가장 중요한 키가 될 것이기 때문이다.

현재 주택도시보증공사(HUG)의 신규 분양 아파트 분양가 책정 방법은 현재 시세가 아니다. 직전 아파트의 분양가다. 그 이후에 프리미엄이 발생한 것을 인정하지 않고 있다. 입지 가치라는 것을 고려하지 않는 것이다. 서울 인근 택지 개발이 중단된 상태에서 재건축·재개발은 세대수가 거의 증가하지 않는다. 결국 기존 입지 가치, 새 아파트로서의 상품 가치가 더 올라갈 가능성이 확실하다.

교통, 일자리 호재 등으로 입지 가치가 상승한 지역이라 할지라도 기존 분양가가 기준이 된다. 결국 서울에서 분양하는 재건축·재개발 아파트 분양가는 현재 시세보다 무조건 낮을 수밖에 없다. 3억 원 전후의 시세 이익이 확정된 당첨 로또 복권을 선물로 주는 분양가다. 신규 청약이 가능한 무주택자나 1주택자는 이 로또 청약 당첨 기회를 반드시 활용하자.

# 서울시 재개발 아파트 청약 현황(2024~2025.08.)

| 분양 시기 | 입주 시기 | 지역 | | 단지명 | 총 세대수 | 일반 공급 | 총 청약자 수 | 경쟁률 (배) |
|---|---|---|---|---|---|---|---|---|
| 2024.01. | 2025.09. | 광진구 | 광장동 | 포제스한강 | 128 | 106 | 1,062 | 10 |
| 2024.02. | 2025.06. | 서초구 | 잠원동 | 메이플자이 | 3,307 | 81 | 35,828 | 442 |
| 2024.03. | 2024.10. | 강동구 | 둔촌동 | 더샵둔촌포레 | 572 | 47 | 4,374 | 93 |
| | 2024.03. | 강동구 | 성내동 | 에스아이팰리스올림픽공원 | 58 | 37 | 370 | 10 |
| | 2026.07. | 서대문구 | 영천동 | 경희궁유보라 | 199 | 57 | 7,089 | 124 |
| 2024.04. | 2026.04. | 구로구 | 개봉동 | 개봉루브루 | 295 | 60 | 195 | 3 |
| 2024.05. | 2025.06. | 서대문구 | 홍은동 | 서대문센트럴아이파크 | 827 | 208 | 1,969 | 9 |
| 2024.06. | 2026.11. | 광진구 | 구의동 | 강변역센트럴아이파크 | 215 | 45 | 22,235 | 494 |
| | 2026.10. | 동작구 | 신대방동 | 동작보라매역프리센트 | 124 | 62 | 777 | 13 |
| 2024.07. | 2027.03. | 마포구 | 공덕동 | 마포자이힐스테이트라첼스 | 1,101 | 250 | 40,988 | 164 |
| | 2024.08. | 서초구 | 반포동 | 래미안원펜타스 | 641 | 178 | 93,864 | 527 |
| | 2027.03. | 성북구 | 장위동 | 푸르지오라디우스파크 | 1,637 | 365 | 12,830 | 35 |
| 2024.08. | 2026.10. | 강남구 | 도곡동 | 래미안레벤투스 | 308 | 71 | 28,611 | 403 |
| | 2025.04. | 강동구 | 성내동 | 그란츠리버파크 | 407 | 189 | 3,169 | 17 |
| | 2024.10. | 강서구 | 공항동 | 더트루엘마곡HQ | 148 | 72 | 882 | 12 |
| | 2026.09. | 서초구 | 방배동 | 디에이치방배 | 3,064 | 650 | 58,684 | 90 |
| 2024.09. | 2025.11. | 강남구 | 청담동 | 청담르엘 | 1,261 | 85 | 56,717 | 667 |
| | 2027.12. | 강동구 | 둔촌동 | 올림픽파크서한포레스트 | 128 | 56 | 2,062 | 37 |
| | 2025.07. | 성동구 | 행당동 | 라체르보푸르지오써밋 | 958 | 73 | 17,582 | 241 |
| | 2028.03. | 은평구 | 갈현동 | 연신내양우내안애퍼스티지 | 260 | 148 | 416 | 3 |
| 2024.10. | 2025.08. | 강남구 | 대치동 | 디에이치대치에델루이 | 282 | 32 | 36,284 | 1,134 |
| | 2027.06. | 노원구 | 공릉동 | 하우스토리센트럴포레 | 161 | 27 | 819 | 30 |
| | 2028.07. | 마포구 | 아현동 | 마포에피트어바닉 | 198 | 94 | 1,507 | 16 |
| | 2025.12. | 송파구 | 신천동 | 잠실래미안아이파크 | 2,678 | 307 | 82,487 | 269 |
| 2024.11. | 2026.05. | 강동구 | 천호동 | VIORR(비오르) | 53 | 29 | 513 | 18 |
| | 2028.07. | 노원구 | 월계동 | 서울원아이파크 | 2,264 | 1,414 | 22,100 | 16 |
| | 2028.03. | 영등포구 | 당산동4가 | e편한세상당산리버파크 | 550 | 57 | 19,404 | 340 |
| 2024.12. | 2026.10. | 강서구 | 등촌동 | 힐스테이트등촌역 | 543 | 139 | 4,960 | 36 |
| | 2027.07. | 금천구 | 시흥동 | 한신더휴하이엔에듀포레 | 219 | 39 | 490 | 13 |
| | 2027.10. | 서초구 | 방배동 | 아크로리츠카운티 | 707 | 71 | 34,279 | 483 |
| | 2027.03. | 성북구 | 삼선동2가 | 창경궁롯데캐슬시그니처 | 1,223 | 260 | 6,942 | 27 |
| | 2029.08. | 중랑구 | 상봉동 | 더샵퍼스트월드 | 999 | 596 | 6,007 | 10 |
| 2025.02. | 2025.11. | 서초구 | 방배동 | 래미안원페를라 | 1,097 | 268 | 40,635 | 152 |
| 2025.04. | 2028.07. | 중구 | 황학동 | 청계노르웨이숲 | 404 | 43 | 917 | 21 |
| 2025.05. | 2028.08. | 구로구 | 고척동 | 고척푸르지오힐스테이트 | 983 | 262 | 3,543 | 14 |
| | 2026.10. | 은평구 | 대조동 | 힐스테이트메디알레 | 2,451 | 218 | 2,854 | 13 |
| 2025.06. | 2026.06. | 강동구 | 길동 | 디아테온 | 64 | 32 | 246 | 8 |
| | 2027.10. | 강동구 | 상일동 | 고덕강일대성베르힐(12BL) | 613 | 311 | 30,287 | 97 |
| 2025.07. | 2027.07. | 성동구 | 성수동1가 | 오티에르포레 | 287 | 40 | 27,525 | 688 |
| | 2029.01. | 영등포구 | 영등포동5가 | 리버센트푸르지오위브 | 659 | 83 | 15,882 | 191 |
| 2025.08. | 2028.09. | 동대문구 | 제기동 | 제기동역아이파크 | 351 | 38 | 3,503 | 92 |

## 서울 강남 3구 재개발 아파트 청약 현황(2024~2025.08.)

| 분양 시기 | 입주 시기 | 지역 | | 단지명 | 총 세대수 | 일반 공급 | 총 청약자 수 | 경쟁률 (배) |
|---|---|---|---|---|---|---|---|---|
| 2024.02. | 2025.06. | 서초구 | 잠원동 | 메이플자이 | 3,307 | 81 | 35,828 | 442 |
| 2024.07. | 2024.08. | 서초구 | 반포동 | 래미안원펜타스 | 641 | 178 | 93,864 | 527 |
| 2024.08. | 2026.10. | 강남구 | 도곡동 | 래미안레벤투스 | 308 | 71 | 28,611 | 403 |
| | 2026.09. | 서초구 | 방배동 | 디에이치방배 | 3,064 | 650 | 58,684 | 90 |
| 2024.09. | 2025.11. | 강남구 | 청담동 | 청담르엘 | 1,261 | 85 | 56,717 | 667 |
| 2024.10. | 2025.08. | 강남구 | 대치동 | 디에이치대치에델루이 | 282 | 32 | 36,284 | 1,134 |
| | 2025.12. | 송파구 | 신천동 | 잠실래미안아이파크 | 2,678 | 307 | 82,487 | 269 |
| 2024.12. | 2027.10. | 서초구 | 방배동 | 아크로리츠카운티 | 707 | 71 | 34,279 | 483 |
| 2025.02. | 2025.11. | 서초구 | 방배동 | 래미안원페를라 | 1,097 | 268 | 40,635 | 152 |

## 서울 구도심 재개발 구역 현황(동대문구)

| 지역 | 구역 | 단계 | 예정 세대수 | 시공사 |
|---|---|---|---|---|
| 답십리동 | 답십리자동차부품상가 | 사업시행인가 | 618 | |
| 신설동 | 신설제1구역 | 사업시행인가 | 299 | 두산건설 |
| 용두동 | 용두제1구역(2지구) | 이주/철거 | 242 | HDC현대산업개발, 현대엔지니어링 |
| | 용두1구역(6지구) | 조합설립인가 | 995 | |
| | 용두1구역(4지구) | 조합설립인가 | – | |
| | 용두1도시환경정비사업(5지구) | 추진위 | 324 | |
| 이문동 | 이문4재정비촉진구역 | 이주/철거 | 3,628 | 롯데건설, 현대건설 |
| | 신이문역세권장기전세주택 | 추진위 | 1,265 | |
| 장안동 | 장안동134-15일대 | 기본계획 | – | |
| 전농동 | 전농13구역 | 구역지정 | 949 | |
| | 전농동152-65일대(전농15구역) | 기본계획 | – | |
| | 전농도시환경정비구역 | 사업시행인가 | 1,104 | 대우건설, 동부건설 |
| | 전농제8구역 | 조합설립인가 | 1,750 | 롯데건설 |
| | 전농제9구역 | 조합설립인가 | 1,159 | 현대엔지니어링 |
| | 전농제12구역 | 조합설립인가 | 297 | |
| 제기동 | 제기제6구역 | 관리처분 | 423 | SK에코플랜트 |
| | 제기제4구역 | 이주/철거 | 909 | 현대건설 |
| 청량리동 | 청량리제9구역 | 구역지정 | 843 | |
| | 청량리19일대 | 기본계획 | 843 | |
| | 청량리제6구역 | 사업시행인가 | 1,493 | GS건설 |
| | 청량리제8구역 | 사업시행인가 | 610 | 롯데건설 |
| 휘경동 | 휘경5구역 | 추진위 | 634 | |

# 서울 구도심 재개발 구역 현황(영등포구)

| 지역 | 구역 | 단계 | 예정 세대수 | 시공사 |
|---|---|---|---|---|
| 당산동2가 | 영등포유통상가시장정비사업 | 추진위 | 970 | |
| 당산동6가 | 당산1구역 | 구역지정 | 737 | |
| 대림동 | 대림동855-1(대림1구역) | 기본계획 | 1,026 | |
| | 보령,금강연립 | 조합설립인가 | 620 | 천명토건 |
| 문래동1가 | 문래동1가A도시정비형재개발구역(8,11지구) | 구역지정 | – | |
| | 영등포대선제분일대재개발2-1구역 | 구역지정 | – | |
| | 영등포대선제분일대재개발2-2구역 | 구역지정 | – | |
| | 영등포대선제분일대재개발2-3구역 | 구역지정 | – | |
| | 영등포대선제분일대재개발2-4구역 | 구역지정 | – | |
| | 영등포대선제분일대재개발2-5구역 | 구역지정 | – | |
| | 영등포대선제분일대재개발2-6구역 | 구역지정 | – | |
| | 영등포대선제분일대재개발2-7구역 | 구역지정 | – | |
| | 영등포대선제분일대재개발2-8구역 | 구역지정 | – | |
| 문래동2가 | 문래동2가A도시정비형재개발구역 | 구역지정 | – | |
| 문래동3가 | 영등포대선제분일대재개발1-2구역 | 구역지정 | – | |
| | 영등포대선제분일대재개발1-3구역 | 구역지정 | – | |
| | 영등포대선제분일대재개발1-4구역 | 구역지정 | – | |
| | 영등포대선제분일대재개발1-6구역 | 구역지정 | – | |
| | 영등포대선제분일대재개발1-7구역 | 구역지정 | – | |
| | 영등포대선제분일대재개발1-1구역 | 사업시행인가 | 141 | 신원종합개발 |
| | 영등포대선제분일대재개발1-5구역 | 사업시행인가 | – | |
| 문래동4가 | 문래동4가 | 조합설립인가 | 1,114 | |
| 신길동 | 신길동4377일원 | 관리처분 | 44 | 제이앤이건설 |
| | 신길2촉진구역 | 구역지정 | 1,332 | |
| | 신길1촉진구역 | 구역지정 | 1,483 | |
| | 신길15촉진구역 | 구역지정 | 2,300 | |
| | 신길동314-14(신길16-2구역) | 기본계획 | – | |
| | 신길제2구역(190일대) | 조합설립인가 | 2,550 | 삼성물산, GS건설 |
| | 신길역세권장기전세주택도시정비형개발사 | 조합설립인가 | 999 | |
| | 영진시장 | 추진위 | 104 | |
| 양평동2가 | 양평제13구역 | 조합설립인가 | 557 | |
| | 양평제14구역 | 추진위 | 308 | |
| 양평동6가 | 유성빌라 | 관리처분 | 81 | 중앙건설 |
| 영등포동4가 | 영등포도심역세권 | 조합설립인가 | – | |
| 영등포동5가 | 영등포1-11구역 | 사업시행인가 | 818 | 대우건설 |
| | 영등포1-12구역 | 조합설립인가 | 1,182 | |
| 영등포동7가 | 영등포1-2구역 | 사업시행인가 | 218 | 계룡건설산업 |

## 서울 구도심 재건축 현황(동대문구, 영등포구)

| 지역 | | 단지명 | 준공 시기 | 사업 단계 | 총 세대수 | 예정 세대수 | 시공사 |
|---|---|---|---|---|---|---|---|
| 동대문구 | 장안동 | 현대 | 1984.06. | 사업시행인가 | 456 | 746 | HDC현대산업개발 |
| | 청량리동 | 미주 | 1978.09. | 추진위 | 1,089 | 1,370 | |
| 영등포구 | 당산동4가 | 현대2차 | 1986.05. | 관리처분계획 | 116 | 145 | DL이앤씨 |
| | 당산동5가 | 유원2차 | 1984.09. | 사업시행인가 | 410 | 703 | |
| | 문래동2가 | 남성 | 1983.12. | 사업시행인가 | 390 | 488 | 한화건설 |
| | 문래동3가 | 국화 | 1983.12. | 조합설립인가 | 270 | 354 | |
| | 문래동5가 | 진주 | 1984.09. | 이주/철거 | 160 | 324 | 포스코이앤씨 |
| | 신길동 | 남서울 | 1974.12. | 이주/철거 | 518 | 812 | 대우건설 |
| | | 삼성 | 1984.05. | 조합설립인가 | 384 | 657 | HDC현대산업개발 |
| | | 신미 | 1981.06. | 조합설립인가 | 130 | 586 | GS건설 |
| | | 우성2차 | 1986.09. | 사업시행인가 | 725 | 1,212 | 대우건설 |
| | | 우창 | 1986.12. | 사업시행인가 | 214 | 1,212 | 대우건설 |
| | 양평동1가 | 신동아 | 1982.04. | 조합설립인가 | 495 | 619 | |
| | 여의도동 | 공작 | 1976.09. | 조합설립인가 | 373 | 570 | 대우건설 |
| | | 광장 | 1978.05. | 조합설립인가 | 744 | 206 | |
| | | 광장 | 1978.05. | 조합설립인가 | 744 | – | |
| | | 대교 | 1975.09. | 조합설립인가 | 576 | 912 | |
| | | 목화 | 1977.09. | 조합설립인가 | 312 | 423 | |
| | | 미성 | 1978.05. | 추진위 | 577 | – | |
| | | 수정 | 1976.09. | 구역지정 | 329 | 498 | |
| | | 시범 | 1971.10. | 추진위 | 1,584 | 2,473 | |
| | | 은하 | 1974.12. | 안전진단 | 360 | – | |
| | | 장미 | 1978.06. | 안전진단 | 196 | – | |
| | | 진주 | 1977.05. | 추진위 | 376 | 578 | |
| | | 한양 | 1975.09. | 조합설립인가 | 588 | 992 | 현대건설 |
| | | 화랑 | 1977.10. | 기본계획 | 160 | – | |

# 08 오피스텔 투자, 지금이 적기인 이유!

**핵심부터 말하자면**

아파트 공급 부족, 주택 수 제외, 금리 인하 등 유리한 환경인가?
주변 상권, 교통망, 관리비 등도 살펴야 한다.

오피스텔은 한때 아파트의 대체재로 주목받으며 2020~2021년 부동산 급등기 인기 투자처였다. 그러나 금리 인상과 전세사기, 주택 수 산정 규제로 인해 2022년 이후부터는 시장에 냉기가 돌았다.

이후 아파트에 비해 투자성이 떨어진다는 평가를 받던 오피스텔이 최근 다시 주목받고 있다. 서울 주요 지역을 중심으로 매매가가 오르기 시작했고, 임대 수익률 또한 상승세를 보인다. 오피스텔 투자가 유리한 이유와 지금이 적기인 이유를 자세히 살펴보자.

오피스텔 투자의 부활, 최근 투자성이 높아진 이유를 4가지로 정리해보았다.

첫째, 아파트 가격 급등과 공급 부족 이슈다. 서울과 수도권 아파트

가격이 급등하면서 주거 대안을 찾는 수요가 오피스텔로 눈을 돌리고 있다. 특히 서울과 수도권의 아파트 공급이 턱없이 부족한 상황에서 아파트 대체재로 오피스텔이 떠오르는 것이다. 2024년 서울 오피스텔 입주 물량은 4,057실로서 2023년 1만 4,479실의 28% 수준이며, 2025년에는 더욱 줄어들 전망이다. 이처럼 공급이 부족하다 보니 오피스텔의 희소가치가 높아지며 매매가와 임대 수익률 모두 상승 압력을 받고 있다.

둘째, 주택 수 제외 혜택과 세제 완화 정책 이슈다. 2024년 8월 발표한 8·8 대책은 2027년까지 준공된 전용 $60m^2$ 이하 신축 오피스텔에 대해 주택 수 산정에서 제외해주겠다는 내용을 포함하고 있다. 이로 인해 취득세, 종합부동산세, 양도소득세 등에서 혜택을 받을 수 있어 소형 오피스텔에 대한 투자 관심이 증가하게 된 것이다. 특히 주택 수 제외 혜택을 활용해 오피스텔을 투자할 경우, 추가 주택 구입이나 투자에 대한 유연성을 가질 수 있다.

셋째, 금리 하락과 임대 수익률 상승 이슈다. 2024년 8월 이후 미국 연방준비제도가 기준금리를 인하하며 한국 기준금리도 낮아져 2025년 9월 현재 2.50%다. 은행 예금 금리가 연 2~3%대에 불과한 반면, 오피스텔 임대 수익률은 평균 연 4~5%대에 이른다. 서울 오피스텔 평균 수익률은 연 4.2%로 7년 내 최고 수준이다. 또한 전세 기피 현상으로 인해 월세 수요가 증가하며, 오피스텔 임대 수익률이 지속해서 오를 가능성이 크다.

넷째, 직주근접 수요 증가 이슈다. 서울의 핵심 비즈니스 지역인 강남, 여의도, 도심권 등에서는 직장과 가까운 곳에 거주하고자 하는 직주근접 수요가 오피스텔로 집중되고 있다. 특히 아파트 가격이 높고 임대료가 비싼 지역에서는 직장인들이 비교적 저렴한 오피스텔을 선택하는 경향이 강해지고 있다. 이로 인해 도심 지역의 오피스텔 수요는 더욱 높아질 듯하다.

최근 오피스텔 투자 증가의 이유를 분석하면 다음과 같다.

첫째, 상승세로 돌아선 매매가와 임대 수익률이다. 서울 오피스텔 매매가는 2022년 이후 처음으로 상승세로 전환했다. 아파트 공급 부족과 수요 증가가 맞물리면서 오피스텔의 매매 가격이 반등세에 접어들었다. 또한 임대 수익률도 금리 하락과 전세 수요 감소로 안정적 상승을 보이고 있다. 지금 시점에 오피스텔에 투자하면 매매가 상승과 임대 수익률 상승 두 가지를 모두 기대할 수 있는 유리한 상황이다.

둘째, 공급 부족으로 인한 희소가치 상승이다. 공급 부족은 단기적 요인이 아닌, 땅값 상승과 프로젝트파이낸싱(PF) 대출 부담 증가, 주택 수포함 규제 등의 복합적 요인으로 인해 장기적으로 지속될 가능성이 크다. 특히 서울 중심 지역에서 오피스텔 공급이 줄어드는 상황이니 현시점에 오피스텔을 매입해두면 향후 더 큰 상승 효과를 기대할 수 있다.

셋째, 안전 자산의 대안으로 자리 잡은 수익형 부동산이라는 점도 있다. 금리가 인하되면서 은행 예금, 채권 등 안전 자산의 수익률이 감소할 가능성이 있다. 오피스텔은 수익형 부동산 중에서도 안정적인 수익을 기대할 수 있으며, 서울의 주요 비즈니스 지역에서는 수요가 지속적으로 유지될 것이다. 안정적인 임대 수익과 자산 가치 상승을 함께 기대할 만한 오피스텔은 저금리 시대에 안전 자산의 대안으로 볼 수 있다.

오피스텔 투자 유망 지역을 검토해보자. 우선 서울 동남권은 높은 직주근접 수요와 양질의 교통망을 갖추고 있으며, 아파트 수요가 높은 상황에서 중대형 오피스텔의 수요도 높다. 강남 일대의 소형 오피스텔은 고소득 직장인들의 수요가 많아 매매가와 임대료 상승세가 강하다. 서울 서남권 지역은 직장인이 밀집해서 여의도와 가까운 영등포구와 교통편이 좋은 동작구 일대 오피스텔이 인기를 끌고 있다. 최근 전세사기 등의 영향으로 안전한 임대 수요가 오피스텔로 옮겨 오면서 전용면적 40~80m² 중형 오피스텔의 수익률이 좋은 편이다.

마포, 서대문, 은평구 등 서북권은 서울 중심부와 가까우면서도 비교적 저렴한 임대료를 갖추고 있어 1인 가구와 신혼부부의 수요가 많다. 또한 서울 주요 도심으로 접근성이 뛰어나, 교통이 편리한 역세권 오피스텔은 안정적인 임대 수익을 기대할 수 있다.

하지만 오피스텔 투자가 무조건 안전한 것은 아니다. 오피스텔은 아파트와 달리 상업용 부동산이므로 투자 시 주변 상권과 교통망을 꼼꼼히 조사하는 것이 중요하다. 또한 중대형 오피스텔의 경우 관리비가 높아 임차인 선호도가 떨어질 수 있으므로, 임대 수익이라면 소형 오피스텔을 선택하는 것이 좋다.

현시점에서 오피스텔 투자는 상승세를 타고 있는 매매가와 임대 수익률, 금리 인하 및 공급 부족 등의 요인을 고려할 때 유리한 선택이 될 수 있다. 투자 가치가 높은 지역을 신중하게 선정하고 시장 상황을 면밀히 검토한 후, 안정적인 수익을 기대할 수 있는 오피스텔 투자에 관심을 가져볼 때가 되었다.

## 업무용 오피스텔과 주거용 오피스텔 비교

| | 업무용 | 주거용 |
|---|---|---|
| 취득 시 | · 상업 건물로 판단<br>· 부가가치세 환급 가능 | · 주택 수에 포함<br>· 부가가치세 환급 불가<br>· 주택임대사업자 고려 필요 |
| 보유 시 | · 부가가치세 신고 필요<br>· 임대료 소득을 사업소득, 근로소득과<br>  합산 과세 | · 부가가치세 신고 필요 없음<br>· 주택임대사업자로 등록하면<br>  종합부동산세 합산 배제 |
| 양도 시 | · 건물분 양도소득세 신고<br>· 타 주택 양도 시 비과세 가능 | · 1세대 1주택이면 비과세 가능<br>· 2주택 이상이면 타 주택이 비과세 안 됨 |

## 오피스텔과 주택의 매입 취득세 비교

| 오피스텔* | 항목 | 주택** |
|---|---|---|
| 4.0% | 취득세 | 1.0% |
| 0.2% | 농어촌특별세 | 비과세 |
| 0.4% | 지방교육세 | 0.1% |
| 4.6% | 합계 | 1.1% |

* 오피스텔(주택 외 건축물 간주): 금액, 면적 무관

** 주택: 6억 원 이하, 전용면적 85m² 이하 (자료: 행정자치부)

# 09 실패하지 않는 오피스텔 투자의 조건

**핵심부터 말하자면**

공실 가능성을 최우선으로 체크해야 한다.
월세 수익률과 매매 시세 차익 중 투자 목적을 명확히 해야 한다.

저금리 시대이기에 은행 금리보다 높은 수익을 안정적으로 얻을 수 있는 수익형 부동산에 대한 관심이 증가하고 있다. 부동산 투자층이 관심을 주로 갖는 수익형 부동산은 오피스텔과 상가다. 상가는 고가의 부동산 상품으로 일반인 대다수가 투자하기에는 부담감이 크기 때문에 투자층은 한정되어 있다. 가장 많이 투자하는 수익형 부동산은 오피스텔이다.

최근 오피스텔에 대한 관심이 높아졌다. 저금리 금융 수익을 대체할 고정적 월세를 받을 수 있는 수익형 부동산이기 때문이다. 아파트로는 금리 이상의 월세를 받기 어렵기에 월세 수익률이 아파트 대비 높은 오피스텔을 주목하게 된 것이다. 신규 오피스텔 공급이 많지 않던 서울

도심의 일부 오피스텔은 시세가 상승하기까지 했다.

이런 몇 년간의 성공적인 오피스텔 투자 성과로 인해 오피스텔 투자 수요층이 많아지자 건설사들도 오피스텔을 대량으로 공급했다. 그러자 2019~2021년 오피스텔 시세가 폭등했다. 하지만 임차 수요가 증가한 것은 아니므로 월세는 매매가만큼 상승하지 않았다. 오피스텔 매매가는 지속적으로 오르고 월세는 고정돼 있으므로 오피스텔 수익률이 낮아지는 결과가 발생했다. 20년 전만 하더라도 수익률은 평균 7% 전후였고, 도심이 아닌 지역은 10%까지도 가능했다. 2025년 현재 수익률은 서울 도심은 3% 전후, 도심이 아닌 지역은 5% 전후다.

신규로 분양하는 오피스텔은 상승한 현재의 매매 시세를 기준으로 분양가를 책정하게 된다. 오피스텔 준공 후 최초 입주 때 세입자를 확보하지 못하면 수익률이 그보다 낮아질 수 있다. 이 수익률에는 재산세와 공실로 인한 관리비 부담 등의 추가 비용은 제외됐다. 오피스텔은 업무 시설로 세금이 부과되므로 주택보다 최소 2배, 많게는 4배의 세금과 추가 관리 비용을 지불해야 한다. 실제 수익률을 계산해보면 더 낮은 셈이다.

오피스텔의 장점은 세입자가 대부분 월세로 입주하려는 것이고, 아파트 대비 높은 월세 수익률을 확보할 수 있다는 것이다. 단점은 아파트 대비 공실의 위험이 높고, 시세 차익이 나는 경우가 거의 없다는 것이다. 모든 오피스텔 시세가 무조건 오르지 않는다는 것은 아니다. 서울 도심과 강남, 인기 있는 신도시 역세권 오피스텔은 시세가 오르기도 했다. 오피스텔 선택 시 고려해야 할 포인트가 여기에 있다.

영등포구 여의도동 브라이튼여의도(오피스텔) 조감도

## 전국 오피스텔 월세 수익률(2015~2024년)

(단위: %)

| | 2015년 | 2016년 | 2017년 | 2018년 | 2019년 | 2020년 | 2021년 | 2022년 | 2023년 | 2024년 |
|---|---|---|---|---|---|---|---|---|---|---|
| 전국 | 5.15 | 4.95 | 4.79 | 4.65 | 4.61 | 4.49 | 4.46 | 4.56 | 4.66 | 4.74 |
| 서울특별시 | 4.67 | 4.50 | 4.33 | 4.19 | 4.14 | 4.05 | 4.02 | 4.06 | 4.14 | 4.20 |
| 세종특별시 | 3.52 | 3.59 | 3.72 | 3.67 | 3.66 | 3.68 | 3.68 | 3.68 | 3.70 | 3.70 |
| 광주광역시 | 6.84 | 6.70 | 6.51 | 6.39 | 6.55 | 6.68 | 6.75 | 6.77 | 6.78 | 6.78 |
| 대구광역시 | 5.18 | 4.62 | 4.60 | 4.50 | 4.58 | 4.60 | 4.66 | 4.80 | 4.93 | 5.10 |
| 대전광역시 | 7.24 | 7.16 | 7.16 | 7.17 | 7.16 | 6.92 | 6.90 | 6.99 | 7.19 | 7.21 |
| 부산광역시 | 5.28 | 5.16 | 5.12 | 5.10 | 5.04 | 4.89 | 4.87 | 4.93 | 4.98 | 4.99 |
| 울산광역시 | 5.13 | 4.73 | 4.45 | 4.25 | 4.28 | 4.26 | 4.61 | 4.62 | 4.66 | 4.75 |
| 인천광역시 | 5.99 | 5.68 | 5.65 | 5.49 | 5.43 | 5.31 | 5.27 | 5.44 | 5.60 | 5.75 |
| 강원특별자치도 | 8.37 | 6.84 | 7.02 | 6.78 | 6.66 | 6.18 | 6.11 | 6.16 | 6.19 | 6.26 |
| 경기도 | 5.24 | 5.02 | 4.87 | 4.75 | 4.65 | 4.47 | 4.44 | 4.58 | 4.68 | 4.76 |
| 경상남도 | 5.85 | 5.45 | 5.48 | 5.57 | 5.61 | 5.54 | 5.57 | 5.59 | 5.71 | 5.87 |
| 경상북도 | 10.82 | 5.62 | 3.78 | 3.91 | 4.34 | 4.54 | 4.39 | 5.14 | 5.57 | 5.73 |
| 전라남도 | 4.55 | 4.38 | 4.43 | 4.54 | 4.60 | 4.64 | 4.68 | 4.81 | 4.80 | 5.30 |
| 전북특별자치도 | 4.79 | 4.91 | 4.81 | 4.85 | 4.85 | 4.85 | 4.85 | 4.85 | 4.85 | 4.85 |
| 충청남도 | 6.66 | 5.83 | 5.59 | 4.46 | 4.61 | 4.40 | 4.35 | 4.58 | 4.81 | 4.85 |
| 충청북도 | 6.45 | 5.62 | 5.61 | 5.67 | 5.67 | 5.68 | 5.68 | 5.68 | 5.69 | 5.69 |
| 제주도 | 9.03 | 8.94 | 8.56 | 8.50 | 8.49 | 8.71 | 8.80 | 8.97 | 9.02 | 9.02 |

오피스텔 투자 시 한 가지만 체크해보면 된다. '공실 가능성'이다. 공실이 생길지는 다시 두 가지만 고려하면 된다. 먼저 오피스텔은 교통편만 편리해도 공실이 잘 나지 않는다. 출퇴근을 위한 전철역을 도보로 이용할 수 있는 입지라면 공실 위험이 매우 낮다. 둘째, 주변에 대규모 추가 공급이 없는지 따져봐야 한다. 교통, 상권, 주거시설 등의 기반 시설이 이미 꽉 찬 지역은 추가 공급이 어렵다. 종로구, 중구, 강남구 등이 그런 지역이다.

하지만 개발 택지가 여전히 많은 신도시는 추가 공급이 계속 진행되고 있다. 이로 인해 수요가 추가 유입될 가능성도 높지만 수요 증가보다 공급이 더 많을 경우 공실의 위험도 커진다. 최근 오피스텔 분양 광고를 보면 시세가 싸고 확정 수익률을 보장해준다는 문구가 있다. 광고 내용에 수익성 보장이 강조된 오피스텔은 한 번 더 검토해야 한다. 임차 수요가 낮고 교통이 불편한 지역일 가능성이 높기 때문이다.

오피스텔의 최고 투자 전략은 추가 공급이 어려운 기존 도심의 역세권 입지를 선점하는 것이다. 비싸더라도 꾸준한 월세 확보는 물론 시세 상승까지 기대할 수 있다. 오피스텔 투자 결정 시 입지가 가장 중요하다. 여기에 목적을 분명히 해야 한다.

2003~2005년 일산신도시에 엄청난 규모의 오피스텔이 입주했다. 일산에서는 장항동과 백석동이 메인 오피스텔 지역이다. 호수공원과 라페스타, 웨스턴돔 등의 차별화된 상권, 그리고 사법연수원, 공무원연수원 등 고정된 임차 수요층, MBC 방송국 입주 등은 장항동 오피스텔 지구의 전성시대를 열었다. 당시 오피스텔 수익률은 7~8% 전후였다.

전국 오피스텔 공급(예정) 물량(2017~2028년)

| | 전국 | 서울특별시 | 세종특별시 | 광주광역시 | 대구광역시 | 대전광역시 | 부산광역시 | 울산광역시 | 인천광역시 |
|---|---|---|---|---|---|---|---|---|---|
| 재고량 | 1,270,770 | 370,052 | 4,602 | 19,961 | 33,197 | 20,897 | 136,442 | 15,618 | 142,644 |
| 2017년 | 73,314 | 20,191 | | 401 | 3,105 | 21 | 7,455 | 2,076 | 9,227 |
| 2018년 | 97,609 | 17,786 | | 918 | 1,316 | 695 | 9,249 | 2,548 | 10,692 |
| 2019년 | 110,331 | 19,289 | 232 | 529 | 1,278 | 1,669 | 11,248 | 1,727 | 15,406 |
| 2020년 | 97,924 | 22,203 | 426 | 1,200 | 2,010 | 187 | 10,158 | 804 | 13,254 |
| 2021년 | 77,378 | 20,889 | 472 | 3,374 | 3,288 | 300 | 11,667 | 862 | 7,476 |
| 2022년 | 54,352 | 14,486 | | 3,433 | 2,909 | 548 | 4,989 | 649 | 6,185 |
| 2023년 | 56,612 | 14,203 | 33 | 2,103 | 3,417 | 1,848 | 5,699 | 240 | 8,944 |
| 2024년 | 34,285 | 5,844 | 360 | 250 | 2,927 | 1,269 | 1,790 | 377 | 3,593 |
| 2025년 | 37,307 | 4,498 | | 623 | 1,784 | 1,332 | 1,837 | | 7,916 |
| 2026년 | 12,910 | 1,417 | | | 590 | 660 | 1,683 | 799 | 1,860 |
| 2027년 | 6,447 | 1,190 | | | | | | | 1,404 |
| 2028년 | 5,077 | 412 | | | | 961 | 2,350 | | 630 |

대출까지 활용하면 10%가 훌쩍 넘었다.

당시 일산 같은 신도시와 서울의 오피스텔은 다른 길을 걷고 있었다. 수익률은 일산이 높았지만 서울 도심 오피스텔은 시세 상승 가능성을 가지고 있었다. 이런 경우 의사 결정을 해야 한다. 서울이 아닌 지역은 시세 상승이 어렵다. 대신 월세 수익률은 더 높다. 서울은 수익률이 낮다. 다만 시세가 오를 가능성이 더 높다.

연령대별로 투자 성향이 달라진다. 연령대가 높은 분들, 특히 은퇴한 경우 시세 차익보다는 수익형으로 접근한다. 직장이 있는 젊은 분들은 시세 차익을 위주로 접근한다. 일산 오피스텔의 매매가는 거의 변동이 없었다. 같은 기간 서울은 2배 가까이 시세가 상승했다. 다만 월세 수익률은 훨씬 더 낮아졌다. 월세가 오르지 않았기 때문이다. 이것도 오피

| | 강원특별자치도 | 경기도 | 경상남도 | 경상북도 | 전라남도 | 전북특별자치도 | 충청남도 | 충청북도 | 제주도 |
|---|---|---|---|---|---|---|---|---|---|
| 재고량 | 9,455 | 394,113 | 33,079 | 10,328 | 14,985 | 6,494 | 34,905 | 11,471 | 12,517 |
| 2017년 | 693 | 19,820 | 2,339 | 2,251 | 156 | 296 | 2,178 | 1,434 | 1,671 |
| 2018년 | 1,196 | 41,012 | 3,617 | 610 | 184 | 184 | 5,614 | 641 | 1,347 |
| 2019년 | 811 | 47,101 | 3,233 | 430 | 2,723 | 364 | 1,947 | 664 | 1,680 |
| 2020년 | 1,628 | 34,313 | 4,441 | 94 | 1,465 | 1,535 | 2,310 | 1,075 | 811 |
| 2021년 | 314 | 23,610 | 520 | 189 | 25 | 1,147 | 2,039 | 208 | 998 |
| 2022년 | 509 | 17,521 | | 292 | 1,580 | 392 | 812 | | 47 |
| 2023년 | 28 | 17,314 | 511 | 281 | | 233 | 1,507 | 105 | 146 |
| 2024년 | 80 | 13,689 | 240 | 377 | 324 | 127 | 2,528 | 370 | 140 |
| 2025년 | | 16,464 | 629 | | | | 2,084 | 140 | |
| 2026년 | | 4,819 | 44 | | 496 | 126 | 416 | | |
| 2027년 | | 1,048 | | | | | 2,571 | 234 | |
| 2028년 | 640 | | | | | | | 84 | |

스텔을 선택하는 기준이 될 것이다.

그럼에도 불구하고 오피스텔의 최초 매수 목적은 월세 수익이어야 한다. 시세가 오르더라도 그것은 플러스 알파, 즉 보너스여야지, 시세 차익을 목적으로 접근하면 오피스텔 투자의 한계가 틀림없이 존재하기 때문이다.

# 비아파트 수익형 부동산 투자해도 될까?

주택과 달리 잘못 투자하면 원금 회수 어려울 수 있어
완전히 다른 접근법 필요

오피스텔, 지식산업센터, 생활형 숙박시설 등 수익형 부동산에 어떻게
투자해야 할까?

최근 들어 가장 많이 받는 질문 중 하나다. 하지만 이렇게 "수익형 부
동산 투자 방법을 알려주세요"라고 하면 답변을 제대로 할 수 없다. 어
떤 부동산이든 가장 중요한 건 입지인데 입지 요소를 제외한 전체 평균
에 대한 답변은 의미가 없기 때문이다.

이렇게 질문하는 경우 질문자의 의도는 두 가지일 것이다. 먼저 위의
수익형 부동산 상품들이 과연 투자 가치가 지속적으로 있느냐는 것이
고, 두 번째는 수익형 부동산으로 수익성이 양호한 입지를 알려달라는
속마음일 것이다.

경기도 고양시 덕양구 현대테라타워DMC(지식산업센터) 조감도

　어떤 부동산이든 해당 상품의 꾸준한 수요가 있는 곳이라면 투자를 고려해봐도 좋을 것이다. 여기에 한 가지 조건만 추가하면 된다. 공급이 수요를 크게 초과한 곳인지만 따져보는 것이다.

　먼저 어떻게 수요가 있는 지역을 선별할지 살펴보자. 수요가 풍부한지는 그 지역의 뉴스만 꾸준히 봐도 알 수 있다. 한 달 이상만 지역 뉴스를 보면 현재 가장 이슈가 되는 지역들이 여러 번 중복된다.

　지역적 이슈에는 두 가지가 있다. 하나는 공급이 지속적으로 되는 지역, 즉 분양 현장들이다. 다른 하나는 공급이 되지 않아 지역적으로 문제가 되는 지역이다. 당연히 수익형 부동산은 분양이 많은 지역보다는 공급이 원활치 않은 지역에 우선적으로 관심을 가져야 할 것이다.

　두 번째, 수요 대비 공급이 많은지 체크하는 방법은 그 지역의 해당 상품 부동산의 공실 상태를 확인하는 것이다. 여기에 부동산의 시세와 수익률까지 확인하면 완벽한 수요 조사가 된다.

이 두 가지 체크포인트를 확인한 후 오피스텔, 지식산업센터, 생활형 숙박시설 등 수익형 부동산 투자 관련 의사 결정을 하면 된다. 물론 지역별로 수요와 공급의 밀도가 다르기 때문에 다른 지역을 같은 기준으로 평가하면 안 된다. 지역별 시장 현황을 살펴야 하는 이유다.

먼저 오피스텔은 지역마다 다르겠지만 2003년 전후 대량 공급이 있었고, 2011년 전후로 또 한 번의 대량 공급이 있었다. 대량 공급 1~2년 후에는 어김없이 시세 하락 시기가 있었다. 최근 오피스텔 시장을 보면 2020년 이후 대량 공급이 있었다.

두 번째, 지식산업센터는 일반적인 입지의 부동산 상품이 아니다. 따라서 지식산업센터는 이 시설이 필요한 지역만 봐야 한다. 예를 들면 오피스 기능을 하는 공장이 많은 지역이다.

지식산업센터 수요층은 소형 오피스 시설은 필요한데 종로구·중구 같은 도심, 여의도 같은 금융가, 테헤란로 같은 강남권 핵심 업무 시설이 밀집한 지역은 시세가 높아서 부담스러워하는 이들이다. 다시 말해 이런 핵심 지역과의 접근성이 좋으면서, 동시에 업무 시설 수요가 밀집된 입지가 아니라면 지식산업센터는 대체로 수요가 많지 않다. 다른 수익형 상품보다 더 많은 수요 조사를 해보고 접근해야 한다.

셋째, 생활형 숙박시설은 외국인 관광객이 급증하면서 최근 10년 내에 새롭게 부각된 부동산 상품이다. 신문에서 광고를 본 적이 있을 것이다. '연 수익률 10% 보장!' 정말 광고대로 수익이 난다면 이만한 투자 상품이 없을 것이다. 현재 은행 예금 금리가 3% 이하인 점을 감안하면 어마어마한 수익률이다.

문제는 수익형 호텔 운영사가 늘 꾸준한 수익을 낼 수 있느냐는 점이다. 바꿔 말하면 손실이 발생했을 때도 언제까지 수익을 보장해주는지 확인해야 한다. 수익률 보장 기간은 대부분 3년 미만이다. 결국 보장 금액은 이미 분양가에 포함돼 있다고 생각해야 한다.

또한 문재인 정부에서 주택의 수요 대비 공급이 부족한 지역 중 생활형 숙박시설을 일반 주거시설로 사용하는 것에 대해 느슨한 규제를 한 적이 있다. 하지만 생활형 숙박시설은 숙박시설이기 때문에 주거시설로 전용하면 안 된다. 그래서 주거시설 전용 목적으로 매수한 세대들은 큰 곤경을 겪고 있다. 확정되지 않은 법안을 무작정 기대하고 투자하는 것은 절대 해서는 안 될 태도다. 수익형 부동산 투자에서 가장 고려해야 할 포인트는 희망 시기에 매도가 가능한지 여부다.

당장 눈앞에 보이는 높은 수익률만을 고려하고, 추후 발생할 수 있는 리스크를 간과한다면, 그건 투자가 아니라 애물단지를 가진 것이 될 수도 있다. 거주용 부동산에 대해 잘못된 선택을 하면, 최악의 경우 그 집에 그냥 거주하면 된다. 그리고 말도 안 되는 입지만 아니라면 가격만 조정하면 임대나 매매가 성사될 가능성이 매우 높다.

하지만 수익형 부동산은 가격과 무관하게 매매가 잘 안될 수 있다. 단적인 사례로 과거 테크노마트, 와우쇼핑몰 등 테마형 복합쇼핑몰의 개별 상가들, 즉 분양가가 몇억 원씩 하던 부동산 상품들이 몇백만 원, 몇십만 원에 경매 물건으로 나온 것을 본 적이 있을 것이다.

수익형 부동산 상품 중 수요가 영원한 곳은 없다. 항상 매도 전략까지 염두에 두고 수익형 부동산에 접근해야 한다.

2019~2021년 수익형 부동산 공급이 많았다. 아파트 투자 규제가 극단적으로 심해지자 대체 부동산 상품으로 수익형 부동산에 대한 수요가 급증했기 때문이다. 신규 오피스텔 공급이 많지 않던 경기도, 인천의 오피스텔 시세까지 상승하기도 했다.

지식산업센터에 대한 정보 하나 없이 입지, 수요를 전혀 분석하지 않고 묻지 마 투자를 하기도 했다. 그것도 공동 투자로 말이다. 결국 투자 수요층과 공급량의 급격한 증가는 수익형 부동산의 분양과 수익률에 문제를 발생시켰다. 수익형 부동산을 매수하고자 하는 수요는 증가하지 않고 공급만 많아져 수익률도 감소했다.

그렇다면 향후 수익형 부동산에 투자하면 안 되는 것인가? 그렇지 않다. 수익형 부동산 투자 시에는 딱 한 가지만 체크하면 된다. 앞서 오피스텔과 마찬가지로 '공실 가능성'이 바로 그것이다. 공실 가능성에 대해서는 또다시 두 가지만 고려하면 된다. 이용 수요와 추가 공급 여부다.

수익형 부동산의 1차적 투자 목적은 임대 수익률이어야 한다. 임대는 월세 수익을 목적으로 해야 한다. 수익형 부동산 투자의 목적을 시세 차익에 두면 성공 확률이 너무 낮다. 월세 수익이 목적이라면 공실이 나면 안 된다. 그래서 이용 수요가 많은 지역이어야 한다.

일자리 지역이거나 일자리로 가는 역세권이 가장 좋은 입지다. 수익형 부동산은 아파트 등 주거 부동산과는 접근 방법이 다르다. 입지 분석 조건도 다르고 매수·매도 타이밍도 다르다는 점을 반드시 기억하자.

# 11 '오르락내리락' 판단 안 서는 주상복합 매수 방법

**핵심부터 말하자면**

주상복합도 소비자 취향 따라 선택권이 갈린다.
주상복합만의 수요를 분석해야 한다.

최근 주상복합에 대한 문의가 많이 들어온다. 정리하면 두 가지다.

첫째, 주상복합을 어떻게 보는가? 실거주 및 투자 가치 양쪽 모두 궁금하다. 둘째, 용적률 300%가 넘는 주상복합 아파트도 향후 재건축이 가능할까? 노후화되면 수요가 줄지 않을까?

주상복합이 무조건 고급이던 시대는 지났지만, 가능성이 없는 것도 아니다. 서울은 완전히 질적 시장이라고 여러 번 이야기했다. 좋은 것과 나쁜 것에 대한 기준을 개개인이 스스로 결정한다. 좋은 것에는 더 많은 돈을 지불하고, 나쁜 것은 저렴해도 매수하지 않는다.

2000년대 중반까지만 하더라도 아파트 상품을 선택하는 기준이 많지 않았다. 판상형 아파트가 대부분이던 시기였으니까. 이전에 없던 상품이면 무조건 더 비싼 줄 알았던 시장이었다. 건설사들은 그렇게 홍보했다.

예를 들면 이런 것이다. "조망이 좋다." 그러면 조망권 프리미엄 때문에 분양가가 더 비싸다. "LDK(Living·Dining·Kitchen) 구조다." "타워형 평면이다." "신평면이다." 이렇게 하면 성냥갑 같은 기존 평면보다 좋아 보이기 때문에 분양가가 더 비쌌다. 이렇게 홍보해도 소비자는 그러려니 했다. 분양가가 비싸도 수용했다.

이제 소비자도 다 안다. 아파트에 여러 번 거주한 경험이 있기 때문이다. 웬만한 조망권보다 남향이 좋다는 것을 알고, LDK 구조 타워형보다 옛날의 판상형이 생활하기에는 더 편하다는 것을 안다. 조망권을 선택하는 소비자도, 타워형을 선택하는 소비자도 있다. 자신이 좋아서 선택하는 것이다. 과거처럼 모르고 선택하는 것과는 질적으로 다르다. 선택한 것에 대해 개인이 책임지는 시장이다.

주상복합도 마찬가지다. 과거에는 고급 아파트의 전형으로만 알았기 때문에 비싸다고 생각한 시대가 있었다. 타워팰리스가 고급 아파트의 대명사가 될 수 있었던 이유다. 타워팰리스는 2000년대 내내 가장 비싼 아파트 중 하나였다. 그런데 지금의 위상은 어떤가? 과거 많은 유명인이 살았던 아파트로 유명할 뿐이다.

타워팰리스가 있는 도곡동, 대치동 권역에서 현재 가장 비싼 아파트는 래미안대치팰리스다. 타워팰리스 50평형대보다 래미안대치팰리스 30평형대가 훨씬 시세가 높다. 이것이 주상복합의 현재 위상을 보여주는 사례다. 타워팰리스가 이 정도면 다른 주상복합도 크게 다르지 않을 테니까.

주상복합은 용도상 주거 지역이 아니라 상업 지역에 건설되는 부동산이다. 용적률이 높기 때문에 높게 지을 수 있고, 높게 건축하기 위해 더 많은 설비 기술이 들어간다. 원가가 일반 아파트보다 비싸니 분양가가 높을 수밖에 없다. 하지만 태생 자체가 주거 입지가 아니므로 주거 쾌적성·편리성은 떨어질 수 있다. 주거 쾌적성·편리성만 보면 일반 아파트가 더 생활하기 좋은 입지일 확률이 높다.

정리해보자. 비싸고 생활 쾌적성이 상대적으로 낮은 주상복합에서 거주하고 싶은 사람이 많을까, 상대적으로 싸고 생활 쾌적성이 높은 일반 아파트에서 거주하고 싶은 사람이 많을까? 정답은 없다. 소비자 취향대로 선택할 테니 말이다.

이런 예상은 가능하다. 3~4인 가족, 특히 자녀가 학교에 다니는 세대는 일반 아파트가 편리할 확률이 높겠지만, 1~2인 가구라면 주상복합이 더 편리할 수 있다. 예전에는 주상복합이면 베란다가 없고 맞통풍이 안되어 불만이 많았다. 요즘은 과거랑 다르다. 상품 수준이 많이 발전했다.

세대 내부 상품성을 논외로 한다면 주상복합의 장점이 꽤 많다. 무엇보다 중앙 로비 시스템이기 때문에 보안이 철저하다. 저층이 상가이므로 상가 이용이 편리하다. 대형 마트나 쇼핑몰 등의 상권이 형성되어 있고, 거기에 역세권이라면 원스톱 생활 주거 공간이 된다. 엘리베이터로 이 모든 생활이 가능하다. 일반 아파트에서는 구현되지 않는 시스템이다.

나이가 있는 은퇴 세대에게는 일반 아파트보다 주상복합이 합리적인 선택이 될 수 있다. 은퇴한 뒤에는 일반 아파트 투자로 시세 상승을 기대하는 것보다 생활 편의성이 더 중요한 요소이기 때문이다.

주상복합의 재건축은 어떨까? 여기에는 확실한 가치가 뒷받침해야

송파구 잠실동 잠실주공5단지 재건축 조감도

가능하다. 타워팰리스가 재건축이나 리모델링이 될 수 있을까? 충분히 가능하다고 생각한다. 일반 아파트와 똑같다. 지금 매매 가격에 추가 분담금을 더해 재건축 또는 리모델링으로 미래 가치가 투입 비용보다 높아진다는 확신이 들면 타워팰리스든 삼성동 아이파크든 입지 가치가 높은 곳은 상품 가치를 높이려 할 것이다.

단, 비싼 땅이기 때문에 비싸게 공급될 수밖에 없고, 비싼 돈을 주고 들어가서 살고 싶을 정도로 대외적인 매력을 갖춰야 한다. 비싼 상업지에서 무엇이 가장 중요할까? 교통망이다. 도로든 전철이든 확실한 교통망이 있어야 한다.

요약하면 주상복합일 때 오히려 더 좋은 평가를 받을 수 있는 입지가 있다. 주상복합을 좋아하는 수요층이 있다. 이제 주상복합에도 관심을 가져야 한다.

## 서울·수도권 주요 주상복합 아파트

| 지역 | | 단지명 | 총 세대수 | 평단가(만 원) | 입주 시기 |
|---|---|---|---|---|---|
| 강남구 | 삼성동 | IPARK | 449 | 10,000 | 2004.05. |
| | 도곡동 | 타워팰리스1차 | 1,297 | 7,000 | 2002.01. |
| 서초구 | 서초동 | 아크로비스타 | 757 | 5,400 | 2004.06. |
| 송파구 | 잠실동 | 갤러리아팰리스 | 741 | 5,000 | 2005.01. |
| 용산구 | 용산동 | 파크타워 | 888 | 7,600 | 2008.10. |
| 양천구 | 목동 | 하이페리온 | 466 | 6,000 | 2003.07. |
| 영등포구 | 여의도동 | 롯데캐슬아이비 | 445 | 5,000 | 2005.12. |
| 광진구 | 자양동 | 더샵스타시티 | 1,177 | 5,000 | 2007.01. |
| 성남시 분당구 | 정자동 | 파크뷰 | 1,829 | 5,400 | 2004.06. |

# 12 | 하락한 적 없는 확실한 상품, 토지

**핵심부터 말하자면**

눈높이를 낮춰야 한다.

인플레이션 근처면 충분하고 그 이상은 플러스 알파다.

이런 식의 토지 투자는 성공 확률이 매우 높다.

상대적으로 하락 확률이 낮은 부동산으로 토지가 있다. 토지의 가치는 지금까지 하락한 사례가 거의 없다. 완전히 한정된 재화인 데다가 공급 자체가 비탄력적이기 때문이다. 결국 수요 대비 공급이 비탄력적인 부동산에 투자하면 된다. 토지는 투자 공부를 하면 보람이 있는 영역 중에 하나다.

나는 2005년 공인중개사 시험 공부를 하면서 공법이란 분야를 처음 알게 되었고 공법을 통해 토지 공부를 한 것이 지금 부동산 리서치에 가장 큰 도움이 되었다. 공법 중 가장 중요한 것을 딱 하나만 고르라고 하면 바로 용도 지역이다.

용도 지역은 어떤 땅에든 늘 따라다니는 꼬리표다. '용도(用途)'란 '쓰이는 길', '쓰이는 곳'이라는 의미다. 결국 땅의 쓰임을 정해놓은 것이 용도 지역인데, 우리나라 국토는 쓰임에 따라 다양한 용도 지역으로 나뉘어 있다.

먼저 토지 투자자라면 '모든 땅은 하나의 용도 지역을 갖고 있다'는 점을 알아야 한다. 용도 지역이 없는 땅은 없다. 용도 지역을 두 개 갖고 있는 땅 또한 없다. 간혹 한 개 필지에 두 개 이상의 용도 지역이 있는 경우가 발견되지만, 서로 다른 분야일 경우만 가능하다.

다음으로 투자 가능한 용도 지역과 그렇지 못한 용도 지역을 구분해야 한다. 용도 지역은 도시 지역과 비도시 지역으로 나뉜다. 도시 지역은 다시 주거 지역, 상업 지역, 공업 지역, 녹지 지역으로 나뉘고, 비도시 지역은 관리 지역, 농림 지역, 자연환경 보전 지역으로 나뉜다.

토지 투자의 대상은 아직 가치가 낮지만 향후 개발 가능성이 높은 곳이다. 이게 토지 투자의 포인트다. 개발 가능성 있는 녹지 지역과 관리 지역, 혹은 현재는 비도시 지역이지만 도시 지역으로 편입될 수 있는 땅을 찾아야 한다. 결국 용도 지역이 땅의 미래 가치를 결정하는 것이다.

"저는 토지 투자를 안 할 건데 토지 공부를 해야 하나요?"라고 묻는 독자들이 있다. 물론이다. 공부해야 한다! 다른 건 몰라도 용도 지역만큼은 확실하게 이해해야 한다. 그래야 아파트든, 오피스텔이든, 상가든, 다세대·빌라든 그 가치를 제대로 알고 평가할 수 있다. 모든 땅에 가장 수요가 많은 상품인 아파트를 지으면 될 텐데 어떤 땅에는 왜 주거형 오피스텔을 짓는지만 알아도 토지 공부를 한 효과가 있다. 아파트는 주거 지역에, 오피스텔은 상업 지역에만 건설이 가능하기 때문이다.

토지에 투자한다는 것은 그 땅을 영원히 소유하겠다는 것이 아니다. 매입 시세보다 매도 시세가 충분히 높다고 판단되는 타이밍이 되면 매도하는 것이다. 이 원리는 상가도 주택도 마찬가지다. 다만 상가는 보유하고 있는 동안의 월세 수익 목적이 조금 더 높고, 주택은 거주 목적으로도 활용 가능하다는 차이점이 있다. 그렇지만 상가, 주택을 포함한 모든 부동산 투자의 기본은 지대(地代), 즉 토지 가격의 상승이다.

토지 투자로 시세 차익을 볼 수 있는 경우는 두 가지가 있다.

첫째, 시장 가격으로 매입하고 인플레이션 혹은 호재가 반영되어 시세가 오른 후 매도하는 경우다.

둘째, 경매·공매 등을 통해 일반 가격보다 낮은 가격에 매입하고 시장 가격으로 매도하는 경우다.

두 번째 방법으로 매입해서 첫 번째 조건으로 매도한다면 가장 큰 수익을 올릴 수 있을 것이다. 그래서 토지 투자자들은 대부분 일반 매매뿐 아니라 경매·공매 방법도 활용한다. 경매·공매는 어떤 경우든 배워두면 요긴하게 활용할 수 있다.

미래 가치 추정을 위한 호재를 파악하려면 뉴스를 꾸준히 봐야 한다. 뉴스 중에서도 개발 사업에 대한 기사는 초기부터 체크해두어야 한다. 물론 개발 관련 기사가 나왔다고 호재 단계에서 바로 매입해서는 안 된다. 개발 사업은 행정 계획이 구체적으로 진행되고 결국 사업 시행자가 결정된 후에 진행된다.

이 부분이 미래 가치 토지 투자법의 포인트다. 호재 단계에서 매입해 손해를 보는 투자자가 의외로 많다. 조금 늦은 것 같지만 행정 계획이 구체화되고 사업 시행자가 결정된 후에 매입해도 충분하다.

그럼 어떤 토지를 봐야 할까? 지금은 도시 지역이 아니지만 규제가 적기 때문에 도시 지역으로 바뀔 여지가 큰 녹지 지역이나 관리 지역에 관심을 가져야 한다. 규제가 도시 지역보다 더 많은 임야(산), 즉 보전 녹지, 보전 관리 지역은 개발될 가능성이 매우 낮기 때문에 공부하다 끝나는 경우가 많다. 따라서 도시 지역으로 변경될 가능성이 높은 토지를 선별해내는 것이 결국 토지 투자의 핵심이다.

정리하면 이렇다. 개발 가능성이 높은 생산 녹지, 자연 녹지, 생산 관리, 계획 관리, 취락 지구, 주거 개발 진흥 지구, 개발 제한 구역 등의 용도 지역이 택지개발촉진법, 도시개발법, 도정법, 지구 단위 계획, 용도 지역 상향, 규제 완화·해지 등을 거쳐 주거 지역, 상업 지역, 공업 지역으로 용도 변경될 수 있는 토지에 투자해야 한다. 그러기 위해서는 뉴스를 통해 이런 과정을 계속 체크해야 한다.

# 제5장

# 입지

부동산의 본질은
결국 입지다

"맹모삼천지교." 젊을 땐 미덕의 이야기쯤으로 흘려들었다. 노력하면 된다, 의지만 있으면 어디서든 해낼 수 있다고 믿었다. 나이가 들고 삶의 궤적을 더 듬어보니 깨닫는다. 주소가 바뀌면 시간표가 바뀌고, 시간표가 바뀌면 관계가 바뀐다. 관계가 바뀌면 결국 인생의 기울기가 달라진다. 이사는 성적표를 위한 사건이 아니라, 삶의 설계를 통째로 갈아엎는 결심이었다.

우리 부모님 세대는 웬만하면 한 지역에서 평생을 보냈다. 지방은 더 그랬지만 서울 같은 대도시도 사정이 크게 다르지 않았다. 한번 자리를 잡으면 이사를 하지 않거나, 하더라도 인근으로 돌았다. 새로운 환경이 두려워서만이 아니라, 이미 쌓인 인간관계와 동선의 관성에서 벗어나는 일이 생각보다 막대한 비용을 요구했기 때문이다. 그래도 어떤 집들은 과감히 떠났다. 그 결정의 차이가 한 집안의 방향을 바꾸어나갔다. 그리고 그 변화는 지금도 반복되고 있다. 좋은 입지는 사람을 끌어들이고 나쁜 입지는 사람을 밀어낸다.

나는 때때로 이런 상상을 한다. 만약 과거 어느 갈림길에서 다른 동네를 선택했다면 우리 가족의 시간표는 어떻게 달라졌을까. 학교는 어디였을까, 친구는 누구였을까, 출근길은 몇 분이었을까. 그 상상의 끝에 남는 건 단순한 아쉬움이 아니다. 입지의 힘에 대한 경외다.

집은 벽과 지붕으로 이루어지지 않는다. 집은 동선과 분위기와 시간으로 만들어진다. 아침에 문을 나와서 횡단보도에서 신호가 몇 번 바뀌는지, 환승 통로의 폭과 경사는 어떤지, 저녁에 골목을 돌아들 때 시야가 얼마나 트이는지, 비가 오면 하수가 역류하지는 않는지. 입지는 좌표가 아니라 네트워크라는 말은 그래서 탄생한다. 지도 위의 점 하나가 아니라, 점과 점을 잇는 수많은 선(線)의 질이 결국 삶의 질을 결정한다.

지난 몇 년간 시장은 크게 흔들렸다. 금리는 오르내렸고, 정책은 바뀌었다가 되돌아왔고, 공급의 약속은 늘 뉴스의 언저리를 맴돌았다. 그러나 한 가지는 더 선명해졌다. 가격은 결과, 입지는 원인이라는 명제다. 대출 규제가 양쪽으로 움직여도, 세금이 깎였다 올랐다 해도, 좋은 입지의 방향성은 흔들리지 않는다. 잠깐 멈출 수는 있어도 길을 잃지 않는다. 반대로 나쁜 입지는 호황기에 잠시 부풀다가 조정기에 힘없이 꺼진다.

입지를 판단하는 기준 또한 과거와 달라졌다. 한때는 학군 하나로, 역세권 한 단어로 주소의 가치를 재단했다. 지금은 입지가 복층 구조다. 직장이 어디에 붙어 있는지, 그 일자리가 고용과 임금의 질이라는 측면에서 얼마나 끈질긴지, 클러스터의 힘이 얼마나 단단한지, 환승은 몇 번이며 문에서 문까지 실제로 얼마나 걸리는지, 밤길의 안전과 보행의 연속성은 어떠한지, 종합병원과 응급센터, 공원과 도서관, 체육시설과 문화공간까지의 체감 거리가 어떤지, 폭우와 폭염 같은 기후 변수 앞에서 지형과 배수는 버텨주는지. 입지의 평가는 더 미세해지고 그래서 더 정교해졌다. 호재의 기사 한 줄로 흥분하던 시대는 끝났다.

학군도 의미가 확장됐다. 단순한 성적 지표를 넘어, 공부가 일상인 분위기가 있는지, 아이들이 사용하는 언어의 결이 어떤지, 학교와 동네 어른들이 서로의 경계를 얼마나 잘 지켜주는지, 학원과 공공 교육이 어떻게 교차하는지.

욕설이 소음인 동네와 대화가 공부인 동네는 아이를 다른 방향으로 자라게 한다. 노력으로 그 차이를 메우는 일은 가능하다. 다만 그 노력의 비용은, 처음부터 환경을 고르는 비용보다 늘 더 크다. 그래서 분위기 프리미엄은 느리게 오르지만 오래간다.

서울과 수도권의 동선은 지금 두 갈래로 선명해졌다. 하나는 15분 도시의 길이다. 집, 일, 돌봄, 여가가 한 생활권에서 촘촘히 겹치는 방식. 다른 하나는 45분 초광역의 길이다. GTX와 광역철도가 일자리와 주거를 멀리서 효율적으로 엮는 방식. 두 길은 경쟁하는 것이 아니라 보완한다. 중요한 건 어느 길이냐가 아니라, 내가 사는 주소가 어떤 방식으로 '가까움'을 제공하느냐다.

정비사업과 뉴타운, 역세권 복합개발은 단지의 흙과 벽만 바꾸지 않는다. 주소의 신분을 바꾼다. 집의 질이 한 단계 올라가면 사람의 구성이 바뀌고, 구성이 바뀌면 동네의 규칙이 바뀌고, 규칙이 바뀌면 가격의 언어가 바뀐다. 나중에 들어온 사람은 과거를 모른다. 현재의 질로만 판단한다. 그래서 질의 상승은 기억을 이긴다. 과거의 낙인이 현재의 상품성을 이기지 못한다. 반대로 현재의 상품성이 없다면 과거의 명성도 오래가지 못한다. 입지는 과거의 신화가 아니라 현재의 생활이다.

입지는 또한 위험의 지도를 포함한다. 우리는 이제 알아야 한다. 하천의 방향과 고도의 높낮이, 저지대의 범람 가능성, 지하차도의 위치와 배수의 설계, 바람길과 그늘의 배치, 열섬의 정도와 녹지의 퍼짐. 기후의 변수는 곧 비용의 상수가 된다. 비가 오면 불안한 곳, 더우면 지치는 곳, 눈이 오면 고립되는 곳. 이런 주소의 할인은 천천히 오지만, 오고 나면 크고 오래간다. 보험료와 관리비, 수선의 간격이 쌓여 결국 시세에 반영된다. 입지는 편의만이 아니라 회복탄력성까지 포함한 개념이다.

일터의 변화도 빼놓을 수 없다. 재택근무와 하이브리드가 확산되었다고들 하지만, 중요한 일은 여전히 중요한 곳에서 벌어진다. 강북의 직장이 북서·북동 생활권을 당기고, 강남의 직장이 남동·남서 생활권을 당긴다. 그 큰 흐름을 거슬러 살면, 매일의 체력이 새고 관계가 느슨해지고 기회가 멀어진다. 그래서 입지는 취향이 아니라 생존이다.

앞으로 10년, 시장은 더 자주 출렁일 것이다. 금리의 리듬은 빨라지고, 정책의 박자는 자주 바뀔 것이다. 그러나 정책은 계절이고 입지는 기후다. 계절은 금방 변하지만 기후는 방향을 만든다. 그래서 우리는 계절을 맞는 옷장을 열기 전에, 기후를 고려한 집을 골라야 한다. 실수요의 두께가 버팀목이 되는 곳, 생활의 네트워크가 끊기지 않는 곳, 기후의 변수 앞에서도 쉽게 무너지지 않는 곳. 그런 주소가 결국 자산을 지킨다.

# 01 입지를 가르는 다섯 가지 프리미엄

시세 차익 기대하려면
교통·교육·상권·자연환경·상품성을 꼼꼼히 따져봐야 한다.

부동산에서 처음으로 '프리미엄'이라는 단어를 사용한 것은 분양권 시장이다. 프리미엄은 분양 가격과 실제 분양권 매도 가격 간의 차액, 즉 부가적 이익을 말한다. 매수 금액보다 높은 시세 차익을 기대한다는 의미다. 시세 차익을 얻기 위해서는 어떤 상품에 프리미엄이 많이 생길지를 고려해야 한다.

첫째, 교통 프리미엄이 있다. 대중교통 접근성이 좋을수록 프리미엄이 높다. 교통 프리미엄을 확보하려면 세 가지를 활용해야 한다. 하나는 부동산 경기다. 부동산 경기가 좋지 않을 때는 역세권이든 비역세권이든 시세가 비슷한 경우가 많다. 역세권 프리미엄이 없어지는 때다. 역세권을 매수하기 위한 최적의 타이밍이라고 볼 수 있다.

그다음으로 교통 프리미엄이 발생할 지역을 선점하는 것도 중요하다. 대부분의 교통 프리미엄은 계획 단계부터 서서히 상승한다. 해당 지역에 교통 환경이 조성되고 10년이 지나면 기반 시설은 완숙된다. 그제야 교통수단으로서의 가치가 생긴다. 때문에 그 전에 매수하는 것이 좋다.

교통 프리미엄에도 등급이 있다는 것을 고려해야 한다. 전철망도 5등급으로 나뉜다. 1등급과 2등급 노선의 시세 차이는 있지만, 초기 프리미엄의 차이는 크지 않다. 2등급 노선을 주 타깃으로 하는 것도 하나의 전략이 될 수 있다.

둘째는 교육 프리미엄이다. 교육 환경에는 학교와 학원가가 있다. 학교는 두 가지로 이해하면 된다. 하나는 접근성이고, 다른 하나는 희망하는 학교의 입학 가능성이다. 두 요소를 갖춘 곳은 프리미엄이 된다. 특히 초등학교는 초품아(초등학교를 품은 아파트)에 프리미엄이 붙는다. 8차선 이상의 큰길을 건너야 등교할 수 있는 곳은 마이너스다. 중학교까지도 어느 정도 적용되지만 고등학교부터는 접근성에 대한 중요도가 낮아진다.

대형 학원가가 가까우면 프리미엄이 높다. 지역 학원도 어느 정도의 플러스가 된다. 학원가가 없는 것은 교육 측면에서 마이너스 요인이다. 대형 학원가 주변에는 원룸, 오피스텔, 소형 아파트 등의 임대가 많다. 월세 투자 선호층에게는 좋은 투자처가 된다.

세 번째는 상권 프리미엄이다. 상권이 생김으로써 발생하는 시세 차익을 의미한다. 주의할 점은 상권화되는 지역의 기존 주거 시설에는 프리미엄이 감소할 수 있다는 것이다. 환경 쾌적성과 교육 환경 측면에서는 마이너스 평가를 할 수밖에 없다. 따라서 상권 프리미엄을 따질 때는 플러스 프리미엄 지역과 마이너스 프리미엄 지역으로 나눠 생각해야 한다.

대형 유통 시설(백화점, 대형 마트, 복합쇼핑몰 등)이 들어오면 인근 주거지역에는 플러스 프리미엄이 발생한다. 스타필드 하남·고양 주변 지역이 대표적이다. 반면, 마이너스 프리미엄 상권도 있다. 상가가 하나둘 늘면 상권이 활성화되지만 주거 입장에서는 환경이 번잡해지고 쾌적성이 낮아질 수 있다. 대표적인 지역이 홍대 상권, 이태원 상권, 강남역 상권 등이다.

### 2024년 성장률 상위 20개 백화점 점포

| 총매출 순위 | 백화점명 | 전년 대비 성장률 | 총매출 순위 | 백화점명 | 전년 대비 성장률 |
|---|---|---|---|---|---|
| 2 | 롯데백화점 잠실점 | 10.5% | 13 | 신세계 아트&사이언스 | 2.4% |
| 9 | 더현대서울 | 8.2% | 4 | 롯데백화점 본점 | 2.3% |
| 1 | 신세계백화점 강남점 | 7.3% | 10 | 신세계백화점 본점 | 1.9% |
| 35 | 롯데백화점 김포공항점 | 5.4% | 50 | 롯데백화점 동래점 | 1.6% |
| 6 | 신세계백화점 대구점 | 5.1% | 34 | 롯데백화점 창원점 | 1.4% |
| 3 | 신세계백화점 센텀시티점 | 4.9% | 20 | 더현대대구 | 1.4% |
| 15 | 롯데백화점 인천점 | 4.8% | 8 | 현대백화점 본점 | 1.3% |
| 60 | 신세계백화점 마산점 | 3.9% | 54 | 신세계백화점 김해점 | 0.9% |
| 5 | 현대백화점 판교점 | 3.9% | 43 | 롯데백화점 청량리점 | 0.8% |
| 51 | 롯데백화점 대전점 | 3.2% | 7 | 현대백화점 무역점 | 0.4% |

## 2024년 국내 백화점 점포별 매출 및 성장률

| 순위 | 백화점명 | 2024년 매출(억 원) | 2023년 대비 성장률 | 2023년 매출(억 원) |
|---|---|---|---|---|
| 1 | 신세계백화점 강남점 | 32,325 | 7.3% | 30,130 |
| 2 | 롯데백화점 잠실점 | 30,471 | 10.5% | 27,569 |
| 3조 원 규모 | | | | |
| 3 | 신세계백화점 센텀시티점 | 20,619 | 4.9% | 19,651 |
| 4 | 롯데백화점 본점 | 20,534 | 2.3% | 20,074 |
| 2조 원 규모 | | | | |
| 5 | 현대백화점 판교점 | 17,314 | 3.9% | 16,670 |
| 6 | 신세계백화점 대구점 | 15,460 | 5.1% | 14,704 |
| 7 | 현대백화점 무역점 | 12,665 | 0.4% | 12,615 |
| 8 | 현대백화점 본점 | 12,016 | 1.3% | 11,864 |
| 9 | 더현대서울 | 11,994 | 8.2% | 11,085 |
| 10 | 신세계백화점 본점 | 11,921 | 1.9% | 11,693 |
| 11 | 롯데백화점 부산본점 | 11,847 | −2.0% | 12,092 |
| 12 | 갤러리아 명품관 | 11,725 | −1.5% | 11,904 |
| 1조 원 규모 | | | | |
| 13 | 신세계 아트&사이언스 | 9,510 | 2.4% | 9,285 |
| 14 | 신세계백화점 광주점 | 7,912 | −2.1% | 8,083 |
| 15 | 롯데백화점 인천점 | 7,891 | 4.8% | 7,527 |
| 16 | 신세계백화점 경기점 | 6,406 | −1.8% | 6,523 |
| 17 | 갤러리아 타임월드점 | 6,265 | −7.5% | 6,772 |
| 18 | 신세계백화점 타임스퀘어 | 6,138 | −5.4% | 6,488 |
| 19 | 현대백화점 목동점 | 6,096 | −6.7% | 6,536 |
| 20 | 더현대대구 | 6,072 | 1.4% | 5,989 |
| 21 | 갤러리아 광교점 | 5,256 | −12.9% | 6,034 |
| 22 | AK플라자 수원점 | 4,794 | −6.5% | 5,128 |
| 23 | 롯데백화점 평촌점 | 4,575 | −0.6% | 4,603 |
| 24 | 현대백화점 중동점 | 4,396 | −6.8% | 4,717 |
| 25 | 롯데백화점 동탄점 | 4,228 | −2.1% | 4,320 |
| 26 | 롯데백화점 노원점 | 4,156 | −3.4% | 4,304 |
| 27 | 현대백화점 울산점 | 4,073 | −4.9% | 4,282 |
| 28 | 신세계백화점 의정부점 | 3,921 | −2.4% | 4,019 |
| 29 | 롯데백화점 광복점 | 3,918 | −3.1% | 4,044 |
| 30 | 현대백화점 천호점 | 3,897 | −0.7% | 3,924 |
| 31 | 롯데백화점 수원점 | 3,806 | −2.0% | 3,882 |
| 32 | 현대백화점 충청점 | 3,600 | −4.7% | 3,777 |
| 33 | 현대백화점 킨텍스점 | 3,498 | −3.8% | 3,636 |

| 순위 | 백화점명 | 2024년 매출(억 원) | 2023년 대비 성장률 | 2023년 매출(억 원) |
|---|---|---|---|---|
| 34 | 롯데백화점 창원점 | 3,488 | 1.4% | 3,439 |
| 35 | 롯데백화점 김포공항점 | 3,469 | 5.4% | 3,291 |
| 36 | 롯데백화점 영등포점 | 3,382 | -4.8% | 3,552 |
| 37 | AK플라자 분당점 | 3,342 | -14.2% | 3,893 |
| 38 | 현대백화점 신촌점 | 3,297 | -6.3% | 3,520 |
| 39 | 갤러리아 센터시티점 | 3,287 | -2.9% | 3,385 |
| 40 | 신세계백화점 천안아산점 | 3,175 | -0.9% | 3,204 |
| 41 | 현대백화점 미아점 | 2,692 | -4.2% | 2,809 |
| 42 | 롯데백화점 전주점 | 2,674 | -3.2% | 2,762 |
| 43 | 롯데백화점 청량리점 | 2,647 | 0.8% | 2,626 |
| 44 | 롯데백화점 울산점 | 2,610 | -3.1% | 2,694 |
| 45 | 신세계백화점 하남점 | 2,582 | -2.0% | 2,634 |
| 46 | 롯데백화점 광주점 | 2,548 | -7.1% | 2,743 |
| 47 | 롯데백화점 강남점 | 2,456 | -6.2% | 2,617 |
| 48 | 현대백화점 디큐브시티점 | 2,089 | -9.4% | 2,306 |
| 49 | 롯데백화점 중동점 | 2,087 | -3.7% | 2,168 |
| 50 | 롯데백화점 동래점 | 2,022 | 1.6% | 1,990 |
| 51 | 롯데백화점 대전점 | 1,975 | 3.2% | 1,913 |
| 52 | 롯데백화점 대구점 | 1,885 | -9.4% | 2,080 |
| 53 | 롯데백화점 구리점 | 1,863 | -5.0% | 1,961 |
| 54 | 신세계백화점 김해점 | 1,851 | 0.9% | 1,835 |
| 55 | 롯데백화점 일산점 | 1,745 | -7.3% | 1,883 |
| 56 | 롯데백화점 안산점 | 1,688 | -4.9% | 1,775 |
| 57 | 롯데백화점 포항점 | 1,641 | -5.3% | 1,733 |
| 58 | 롯데백화점 분당점 | 1,623 | -7.8% | 1,760 |
| 59 | 롯데백화점 미아점 | 1,564 | -2.9% | 1,610 |
| 60 | 신세계백화점 마산점 | 1,528 | 3.9% | 1,471 |
| 61 | AK플라자 평택점 | 1,504 | -7.7% | 1,629 |
| 62 | 갤러리아 진주점 | 1,458 | -3.3% | 1,507 |
| 63 | 롯데백화점 건대스타시티점 | 1,451 | -4.1% | 1,513 |
| 64 | 롯데백화점 센텀시티점 | 1,327 | -0.5% | 1,334 |
| 65 | AK플라자 원주점 | 1,301 | -7.5% | 1,407 |
| 66 | 롯데백화점 상인점 | 1,232 | -5.9% | 1,309 |
| 67 | 롯데백화점 관악점 | 935 | -7.0% | 1,005 |
| 68 | 롯데백화점 동구점 | 798 | -13.2% | 919 |
| 총 68개점 | | 394,515 | 6.0% | 392,201 |

네 번째는 자연환경 프리미엄이다. 좋은 공기와 물이 있는 곳으로, 거주하거나 생활하기 좋은 곳에 산과 강이 있다면 최고의 입지가 된다. 서울의 남산과 한강도 플러스 프리미엄이다. 반대로 환경 자체가 불쾌함을 주는 경우도 있다. 녹지 공간이나 수경 공간이 전혀 없는 곳, 공장 밀집 지역, 상가만 있는 지역, 고압 전류가 발생하는 지역, 군부대 주둔 지역, 쓰레기 매립지, 그 외 비선호 시설이 있는 곳 등이 그렇다.

비선호 시설이 사라지는 입지라면 눈여겨봐야 한다. 마이너스에서 플러스로 전환될 수 있는 지역이기에 시세 상승 폭이 커질 수 있다. 쓰레기 매립지가 공원이 되는 지역, 군부대가 이전하는 지역, 발전소나 고압 전류 시설이 다른 시설로 바뀌는 지역 등은 관심을 가져야 한다. 쓰레기 매립지가 공원화되고 있는 인천 서구, 미군 부대 이전이 진행되

강남구 개포동 개포자이프레지던스

는 용산구, 당인리발전소가 지중화되는 마포구 등이 대표적인 예다.

마지막으로 상품 프리미엄이 있다. 상품 프리미엄의 발생 원리는 두 가지다. 생활의 편의성을 높이는 방향으로 상품이 구성됐다면 플러스, 번거로움이 많다면 마이너스다. 넉넉한 주차 공간 외에도 음식물 쓰레기를 직접 버리러 나가지 않고 주방에서 처리할 수 있는 시설이 갖춰졌다면 상품 프리미엄이 된다. 주변 단지보다 고급스럽다고 평가받는 경우에도 프리미엄이 발생한다. 생활의 번거로움을 덜어주는 상품, 주변 아파트 대비 고급스러움으로 차별화를 주는 상품이라면 가치가 높다.

# 02 서울도 모르면서 지방 투자?

**핵심부터 말하자면**

유명 아파트일수록 검증된 단지다.
잘 모르는 지방엔 함정이 있다.

서울 부동산은 투자 가치가 높다. 주식으로 따지면 삼성전자, 현대차, LG화학 같은 대형주다. 실수요든 투자 수요든 대기 수요가 많다. 여러 가지 이유로 시세가 빠지기도 하지만 장기적으로 보면 인플레이션 수준을 능가한다.

지방은 투자 가치가 높을 수도 있고 낮을 수도 있다. 주식으로 비유하면 중소형주다. 중소형 주식은 해당 기업을 잘 아는 사람보다 모르는 사람의 비율이 더 높다. 그래서 투자 전 기업 분석이 필요하다. 기업 분석을 제대로 해야만 투자 적격 여부를 판단할 수 있고, 기업 분석이 부실하면 '묻지 마 투자'가 된다.

시장은 가끔 행운을 주기도 한다. 대세 상승장이 되면 대부분의 주식이 오른다. 적정 가치를 알지 못하고 투자했던 주식으로 수익을 보는 경우도 많다. 하지만 조정기가 되면 어김없다. 시세가 하락하고, 묻지마 투자가 몰렸던 주식의 시세는 폭락하게 된다.

아파트도 마찬가지다. 서울의 아파트는 뉴스 등 매스컴에서든, 인터넷 커뮤니티에서든, 지인들 사이에서든 많이 언급되는 아파트의 경우 면적당 가격, 단지 규모, 장단점까지 대부분 알고 있다. 유명한 아파트들은 시세가 상대적으로 높다. 그만큼 수요층이 많다.

반면 지방 아파트는 해당 지역민이 아니면 잘 모른다. 대한민국 2위 위상을 가진 부산조차 부산 시민이 아니면 어떤 아파트가 유명한지 잘 모른다. 2019년 12월 입주한 해운대구 중동의 엘시티더샵 정도를 제외하면 다른 지역 주민들은 부산의 아파트에 대해서 거의 모른다. 인지도가 낮을수록 수요가 적다. 부산에서 외지인들이 실거주든 투자든 매매를 결정할 때 가장 먼저 검토해보는 입지와 단지는 유명한 입지의 가장 비싼 아파트가 될 수밖에 없다.

가장 유명한 아파트라고 해서 가장 좋은 아파트인 것은 아니다. 강남구 대치동의 은마아파트는 대한민국에서 가장 유명한 아파트 중 하나다. 은마아파트는 강남 아파트의 대명사지만 강남구에서 가장 비싼 아파트는 아니다. 국평 기준으로 현재 강남구에서 가장 비싼 아파트는 재건축 아파트 중에서는 압구정 현대아파트이고, 기존 아파트 중에서는 강남구 대치동 래미안대치팰리스다. 게다가 기존 아파트 중 대한민국에서 가장 비싼 아파트는 서초구 반포동의 래미안원베일리다.

이처럼 가장 유명하다고 해서 가장 비싼 아파트는 아니다. 하지만 가장 유명한 아파트는 시세가 적정 가격일 가능성이 높다. 대한민국의 거의 모든 아파트 관심층들이 검증하고 있을 테니 말이다.

잘 모르는 상품의 가격에는 거품이 형성될 수 있다. 아파트 역시 거품 가격이 형성됐다면 많은 사람이 잘 모르고 제대로 검증되지 못한 아파트일 가능성이 높다. 지방 아파트라고 해서 무조건 거품 가격이 존재한다는 것이 아니다. 서울 아파트 대비 노출이 많이 안 되었을 경우 적정 가격 평가가 어렵다는 것이다.

테스트를 해보자. 2025년 9월 현재 부산에서 가장 비싼 아파트는 어떤 단지일까? 아마도 해운대구에 있는 10년 차 미만의 초고층 아파트일 것이다. 중동 엘시티더샵이 그곳인데, 가장 높고 가장 새것이기 때문이다.

혹시 수영구 남천동에 있는 삼익비치타운을 아는가? 안다면 부산 부동산에 지식이 있는 사람일 텐데, 부산 아파트에 관심이 없는 사람이라면 전혀 모를 것이다. 그렇다면 이 아파트의 적정 가격은 얼마라고 생각하는가? 참고로 2025년 9월 해운대구 초고층 아파트들의 $3.3m^2$당 평균 시세는 4,000만 원 전후다. 삼익비치타운 시세도 4,000만 원 전후다. 이 정도면 적정 가격일까, 거품 가격일까, 저평가된 걸까?

삼익비치타운은 재건축 대상 아파트다. 현재 가격으로만 평가하기엔 무리가 있다. 미래 가치를 예측해야 하는데 수영구와 해운대구는 부산에서도 상위권 지역이기 때문에 재건축 후 가치는 수영구와 해운대구의 신축 아파트와 비교해보면 좋다. 추가 분담금을 넣었을 때 현재 해운대구와 수영구의 신축 시세 전후라면 적정 가격이다.

부산광역시 해운대구 엘시티더샵 조감도

부산광역시 해운대구 엘시티더샵

부동산 공부를 했다면 이렇게 평가하면 되는데, 일반인 대부분은 이런 평가를 하지 못한다. 그 전 단계인 해운대구와 수영구의 적정 아파트 시세가 어느 정도인지 알 수 없기 때문이다. 대한민국에서 두 번째로 큰 도시인 부산의 적정 시세를 파악하는 것도 이 정도니, 광역시 급이 아닌 중소 도시의 아파트 시세 평가는 더 어려울 수밖에 없다.

수요가 고정된 지역은 더 어렵다. 가격 상승은 공급 대비 수요가 많을 때 발생한다. 추가 실거주 수요가 유입되지 않는 상태에서 특별한 이슈 없이 가격이 상승하면 대체로 투자 수요층이 증가했다는 의미다.

실거주 수요층이 고정된 상태에서 투자 수요층이 유입되면 가격은 오른다. 절대 가격이 낮은 지역일수록 더 큰 폭으로 오른다. 해당 지역

부산광역시 수영구 주요 아파트 시세

| 순위 | 단지명 | 지역 | 입주 연도 | 평형 | 매매가(만 원) |
|---|---|---|---|---|---|
| 1 | 삼익비치타운 | 남천동 | 1980 | 52 | 240,000 |
| 2 | 남천자이 | 남천동 | 2023 | 40 | 202,000 |
| 3 | 남천코오롱하늘채골든비치 | 남천동 | 2009 | 63 | 187,000 |
| 4 | 부산더샵센텀포레 | 민락동 | 2014 | 58 | 175,000 |
| 5 | 뉴비치 | 남천동 | 1986 | 58 | 160,000 |
| 6 | 테넌바움294 | 민락동 | 2023 | 62 | 158,000 |
| 7 | e편한세상오션테라스4단지 | 민락동 | 2020 | 34 | 158,000 |
| 8 | e편한세상오션테라스3단지 | 민락동 | 2020 | 44 | 145,000 |
| 9 | 광안쌍용예가디오션 | 광안동 | 2014 | 35 | 145,000 |
| 10 | 롯데캐슬자이언트 | 민락동 | 2003 | 60 | 134,000 |
| 11 | 남천더샵프레스티지 | 남천동 | 2022 | 41 | 134,000 |
| 12 | 광안자이 | 광안동 | 2020 | 40 | 132,000 |

2023년 7월 1일~2025년 9월 4일 매매 거래 기준(전체 평형)
자료: 아실

의 적정 가격을 모르는 상태에서 투자가 이루어지기 때문이다. 실수요자들은 상승장 초기에 당황한다. 결국 상승장 후반에 불안한 심정으로 참여하게 된다. 소위 상투를 잡는 것이다. 아파트라는 상품은 실거주가 가능하기 때문에 가격이 상승하든 하락하든 거주한다면 큰 문제는 없다. 다만 어설픈 투자로 상투에서 매수한 투자자에게는 문제가 발생할 수 있다.

현재 투자 메인 지역인 서울·수도권의 투자 환경이 어려워지자 지방으로 눈을 돌리는 투자자가 꽤 많아졌다고 한다. 지방은 대기 수요가 적고 실거주 수요도 감소하는 지역이 많아 투자 대상으로 부적합한 지역이 많다.

'묻지 마 투자'는 투자가 아니다. 투기꾼들의 희생양이 될 가능성이 높다.

# 03 '강남 불패' 언제까지?
## 서울 입지 트렌드 따라잡기

**핵심부터 말하자면**

강남이 '강남'으로 우뚝 서게 된 것은 1990년대다.
지금은 교통, 환경, 교육, 일자리 따라 서울의 최고 입지가 분화 중이다.

입지 선호도 변화는 부동산 트렌드와 밀접한 관계가 있다. 부동산 트렌드 변화를 통해 서울 선호 입지를 정리해보자.

1945년 해방 직후부터 1970년대까지 서울의 최고 입지는 종로구와 중구였다. 하지만 종로구, 중구, 동대문구로 대표되는 강북이 서울 집중 수요를 감당할 수 없게 되면서 1970년대부터 강남 개발이 추진되었다. 1975년 강남구가 신설되었지만 당시 강남의 위상은 지금과 크게 달랐다. 1기 신도시처럼 베드타운으로만 여겨졌다. 1980년대까지만 하더라도 강남구의 시세가 동대문구 신당동보다 낮았을 정도다.

영동(영등포 동쪽)이라 불리던 강남이 폭풍 성장한 것은 정부와 지자체의 전폭적인 지원 덕이다. 강남대로 등 큰 도로와 지하철 2호선 등 편리한 교통 환경이 조성되고 양질의 일자리가 대량으로 입주하면서 강남을 찾는 사람이 많아졌다. 좋은 학교와 학원가가 형성됐고 다양한 상권, 깔끔한 주거환경까지 갖추면서 수요는 기하급수적으로 증가하게 됐다. 그렇게 강남은 1990년대부터 대한민국 최고의 입지로 떠올랐다.

물론 1990년대 초까지만 하더라도 강북과 강남의 시세 차이는 크지 않았다. 하지만 강남에 대한 선호도는 계속해서 높아졌고 어느 순간 강북 시세를 역전하게 됐다. 시간이 흐를수록 강남의 시세는 폭등했다. 다른 지역과 두 배 이상 차이가 나면서부터는 거품 가격이라는 평가도 나왔다.

1997년 IMF 외환위기와 함께 부동산 시세가 급락했을 때는 온갖 매스컴이 '강남은 거품이다', '추락하는 강남 신화'라는 제목의 뉴스 기사를 쏟아내기도 했다. 하지만 불과 2년 만에 분위기는 완전히 반전되었고, 강남은 이전보다 더 높은 위상으로 수직 상승했다.

그 과정에서 새로운 입지들도 등장했다. 1980년대 후반 목동 아파트단지가 양천구에, 상계 아파트단지가 노원구에 입주했다. 서울시에서 공급할 수 있었던 마지막 대규모 택지개발사업이었다. 그럼에도 강남의 위상은 흔들리지 않았다. 오히려 강남이 포함된 동남권의 수요는 계속해서 증가했다.

목동이 있는 서남권과 상계동이 있는 동북권의 수요는 지속적으로 증가했지만, 동남권의 위상을 따라갈 수는 없었다. 뒤늦게 개발된 은평구, 서대문구 등 서북권이 오히려 동북권의 위상을 역전했다. 강남으로 가는 3호선이 개통됐기 때문이다.

2000년대 들어서면서 서울 내 지역 선호도 차이를 줄이기 위해 지하철 8개 노선이 개통된다. 이를 통해 1시간 안팎이면 서울 어디든 갈 수 있게 됐다. 교통망 확충은 서울이라는 지역을 완벽한 1일 생활권으로 묶었다. 그러면서 서울 전체가 부각되기 시작했다. 사람들은 개별 조건에 맞는 입지를 고르기 시작했다. 부동산 입지 선호도는 분화됐다.

수도권 서부 지역 교통 편의 개선

자료: 연합뉴스

종로구, 중구를 중심으로 하는 도심권은 수요가 꾸준히 존재한다. 다만 수요를 확대할 부지가 부족할 뿐이다. 도심권을 찾는 수요는 앞으로도 많을 것이다. 태생부터 달랐던 강남 역시 선호도 1위 자리를 내준 적이 없다. 이러한 인기는 변함없이 계속될 것이다. 하지만 강남이 모든 수요를 수용할 수 없기 때문에 수요층은 분화된다.

교통을 중요하게 생각하는 수요층은 마포구나 동대문구를 선택할 테고, 환경을 중요하게 생각하는 수요층은 한강과 남산 주변을 선택할 것이다. 교육에 관심이 많다면 양천구와 노원구로 이주할 가능성이 높다. 새로운 일자리를 따라가야 하는 세대는 강서구와 금천구를 관심 있게 볼 것이다. 강남 근처에 머물러야 하는 수요층은 강동구, 동작구, 성동구를 선택할 것이며, 풍수적 환경을 따진다면 용산구를 선택할 것이다. 입지의 선택 기준이 이렇게 다양해졌다.

새로운 입지 선호 트렌드가 생기더라도 과거 선호 지역의 인기가 낮아지는 것은 아니다. 새로운 수요층이 생기고, 기존 수요층이 분화되는 것뿐이다. 서울이라는 입지는 경제적 능력에 따라, 직장 위치에 따라, 그리고 교육에 대한 관여도에 따라 선택의 폭이 다양해지고 있다.

# 04

# 용산, 세계 최대 수직도시의 꿈

**핵심부터 말하자면**

성공하면 뉴욕·도쿄·런던·파리 등에서 보지 못했던 놀라운 공간.
2013년 실패의 교훈 되새기길

서울특별시는 '용산국제업무지구 개발계획(안)'을 마련, 2025년 하반기 기반 시설 착공을 시작으로 2030년대 초반에는 입주가 시작될 것이라고 발표했다. 서울 도심(사대문, 여의도, 강남) 삼각편대 정중앙에 위치한 '용산국제업무지구'가 10년 만에 다시 추진되는 것이다.

이곳에는 최대 용적률 1,700%, 높이 100층 내외 랜드마크가 들어서고, 저층형 개방형 녹지, 벽면 녹화 등으로 사업부지 면적인 $49.5$만$m^2$보다 큰 약 $50$만$m^2$의 녹지가 조성된다. 이렇게 되면 뉴욕 최대 복합 개발지인 허드슨야드(Hudson Yards)의 4.4배 규모에 달하는 세계 최대 규모의 수직도시가 서울 한복판에 탄생하게 된다.

개발계획(안)은 서울시와 사업시행(예정)자인 코레일, SH공사가 함

'용산국제업무지구 개발'은 서울을 글로벌 톱5 도시로 올려놓기 위해 서울시가 추진 중인 '도시공간 대개조'의 핵심 프로젝트다. (자료: 서울특별시)

께 마련한다. 용산국제업무지구는 2010년 도시개발구역으로 지정된 이후, 금융위기의 연장선상에서 이어진 글로벌 금융 경색으로 자금 조달에 어려움을 겪으면서 구역 지정이 해제됐지만 이번 계획을 통해 만 10년 만에 다시 추진하는 것이다.

용산국제업무지구 개발은 서울을 글로벌 톱5 도시로 올려놓기 위해 서울시가 추진 중인 '도시공간 대개조'의 핵심 프로젝트로 비욘드조닝(Beyond Zoning), 보행일상권, 도시·건축디자인 혁신, 정원도시 서울 등 도심 복합개발을 위해 마련한 혁신 전략이 한꺼번에 적용되는 최초 사례가 될 것이다. 실제 세계 대도시 중에서도 도심부에서 50만m²에 이르는 융복합도시개발이 이뤄진 사례는 없기 때문이다. 비욘드조닝은 주거·업무·상업·문화 기능을 융합하는 도시계획 방식을 일컫는다.

용산국제업무지구 개발이 완료되면 14만 6,000명의 고용, 연간 32조 6,000억 원의 생산 유발이 기대되며, 서울뿐 아니라 대한민국 국가 경쟁력을 견인하는 구심점 역할을 할 것으로 기대된다.

먼저 업무, 주거, 여가문화 등 생활에 필요한 모든 활동과 이동을 한 건물 또는 도보권 내에서 해결할 수 있는 콤팩트시티(Compact City)를 구현한다.

구역의 주된 용도에 따라 국제업무, 업무복합, 업무지원 등 3개 존 (Zone)으로 구분하되, 국제업무지구의 실질적 성장을 견인할 '국제업무

용산국제업무지구의 구역 설계

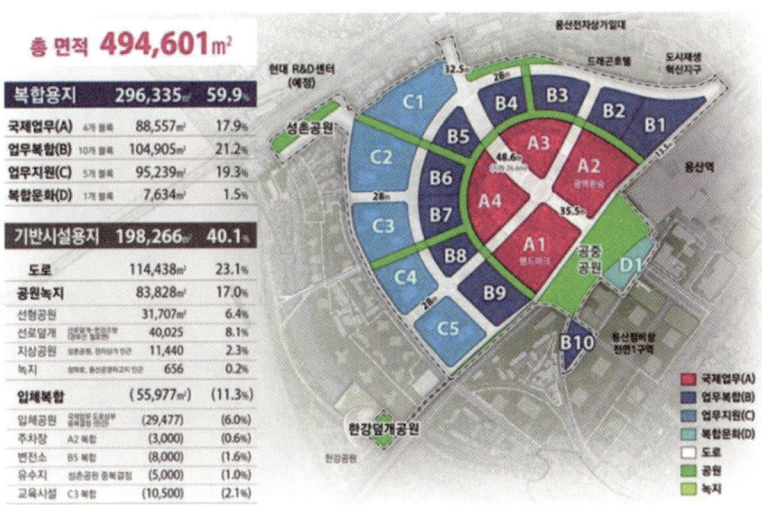

자료: 서울특별시

존'은 기존 용도 지역 제3종일반주거에서 '중심상업지역'으로 상향, 최대 용적률 1,700%까지 부여해 고밀복합개발을 유도할 계획이다. 개발지구 한가운데 위치한 이 국제업무존에는 100층 내외 랜드마크가 들어서게 된다. 중심부(국제업무존)에서 업무복합, 업무지원존으로 갈수록 건축물이 차츰 낮아져, 기존에 형성돼 있는 주변 도시와 스카이라인이 자연스레 어우러지게끔 배치하려는 의도다.

특히 국제업무존은 획지를 분양받은 민간이 창의혁신 디자인을 제안하면 도시혁신구역 또는 특별건축구역으로 지정해, 최대 용적률 1,700%까지 고밀개발 가능하도록 할 계획이다. 그 밖에 업무복합존, 업무지원존은 '일반상업지역' 등으로 용도 지역을 상향해 전체 사업지구 평균 용적률 900% 수준이 되도록 계획한다.

또 기반 시설부터 개별 건축물 공사까지 장기간 소요되는 대규모 프로젝트인 만큼 단계적인 개발이 가능하게끔 격자형 도로망과 방사형 공원녹지 체계를 계획했으며, 용도에 얽매이지 않고 창의적으로 복합 개발할 수 있도록 유연한 토지이용계획도 마련됐다.

국제업무존(8만 8,557m²)에는 금융 및 ICT기업 수요에 대응할 수 있는 프라임급 오피스(Prime Office)와 함께 마이스(MICE), 호텔, 광역환승센터 등을 조성하고 랜드마크 최상층에는 서울을 한눈에 담을 수 있는 전망시설 및 어트랙션 등 복합놀이공간도 계획한다.

가장 넓은 면적을 차지하는 업무복합존(10만 4,905m²)에는 용산전자상가, 현대R&D센터와 연계한 인공지능, 빅데이터 등 업무 및 기업지원시설이 입주해 서울의 신산업 경쟁력을 선도할 예정이다. 업무지원존(9만 5,239m²)은 국제업무·업무복합존의 배후지로서 주거·교육·문화 등 지원시설이 들어서 국제업무지구를 지원하는 역할을 하게 된다.

지하부터 지상, 공중에 이르기까지 공간 전체를 입체적으로 활용해 사업 부지 면적의 100% 수준에 해당하는 녹지를 확보한다. 용산역 남측 선로 상부에 조성되는 8만m² 대규모 '공중녹지(그린스퀘어)'는 한강공원~용산역을 직선으로 연결하는 입체공원이자 용산국제업무지구를 대표하는 상징적 공간이 될 것으로 보인다.

무악재에서 용산을 지나 한강으로 흘러들었던 만초천 물길의 흐름을 이어받아 수공간을 만들고, 용산국제업무지구에서 한강공원, 노섬

지하부터 지상, 공중에 이르기까지 공간 전체를 입체적으로 활용해 사업부지 면적(49.5만㎡)의 100% 수준에 해당하는 녹지를 확보한다. (자료: 서울특별시)

까지 걸어서 이동할 수 있도록 강변북로 상부 덮개공원을 조성한다. 또 국제업무존 중앙에 위치한 축구장 약 11개 규모의 공중녹지에는 야외 공연장이 들어설 예정이다.

용산국제업무지구는 안정적인 사업 추진과 혁신적인 개발을 유도하기 위해 용도 지역을 단계적으로 상향해, 사업시행자와 획지를 개발하는 민간사업자 모두에게 인센티브를 제공할 계획이다.

1단계로 사업시행(예정)자인 '코레일·SH공사'가 도로, 공원 등 기반 시설과 부지를 조성해 민간에 공급하고, 2단계에서는 도시혁신구역을 지정하거나 토지를 분양받은 민간사업자가 창의혁신 디자인을 제안해 최대 용적률까지 고밀개발할 수 있도록 지원한다.

이번 발표된 용산국제업무지구 개발이 성공하면 뉴욕, 도쿄, 런던, 파리 등 선진국에서도 보지 못했던, 놀랍고 자랑스러운 공간이 될 수 있다. 이미 2013년 완벽한 실패를 겪었던 프로젝트다. 시행착오는 이미 경험했고, 이제 성공을 위한 디테일한 계획과 추진 능력이 필요하다. 민간의 힘만으로는 안 된다. 공공의 힘만으로도 안 된다. 이번만큼은 공공과 민간이 똘똘 뭉쳐 세계적인 시설로 개발되길 진심으로 응원한다.

# 05 분당, 다시 주목해야 하는 이유

**핵심부터 말하자면**

'이미 오른 곳'으로 후순위 대상이었지만
'고평가' 프레임 무너지며 재평가 시작

2025년을 기준 시점으로, 대한민국 부동산 시장의 키워드는 명확하다. '공급 부족', '서울 핵심지 재편', 그리고 그에 따른 '수도권 우세 지역의 재평가'다.

그리고 이 3가지 키워드의 교차점에 위치한 지역이 있으니, 바로 '분당구'다. 1기 신도시 중에서도 가장 앞선 도시계획과 입지적 장점, 그리고 정책 수혜 가능성을 고루 갖춘 분당은 2025년을 기점으로 부동산 시장에서 새로운 도약을 준비하고 있다.

그동안 분당은 '이미 오른 곳', '가격이 높은 곳'이라는 인식 탓에 상대적으로 투자자와 실수요자 모두가 후순위로 고려해왔던 지역이다. 그러나 '고평가'의 프레임이 지금 무너지고 있다.

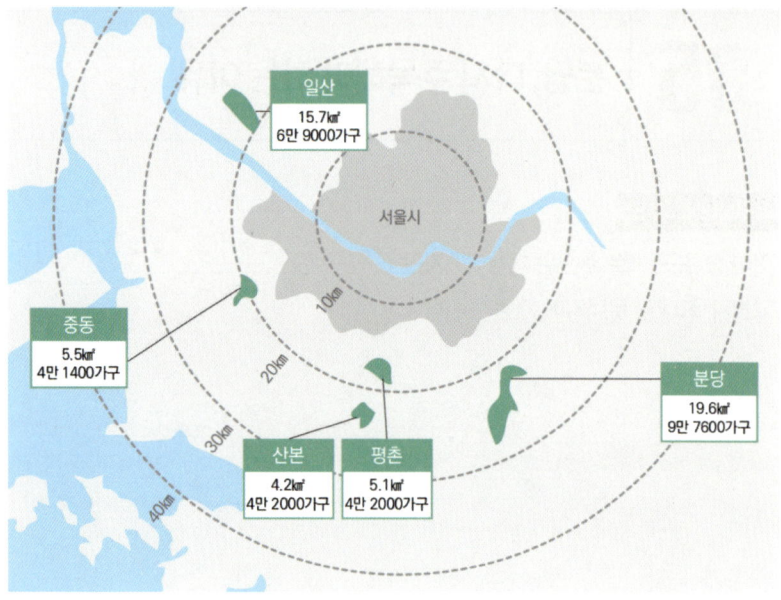

일산
15.7㎢
6만 9000가구

서울시

중동
5.5㎢
4만 1400가구

10㎞

20㎞

30㎞

40㎞

산본
4.2㎢
4만 2000가구

평촌
5.1㎢
4만 2000가구

분당
19.6㎢
9만 7600가구

1기 신도시

　정책, 입지, 시장, 수요 모든 면에서 분당은 다시 오르고 있으며, 동시에 앞으로도 오를 가능성이 매우 높은 지역으로 재조명되고 있다.

　2024년 말, 정부는 노후 신도시 정비에 관한 특별법에 따라 1기 신도시 중 시범 재정비구역을 지정했다. 예상대로 분당이 가장 큰 규모였다. 이는 단순한 정책 수혜가 아니라, 전국 신도시 정비 기준을 사실상 분당이 설정하게 되었다는 의미다.

　분당은 1기 신도시 중에서도 가장 규모가 크고 자족성이 높으며 정비 수요가 폭넓은 지역이다. 행정, 교통, 산업, 상권, 교육 등 인프라가 이미 구축된 상황에서의 재정비는 기존 노후 아파트 단지들의 리셋이자 재도약을 뜻한다.

정자동, 서현동, 수내동 등 대표적 중심지의 30년 차 단지들은 이미 리모델링 추진위원회를 구성했으며, 일부는 사업 승인을 앞두고 있다. 특히 정자동 일대는 재건축으로 전환될 가능성도 제기되어 단지 가치 상승의 폭이 더욱 클 수 있다. 이는 곧 분당의 부동산 가치가 '단지별 리모델링' 수준이 아닌, '도시 전체의 리뉴얼' 단계로 진입했음을 뜻한다.

분당구 내 판교는 단순한 주거지가 아니다. 대한민국 IT 산업의 심장이라 불리는 판교테크노밸리를 중심으로, 판교 제2·제3테크노밸리가 순차적으로 확장되고 있다. 특히 2025년부터 제2·제3밸리 내 본격적인 기업 입주가 시작되며, 이는 곧 분당구 전체로 유입되는 고소득층 인구의 증가와 주거 수요의 질적 변화로 이어질 것이다.

실제 판교 일대에 근무 중인 고소득 전문직 종사자들 사이에서는 '분당 내 중심 입지'에 거주하려는 수요가 꾸준히 증가하고 있다. 서울 강남에 비견될 만한 교육 인프라, 쾌적한 자연환경, 편리한 교통 등으로 인해 '판교 직장-분당 거주'라는 라이프스타일은 이제 하나의 고급 트렌드가 됐다.

분당의 교통지도가 다시 그려지고 있다. GTX-A 노선이 개통되면서 수서·판교·동탄 간의 이동 시간이 획기적으로 단축되었다. 또한 위례신사선과 신분당선 연장 사업도 동시에 추진되고 있으며, 이 노선들은 분당을 서울 강남권, 위례신도시, 동탄 등과 직접 연결하는 기능을 하게 된다.

즉 분당은 더 이상 '서울 외곽'이 아닌, '서울과 동일 생활권'으로 기능하게 된다. 이는 집값 상승의 가장 확실한 동력이다. '서울 접근성'이 강화될수록 수도권 외곽 지역 중에서도 핵심지로의 자산 쏠림 현상이 가속화되기 때문이다.

현재 수도권 부동산 시장의 가장 큰 변수는 공급 부족이다. 민간 정비사업은 규제와 인허가 문제로 지연되고 있으며, 공공 주도 공급은 입지 문제로 인해 실효성이 떨어지고 있다.

이런 상황에서 이미 기반 시설이 완비되어 있고 정비사업만으로 대규모 주택 공급이 가능한 분당은 사실상 '유일한 희소 지역'으로 떠오르고 있다. 신축 대비 저렴한 구축 아파트의 가격은 아직까지 정비사업 기대감이 온전히 반영되지 않은 상태이며, 이에 따라 '정비 전 투자'에 유리한 조건을 제공하고 있다. 특히 전용면적 $84m^2$ 이하 국민주택 규모 단지들은 중산층 실수요와 맞물려 안정적인 거래가 이뤄지고 있으며, 향후 재건축·리모델링을 통한 프리미엄 기대감이 크다.

서울 강남권은 여전히 대한민국 최고 부동산 입지로 평가받고 있지만, 진입장벽이 너무 높다. 이에 따라 강남에 준하는 생활권을 제공하면서도 가격 부담이 상대적으로 낮은 지역이 주목받고 있으며, 분당은 이 조건을 거의 완벽히 충족한다. 서현동, 정자동, 수내동 일대는 학군, 상권, 자연환경, 교통 어느 하나 빠짐없이 갖추고 있다. 여기에 신축 아파트까지 들어설 경우 '준강남 프리미엄'을 온전히 흡수할 수 있다. 실제로 일부 전문가는 "분당은 실질적으로 서울 강남 4구에 해당한다"고 평가하기도 한다.

분당구 내에서도 입지별 온도 차는 존재한다. 정자·서현·수내 등 중

경기도 성남시 행정구역도

자료: 성남시청

심부는 이미 높은 평가를 받고 있지만, 야탑·구미·이매·금곡 등은 아직 가격 측면에서 재평가 여지가 있다. 특히 이매·구미동 일대는 분당선·GTX·버스 등 교통 인프라와 가까우면서도 상대적으로 저평가되어 있으며 리모델링, 재건축 추진이 활발하다. 이런 지역들은 향후 상승 여력이 크며, 실거주·투자 수요가 동시에 유입될 가능성이 높다. 또한 서울 송파구와 직접 연계되는 남부 외곽 지역의 경우 위례신사선이 향후 개통되면 강남권과의 연결성이 강화되어 잠재 수요층이 확대될 것이다.

2025년, 정부는 공급 확대를 위한 규제 완화와 세제 인센티브 제공을 예고하고 있다. 이는 리모델링 및 재건축 추진 단지에 매우 긍정적인 환경을 조성할 것이다. 또한 수도권 광역계획에 해당되며 강남에 인접한 분당의 경우, 정책 수혜 가능성이 타지역보다 높다.

단순히 실거주 선호 지역을 넘어서 정책, 금융, 시장 모두가 분당에 우호적인 방향으로 움직이고 있다는 점은 향후 몇 년간 이 지역이 다시 한번 전성기를 맞이할 수 있음을 예고한다.

많은 사람이 10년 전의 분당을 떠올리며 말한다. "너무 올랐다. 이미 다 반영됐다." 그러나 2025년의 분당은 다르다. 과거의 정체된 시기를 지나 이제는 '재정비와 재평가'라는 거대한 파도를 타기 시작했다. 단순한 노후 아파트 정비를 넘어 도시 전체의 리디자인이 이뤄지고 있으며 인구·산업·정책·교통·교육 모든 요소가 시너지를 만들어내고 있다.

분당은 지금 다시 시작되는 곳이다. 고평가된 곳이 아니라 제대로 평가받기 시작하는 곳이다.

실거주자에게는 최고의 생활 환경을, 투자자에게는 강남권 대비 최고의 수익성과 안정성을 제공할 지역, 바로 2025년의 분당이다.

# 06 1기 신도시 선도지구 지정과 투자 전략

**핵심부터 말하자면**

재건축은 단기적 수익보다
장기적 가치 추구 투자라는 점 잊지 말아야

1기 신도시 특별법에 따라 13개 구역이 선도지구로 지정됐다. 분당, 일산, 평촌, 중동, 산본에 걸쳐 지정된 이 구역들은 1980~1990년대 조성된 1기 신도시가 가진 노후화 문제를 해결하기 위한 첫걸음으로 평가받는다. 이는 단순히 재건축 사업의 시작을 넘어 정부와 지방자치단체, 그리고 주민들이 공동으로 참여하는 대규모 도시 재편 프로젝트라는 점에서 특별한 의미를 지닌다.

이러한 긍정적인 전망에도 불구하고 재건축 사업에는 여전히 많은 과제가 산적해 있다. 특히 추가 분담금, 이주 대책, 공공 기여 같은 요소들은 선도지구 선정 이후 본격적으로 논의되며 투자자와 주민들에게 중요한 변수로 작용할 것이다.

## 1기 신도시 정비 선도지구 선정 결과

| | 지역기준물량(+α) | 선정 결과 | 선정 구역 | 세대수 |
|---|---|---|---|---|
| 분당 | 8,000가구 (1.2만 가구 이내) | 3개 구역 1만 948가구 | 샛별마을 동성, 라이프, 우방, 삼부, 현대 | 2,843 |
| | | | 양지마을1단지 금호, 양지마을2단지 청구, 양지마을3·5단지 금호한양, 양지마을5단지 한양, 양지마을6단지 금호청구, 양지마을6단지 한양 | 4,392 |
| | | | 시범단지 우성, 시범단지 현대, 장안타운건영3차 | 3,713 |
| 일산 | 6,000가구 (9,000가구 이내) | 3개 구역 8,912가구 | 백송마을 1, 2, 3, 5단지 | 2,732 |
| | | | 후곡마을 3, 4, 10, 15단지 | 2,564 |
| | | | 강촌마을 3, 5, 7, 8단지 | 3,616 |
| 평촌 | 4,000가구 (6,000가구 이내) | 3개 구역 5,460가구 | 꿈마을 금호, 한신, 라이프, 현대 | 1,750 |
| | | | 샘마을 임광, 우방, 쌍용, 대우·한양 | 2,334 |
| | | | 꿈마을 우성, 건영5, 동아·건영3 | 1,376 |
| 중동 | 4,000가구 (6,000가구 이내) | 2개 구역 5,957가구 | 삼익, 동아·선경·건영 | 3,570 |
| | | | 대우동부, 효성쌍용, 주공1단지, 주공2단지 | 2,387 |
| 산본 | 4,000가구 (6,000가구 이내) | 2개 구역 4,620가구 | 자이백합, 삼성장미, 산본주공11 | 2,758 |
| | | | 한양백두, 동성백두, 극동백두 | 1,862 |
| 합계 | 2.6만 가구 (3.9만 가구 이내) | | 선도지구 총 13개 구역 3만 5,897가구 | |

자료: 국토교통부

재건축, 선도지구 지정의 기회와 한계를 살펴보자. 재건축은 단순히 오래된 아파트를 새로운 건축물로 바꾸는 것을 넘어 도시의 구조와 기능을 새롭게 설계하는 작업이다. 이번 1기 신도시 특별법은 이러한 재건축 과정을 지원하기 위해 정부가 직접 나서서 행정적, 금융적, 그리고 제도적인 기반을 마련했다.

첫째, 정부의 행정적 지원은 재건축 사업의 효율성을 높이는 데 기여할 것이다. 과거 재건축 과정에서는 주민 동의율 확보 같은 초기 단계에서 사업이 지연되는 경우가 많았다. 하지만 이번 특별법에서는 전자동의 플랫폼을 도입해 주민들의 의견 수렴 과정을 간소화하고, 불필요한 갈등을 줄이려는 노력을 기울이고 있다.

둘째, 금융적 지원은 초기 사업비 부담을 완화하는 데 도움이 된다. 약 12조 원 규모의 미래도시펀드와 주택도시보증공사(HUG)의 특화 보증은 재건축 사업의 자금 조달 문제를 해결할 강력한 수단이다. 특히 시공사가 보증을 통해 안정적으로 공사를 진행할 수 있다는 점에서 사업 리스크를 줄이는 역할을 할 것이다.

그럼에도 불구하고 재건축 사업에는 여전히 많은 불확실성이 존재한다. 추가 분담금, 이주 대책, 공공 기여 같은 요소들은 사업 진행 속도와 주민들의 협조에 큰 영향을 미친다.

추가 분담금은 갈등의 불씨가 될 수 있다. 재건축에서 가장 민감한 문제 중 하나가 추가 분담금이다. 이번 선도지구 지정 과정에서도 정부와 주민 간의 가장 큰 쟁점은 예상 추가 분담금의 정확한 산출이었다. 재건축 사업이 진행되면서 예상치 못한 비용 증가가 발생할 경우, 주민들이 부담해야 할 금액은 늘어나게 된다.

이는 사업에 대한 주민들의 불만과 갈등을 유발할 수 있다. 특히 분당과 평촌처럼 대규모 아파트단지가 많은 지역에서는 이러한 문제가 더욱 두드러질 가능성이 크다. 다양한 이해관계를 가진 세대가 늘어날수록 합의 지연 리스크도 그만큼 증가할 수밖에 없다. 과거 사례를 보면 추가 분담금 문제가 재건축 사업의 지연 요인이 된 경우가 적지 않다. 예를 들어 강남권의 일부 재건축 단지에서는 공사비 증대로 인해 주민들이 사업 철회를 요구하거나 사업이 지연되는 사례가 발생했다.

따라서 투자자들은 해당 지역의 추가 분담금 산정 방식과 이를 둘러싼 갈등 가능성을 면밀히 살펴야 한다.

이주 대책 역시 단기적 임대 시장의 혼란을 줄 수 있다. 재건축은 필연적으로 이주를 동반한다. 선도지구로 지정된 구역에서는 약 3만 6,000세대가 재건축 대상에 포함되는데, 이들의 이주 수요는 지역 임대 시장에 즉각적인 영향을 미칠 것이다. 분당과 평촌처럼 대규모 단지가 밀집한 지역에서는 임대료 상승이 불가피하다. 특히 이주 대책이 명확하지 않거나 임시 주거 시설이 부족할 경우, 단기적으로 해당 지역의 임대 시장은 큰 혼란을 겪을 수 있다.

이러한 상황은 투자자들에게 두 가지 기회를 제공한다. 첫째, 임대 수요 증가로 인해 전세나 월세 수익률이 높아질 가능성이 있다. 둘째, 이주가 완료된 후 재건축이 완료되기까지 공백 기간 동안 지역 내 신축 주택의 희소성이 부각될 것이다. 하지만 이주 수요를 활용한 투자는 지역별 시장 상황과 수요 공급의 균형을 꼼꼼히 분석해야 성공 가능성이 높다.

한편 공공 기여는 비용과 혜택의 딜레마가 된다. 재건축 사업에서는 공공 기여가 필수적이다. 개발 이익의 일부를 사회에 환원하는 방식으로, 공원 조성이나 도로 확장, 공공시설 건설 등이 포함된다. 이번 1기 신도시 특별법에서도 공공 기여는 주요 요소로 언급됐으며, 정부는 이를 통해 사업의 사회적 정당성을 확보하려 한다.

문제는 공공 기여가 늘어날수록 개발 비용이 증가한다는 점이다. 이는 추가 분담금과 직결되며, 개발 이익을 일부 상쇄할 수 있다. 투자자들은 공공 기여로 인해 사업성이 떨어질 가능성을 염두에 두고, 예상

수익률을 보수적으로 산정해야 한다. 결국 투자 전략은 기회와 리스크를 균형 있게 고려해야 한다.

1기 신도시의 선도지구 지정은 장기적으로 부동산 시장에 긍정적인 영향을 미칠 것으로 보인다. 하지만 추가 분담금, 이주 대책, 공공 기여 같은 불확실성은 투자 결정을 복잡하게 만든다. 이러한 상황에서 투자자들은 다음과 같은 전략을 고려해야 한다.

첫째, 선도지구 내 핵심 단지 투자다. 선도지구로 지정된 단지는 행정적, 금융적 지원을 받기 때문에 개발 속도가 빠를 가능성이 크다. 분당의 샛별마을, 일산의 후곡마을 등 주요 단지들은 재건축 이후 높은 프리미엄을 기대할 수 있다. 그러나 추가 분담금 리스크를 고려해 가격이 상대적으로 안정적인 초기 단계에서 접근하는 것이 중요하다.

둘째, 비선도지구의 잠재 가치 탐색이다. 선도지구로 지정되지 않은 인근 지역은 상대적으로 낮은 가격대에 머물러 있으며, 향후 추가 지정 가능성이 있는 지역에 투자하는 것도 유망하다. 예컨대 분당의 목련마을이나 일산의 정발마을처럼 기존 논의가 있었던 지역은 추가 지정 가능성이 높다.

셋째, 단기적 임대 수익 활용이다. 이주 수요가 증가하는 시점을 활용해 임대 가능한 주택에 투자하는 것도 좋은 전략이다. 특히 전세나 월세 수익률이 높은 지역은 단기적으로 안정적인 현금흐름을 제공할 수 있다.

넷째, 공공 기여와 비용 구조 분석이다. 공공 기여로 인한 비용 상승 가능성을 면밀하게 분석해야 한다. 사업성이 떨어질 수 있는 단지보다는 공공 기여 부담이 상대적으로 적은 소규모 단지에 관심을 두는 것이 유리할 수 있다.

1기 신도시의 재건축은 한국 부동산 시장에서 가장 중요한 프로젝트 중 하나로, 선도지구 지정은 그 첫 단추를 끼우는 과정이다. 정부의 강력한 지원과 체계적인 계획은 긍정적이지만, 추가 분담금, 이주 대책, 공공 기여 같은 현실적인 문제는 여전히 남아 있다. 투자자들은 기회와 리스크를 면밀히 분석해 전략을 세워야 하며, 장기적인 관점에서 신중하게 접근해야 한다. 재건축은 단기적 수익을 기대하기보다는, 도시의 재편과 함께 장기적인 가치를 추구하는 투자 형태라는 점을 잊지 말아야 한다.

# 분당 신도시 선도지구 선정 결과

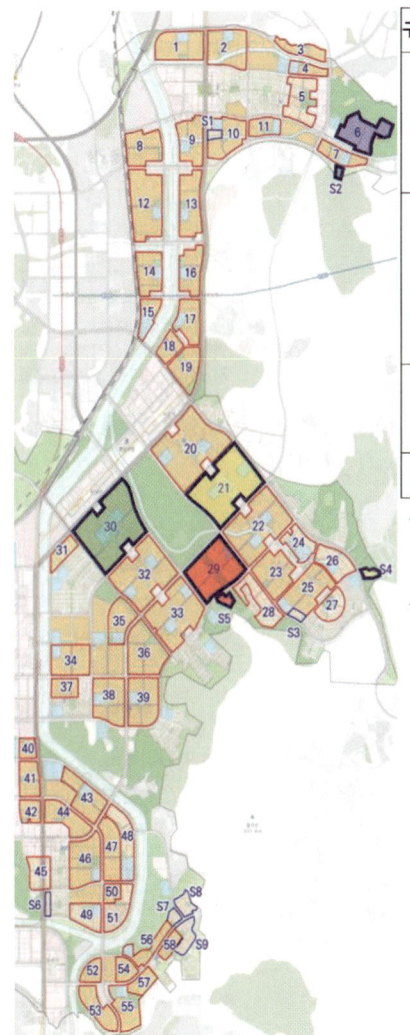

| 구역번호 | 단지명 | 세대수 |
|---|---|---|
| 29,S5 | 샛별마을 동성,<br>샛별마을 라이프,<br>샛별마을 우방,<br>샛별마을 삼부,<br>샛별마을 현대 | 2,843호 |
| 30 | 양지마을1단지 금호,<br>양지마을2단지 청구,<br>양지마을3·5단지 금호한양,<br>양지마을5단지 한양,<br>양지마을6단지 금호청구,<br>양지마을6단지 한양 | 4,392호 |
| 21,S4 | 시범단지 우성,<br>시범단지 현대,<br>장안타운건영3차 | 3,713호 |
| 총 3개 구역 | | 10,948호 |

\* (6, S2) : 목련마을 대원빌라 등 1,107호(연립)
→ 별도물량으로 선정하여 선도지구에
준하는 수준으로 지원·관리

\*\* 별도물량 선정 포함 시 총 4개 구역 12,055호

자료: 국토교통부

## 일산·평촌 신도시 선도지구 선정 결과

### <일산>

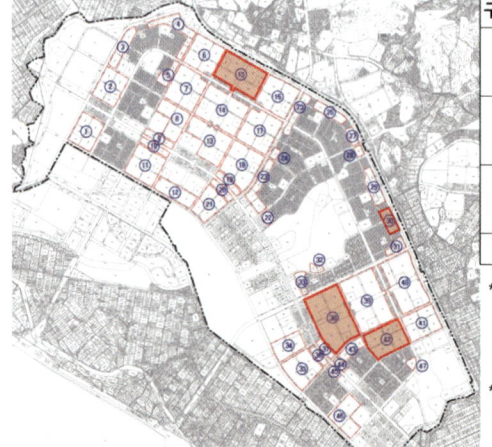

| 구역번호 | 단지명 | 세대수 |
|---|---|---|
| 42 | 백송마을 1,2,3,5단지 | 2,732호 |
| 15 | 후곡마을 3,4,10,15단지 | 2,564호 |
| 38 | 강촌마을 3,5,7,8단지 | 3,616호 |
| 총 3개 구역 | | 8,912호 |

\* 30 : 정발마을2·3단지 262호(연립)
 → 별도물량으로 선정하여 선도 지구에 준하는 수준으로 지원·관리
\*\* 별도물량 선정 포함 시 총 4개 구역 9,174호

### <평촌>

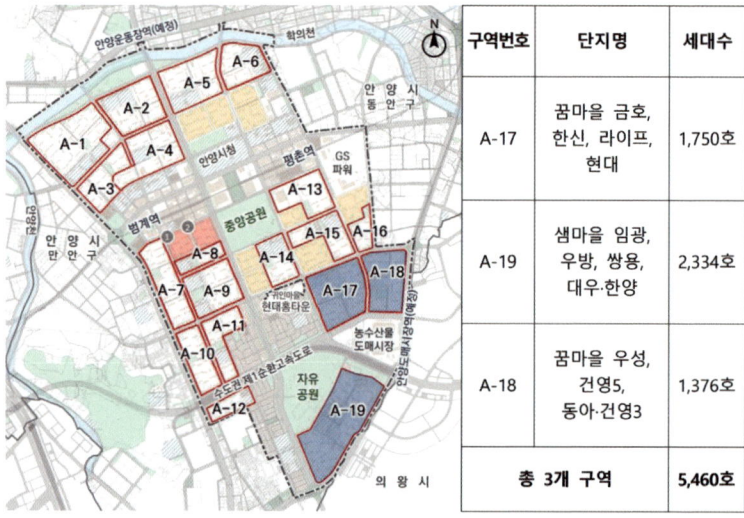

| 구역번호 | 단지명 | 세대수 |
|---|---|---|
| A-17 | 꿈마을 금호, 한신, 라이프, 현대 | 1,750호 |
| A-19 | 샘마을 임광, 우방, 쌍용, 대우·한양 | 2,334호 |
| A-18 | 꿈마을 우성, 건영5, 동아·건영3 | 1,376호 |
| 총 3개 구역 | | 5,460호 |

자료: 국토교통부

## 중동 · 산본 신도시 선도지구 선정 결과

**<중동>**

| 구분 | 은하마을 |
|---|---|
| 면적 | 142,106㎡ |
| 세대수 | 2,387세대 |

| 구분 | 반달마을 A |
|---|---|
| 면적 | 150,594㎡ |
| 세대수 | 3,570세대 |

▢ 특별정비예정구역

| 구역번호 | 구역명 | 단지명 | 세대수 |
|---|---|---|---|
| 16 | 반달마을A | 삼익, 동아·선경·건영 | 3,570호 |
| 5 | 은하마을 | 대우동부, 효성쌍용, 주공 1단지, 주공2단지 | 2,387호 |
| **총 2개 구역** | | | **5,957호** |

🟧 선도지구 선정 구역
⬜ 선도지구 공모 대상구역

**<산본>**

| 구역번호 | 단지명 | 세대수 |
|---|---|---|
| 11 | 자이백합, 삼성장미, 산본주공11 | 2,758호 |
| 9-2 | 한양백두, 동성백두, 극동백두 | 1,862호 |
| **총 2개 구역** | | **4,620호** |

자료: 국토교통부

# 07 | 2기 신도시의 미래?
## 1기를 보라

**핵심부터 말하자면**

광교·운정·김포·동탄은 기반 시설을 점검해보고
5~10년 후를 바라보며 투자해야 한다.

수도권 1기 신도시와 달리 2기 신도시의 고민은 활성화 여부다. 1기 신도시는 유사한 시기에 입주했고 같은 시기에 활성화됐다. 금액 차이는 있지만 대체로 같은 시기에 오르고 내리고를 반복한다. 입주 때부터 이런 커플링 현상을 보였다.

2기 신도시는 분양 때부터 다른 양상을 보였다. 2기 신도시 '대장' 역할을 하는 판교신도시는 분양 당시부터 로또 아파트라는 기대감 속에 입주를 시작한 반면 파주 운정신도시, 김포 한강신도시, 양주 옥정신도시, 화성 동탄신도시는 분양부터 걱정이 많았다. '분양이 될 것인가', '활성화가 될 것인가'라는 불안과 우려와 함께 2기 신도시들이 속속 분양을 시작했고 입주도 되면서 조금씩 다른 양상이 펼쳐지고 있다.

## 수도권 1·2기 신도시 위치와 규모

파주 운정
16.5
7만 8454
2006년 9월
2009년 6월

양주 옥정
11.4
5만 8975
2011년 12월
2013년 12월

지역
면적(km²)
공급량(가구 수)
첫 분양
첫 입주
■ 1기 신도시
■ 2기 신도시

김포 한강
11.7
5만 9844
2008년 8월
2011년 6월

일산
15.7
6만 9000

인천 검단
18.1
9만 2000
2013년 하반기
2016년 상반기

서울시

송파 위례
6.8
4만 2947
2011년 6월
2013년 하반기

중동
5.5
4만 1400

분당
19.6
9만 7600

성남 판교
8.9
2만 9263
2006년 3월
2008년 12월

수원 광교
11.3
3만 1000
2008년 9월
2011년 7월

산본
4.2
4만 2000

평촌
5.1
4만 2000

화성 동탄1
9
4만 921
2004년 6월
2007년 1월

평택 고덕국제화
13.5
5만 4267
2013년 상반기
2016년 하반기

화성 동탄2
24
11만 1413
2012년 하반기
2014년 하반기

자료: 국토교통부, 한국토지주택공사

현재 판교신도시는 최초 분양가 대비 2배 이상 올랐다. 광교신도시 역시 2배 가까이 상승했다. 많은 사람이 궁금해한다. 판교와 광교를 지금 사도 되는지.

김포 한강신도시는 미분양이 늘 누적돼 있었다. 2015년 전후 수도권 대세 상승장을 맞이하여 간신히 미분양을 해소했다. 파주 운정신도시는 수천 세대의 미분양으로 막막했지만 GTX 호재 하나로 미분양이 사라졌다. 2기 동탄신도시는 공급 물량이 무려 11만 세대다. 입주를 마친 1기 동탄신도시도 2만 세대가 넘는다. 수치만 보면 어마어마한 양이다.

지금은 과거보다 삶의 질을 많이 고려한다. 옛날 아파트보다 신축 아파트를 선호한다. 출퇴근, 교육, 상권 등이 크게 불편하지 않으면 1기 신도시보다 신축 아파트가 많은 2기 신도시에 관심이 높다. 거주뿐 아니라 투자용 매수 검토도 더 많다. 다만 2기 신도시에 투자하고 싶은데 불안한 요소들이 산재해 있고 투자 비용도 1기 신도시보다 커서, 지금 투자해야 하는지 선뜻 판단을 내리기가 쉽지 않다.

오늘 매수해서 내일 매도하는 주식시장의 데이 트레이딩과 달리 부동산 투자는 단기적으로 투자하면 안 된다. 그건 투기다. 정상적인 부동산 투자라면 단기간의 시세 변동보다 몇 년 후에도 시세가 꾸준히 상승할 확률이 높은 부동산에 투자해야 한다. 이 목적을 달성하려면 해당 부동산의 미래 가치에 대한 확신이 있어야 한다. 2기 신도시 아파트에 투자할 생각이 있다면 단기간의 시세 변동보다 미래 성장 가능성을 봐야 한다.

미래 성장 가능성을 어떻게 예측해볼 수 있을까? 서울과 1기 신도시의 성장 과정을 벤치마킹하면 된다. 1기 신도시의 활성화 시기는 2005~2008년이다. 1기 신도시 입주는 1991~1995년이다. 신도시 입주 후 10년이 지나서야 활성화됐다. 1기 신도시 역시 입주 초기에는 지금의 2기 신도시처럼 불안과 우려의 시간을 겪어야 했다.

천하의 분당도 그랬고 일산, 평촌, 중동, 산본도 어둠의 시간이 있었다. 10년이라는 시간이 지나서야 안정된 신도시로서 가치를 드러낼 수 있었다. 1기 신도시가 활성화되는 데 왜 10년이라는 절대 시간이 필요했을까? 교통, 교육, 상권, 환경이라는 기반 시설이 제대로 역할을 하는 데 10년이라는 시간이 필요하기 때문이다.

2기 신도시는 어떻게 예측해볼 수 있을까? 2기 신도시 최초 입주를 따져보자. 동탄 1기가 2007년 최초로 입주했고, 판교는 2009년부터 본격적으로 입주가 이뤄졌다. 두 지역을 제외하면 대부분 2011년 이후에 입주했다. 아직 공사 중인 지역들도 있다. 지금 기준으로 보면 당연히 기반 시설이 부족할 수밖에 없다. 그러니 김포, 동탄2, 운정을 보면서 활성화되기에 부족한 지역이라고 판단하기에는 이르다.

물론 2기 신도시 중 판교, 광교는 이미 활성화되어 있다. 하지만 판교, 광교는 다른 2기 신도시와 시작이 달랐다. 이미 상당한 기반 시설 위에서 시작했던 곳이다. 판교는 분당이라는 거대 도시와 인접하고, 광교는 수원 영통과 같은 권역이다. 두 지역 모두 신분당선으로 강남권과 연결되어 있다. 준강남권 도시다.

지금까지의 과정만으로 1기 신도시 대비 2기 신도시의 경쟁력을 평가하기는 어렵다. 하지만 투자 여부를 결정하기 위한 미래 예측은 할 수 있다. 기반 시설이 1기 신도시와 유사한 수준이라면 2기 신도시가 무조건 경쟁력이 높다. 새 시설, 새 아파트라는 이유만으로도 경쟁력이 높다. 게다가 2기 신도시는 1기 신도시보다 미래에 성장할 가능성이 더 높다.

최근 1기 신도시도 재건축이나 리모델링이 집단적으로 시작되어 경쟁력이 높아지고 있다. 하지만 1기 신도시의 재건축, 리모델링 계획이 정상적으로 진행되어도 향후 10년 동안 대규모 입주는 어렵기 때문에, 현재 시점에는 2기 신도시의 미래 성장 가능성을 함께 고려하는 것이 합리적이다.

물론 지역마다 기반 시설이 제대로 갖춰지는 시기가 다르고 그 영향력도 다르다. 2기 신도시도 입지마다 다른 전략을 갖고 있어야 한다. 판교는 분당보다 강한 지역이 되었다. 광교도 수원보다 경쟁력이 더 높다. 김포와 파주는 일산과 경쟁하고 있다. 하지만 아직 일산을 역전할 내공을 갖추지 못했다.

동탄은 1기 신도시와 경쟁하는 체제가 아니다. 스스로의 수요를 충당해야 하는 지역이다. 산업단지가 들어오고 일자리가 많아질수록 동탄은 엄청난 경쟁력을 갖출 것이다. 규모 면에서 1기, 2기 신도시 중 가장 큰 규모다. 현재는 미분양이 쌓이는 지역 중 한 곳이지만, 그것은 신규 분양되는 동탄의 변두리 지역이지, 동탄역 주변 중심 지역은 프리미엄이 1억 원 이상 형성되어 있다.

그렇다면 2기 신도시에 언제 투자해야 할까? 1기 신도시에 주로 사용했던, 전세가율 높은 아파트를 전세를 끼고 소액 자기 자본으로 투자하는 일명 갭 투자 방법으로는 투자하기가 어렵다. 2기 신도시는 미래 성장 가능성을 보고 중장기 가치투자를 해야 하는 지역이다.

신도시 초기에는 투자금이 더 많이 투입되더라도 교통, 교육, 상권, 환경이 가장 좋은 최고 인기 지역을 매입하는 것이 바람직하다. 미분양이 있는 신도시 중 미래 성장 가능성이 높은 입지는 지금이 투자 타이밍이 될 수 있다. 2기 신도시 중 현재 전세가가 분양가를 넘은 지역들이 계속 생긴다는 사실은 2기 신도시 역시 투자 경쟁력이 높아지고 있음을 증명한다.

　너무 비싸다고 포기하지 말자. 더 비싸질 수 있으니까. 미분양이 많다고 무시하지 말자. 분당도, 일산도, 심지어 광교도 초기에는 미분양이 많았다. 5년 후, 10년 후 모습을 상상하면서 투자해야 한다. 부동산은 단기적으로 판단하면 안 된다.

# 08 | 3기 신도시는 가성비 보금자리!

**핵심부터 말하자면**

서울 접근성, 자족 기능, 대규모 주거지, 친환경적 주거환경,
정부의 정책적 지원, 뛰어난 가격 경쟁력까지 모두 갖춘 곳

3기 신도시는 문재인 정부가 수도권 인구 과밀을 해소하고 주거를 안
정시키기 위해 계획한 정책으로, 2018년부터 추진한 대규모 주택 공급
프로젝트다. GTX, 지하철 노선과 연계한 교통 인프라를 확충해서 서
울 접근성을 높인 것이 중요한 특징이다. 현재 광역 교통망, 친환경 설
계, 공공주택 중심 공급 등을 특징으로 개발되며 서울과 수도권 인구
유입을 유도하고 있다.

## 3기 신도시와 기타 공공주택지구 현황

### 3기 신도시

|  | 남양주 왕숙 | 남양주 왕숙 2 | 하남 교산 | 인천 계양 | 고양 창릉 | 부천 대장 |
|---|---|---|---|---|---|---|
| 면적(만 m²) | 1,029 | 239 | 686 | 333 | 812 | 345 |
| 호 | 52,000 | 14,000 | 33,000 | 17,000 | 35,000 | 19,000 |

### 기타 공공주택지구

|  | 과천 과천 | 안산 장상 | 인천 구월2 | 화성 봉담3 | 광명 시흥 | 의왕·군포·안산 | 화성 진안 |
|---|---|---|---|---|---|---|---|
| 면적(만 m²) | 169 | 221 |  | 229 | 1,271 | 597 |  |
| 호 |  | 15,000 |  |  |  |  |  |

자료: 3기 신도시 홈페이지

## 3기 신도시와 기타 공공주택지구

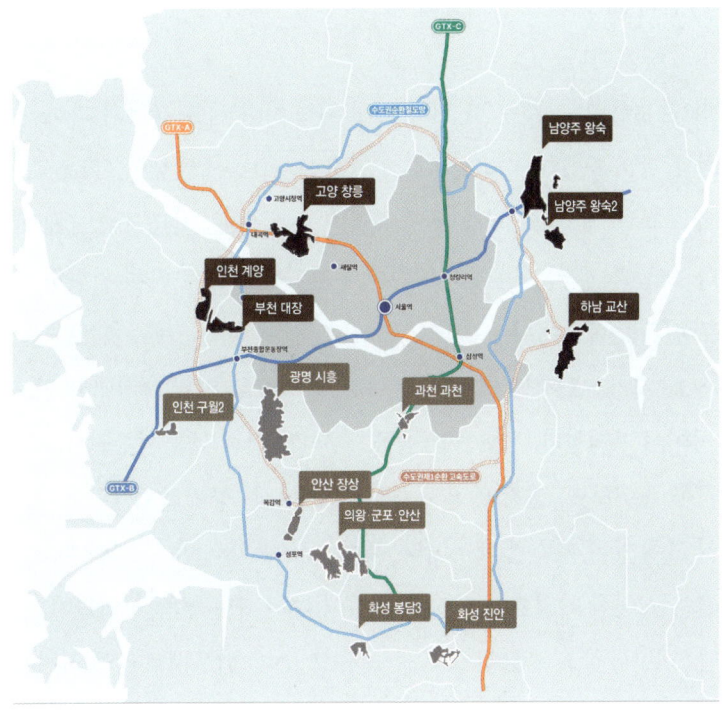

자료: 3기 신도시 홈페이지

주요 3기 신도시인 남양주 왕숙, 하남 교산, 인천 계양, 고양 창릉, 부천 대장, 과천 과천의 현황을 간단하게 정리하겠다.

## 3기 신도시의 특징

남양주 왕숙신도시는 3기 신도시 중 규모가 가장 커서 약 6만 6,000가구가 공급될 예정이다. 왕숙1지구와 왕숙2지구로 나뉘며, 경춘선과 GTX-B 노선이 지나가 서울 접근성이 뛰어난 지역이다. GTX-B 노선이 개통하면 서울역까지 25분 내로 이동할 수 있어 서울로의 출퇴근이 매우 편리해진다. 이는 서울의 주거 대체지로서 왕숙신도시의 매력을 극대화할 것이다.

하남 교산신도시는 3만 3,000가구 규모이며 서울 강남과 가까운 위치적 이점을 지녔다. 지하철 3호선 연장선과 9호선 연장선, GTX-D 노선이 통과할 예정이어서 교통망 확충을 통해 서울 접근성이 크게 개선된다. 또한 청정 자연환경을 보존한 주거지를 목표로 하여 친환경 주거지로 설계될 예정이다.

인천 계양신도시는 약 1만 7,000가구 규모로 인천 계양구와 김포공항 사이에 자리한다. 김포공항, 마곡지구와 인접해 서울 서부권으로의 출퇴근이 용이하며, 멀지 않은 곳에 대장홍대선·공항철도·GTX-D 등 광역 교통망이 확충될 예정이다. 특히 김포공항과 마곡, 상암 DMC를 연결하는 핵심 거점으로 성장 가능성이 높다. 인근 마곡산업단지, 인천 검단신도시, 김포 한강신도시 등 대규모 주거·업무벨트와의 시너지를 통해 향후 주거 수요가 꾸준히 유입될 것으로 기대된다.

고양 창릉신도시는 3만 8,000가구 규모로 서울 은평구와 맞닿은 곳에서 개발되고 있다. 고양은평선과 GTX-A 창릉역이 예정되어 교통망 개선과 함께 서울 접근성이 뛰어난 지역으로 성장할 전망이다. 그러면 서울로 출퇴근하는 인구가 증가하고 서울 대체 주거지로서의 미래 가치가 높아질 것이다.

부천 대장신도시는 부천시에 위치한 1만 9,000가구 규모의 3기 신도시로, 서울 강서권과 인접해서 개발될 예정이다. 특히 GTX-D노선, 대장홍대선 등 교통 호재로 서울 중심부 접근성이 크게 개선되면 서울 서부권에서 출퇴근하는 인구가 집중될 가능성이 높다. 항공 산업과 상업지구가 함께 발전할 예정이어서 주거지로서의 가치뿐만 아니라 상업적 발전 가능성도 크다.

과천 과천지구(과천신도시)는 서울 접근성, 우수한 교통망 확충, 친환경 주거지 등이 결합된 핵심 투자지다. 특히 지하철 4호선, GTX-C 노선, 위례과천선 등의 교통 호재와 고급 주거지 개발로 인해 중장기적인 시세 상승이 기대된다.

### 투자 전략

이런 3기 신도시에는 어떻게 투자해야 할까? 중요 포인트는 교통망 확충을 통한 서울 접근성, 자족 기능 강화, 대규모 주거지 공급, 친환경적 주거환경, 정부의 정책적 지원, 가격 경쟁력이다. 이러한 요소들은 중장기적인 시세 상승과 안정적인 임대 수익을 기대할 투자처로서 3기 신도시를 매우 유망하게 만든다. 각 요소를 살펴보자.

첫째, 교통망 확충과 서울 접근성이다. 3기 신도시의 큰 장점은 서울에 대한 뛰어난 접근성이다. GTX 노선, 지하철 연장, 광역버스망 확충 등 교통 호재가 집중되니 서울 도심으로의 출퇴근 수요가 매우 높아질 것으로 예상된다. 교통망 확충은 부동산 가격 상승에 중요한 요소로 작용하며, 역세권 아파트는 교통 호재에 따른 프리미엄을 기대할 만한 유망 투자처다.

둘째, 자족 기능 강화다. 주거와 일자리가 조화를 이루는 자족 기능을 갖춘 도시로 개발되고 있다. 산업단지, 상업지구, 업무지구 등이 함께 조성되어 직주근접성을 선호하는 고소득 직장인과 젊은 인구의 유입이 활발할 것이다. 따라서 장기적인 부동산 수요를 견인하고, 직주근접지에 위치한 아파트는 안정적인 실거주 수요와 함께 시세 상승을 기대할 수 있다.

셋째, 대규모 공공주택 공급이다. 공공주택과 민간 분양주택이 혼합되어 대규모로 공급되어 서울과 수도권의 주택 공급 부족 문제를 해결할 중요한 정책이다. 대규모 주거지가 공급되면 주거환경이 개선되고 신축 아파트 선호도가 높아지며, 수요 대비 공급의 불균형에 따른 가격 상승을 기대할 수 있다.

넷째, 친환경적 주거환경이다. 3기 신도시는 친환경적 도시 설계를 특징으로 하며 대규모 공원, 녹지 공간, 자연 친화적 환경이 잘 조성된다. 삶의 질을 중시하는 가족 단위 수요층에게 매력적인 요소로 작용하며 부동산 가치 상승에 중요한 역할을 한다. 친환경 주거지는 장기 실거주 수요가 안정적으로 증가할 가능성이 높아 장기적인 부동산 가치를 높이는 요인이다.

다섯째, 정부의 정책 지원이다. 인프라 확충, 교통망 개선, 주거지 개발이 계획적으로 진행되고, 특히 교통 인프라와 주거 인프라가 함께 발전하면서 부동산 가치를 높이는 데 큰 역할을 한다. 정책적 지원은 부동산 투자의 안정성을 높이며 장기적으로 신도시가 성장할 수 있는 기반을 제공하기 때문에 안정적인 투자처를 위한 중요 요소다.

여섯째, 가격 경쟁력이다. 현재 건축비 원가가 급격히 상승하는 상황에서, 이 정도 입지와 상품을 이 정도 분양가로 공급하는 사례는 이번이 마지막이 될 가능성이 크다. 즉 3기 신도시는 향후 공급될 다른 신축 단지보다 분양가 메리트가 뚜렷하며, 초기 분양 시점에 매입한다면 향후 건축비 인상과 공급가 상승에 따른 시세 차익을 기대할 수 있다.

### 투자 우선순위

별책부록에서 설명하는 '똑똑한 한 채' 선정 기준으로 3기 신도시 투자 우선순위를 정해보자. 아직은 구체화된 입지, 상품으로 확인할 수 없으니 ① 서울 접근성 및 교통망 확충, ② 자족·산업 기능, ③ 가격 경쟁력과 희소성, ④ 정책·시장 모멘텀이라는 네 축을 바탕으로 계산했다. 추후 순위가 바뀔 수도 있음을 감안하면서 보자.

### 1위: 과천 과천지구

- 임팩트 포인트: "강남 바로 옆, 마지막 로또급 분양가"
- 서울 접근성: 4호선·GTX-C·위례과천선으로 강남 15분 이내

- 자족·프리미엄: 정부청사·행정·업무 수요와 고급 주거지로서의 위상
- 가격 경쟁력: 이미 강남권 시세와 비교하면 공공택지 분양가 메리트가 압도적, 건축비 급등기에 사실상 마지막 기회
- 결론: "강남권 대체지이자 초고급 신도시의 끝판왕"으로서 안정적이면서도 시세 차익 잠재력이 가장 크다.

### 2위: 하남 교산신도시

- 임팩트 포인트: "강남권을 20분대에 잇는 친환경 신도시"
- 교통망: GTX-D, 지하철 3·9호선 연장으로 송파·강남까지 단숨에 연결
- 자족 기능: 자연 친화 설계 + 상업·업무지구로 젊은 고소득층 흡수
- 가격 경쟁력: 강남권 대비 절대가치 메리트, 강남 대체 수요 흡수의 핵심 후보
- 결론: 강남 생활권을 누리며 가격 메리트까지 겸비한 실거주·투자 겸용 2위 전략지다.

### 3위: 고양 창릉신도시

- 임팩트 포인트: "서울 서북권 확장의 중심 허브"
- 서울 접근성: GTX-A 창릉역·고양은평선으로 은평·마포·광화문 20분대
- 자족 기능: 대규모 상업·업무지구 계획으로 서북권 직주근접 수

요를 흡수

- 가격 경쟁력: 서북부 대체 주거지 중 신축 희소성 뛰어남
- 결론: "서북권 마포·은평의 확장판"으로서 장기 가치 상승 폭 기대가 크다.

## 공동 4위: 남양주 왕숙, 부천 대장, 인천 계양

① 남양주 왕숙

- 강점: GTX-B 개통 시 서울역 25분대, 66,000가구의 압도적 규모
- 관건: 공급 대규모로 초기 프리미엄은 다소 분산될 수 있으나 동북권 최후의 대규모 신도시라는 희소성

② 부천 대장

- 강점: 김포공항·서울 강서권 인접, GTX-D·대장홍대선 교통 호재
- 관건: 항공·상업지구 개발이 계획대로 진행돼야 중장기 가치 상승 확실

③ 인천 계양

- 강점: 김포공항·마곡·상암DMC를 잇는 서부권 거점, GTX-D·공항철도 등 광역망 예정
- 관건: GTX-D 확정 및 속도가 투자 성패를 좌우
- 결론: 세 곳 모두 입지·교통 잠재력은 충분하지만, 교통망 확정 속도와 자족 기능 완성도가 투자 성과를 가르는 관건이다.

다음은 3기 신도시를 선택할 때의 최종 결론이다.

"건축비 급등기, 강남 바로 옆 과천이 3기 신도시의 '원픽', 교산과 창릉이 뒤를 잇고 나머지는 교통망 실현 속도에 따라 승부가 갈린다."

이처럼 3기 신도시는 교통, 입지, 정책적 지원이라는 3박자가 맞아떨어지는 투자처다. 현재 내 집 마련을 준비하는 세대들에게 향후 5년간 부동산 시장에서 우위를 점할 수 있을 것으로 전망된다.

# 09 세종시의 미래 성장성을 보라

**핵심부터 말하자면**

무순위 청약 3가구 모집에 120만 명 몰려
세종이 품은 미래 성장 동력을 되새겨봐야 한다.

2025년 2월 세종특별자치시 부동산 시장은 유례없는 청약 열풍을 경험했다. '힐스테이트 세종 리버파크' 무순위 청약에 단 3가구를 모집하는데 이틀간 120만 명이 몰렸다. 이는 단순한 '로또 청약'의 열풍을 넘어 세종시의 가치가 여전히 유효하다는 강력한 신호로 해석할 수 있다.

그동안 세종시는 부동산 시장 침체 속에서 하락세를 면치 못했다. 거래량 감소, 미분양 증가, 일부 지역의 가격 하락은 "세종 부동산은 끝났다"는 부정적인 전망을 확산시켰다.

하지만 2025년 무순위 청약 결과는 이러한 우려를 단숨에 불식시키는 반전의 계기가 됐다. 과연 이번 청약에 몰린 120만 명의 선택은 무엇을 의미할까? 단순히 시세 차익을 노린 투기적 움직임일까, 아니면 세

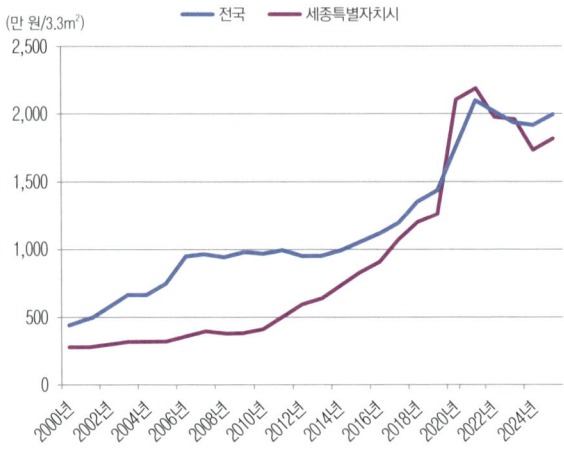

세종특별자치시 아파트 시세(2000~2024년)

(만 원/3.3m²)

— 전국　— 세종특별자치시

종의 장기적인 성장 가능성을 믿는 실수요자의 적극적 반응일까?

　이번 사태를 통해 우리는 세종시를 다시 한번 주목해야 하는 이유를 확인할 수 있다. 다음은 그 세 가지 이유다.

　첫째, 120만 명이 증명한 세종의 '살아 있는' 입지다. 부동산 시장에서 입지는 가장 중요한 요소다. 아무리 좋은 단지도 입지가 받쳐주지 않으면 가치가 지속될 수 없다. 세종시는 2012년 출범 이후 행정중심복합도시로서의 역할을 점점 더 강화해왔으며, 현재도 국회 세종의사당 건립, 행정기관 추가 이전, 기업 유치 등을 통해 발전을 거듭하고 있다.

　이번 청약 경쟁률은 단순한 일회성 이벤트가 아니라, 세종이 가진 입지적 강점이 다시금 입증된 사례로 봐야 한다. 세종시는 여전히 전국에서 가장 체계적으로 설계된 도시이며, 수도권을 제외하면 가장 높은 수준의 인프라를 갖춘 지역이다.

BRT(간선급행버스체계)를 중심으로 한 교통망, 쾌적한 주거 환경, 양질의 교육 시설 등은 실거주 수요를 꾸준히 유입시키는 요소다. 이번 무순위 청약에서 나타난 폭발적인 수요는 이러한 입지적 장점이 결코 사라지지 않았음을 방증한다.

단순한 가격 변동성으로 시장을 평가하는 것은 한계가 있다. 장기적인 성장 가능성을 고려했을 때, 세종의 부동산 시장은 여전히 높은 잠재력을 보유하고 있다.

둘째, 시세 차익 4억 원을 통해 알 수 있는 것은 세종이 여전히 '프리미엄'을 품고 있다는 점이다. 이번 무순위 청약이 뜨거웠던 또 다른 이유는 '시세 차익'이다. 2017년 공급 당시 가격으로 책정된 분양가는 전용면적 84㎡ 기준 3억 200만~3억 2,100만 원, 전용면적 105㎡는 3억 9,900만 원이었다. 그러나 같은 단지의 동일 평형이 지난해 12월 6억 3,800만 원(84㎡), 8억 원(105㎡)에 거래되면서, 당첨만 되면 최소 3~4억 원의 차익이 보장되는 '로또 청약'이 됐다.

시세 차익을 통한 청약 열풍은 사실 새로운 현상이 아니다. 하지만 이번 사례가 주목받는 이유는, 최근 1~2년간 세종시 부동산 시장이 침체 상태였는데도 이 같은 경쟁률이 나왔다는 점이다. 이는 세종이 단기적으로 조정을 받더라도 장기적으로는 가격 상승 여력이 충분하다는 것을 뜻한다. 만약 시장이 완전히 침체되었다면 이렇게 많은 청약자가 몰릴 이유가 없다.

이러한 현상을 단순히 투기적 수요로 치부하기보다는, 세종의 가치를 재확인한 투자자와 실수요자의 합리적 선택으로 봐야 한다. 세종시는 '거품이 빠진 후에도 여전히 가치 있는 지역'이라는 것을 이번 청약을 통해 증명했다.

셋째, 2040년 계획인구 80만 명, 세종의 미래는 '현재 진행형'이다. 세종시는 단순한 주거지가 아니다. 대한민국의 핵심 행정 기능이 집중되는 곳이며, 향후 수도권의 역할을 분산시킬 주요 거점으로 성장할 예정이다. 특히 '2040년 도시기본계획'에 따르면 세종시는 80만 명 이상의 계획인구를 목표로 다양한 산업단지와 교통망 확충을 진행 중이다.

세종시는 기존 행정기관 외에도 국회의 일부 기능을 이전하는 계획역시 진행 중이다. 이는 세종시의 경제적, 정치적 중요도를 더욱 높이는 계기가 될 것이며, 행정·정치·경제 클러스터가 형성될 가능성이 크다.

현재 논의 중인 KTX 세종역이 개통될 경우, 서울과의 접근성이 더욱 강화되어 주거 및 상업 부동산 시장에 긍정적인 영향을 미칠 전망이다.

세종시는 첨단산업단지가 계속 조성되고 있다. 이제 단순한 행정 도시가 아니라 IT·바이오·첨단 산업 중심의 신도시로 발전 중이다. 이에 따른 일자리 창출과 주거 수요 증가는 필연적이다. 대중교통망 또한 완비되고 있다. BRT와 광역철도 연결망이 지속적으로 확장되며, 세종시 내부와 외부를 연결하는 교통 체계가 강화되고 있다.

이러한 요소를 고려할 때, 세종시는 지금이 오히려 가장 진입하기 좋은 시기에 해당할 가능성이 크다. 지금이야말로 장기적 관점에서 접근해야 하는 이유다. '세종은 끝났다'는 착각을 버려야 한다.

이번 '힐스테이트 세종 리버파크' 무순위 청약 결과는 세종 부동산 시장의 현재와 미래를 단적으로 보여준다. 단기적인 조정은 있을지언정, 세종의 입지적 강점, 행정수도 프리미엄, 인구 유입, 인프라 확충 등 장기적인 성장 가능성은 여전히 견고하다.

　지금 당장은 거래가 한산하고, 일부 단지의 가격이 하락할 수도 있다. 그러나 다시 강조하지만, 장기적으로 보면 세종은 대한민국에서 가장 계획적으로 개발된 도시이자, 미래가 보장된 몇 안 되는 지역 중 하나다. 부정론자들처럼 시장의 단기 변동성에 집착하기보다는, 세종이 품고 있는 미래 성장 동력을 한 번 더 되새겨볼 시점이다.

세종특별자치시 공간 구상도

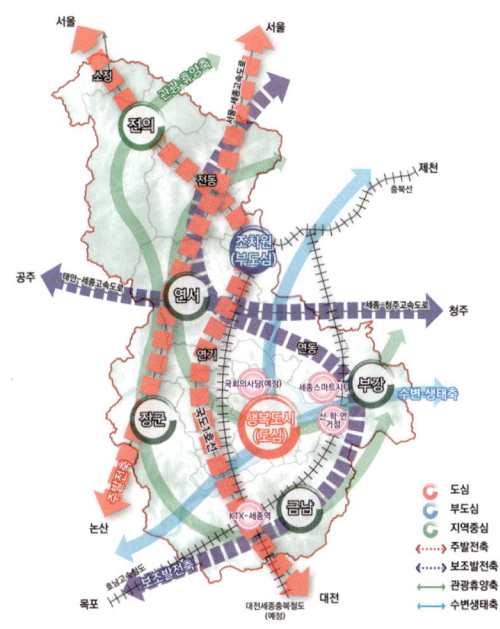

자료: 세종시 도시기본계획 2040

# 10 고양시 덕양구, 지금 당장 봐야 하는 곳

**핵심부터 말하자면**

수도권 서북부의 핵심 주거지로 성장하며,
10년 후가 더 기대되는 곳이다.

경기도 고양시 덕양구는 서울과 맞닿아 있으며 조선 시대부터 중요한 교통 요지였다. 과거 고양군의 중심지였던 원당 지역이 포함돼 있으며, 오랜 역사적 유산과 함께 최근 개발된 신도시들이 공존하고 있다. 특히 덕양구는 고양시 승격 이후 본격적인 도시 개발이 진행되며, 수도권의 핵심 주거지로 자리 잡았다.

북한산에서 바라본 덕양구의 모습. 맨 앞 아파트단지가 삼송지구, 뒤편 녹지대가 창릉지구다. 그 뒤로 고양 화정지구와 한강 건너 김포 한강신도시가 보인다. (자료: 연합뉴스)

덕양구의 현대적인 개발은 크게 세 개의 시기로 나눌 수 있다. 1990년 대 중반 1기 화정지구 개발, 2010년대 2기 삼송신도시 개발, 그리고 현 재 본청약을 시작한 3기 창릉신도시 개발이다.

이러한 단계별 발전 과정은 덕양구를 지속적으로 성장하는 지역으 로 만들었으며, 각각의 시기에 따라 투자 전략도 달라질 필요가 있다.

## 1기: 화정지구 - 구축 및 재건축 투자

1990년대 중반에 조성된 화정지구는 덕양구의 대표적인 주거 지역 으로 자리 잡았다. 화정역을 중심으로 한 교통망이 잘 구축돼 있으며, 인근에 대형 상업시설과 공공기관이 들어서면서 주거환경이 크게 개 선됐다.

그러나 화정지구 아파트들은 입주한 지 20년 이상 경과한 단지가 많

경기도 고양시 행정구역도

자료: 고양시청

아 노후화가 진행되고 있다. 이에 따라 재건축 가능성이 있는 아파트단지들이 주목받고 있다. 최근에는 노후 계획도시 특별법 적용 가능성이 논의되면서, 리모델링 및 재건축 사업이 활발하게 추진될 가능성이 높다. 따라서 현재 화정지구에서 구축 아파트를 매입해 장기적인 재건축 또는 리모델링을 노리는 전략이 유효할 것으로 보인다.

### 2기: 삼송신도시 - 저평가된 준신축 투자

삼송신도시는 2010년대에 본격적으로 개발되며 덕양구의 부동산 가치를 한 단계 더 끌어올린 지역이다. 삼송역과 원흥역을 중심으로 형

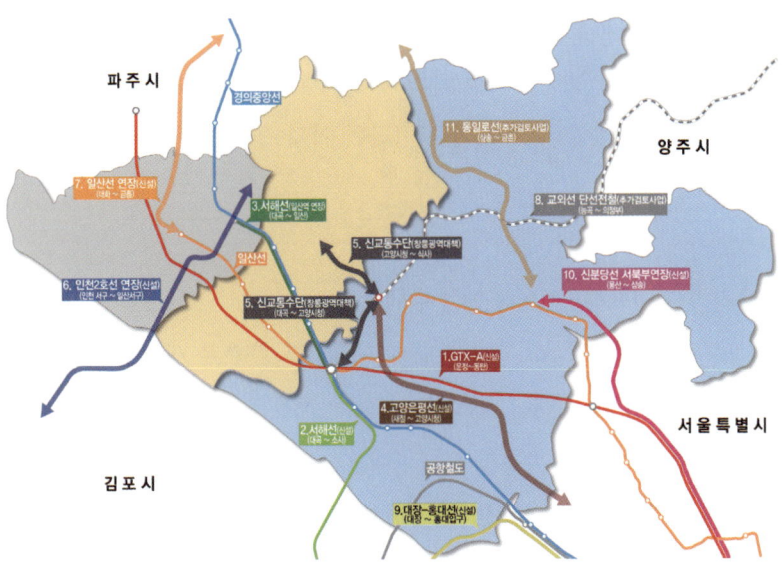

경기도 고양시 교통편의 개선 계획

성된 이 신도시는 서울과의 접근성이 뛰어나고, 대형 쇼핑몰인 스타필드 고양과 이케아, 롯데아울렛 등이 주변에 위치해 생활 인프라가 매우 우수하다.

그러나 삼송신도시는 아직 저평가된 지역으로 남아 있다. 서울 접근성이 뛰어나지만 기존의 화정지구와 비교했을 때 상업 및 문화 시설이 상대적으로 부족하다는 평가를 받고 있다. 하지만 이러한 저평가가 오히려 투자 기회로 작용할 수 있다. 삼송의 준신축 아파트들은 최근 몇 년간 입주가 완료된 단지가 많아 실거주 수요가 꾸준히 증가하고 있으며, 향후 서울 접근성이 더욱 강조될 경우 가격 상승 가능성이 크다.

특히 GTX-A 노선 개통과 함께 삼송신도시의 가치가 재평가될 가능성이 높아지고 있다. 향후 교통망이 개선될 경우 삼송신도시의 가격이 서울 일부 지역과 비교해도 크게 뒤처지지 않을 것으로 예상된다. 따라서 지금이 삼송 지역에서 저평가된 아파트를 매입하기에 좋은 기회일 수 있다.

### 3기: 창릉신도시 - 신도시 선점 투자

창릉신도시는 정부의 3기 신도시 정책의 일환으로 개발되는 지역으로, 현재 본청약을 앞두고 있다. 서울과 가까운 입지와 함께 대규모 주거·상업 복합단지가 조성될 예정이며, GTX-A 창릉역이 신설돼 강남 및 주요 도심으로의 접근성이 대폭 개선될 것으로 예상된다.

현재 창릉신도시는 초기 분양 단계여서 상대적으로 가격이 저렴한 편이다. 하지만 본청약 이후 입주가 시작되면 가격이 급등할 가능성이 크다. 특히 기존 덕양구의 화정, 삼송 지역과 연결되면서 덕양구 전체의 균형 발전을 이끌 것으로 기대된다. 창릉신도시는 정부 계획에 따라 수도권의 핵심 주거지로 성장할 가능성이 높다. 따라서 현재 청약을 고려하고 있는 실수요자들은 창릉신도시를 우선적으로 검토할 필요가 있다. 또한 본청약 이후 일정 기간 동안 초기 투자 비용이 저렴할 가능성이 높으므로, 단기적인 시세 차익을 노리는 투자자들에게도 매력적인 기회가 될 수 있다.

덕양구는 화정지구, 삼송신도시, 창릉신도시라는 세 개의 축을 중심으로 지속적으로 발전하고 있다. 구축 아파트의 재건축 가능성, 저평가된 준신축 아파트의 상승 여력, 그리고 신도시 선점 투자까지 다양한 투자 전략이 가능한 지역이다.

특히 정부의 수도권 교통망 확충 계획과 맞물려 GTX-A 노선 개통은 덕양구 전체 부동산 시장에 큰 호재로 작용할 것으로 예상된다. 이에 따라 교통망과 인프라가 개선되는 지역을 중심으로 장기적인 투자 전략을 세우는 것이 중요하다.

향후 창릉신도시가 본격적으로 입주를 시작하면 덕양구의 주거환경은 더욱 개선되고 덕양구 전체의 부동산 가치도 상승할 가능성이 높다. 따라서 지금이야말로 덕양구에 투자하기에 최적의 시기일 수 있다.

결론적으로 덕양구는 1기 화정지구, 2기 삼송신도시, 3기 창릉신도시의 발전 단계를 거치며 수도권 서북부의 핵심 주거지로 성장하고 있다. 앞으로도 지속적인 개발과 인프라 확충이 이뤄지고 있어 10년 후가 더 기대되는 곳이다.

<table>
<tr><td>**11**</td><td># 경기도, 서울 대체지가 아닌<br>독자적 잠재력</td></tr>
</table>

**핵심부터 말하자면**

합리적인 가격대, 풍부한 개발 기회,
안정적인 수요 증가로 매력적인 선택지로 변해

변화와 기회의 중심에서 경기도 부동산에 주목해야 하는 이유를 알아보자. 결론부터 이야기하면 서울은 이제 부담스럽고, 경기도는 반사적인 기회의 시기가 왔다는 것이다.

서울은 오랜 세월 대한민국 부동산 시장의 중심지로 군림해왔다. 하지만 급격히 상승한 집값, 강화된 대출 규제, 그리고 증가하는 세금 부담으로 인해 서울을 부담스러워하는 사람이 증가하고 있다.

서울에 비해 경기도는 합리적인 가격대와 함께 대규모 개발 프로젝트, 인프라 확충, 인구 유입으로 지속적인 성장을 보여주고 있다. 경기도는 이제 서울의 대체지가 아니라 독자적인 성장 잠재력을 지닌 지역으로, 장기적이고 안정적인 부동산 투자를 위한 최적의 지역으로 떠오르고 있다.

그러면 먼저 서울과 경기도 부동산 시장의 격차를 들여다보자.

첫째, 서울의 진입 장벽은 더 높아졌다. 서울 아파트의 3.3㎡당 평균 분양가는 5,456만 원으로 역대 최고치를 경신했다. 이는 경기도 1,993만 원 및 인천시 1,357만 원과 비교했을 때 매우 높은 수준이다. 전용 84㎡ 아파트를 기준으로 했을 때 약 11억 원 이상의 가격 차이를 보일 정도다.

두 번째, 세금 부담이 증가하고 있다. 서울은 공시가격 현실화율이 유지되면서 집값 상승 지역의 보유세 부담이 더욱 커질 전망이다. 특히 강남 3구(강남·서초·송파), 용산구 등 고가 주택 밀집 지역에서는 재산세와 종합부동산세가 지속적으로 증가하고 있다. 이에 따라 보유세 부담을 줄이려는 움직임이 경기도로의 인구 이동을 가속화하고 있다.

세 번째 서울의 엑소더스다. 2024년 한 해 동안 서울을 떠난 인구는 36만 명 이상이며, 이 중 70% 이상이 경기와 인천으로 이동했다. 이는 단순한 주거지 이동이 아니라, 생활의 질과 경제적 안정을 위한 선택으

로 볼 수 있다. 특히 젊은 세대와 중산층이 경기도로 유입되면서 지역 경제 활성화와 부동산 수요 증대가 이루어지고 있다.

그렇다면 경기도 부동산에 어떤 장점이 숨어 있을까? 먼저 인구 유입과 일자리 증가다. 경기도는 지난 10년간 115만 명 이상의 순이동 인구를 기록하며 전국에서 가장 많은 인구 유입이 일어났다. 특히 신도시와 산업단지가 조성되는 지역은 일자리 창출과 인구 유입의 중심지로 떠오르고 있다. 예를 들어 평택은 삼성반도체 공장과 브레인시티 개발로 인해 꾸준한 성장세를 보이고 있으며, 화성 동탄은 교통 및 상업시설이 잘 갖춰진 지역으로 인구 유입이 두드러지고 있다.

두 번째, 교통망 확충이다. 경기도의 교통 인프라는 지속적으로 확충되고 있다. GTX A, B, C 노선이 완전히 개통되면 경기도 주요 지역에서 서울 중심부까지 이동 시간이 크게 단축될 것이다.

GTX-A 노선은 파주, 고양, 서울, 성남, 용인, 화성 등 경기 북부와 남부를 연결하며, 서울 강남까지 접근성을 대폭 개선한다. GTX-B 노선은 남양주 같은 경기 동부와 부천, 인천 지역의 발전을 견인하며, 해당 지역의 부동산 가치 상승에 기여할 것으로 기대된다. GTX-C 노선은 양주, 의정부 등 경기 북부와 과천, 안양, 의왕, 수원 등의 경기 남부 지역에 큰 영향을 줄 것이다. 그 외에도 신안산선, 서해선 등은 평택, 안산, 시흥 등 경기 남부 지역의 교통 여건을 개선하여 서울과의 접근성을 더욱 강화할 것이다.

아울러 대규모 일자리 개발 프로젝트가 진행되고 있다. 경기도 곳곳에서 진행되는 대규모 개발 프로젝트는 지역의 주거 환경을 개선하고

## GTX 노선도

GTX-D, E, F 노선은 미확정 (자료: 국토교통부)

부동산 가치를 높이는 핵심 요인으로 작용하고 있다.

평택 브레인시티는 산업단지와 주거지가 공존하는 대규모 복합 개발 프로젝트로, 지역 경제와 부동산 시장의 동반 성장이 기대된다. 화성 동탄2신도시는 상업, 주거, 교육, 교통이 조화를 이루는 신도시로,

특히 젊은 세대의 유입이 활발히 이루어지고 있다. 고양시 일산, 장항, 삼송 테크노밸리는 첨단산업단지와 주거 지역의 결합으로 일자리와 주거 환경을 동시에 개선하고 있다.

그렇다면 경기도 내에서 어디에, 어떻게 투자해야 할까?

무엇보다도 교통 호재 지역에 투자해야 한다. GTX 노선 같은 교통 호재는 부동산 가치 상승의 핵심 요인이다. GTX-A 노선이 지나는 파주, 고양, 화성, 용인과 GTX-B 노선이 포함된 남양주, 부천 지역은 미래 가치가 높아질 것이다. 이러한 지역은 장기적인 관점에서 투자 가치가 높은 지역으로 주목해야 한다.

두 번째로 대규모 개발 지역 선점 전략이다. 평택, 화성, 고양 등 대규모 개발 프로젝트가 진행되는 지역은 장기적인 관점에서 높은 수익을 기대할 수 있다. 특히 신도시 조성 지역은 인프라와 생활 편의성이 향상되면서 주거 선호도가 높아지고 있다.

세 번째로 합리적인 가격대의 물건을 찾아야 한다. 경기도는 서울보다 진입 장벽이 낮으면서도 안정적인 임대 수익을 기대할 수 있는 지역이 많다. 전세가율이 높아 소액 투자자도 비교적 안전하게 투자할 수 있는 여건이 마련되어 있다.

경기도 부동산의 미래는 장기적 성장 가능성에 무게를 두어야 한다. 단기적인 투자보다는 중장기 투자를 추천하는 이유가 여기에 있다. 경기도는 서울에 비해 가격 부담이 적으면서도 교통, 개발, 인구 증가 등 다방면에서 성장 잠재력을 가지고 있다. 서울의 부동산 시장이 고가 주택 중심의 '그들만의 리그'로 굳어지고 있는 반면, 경기도는 합리적인 가격대와 함께 다양한 계층이 접근 가능한 주거 및 투자 시장을 형성하고 있다.

경기도는 이제 단순히 서울의 대체지가 아닌, 독자적인 성장 잠재력을 지닌 지역으로 자리 잡고 있다. 서울의 높은 주거 비용과 규제 부담에서 벗어나고자 하는 수요가 경기도로 이동하고 있으며, 이는 향후 경기도 부동산 시장의 안정적 성장을 더욱 견고히 할 것이다. 그래서 지금이 경기도 주요 지역에 투자할 시점이라는 생각이다.

서울의 부동산 시장은 점점 더 높은 장벽을 쌓아가고 있다. 반면, 경기도는 합리적인 가격대, 풍부한 개발 기회, 그리고 안정적인 수요 증가로 인해 투자자들에게 매력적인 선택지가 되고 있다. 교통망 확충과 대규모 개발 프로젝트를 통해 경기도는 미래의 부동산 가치를 높여가고 있다. 지금이 바로 경기도 부동산에 투자해야 할 시점이 될 것이다.

미래의 중심지가 될, 가치 있는 투자처를 찾는다면 지금 경기도에 주목해야 한다.

# 12 교통·교육·환경 다 좋은 중소 도시 투자? '난 반댈세'

**핵심부터 말하자면**

입지가 좋아 보여도 수요가 안 따르면 낭패다.
중소 도시는 가격 왜곡도 심하다.

교통이 편리하고, 교육 환경이 우수하며, 생활 편의 시설이 잘 갖춰진 곳은 거주 수요가 많다. 공급 대비 수요가 많으면 시세는 올라간다. 대표적인 지역이 서울 강남구 압구정동, 서초구 반포동, 송파구 잠실동, 용산구 동부이촌동, 부산 해운대구 우동 등이다.

이러한 지역의 최고가 입지는 가격 장벽 때문에 일반적인 실거주 수요층과 소액 투자층의 접근이 어렵다. 따라서 대안으로 인근 지역을 검토하게 되는데, 그 역시도 가격이 만만치 않다. 그래서 중산층 이하 실거주층과 투자자들은 인기 지역을 매수하기에는 적당하지 않다는 판단에 이르게 된다. 결국 가격에 맞는 투자 입지를 찾기 위해 조금 더 떨어진 지역까지 보는 것으로 옮겨 간다.

용산구 동부이촌동

　그러다 투자할 만한 가격대의 입지와 상품을 발견하지만 중심 입지 대비 가격이 낮은 이유가 눈에 띈다. 전철역이 없거나 버스 노선 부족 등 교통 환경이 떨어진다. 도보로 갈 만한 학교가 없다거나 유해 환경으로 보이는 시설이 있다. 유흥가 상권이거나 마트·슈퍼마켓·편의점 등 생활 상권이 없는 곳일 수도 있다. 이런 조건을 따져보면 실거주 입지가 어렵다는 판단이 설 것이다. 되레 악조건에도 불구하고 시세가 높은 것 아닌가 하는 생각까지 들 수 있다.

　결국 서울에서 더 먼 곳에서 좋은 입지를 찾게 된다. 택지개발지구 내 단지는 서울보다 여러 가지 입지 조건이 낫다고 판단된다. 역세권이고, 교육 환경이 우수하며, 상권도 편리한 곳이 적지 않기 때문이다. 심지어 환경도 쾌적하다. 시세도 서울과 비교하면 낮다고 판단된다.

　'이곳이 저평가된 곳이구나, 매수하자!' 구매 충동이 일어난다. 부동산 공부를 제대로 해야 하는 이유가 여기에 있다. 부동산, 특히 입지를 분석하는 이유는 입지 조건이 갖춰져 있는지를 체크하려는 것이 아니다. 그 입지에 수요가 있는지, 있다면 어떤 수요가 얼마나 존재하는지를 확인하는 것이다. 또한 시세가 어느 정도인지를 파악하기 위함이다. 수요와 가격을 제외한 입지 분석은 의미가 없다. 부동산 입지를 분석하는 것은 예술 작품을 고르는 것이 아니다.

인구 30만 명이 안 되는 비수도권 중소 도시에서 투자 목적으로 부동산을 매수할 때는 주의해야 한다. 투자 비용이 많이 들지 않으므로 투자층이 일부만 들어가도 시세가 큰 폭으로 출렁거릴 수 있다. 인구 30만 명의 중소 도시는 실수요 위주로 부동산이 매매되는 시장이다.

투자층이 존재한다 해도 소수만 참여한다. 이런 작은 시장에 투자층 다수가 한꺼번에 들어가면 폭등한다. 실제 가치보다 과대평가될 수밖에 없다. 초기 투자층은 수익을 볼 수 있으나 후발 투자층에게 문제가 생긴다. 그보다 실거주층이 대부분인 현지 주민에게 엄청난 피해를 주게 된다.

지방 소도시 투자는 어렵다. 결과적으로 지역 시장 자체를 왜곡할 수도 있다. 향후 수요 규모 추정이 매우 어렵다. 인근 지역에 경쟁력 높은 상품이 대규모로 입주하면 수요가 급감하기도 한다. 심지어 인구나 세대수도 줄 수 있다.

서울, 수도권, 광역시권, 지방 대도시에 소액 투자할 물건이 없다고 지방 소도시에 투자하는 사례가 빈번히 발생한다. 소액 투자는 수요가 많은 곳에서, 증가하는 곳에서 유용한 방법이다. 수요층이 한계가 있는 곳은 리스크가 매우 크다. 수요 규모 추정이 어려운 지방 소도시 투자는 지양하자.

# 투기지역은 '정부 공인' 최고 인기 입지

정부 4단계 입지 구분법,
현재의 규제 정책 및 조정 시장은 실수요자에게 좋은 타이밍이다.

라벨을 두려워하지 말자. 정부의 규제 라벨은 사실상 '인기 순위표'다. 이름이 무엇이든(투기지역·투기과열지구·조정대상지역·비규제), 정부가 가장 강한 잉크로 표시한 곳은 한 문장으로 요약된다. "여긴 수요가 넘친다." 규제는 응급 처치이고, 수요는 체질이다. 응급 처치는 바뀌지만 체질은 오래간다.

  정책은 우리에게 시장 공부의 기회를 준다. 8·2(2017), 9·13(2018) 대책을 지나 2025년까지 이어진 굵직한 조치들은 입지·수요·공급·가격의 상호작용을 공개 수업처럼 보여줬다. 대책이 발표될 때마다 우리는 배웠다. 가격의 진실은 라벨 밖이 아니라 라벨 안에 있다는 것을. 규제가 붙는 이유는 단 하나다. 사려는 사람이 너무 많아 공급과 대출·세제만으로는 속도를 못 따라갈 때다. 그 순간 정부는 말 대신 라벨을 붙인다. 그리고 그 라벨은 우리에게 속삭인다. "이 구역은 다들 살고 싶어 한다."

라벨을 해석하는 법은 간명하다.

- 투기지역: 정부가 인정한 수요 최상위 구간. 공급과 속도만으론 진정이 어렵다.
- 투기과열지구: 한 단계 아래지만 핵심 대기열이 두텁다.
- 조정대상지역: 감시 모드. 뜨거워질지 식을지 기로다.
- 비규제: 자기 책임 구간. 정부가 방향을 안내하지 않는다.

세부 리스트는 자주 바뀐다. 그러나 의미는 변하지 않는다. 이름의 변천을 외우느라 시간을 쓰지 말고, 라벨의 논리를 체화하라. 규제는 늘 시장보다 한 박자 늦게 오고, 해제는 더 늦게 온다. 그사이에도 사람들은 출근하고, 아이들은 등교하고, 삶은 계속 움직인다. 그러니 뉴스의 시차에 묶이지 말자. 생활의 동선을 먼저 보라.

한마디로 정리하면 "투기지역은 '비싸서'가 아니라 '살기 좋아서' 비싸다." 그 가격이 거품인지 정상인지 따지는 논쟁은 종종 무의미하다. 거품이라면 누가 그것을 살까? 실수요자가 실제로 계약하고 입주하고 버틴다면 그 구간의 가격은 그들의 생활이 지불한 대가다. 누군가의 시세표가 아니라 그 지역 대기열의 지갑이 정한다. 3.3m²에 3,000만 원이든 1억 원이든, 수요가 받아주는 한 그게 시장가격이다. 외부인의 분노와 내부인의 지불 의지 중 시장은 언제나 후자를 택한다.

여기서 빠지기 쉬운 함정이 하나 있다. 저가 시장의 눈으로 고가 시장을 재단하는 일이다. 3.3m²당 1,000만 원 세계에서 5,000만 원 세계를 평가하면 모든 게 과장이고 거품처럼 보인다. 그러나 다른 세계는 다른 규칙으로 움직인다. 일자리의 질, 교육·의료·문화의 밀도, 보행과 환승의 연속성, 관리의 성숙도가 소비자의 시간과 피로를 얼마나 줄여주느냐로 가격이 책정된다. 비싸서가 아니라 빼앗긴 시간을 돌려주기 때문에 비싸다. 그 시간을 환산할 수 있는 사람들에게는 그 가격이 논리다.

그렇다고 '무조건 오른다'는 말도 아니다. 상승은 속도, 입지는 방향이다. 속도는 규제가 꺾고 금리가 흔든다. 방향은 사람의 하루가 정한다. 그래서 라벨은 파도를 바꾸지만, 물길은 바꾸지 못한다. 물길을 보자. 강남이 주저앉고, 분당이 꺾이고, 용산이 흔들린다는 헤드라인이 돌아가며 등장했지만, 시간이 지날수록 물길은 원래의 하류로 흘렀다. 조정은 왔다. 그러나 거래가 재개되면 '대장'이 먼저 가격을 회복했다. 그다음이 준대장, 마지막이 변두리. 라벨은 그 순서를 미리 알려주는 도감이다.

실수요자에게 라벨 시대는 기회다. 규제가 강할수록 투자 레버리지의 효율은 떨어진다. 경쟁자가 줄어든다. 거래가 얇아진 구간에서 입지·상품·가격의 삼박자가 맞는 집을 현금흐름 기준으로 담아라. "조금만 더 빠지면…" 하며 5년 전 가격을 기다리는 습관이야말로 가장 비싼 대기 전략이다. 바닥은 차트가 아니라 대기열의 온도가 만든다. 전세·월세 문의가 다시 빨라지고, 대장 단지의 실거래가 중위값이 움직일 때. 바로 그게 시장의 신호다. 정책의 해제 공고는 신호가 아니다.

라벨 시대, 부동산은 하나가 아니라 네 개의 판이다.

- 투기지역: 보유 체력과 만기 설계가 핵심이다. 전세 레버리지로 '많이, 얇게'는 금물. 현금흐름이 깨지면 규제보다 먼저 무너진다.
- 투기과열지구: 대체지와의 상대가치가 관건. 대장이 만든 가격을 품질로 따라붙는 곳만 추적하라.
- 조정대상지역: 사이클 선행지표를 보라. 미분양·청약경쟁률·입주 물량 대비 가구 증가. 숫자가 아니라 방향을 읽어야 한다.
- 비규제: 스스로 규제하라. 표의 빈칸은 기회이자 함정이다. 수요의 두께와 기후·재난 리스크까지 직접 가격에 반영해야 한다.

라벨을 더 깊게 활용하는 법도 있다. 정부 라벨을 '공공 투자 루트맵'으로 읽는 것이다. 규제가 붙은 권역은 장기적으로 교통·치안·교육·환경에 공적 자원이 우선 배정되기 쉽다. 정치적 명분 때문이다. "과열을 완화하기 위한 기반 확충"이라는 표현으로 예산이 흐른다. 좋은 입지는 더 좋아지는 경향을 가진다. 반대로 비규제 지역의 일부는 스스로 생존해야 한다. 그곳에서 프리미엄을 만들려면 민간의 관리·커뮤니티·상품 업그레이드가 필수다.

그러나 유의점도 간과해선 안 된다. 같은 라벨 안에서도 온도가 다르다는 점이다. 강남 중에서 강남, 분당의 분당, 용산의 용산이 있다. 같은 구 안에서조차 대장 앵커가 존재한다. 준신축 대장과 10년 내외 대장, 이 두 축이 상한선과 기준선을 만든다. 그 기준선을 품질로 넘지 못하는 단지가 가격만 앞서 가면, 그 선 위는 거품에 가까워진다. 반대로 기준선에 생활로 닿은 단지는 시간이 가격을 맞춰준다. 라벨은 지도를 주고, 대장은 좌표를 준다.

이제 질문을 바꾸자. "라벨이 뭔가요?"가 아니라 "라벨이 왜 붙었나요?" 그렇게 원인을 이해하면 전략은 자연스럽게 세울 수 있다.

- 살기 좋아서 라벨이 붙었다면, 조정장에 나눠 담으면 된다.
- 투자 매매가 과열돼 붙었다면, 현금흐름과 환금성이 확실한 것만 고른다.
- 정비 기대가 과도해 붙었다면, 시간의 비용을 가격에 이미 반영했는지 확인한다.
- 입주·청약의 수요·공급 미스매치로 붙었다면, 36개월 캘린더(입주·정비·개통)를 펼쳐 보고 공백 구간에 서라.

마지막으로 이 문장을 마음에 새겨두자. 정부의 규제 라벨은 '공포의 경고문'이 아니라 '수요의 증명서'다. 정책은 계절이고, 시장은 강이다. 계절은 물살의 표정을 바꾸지만, 강은 바다로 흐른다. 우리는 표정을 관찰하되, 흐름을 따라야 한다. 라벨의 소음 위로 당신의 원칙을 크게 틀어라. 입지-상품-가격-경로. 이 네 단어를 잊지 않는 한, 규제 딱지가 세 개가 붙어도 결정은 단순해진다. 실수요자는 지금처럼 조정된 구간에서 들어가고, 투자자는 자기 규제를 먼저 적용한다. 정부가 찍은 도장을 두려워할 이유는 없다. 도장은 결국 이렇게 말하니까.

"여긴 다들 살고 싶어 하는 곳입니다."

## 14 | GTX-B 착공, 뉴스는 떴다. 그래도 서두르지 마라

**핵심부터 말하자면**

GTX 주변 지역의 수요는 아직 충분치 않다.

정치적 결정 가능성이 농후하다.

가시화된 이후에 판단하라.


착공은 뉴스이고, 통근은 현실이다. 지금 헤드라인은 요란하다. 대우 건설 컨소시엄이 GTX-B '실착공계'를 제출했고, 2025년 8월에 첫 삽, 2031년 개통 목표. 사실관계로만 보면 맞다. 컨소시엄 재편과 자금 우 여곡절을 통과해 민자 구간이 가동선에 들어섰다.

같은 시기 C노선은 2026년 국토부 예산에 반영되어 속도를 붙이려 하지만, 공사비·자금 구조 이슈가 잔존해 "연내 착공"을 장담하긴 이르 다. 예산 라인에 A·B·C가 묶여 있지만, 돈이 잡혔다고 곧바로 굴진이 시작되는 건 아니다.

여기서 핵심은 표식(착공식·보도자료)을 보지 말고 선로(현장 진척)를 보아야 한다는 점이다. B노선은 '행사' 다음 단계로 넘어가고 있지만,

민자/재정 혼합 구조·공사비 단가 논쟁·자금 조달 보완처럼 속도를 깎는 힘이 여전히 남아 있다. 이럴 때 "먼저 들어가 한 방에 먹는다"라는 발상은 고가의 수업료가 되기 쉽다. 생활로 체화되기 직전의 구간에 들어가는 게 합리적이다.

"기대의 가격" 말고 "생활의 가격"을 기다리자. GTX라는 세 글자만으로 가격은 출렁인다. 그러나 프리미엄은 노선도가 아니라 '출퇴근표'가 만든다. 열차가 오기 시작하고, 환승 동선이 실제로 연결되고, 배차표가 공개되고, 역사가 켜져야 비로소 생활의 프리미엄이 가격에 붙는다. 그 전까지는 기대의 프리미엄이다. 잘 오르면 크게 오르고, 한번 식으면 길게 눕는다.

판단 시점을 숫자 대신 현장 신호로 정리하자.


① 실시설계 승인 + 지장물/유틸리티 이설 착수: 포크레인이 '땅'을 건드리기 시작한다.
② 토지보상 집행률: 공고가 아니라 지급 사실을 확인한다.
③ TBM(쉴드) 반입 · 굴진 시작: 월별 공정률로 확인한다.
④ 환승역 리모델링 · 보행연결 공사 병행: '역'에서 '도시'로 확장된다.
⑤ TOD 착공(상업·업무·주거의 동시 전개): 밤에도 불이 켜지는지 확인한다.


이 다섯 개가 지도 위의 점을 도시의 선으로 바꾸는 증거다. 지금 B노선은 ①의 문턱을 넘기 시작했고, ②~⑤는 구간별로 성숙도가 다르다. 신호가 3개 이상 켜질 때 들어가도 늦지 않다.

그렇다면 교통망이 개통되면 어디가 이익을 볼까? '역'이 아니라 '도시'가 성능을 낸다. 답은 오래전과 같다. 메인 업무축이 승자다. 여의도·용산·서울역·청량리 같은 중심 거점에 곧장 닿거나, 환승이 편리하게 이어지는 곳이 수요를 빨아들인다. 송도처럼 기반이 갖춰진 광역 거점은 혜택을 누리지만, 중간역 외곽의 미성숙 택지는 '빨대효과(사람이 더 큰 축으로 빨려 나감)'에 노출될 수 있다. 역 하나로 도시가 되지 않는다. 학군·상권·보행·안전·관리가 붙지 않으면 '개통 직후 반짝 → 장기 정체'의 전형을 밟는다.

실수요 vs. 투자, 행동 원칙이 다르다. 실수요라면 GTX-B "때문에" 사지 마라. 지금부터 살아가는 데 무리가 없는 집을, 입지·상품·가격이 맞는 것부터 확보하라. GTX는 덤으로 받아라. 덤에 인생을 걸면 생활이 불확실해진다. 투자라면 개통 전 12~24개월 구간이 합리적이다. 그때는 시운전·환승 동선·배차 계획이 가시화되어 허상(희망 도면)이 걸힌다. 단기 전매·전세 레버리지로 한참 앞서 당기는 전략은 만기 리스크를 키운다. 특히 말단역·중간역 외곽 물량은 "GTX 한 줄"만 믿고 접근할 이유가 없다.

C노선은? '예산 반영'은 출발선, 굴진은 다른 문제다. C노선은 2026년 예산 라인에 A·B와 함께 묶였다. 신호탄은 켜졌다. 하지만 특별인프라펀드·민자 조달·공사비 재산정 등 재무·원가 변수가 정리되어야 실제로 삽을 뜬다. '예산 = 가능성, 착공 = 실행'이다. 두 단어를 섞어 쓰지 말자. 국토부와 사업자는 "연내 착공" 의지를 내지만, 시장은 계약·보

상·장비 반입으로만 믿는다.

표식에 들뜨지 말고 선로를 보라. GTX-B는 드디어 땅을 건드리기 시작했다. 반가운 일이다. 하지만 생활의 프리미엄이 가격에 체화되기까지는 여전히 확인할 여정이 남았다. C노선은 예산에 이름을 올렸을 뿐, 굴진의 시계는 아직 느리다. 뉴스가 커질수록 원칙은 단순해져야 한다. 입지-상품-가격-경로. 이 네 단어로만 결정을 내리면, '지금' 서두를 이유는 없다.

하물며 GTX-D, E, F는 더더욱.

# 제6장

# 정책

정책이 바뀌어도
시장은 흐른다

헤드라인은 오늘도 요란하다. 강남은 다시 들썩이고, 지방의 다수는 깊은 숨을 고른다. 완화를 검토한다는 속보가 뜨고, 곧바로 규제를 고민한다는 익명의 발언이 뒤따른다. 질문은 늘 같다. "다음 정책은 무엇이 될까요?" 오래전에는 그 물음을 진지하게 받아 적었다. 이제는 웃으며 고개를 젓는다. 정책은 예측의 대상이 아니고 활용의 대상이기 때문이다. 더 정확히 말하면 정책은 사건이고 시장은 과정이다. 사건은 바뀌지만 과정은 흐른다.

지난 7년 사이 우리는 많은 것을 보았다. 금리는 오르고 내렸고, 세금은 올랐다가 깎였고, 대출의 문턱은 높아졌다가 다소 낮아졌다. 광역철도와 정비 사업은 약속과 번복을 반복했고, 규제 지역의 색깔은 몇 번이나 지도 위에서 바뀌었다. 그러나 그 모든 변화 위에서 시장은 여전히 수요-입지-상품-공급의 경로를 따라 움직였다. 가격은 정책 때문에 오르내린다기보다, 정책을 매개로 기존의 힘이 증폭되거나 지연되었을 뿐이다. 정책이 방향을 만든다기보다, 속도와 타이밍을 흔들었다고 말하는 편이 정확하다.

정책을 절대시하는 습관은 세 가지 착시를 낳는다. 첫째, 시간 착시다. 정책은 공표의 시점과 시행의 시점, 그리고 시장에 스며드는 시점이 다르다. 오늘의 발표가 내일의 가격을 만들 것 같지만 실제로는 3개월, 6개월, 1년의 랙(lag)을 두고 천천히 체감된다. 그사이 시장은 이미 다음 국면을 준비한다.

둘째, 범위 착시. 정책은 '전국'이라는 단어로 발표되지만, 적용되는 지역과 계층, 상품은 항상 다층적이다. 평균의 효과는 누구에게도 평균적으로 오지 않는다. 국지적이고 비대칭적으로 온다.

셋째, 의도 착시다. 정책은 늘 '시장 안정'을 말하지만, 실제 기능은 정치적 예측 가능성의 신호를 보내는 데 있다. 신호가 강할수록 단기 거래는 얼어붙고, 거래의 부재가 가격을 왜곡한다. 우리는 "정책이 가격을 만든다"라고 말하고 싶은 유혹을 느끼지만, 정확히는 "정책이 거래를 만들거나 없앤다"가 맞다. 가격은 거래의 두께 위에서 결정된다.

그렇다면 개인은 무엇을 해야 할까? 답은 간단하다. 단기 정치의 언어가 아니라 장기 생활의 언어로 결정하는 것이다. 나는 오랜 시간 상담 테이블에서 같은 결론을 반복해왔다. "10년 후에도 이 집을 살 사람이 남아 있을까요?" 이 한 문장이 정책의 소음을 걸러준다. 규제가 강해도, 완화가 지연돼도, 수요의 근원(직주근접, 교육, 생활인프라, 안전, 관리의 신뢰)이 단단한 곳은 결국 제자리를 찾아간다. 반대로 그 근원이 빈약한 곳은 호재의 플래카드를 걸어도 오래 버티지 못한다. 정책은 바람이고 근원은 물이다. 바람은 파도를 바꾸지만 물길은 바꾸지 못한다.

2025년의 시장을 어렵게 만드는 것은 정책 그 자체가 아니다. 정책과 시장의 시간이 맞지 않는 것이다. 규제는 대개 후행한다. 이미 과열된 구간에 늦게 등장해 속도를 꺾는다. 완화는 대개 더 늦다. 경기와 심리가 가라앉은 뒤에야 등장해 시간을 벌어준다. 그래서 우리는 끝없이 엇박자를 느낀다. "샀는데 떨어지면 어떡하죠?" "안 샀는데 오르면요?" 이 질문은 정책을 예측해 풀 문제가 아니다. 시간과 현금흐름으로 풀 문제다. 버틸 현금과 버틸 마음이 있는가. 만기와 고정비를 감당할 설계가 있는가. 없다면 정책 예측은 아무 소용이 없다. 있다면 정책의 노이즈를 감내할 수 있다.

나는 정책을 스위치가 아니라 다이얼로 본다. 스위치처럼 켰다 끄면 시장은 얼고 튄다. 다이얼처럼 천천히 돌리면 참여자들은 적응한다. 문제는 우리가 다이얼을 통제할 수 없다는 사실이다. 그러니 개인의 해법은 한 가지다. 자신의 다이얼을 설계하는 것. 매수 시점에 만기를 분산하고, 고정비를 보수적으로 잡고, 같은 생활권·같은 평형으로 몰지 않는 것. 전세 레버리지에 기대어 여러 채를 짧은 만기로 묶지 않는 것. 대출의 금리 구조와 상환 일정을 미리 살피고, 금리 사이클과 상관없이 12개월의 비상 현금 라인을 확보하는 것. 이런 설계는 정책보다 느리지만 더 강하다.

정책을 혐오할 필요도, 숭배할 필요도 없다. 정책은 도구다. 당신의 목표에 맞게 사용하면 된다. 실수요라면, 정부가 투자를 어렵게 만드는 시기가 오히려 기회가 된다. 투자 경쟁자가 줄어드는 동안, 입지·상품·가격의 삼박자가 맞는 집을 골라 들어가면 된다. 반대로 실수요가 아니라면, 정책이 실수요를 배려하는 시기에는 속도를 늦추는 선택이 합리적이다. 등록 임대의 인센티브가 특정 구간에서 그나마 유효하다면 그 구간만 취하고, 불리해진 조세·대출 체계에서 억지로 버티지 않는다. 정책을 이기려 들지 말고 정책을 타고 넘을 것! 이것이 2025년의 생존 문법이다.

많은 이가 말한다. "정책 때문에 결정을 못 하겠다." 사실은 그 반대다. 결정을 못 해서 정책을 핑계로 대는 경우가 더 많다. 무주택이라면 더욱 그렇다. 내 집 마련은 투자이기도 하지만, 그 이전에 주거 불안을 제거하는 보험이다. "떨어지면 어쩌죠?"라는 질문에는 이런 답이 돌아간다. "떨어질 것이 두렵다면 사지 않아도 된다. 임차로 살면 된다." 다만 대부분의 불안은 하락이 아니라 상승을 놓치는 데서 온다. "안 샀는데 오르면 어떡하죠?" 그래서 나는 반복해서 말한다. 입지와 상품이 분명하고, 당신의 현금흐름이 감당 가능하며, 같은 조건에서 남들도 살 만한 가격이라면 사라. 정책은 당신의 결정을 완벽하게 만들어주지 않는다. 그 역할은 당신의 설계가 한다.

투자를 하고 싶다면 원칙은 더 단순하다. 정책과 반대로 달리지 말 것. 정책이 실수요에 프리패스를 주는 시기에는 실수요의 언어로 움직이는 상품만 고려하라. 정책이 임대를 정비하는 시기에는 투명성·보증·표준계약을 전제로 한 정상적인 임대 모델만 운용하라. 세제의 신호가 바뀔 때는 사업의 격자도 함께 바꿔야 한다. 시간을 들여 복잡한 구조를 짜놓고 정책의 한 줄에 무너지는 설계는, 설계가 아니라 도박이다. 수익률 표보다 중요한 건 회복탄력성이다. 이 단어가 낯설다면 아직은 때가 아니다.

정책이 무서운 것은 불확실성 때문이다. 불확실성을 이기는 방법은 예측이 아니라 원칙이다. "나는 10년 후에도 수요가 남는 곳만 산다." "나는 현금흐름이 깨지는 순간 팔거나, 그 순간이 오지 않도록 매수 시점부터 설계한다." "나는 정책의 헤드라인이 아니라 시행세칙을 읽는다." "나는 정책이 아니라 계약서와 현장을 믿는다." 이런 문장들을 되뇌고 실행에 적용해야 한다.

정책을 정치로 보면 흥분이 남고, 정책을 제도로 보면 계산이 남는다. 정치는 나를 흔들지만, 제도는 내가 사용할 수 있다. 제도는 대체로 서툴고 느리지만, 한번 정해지면 오래간다. 그래서 장기적 결정을 해야 하는 부동산은 제도의 속도에 맞추어 생각하는 편이 안전하다. 낡은 상식을 버리자. "정책이 풀리면 오른다"라는 문장은 절반만 맞다. 정책이 풀려도 수요가 없으면 안 오른다. "규제가 강하면 떨어진다"라는 문장도 절반만 맞다. 규제가 강해도 수요가 두꺼우면 버틴다. 결국 우리는 같은 자리에 선다. 수요·입지·상품·경로. 정책은 그 길을 좁히거나 넓힐 뿐, 길 자체를 창조하지 않는다.

앞으로의 10년은 어쩌면 지금까지보다 더 많은 정책이 등장하는 시대가 될 것이다. 고령화와 가구 구조의 변화, 기후 리스크의 비용화, 재정의 부담, 금융 규제의 표준화… 이 모든 의제가 부동산으로 번역될 것이다. 세입자의 권리와 임대인의 의무는 더 명확해지고, 도심의 밀도 조절은 더 정밀해질 것이다. 제도는 삶을 세밀하게 만든다. 그 세밀함 속에서 우리는 더 자주 불편해질 것이다. 그러나 동시에, 좋은 설계는 더 분명한 보상을 받을 것이다. 투명한 임대, 표준화된 관리, 데이터로 증명되는 입지와 상품의 성능 – 이것들이 정책과 시장이 만나는 지점이다. 거기서 수익은 생기고, 거기서 리스크는 줄어든다.

정책의 소음 위로 당신의 원칙을 크게 틀어라. 그러면 뉴스가 요란할수록 당신의 항로는 조용해진다. 그리고 그 조용함이 장기적으로는 가장 큰 수익이 된다.

# 01 부동산 정책, 끝없는 배신의 역사

**핵심부터 말하자면**

정권 바뀔 때마다 180도 정책 변화
정상적 시장 메커니즘 작동 못 해

정부가 종합부동산세에 적용하는 공정시장가액비율을 시가 60%에서 80%로 상향하는 검토가 한창이라는 소식이 전해진다. "세금으로 부동산 시장을 안정화시키지 않겠다"던 대통령의 말이 거짓이었다는 현실이 드러나고 있다.

우리는 이미 이런 장면을 무수히 목격해왔다. 문재인 정부는 집권 초기 "세금으로 집값을 잡지 않겠다"고 했지만, 결국 26번의 부동산 대책을 쏟아내며 종부세 최고세율을 6%까지 올렸다. 윤석열 정부는 "세금 규제 완화"를 내세웠지만, 집값이 오르자 규제 강화로 돌아섰다. 이재명 정부도 똑같은 수순을 밟고 있다.

20년간 반복된 정책 실패를 돌이켜 보면, 정권이 바뀔 때마다 정반대의 정책이 반복되는 악순환이 계속되고 있다. 김대중 정부는 IMF 위기 극복을 위해 규제 완화 정책을 폈고, 노무현 정부는 종부세 도입과 강력한 규제로 돌아섰다. 이명박 정부는 다시 규제 완화로, 박근혜 정부는 미온적 정책으로, 문재인 정부는 강력한 규제로 선회했다. 윤석열 정부는 완화로, 이재명 정부는 강화로 돌아가고 있다.

이런 정책 변화의 패턴에서 진짜 피해자는 실수요자와 일반 국민이다. 정치인들은 선거 때마다 "서민을 위한 정책"이라고 포장하지만, 실제로는 부동산 시장의 불확실성만 키우고, 진짜 집이 필요한 사람들에게는 더 큰 부담을 지우고 있다.

종부세 완화로 혜택을 본 것은 3주택 이상 보유자가 84.6%였고, 세금 정책 변화의 수혜자는 항상 고소득층과 다주택자들이었다.

현재 서울을 중심으로 다시 패닉 바잉(panic buying) 현상이 나타나고 있다. 한국은행은 주택시장 위험지수가 3년 내 최고 수준이라고 경고했고, 주택가격전망지수는 2021년 패닉 바잉 시절과 비슷한 수준으로 치솟았다.

이런 현상의 근본 원인은 무엇인가? 바로 정부 정책에 대한 국민들의 뿌리 깊은 불신이다. 국민들은 이미 학습했다. 정치인들이 "세금으로 집값을 잡지 않겠다"고 말하면 곧 세금 폭탄이 터질 것이고, "공급 확대"를 외치면 곧 규제가 강화된다는 사실을 말이다.

이런 불신은 합리적인 시장 판단을 불가능하게 만들고, 공포에 의한 비합리적 매수(패닉 바잉)를 부추기는 주요 원인이 되고 있다. 문재인 정부 시절 집값이 2배 가까이 폭등한 것도, 윤석열 정부에서 다시 집값이 오르기 시작한 것도, 모두 정책의 일관성 부족과 신뢰성 결여에서 비롯된 것이다. 정치인들은 정치적 생존을 위해 부동산 정책을 도구로 사용하고 있으며, 그 피해는 고스란히 국민들이 떠안고 있다.

이런 상황에서 부동산 소유자들이 할 수 있는 대응 방안은 무엇인가? 전문가들은 다양한 절세 전략을 제시한다. 장기 보유를 통한 세금 절감, 임대사업자 등록을 통한 혜택, 가족 간 자산 분산 등이 대표적이다. 하지만 이런 전략들도 정부의 정책 변화 앞에서는 무력하다. 일반 국민들은 정책 변화를 예측할 수 없는 상황에서 높아진 세금 부담을 고스란히 떠안을 수밖에 없는 구조에 갇혀 있다. 전문가의 도움을 받는다고 해도, 정책이 하루아침에 바뀌면 모든 준비가 무용지물이 된다.

결국 세금 부담 증가의 직격탄을 맞는 것은 중산층과 서민들이다. 1주택을 보유한 실거주자들도 공시가격 상승으로 종부세 대상자가 되고, 다주택자라고 해서 모두 부자인 것도 아니다. 많은 경우 노후 대비나 자녀 교육을 위해 어렵게 마련한 집 한 채 더 보유하고 있을 뿐인데, 이들까지 '투기 세력'으로 매도되는 현실이다.

정책의 비일관성은 단순히 개인의 문제가 아니라 국가 전체의 경제적 비용을 증가시킨다. 기업들은 불확실한 정책 환경에서 투자를 미루거나 해외로 이전하게 되고, 개인들은 합리적인 경제적 판단보다는 정치적 변수에 의존한 단기적 대응에 매몰된다.

부동산 시장에서 이런 현상은 더욱 심각하다. 예측 불가능한 세금 정책 변화는 시장의 효율성을 해치고 자원 배분의 왜곡을 가져온다. 정책 변화를 예측해야 하는 불확실성 프리미엄이 부동산 가격에 반영되면서, 결국 모든 비용은 소비자들이 떠안게 된다.

더 심각한 문제는 정책의 신뢰성이 무너지면서 정상적인 시장 메커니즘 자체가 작동하지 않는다는 점이다. 공급과 수요에 의한 가격 결정보다는, 정치적 변수와 정책 변화 예측에 의한 투기적 거래가 늘어나고 있다. 이는 건전한 시장경제의 기반을 훼손하는 심각한 문제다.

이런 절망적인 현실 앞에서 우리는 무엇을 해야 하는가? 먼저 정치인들의 부동산 정책 공약을 정확히 인식해야 한다. 선거 때마다 반복되는 "서민을 위한 정책", "집값 안정화" 같은 달콤한 말에 더 이상 속아서는 안 된다. 정책의 일관성과 신뢰성을 요구하는 목소리를 높여야 한다. 정치인들이 함부로 정책을 바꾸지 못하도록 견제해야 하고, 정책 변경 시에는 그에 따른 책임을 지도록 해야 한다. 부동산 정책은 정치적 도구가 아니라 국민 생활과 직결된 중대한 문제라는 인식을 확산시켜야 한다.

개인적으로는 정책 변화에 휘둘리지 않는 장기적 관점의 자산 관리 전략을 세워야 한다. 단기적인 세금 회피보다는, 정책이 바뀌어도 흔들리지 않는 견고한 재무 구조를 만드는 것이 중요하다. 무엇보다 정치적 변수에 의존한 투기적 거래는 피해야 한다.

결국 이 모든 문제의 근본적 해결책은 부동산 정책의 정치적 중립화다. 정권이 바뀔 때마다 정책이 180도 바뀌는 현 시스템으로는 어떤 문제도 해결할 수 없다. 부동산 정책은 독립된 전문 기관이 장기적 관점에서 수립하고, 정치적 개입을 최소화하는 시스템을 구축해야 한다.

또한 세금 정책의 예측 가능성을 높이고, 급격한 변화를 방지하는 제도적 장치가 필요하다. 세법 개정 시 일정한 유예 기간을 두고, 소급 적용을 금지하며, 중대한 변경 시에는 국민투표나 공청회 등을 통한 사회적 합의 과정을 거치도록 해야 한다.

부동산 시장의 투명성도 크게 높여야 한다. 실거래가 공개, 공시가격 산정의 투명성 확보, 정책 효과에 대한 정확한 데이터 공개 등을 통해 정치적 포장이 아닌 객관적 사실에 근거한 정책 논의가 가능하도록 해야 한다. 정치인들의 부동산 정책은 국민에게 표를 받으려는 도구일 뿐이며, 진정한 해결책은 우리 스스로가 만들어가야 한다.

더 이상 그들의 거짓말에 속지 말고 우리 자신의 미래를 우리가 책임지는 각성된 시민이 되어야 할 때다.

# 02 부동산 정책이 현실과 엇박자인 이유

**핵심부터 말하자면**

부동산은 수요·공급의 문제다.
경제 문제를 정치로 풀려니 어려워지는 것이다.

대한민국 정부에 부동산은 가장 먼저 고려해야 할 경제 요인일 것이다. 다른 여러 정책들도 중요하지만 주택 문제는 현실적으로 민감하기 때문이다.

대한민국 국민이라면 누구나 부동산 문제를 직간접적으로 경험한다. 그런 국민의 선택을 받은 정부도 같은 입장이다. 강남에 사는 부자라고 2표 이상의 투표권을 주지 않는다. 부자든, 중산층이든, 임차인이든 똑같이 1표만 행사할 수 있다. 1인 1표제하에서 정부는 유권자 여론을 절대적으로 수용하는 입장일 수밖에 없다.

정치권의 큰 고민은 주택 소유자와 비소유자의 의견이 완전히 다르다는 데 있다. 주택을 가진 사람들 간에도 의견의 차이는 크다. 비소유자 사이에서도 의견이 각기 다르다. 대한민국 가구 수는 2,100만 정도다. 부동산에 대한 2,100만 개의 의견이 있다고 볼 수 있다.

문제는 모든 국민의 의견을 한 방향 혹은 한 계층에만 맞춰 추진하는 것은 불가능하다는 점이다. 따라서 한쪽의 방향성을 선택하되, 다른 쪽의 의견도 어느 정도는 반영되도록 정책을 만들 것이다. 양다리, 회색 정책이라고 비난받아도 어쩔 수 없다. 정치는 정권을 차지하는 것이 최우선 목적이니까 말이다.

지지층을 확보하려는 정부의 노력에도 불구하고 한국 부동산 시장은 대체적으로 불안정한 모습을 보여왔다. 어떤 정책을 만들고 실시해도 결국 비판받는 정부도 답답할 것이다. 어떤 정책을 내놓아도 정치 성향이 다른 국민들은 공무원들과 정치인들을 비판한다.

그러나 부동산 정책을 만드는 공무원, 정치인은 바보가 아니다. 많은 사람이 '말도 안 되는 정책을 왜 만드는 거냐'며 비판하지만, 하나의 정책이 나오기까지는 그 분야에서 가장 우수한 인재들이 다각적인 조사와 시뮬레이션을 통해 피나는 노력을 한다. 명석한 석학들이 만들어낸 정책이기 때문에 여기에는 현재의 부동산 시장에서 발생하는 문제들에 대한 거의 모든 것이 담겨 있다.

그런데도 왜 부동산 정책은 좋은 평가를 받지 못할까? 답은 간단하다. 경제 문제를 정치적으로 해결하려고 하기 때문이다. 경제 문제는 시장 경제 논리에 맡기는 게 가장 좋은 방법이다. 하지만 정치인 입장에서 부동산만큼 선거운동 하기 좋은 분야가 없다.

정부가 특정 방향으로 정책을 만드는 경우는 거의 없다. 부동산 정책

| | 노태우 정부 | 김영삼 정부 | 김대중 정부 | 노무현 정부 |
|---|---|---|---|---|
| 경제 여건 | 3저 현상 → 경기호황 | 경기보통 → IMF | 위기 → 회복 | 수출호조 |
| 경제 성장률 | 8.0~9.1 | 6.9~7.1 | 4.4~5.6 | 3.1~4.7 |
| 정책 기조 | 규제 | 완화 | 완화 → 규제 | 규제 |
| 주택 관련 주요 정책 | 토지공개념 도입<br>분양가 상한제 도입<br>공시지가 제도 도입<br>부동산 투기 억제<br>주택 200만 호 건설<br>– 1기 신도시 건설 | 주택 임대사업자<br>수도권 주택 공급<br>부동산 실명제 도입<br>분양가 자율화 | 양도세 완화<br>분양가 자율화<br>분양가 전매 허용<br>재건축 지원<br>LTV 등장(2002) | 종부세 도입<br>실거래 신고 의무<br>재건축초과이익환수제 도입<br>DTI 도입(2006)<br>2기 신도시 조성 |
| 집값 상승률<br>(연평균 %) | 12.2(서울 12.1) | 1.4(서울 1.5) | 6.0(서울 9.3) | 6.0(서울 8.9) |
| 전체 상승률<br>(연평균 %) | 13.2(서울 14.6) | 5.4(서울 4.3) | 8.8(서울 9.6) | 2.4(서울 2.3) |

자료: 주택산업연구원

을 살펴보면 크게 두 가지로 나뉜다. 두 가지가 반대인 듯 보이면서도 반대가 아니라는 것이 아이러니하다. 부동산 정책이 정치적일 수밖에 없다는 사실을 알면, 반대 방향을 동시에 고려하는 이유도 이해가 될 것이다. 두 가지 방향은 이렇다.

하나는 부동산 가격 안정 및 투기 억제를 통한 주거 복지 향상 방안

| 이명박 정부 | 박근혜 정부 | 문재인 정부 | 윤석열 정부 |
|---|---|---|---|
| 글로벌 금융위기 | 저성장→ 저금리 | 초저금리 | 고금리 |
| 3.2~3.3 | 2.7~3.0 | 2.3~3.4 | 1.7~2.0 |
| 완화 | 완화 | 규제 | 완화 |
| 규제지역 해제<br>대출 규제 완화<br>지방 미분양 해소<br>재개발·재건축<br>규제 완화<br>보금자리주택 공급 | 대출 규제 완화<br>세금 감면<br>(양도세, 취득세)<br>재건축초과<br>이익환수제 유예연장<br>뉴스테이 도입 | 규제지역 확대<br>다주택자 세금 중과<br>DSR, 신DTI 도입<br>대출 규제 강화<br>임대차법 도입<br>3기 신도시 조성 | 규제지역 해제<br>세 부담 완화<br>정비사업<br>규제 완화<br>분양 규제 완화 |
| 3.1(서울 -0.3) | 2.3(서울 2.2) | 6.5(서울 10.1) | -3.5(서울 -2.2) |
| 6.8(서울 5.7) | 4.8(서울 6.6) | 3.5(서울 5.4) | -3.2(서울 -2.6) |

전세가격지수(전국, 아파트)　　전세가격지수(서울, 아파트)

이다. 다른 하나는 침체된 부동산 경기를 살리기 위한 거래 활성화 방안이다. 부동산 거래 활성화를 통해 가격을 정상화하겠다는 것이다. 어떤 정부든지 주기적으로 규제 강화를 통한 투기 억제 정책을 펴고, 부동산 불황기에는 거래 활성화를 위한 규제 완화 정책을 반복했다.

어떤 정책에 대해 특정 계층은 드러내놓고 표현은 못 하지만 속으로는 좋아했을 것이고, 다른 한쪽은 노골적으로 비판한다. 언론을 통해 접하는 부동산 정책에서는 불만이 부각된다. 이익을 보는 사람들의 속마음을 기사화할 수는 없었을 것이다.

모든 정부가 주거 복지 확대와 주거 안정을 위해 노력했지만, 어떤 정부도 만족스러운 평가를 받지 못했다. 이는 장기적인 계획이 아니라 그때그때의 이슈에 대해 단기 처방식으로 대응했기 때문이다. 부동산 정책은 근본적인 문제를 해결하는 방향으로 가야 한다. 근본적인 부동산 문제는 무엇인가? 수요와 공급의 불균형이다. 어떻게 해결해야 할까? 수요를 충족해야 한다. 1990년대 초반, 노태우 정권의 200만 호 건설로 대한민국 부동산 시장이 가장 조용했던 것처럼 수요와 공급 문제인 부동산 문제는 공급을 해결하면 어느 정도 해소된다는 의미다.

단기 가격 폭등은 어떻게 하느냐고 반문할 수 있다. 이때도 정치적인 개입은 최소로 하고 시장 내에서 자연스럽게 해결되도록 하는 것이 맞다고 본다. 너무 비싸면 시장에서 스스로 조정한다. 아무리 부자라도 너무 비싸면 사지 않는다.

이를 위해 주택 시장이 안정화된 선진국 사례를 벤치마킹했으면 한다. 선진국도 자가 거주와 임대 거주로 시장이 양분화돼 있다. 임대주택은 다주택자들이 대부분 공급해야 한다.

수요와 공급 문제는 수요·공급 논리로 풀자. 그것이 선진국식 부동산 문제 해결 방법이다. 세금으로 단기 수요를 억제하는 것은 해결책이 아니다.

# 03 | 보수든 진보든 부동산 정책은 똑같다?

**핵심부터 말하자면**

국민이 바라는 것을 정부가 어떻게 해줄 것이라 기대하지 마라.
정부는 만능이 아니다.
경제 활동은 결국 개개인의 몫이다.

언제부터인지 보수와 진보라는 단어가 선과 악이라는 개념으로 인식되고 있다. 보수는 지킨다는 의미가 강하다. 진보는 한 단계 더 나아간다는 의미다. 두 단어는 반대가 아니다. 동시에 존재할 수 있는 개념이다. 부동산 정책도 마찬가지다. 정권마다 다른 정책을 추진했다고 해서 진보 정부, 보수 정부로 구분하지 않는 것이 좋다. 부동산 시장을 이해하는 데 도움이 되지 않기 때문이다.

단적인 예로, 최초의 진보 정부인 김대중 정부의 부동산 정책은 역대 어떤 보수 정부보다 파격적으로 규제를 완화했다. 반대로 보수 정권으로 평가되는 박정희 정부는 완화책보다는 규제책이 많았다. 역시 보수 정권이라 할 수 있는 노태우 정부 때는 토지공개념이라는, 사회주의에

## 규제 강화 정책과 아파트 가격 추이

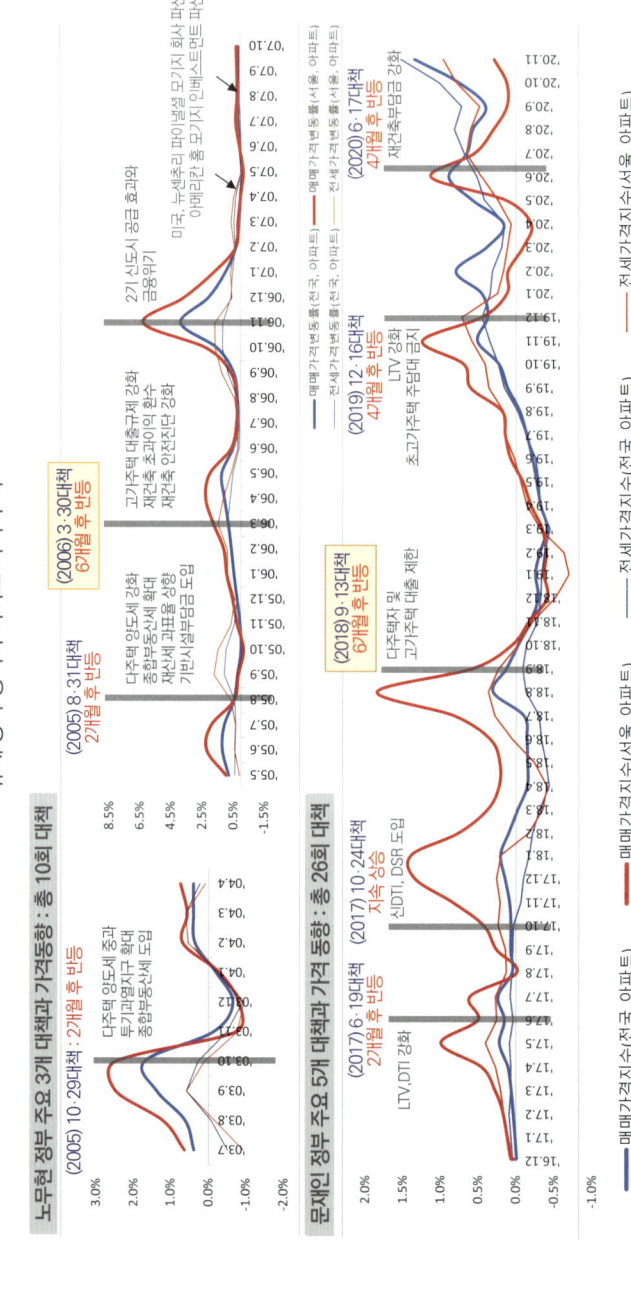

노무현 정부 주요 3개 대책과 가격동향 : 총 10회 대책

문재인 정부 주요 5개 대책과 가격 동향 : 총 26회 대책

자료: 주택산업연구원

가까운 경제 논리가 적용됐다. 그렇기 때문에 자본주의 경제 문제를 보수, 진보로 단순화하면 현재의 부동산 시장을 이해할 수 없다. 보수와 진보 프레임은 유권자들의 표를 얻기 위한 정치 논리일 뿐이다.

물론 보수 정권과 진보 정권은 부동산 정책을 다르게 취할 수 있다. 표를 주는 계층이 다르기 때문이다. 그렇다고 반대편을 완전히 무시하는 정책을 펼 수는 없다. 어떤 계층도 과반수가 되지 않기 때문이다. 정책을 만드는 사람들은 양쪽의 의견을 조율해야 하는 어려운 위치에 놓이게 된다.

역대 정부들은 보수, 진보 의견을 모두 반영하기 위해 여러 노력을 했다. 법인세를 낮추거나 종부세 기준을 완화하는 것은 보수 세력의 이익을 보호하려는 모습이다. 그로 인해 부족해지는 세금을 보충하기 위해 다른 세율을 높이려고 한다. 공공주택을 끊임없이 공급하려고 하면서 민간 임대주택도 활성화하려고 한다.

정치인들에게는 정권을 유지하는 것이 중요하다. 정권을 유지하기 위해서는 돈과 각종 개발 계획이 필요한데, 그런 지원이 가능한 세력은 일반인이 아니다. 결국 대기업 등 특정 집단의 원조가 필요하다. 대부분의 정부가 친기업적인 정책을 펼 수밖에 없는 이유가 여기에 있다.

반면 기득권 세력에 반대하는 진보 집단이 있다. 이들은 서민층을 지지 기반으로 한다. 집을 가진 사람보다 집을 가지지 않은 사람이 상대적으로 많다. 그래서 이 계층에게 이익을 주고자 하는 정책을 많이 제안한다. 기초연금, 무상급식 등이 그런 예가 될 것이다.

진보의 한계는 부동산 정책에서 보수와 크게 차별화되지 않는다는

**정권별 부동산 정책 방향**

|  | 집권 기간 | 정책 기조 |
|---|---|---|
| 박정희 | 1963~1979 | 규제 강화 |
| 전두환 | 1980~1988 | 규제 완화 |
| 노태우 | 1988~1993 | 규제 강화 |
| 김영삼 | 1993~1998 | 규제 완화 |
| 김대중 | 1998~2003 | 규제 완화 |
| 노무현 | 2003~2008 | 규제 강화 |
| 이명박 | 2008~2013 | 규제 완화 |
| 박근혜 | 2013~2017 | 규제 완화 |
| 문재인 | 2017~2022 | 규제 강화 |
| 윤석열 | 2022~2025 | 규제 완화 |
| 이재명 | 2025~ | ? |

것이다. 역대 진보 정권도 결국 보수 정권과 같은 방법으로 부동산 문제를 해결하려 했다. 실질적인 문제 해결 방안을 제안하기보다 보수 진영의 정책을 비판하는 것에 초점을 두는 경우가 많다.

진보 진영은 논리적이고 합리적인 비판을 하고 서민을 위한 정책을 제안하기도 한다. 하지만 그들의 주장은 현실에서 실현 불가능한 정책이 많다. 모든 신규 주택을 공공주택으로 제공한다든지, 저렴한 전세를 제공하기 위해 임대 보증금 인상을 억제한다든지 하는 식의 정책 말이다. 조금만 생각해봐도 이 정책들의 한계를 알 수 있다. 저렴한 전세를 대량으로 공급하는 것이 가능할까? 집주인의 사회복지 인식이 뛰어나 시세 차익을 볼 수 없는 집을 잔뜩 사서 저렴하게 전세로 공급해줄 것을 기대하는 것인가? 아니면 개인 재산권을 제한해 강제로 그렇게 하려는 것인가? 대부분 실현 불가능한 제안이다.

매매든 전세든 월세든 당장 살 집을 구해야 하는 일반 국민에게 혼란만 가중시키는 것은 아닌지 따져봐야 한다. 양 진영의 대립은 부동산 문제를 더 어렵게 한다.

정부는 투표로 선출된 정치인들의 집단이다. 직접 투표로 선출되었든, 선출된 사람이 임명했든 정치인들이다. 그들의 목적은 정권을 차지하고 유지하는 것이다. 그들은 투표로써 평가받아야 하므로 많은 사람이 좋아할 만한 정책을 만들어야 한다.

선거철엔 정책이 남발된다. 대부분 실현되지 않지만, 사람들은 혹시나 하는 심정으로 투표한다. 이명박 정부 당시 뉴타운 정책이 그랬고 공공임대주택, 행복주택 등의 공공주택 공약이 주요 공약을 차지했다. 선심성 정책은 추진이 잘되지 않는다. 된다 하더라도 계획만큼 큰 규모로 되는 경우는 많지 않다. 정부는 예산 안에서 움직이기 때문이다.

이것이 정부 정책의 어쩔 수 없는 한계다. 국민이 바라는 것을 정부가 어떻게 해줄 것이라 기대하지 마라. 정부는 만능이 아니다. 경제 생활은 우리 자신이 하는 것이다. 정부에 많은 제안을 하는 것은 바람직한 일이지만, 제안한 것이 이루어지기를 하염없이 기다리기보다는 자신에게 조금이라도 도움이 되는 행위를 하는 것이 낫다.

정부에 요구하려면 구체적인 요구를 하자. 실현 가능한 내용을 요구하자. 그래야 정부도 국민의 말에 귀를 기울일 것이다. 개인적인 이익을 위한 허황된 주장만 하면 무시할 가능성이 높다. 추진 가능성이 높더라도 정권 유지에 도움이 되지 않으면 정책에 반영될 수 없다. 진보 정권이든 보수 정권이든 마찬가지다.

# 04 부동산 공약, 왜 믿음을 잃어가는가

**핵심부터 말하자면**

부동산은 단기간에 해결될 수 없는 복합적 과제
'공급 확대' '규제 완화' 구호만으로 시장 신뢰 얻기 어려워

거의 모든 대선에는 '공급 확대' '규제 완화' '세금 정상화' '청년·고령층 지원' 같은 문구가 경쟁적으로 등장한다.

그러나 시장과 국민들의 반응은 싸늘하다. "이번에도 결국 말뿐일 것이다"라는 냉소가 지배적이다. 왜 부동산 공약은 반복될수록 믿음을 잃어가는 것일까?

과거 부동산 공약 실패 사례부터 확인해보자.

문재인 정부(2017~2022)는 부동산 정책을 국정 핵심 과제로 삼았다. 후보 시절 "집값을 잡겠다"고 약속했으며, 취임 후에도 8·2 대책, 9·13 대책, 12·16 대책 등 강력한 수요 억제 정책을 연달아 내놓았다. 그러나 서울 아파트 중위가격은 임기 동안 두 배 가까이 상승했다. 공급 부족

과 규제 일변도의 정책이 오히려 시장 왜곡을 심화시킨 것이다.

박근혜 정부(2013~2017)는 '부동산 정상화'를 공약했지만 경기 침체 우려에 발목이 잡혔다. 초기에는 규제 완화를 통해 거래 활성화를 유도했으나, 정작 수요 회복에만 집중하고 전월세 시장 관리에는 실패해 '전세대란'을 초래했다.

이명박 정부(2008~2013)는 '반값 아파트'를 대표 공약으로 내세웠지만 한국토지주택공사(LH)의 재정 악화, 부지 확보 실패, 실수요자 외면 등으로 현실화하지 못했다. 공급 공약이 선언적 구호에 그친 대표 사례다.

노무현 정부(2003~2008) 역시 '부동산 투기 근절'을 천명했지만 서울 강남권 아파트 가격 급등을 막지 못했다. 종합부동산세 신설 등 조세 정책은 강화했지만, 시장 수요를 제대로 관리하지 못해 실질적인 집값 안정에는 실패했다.

결국 역대 정부의 부동산 공약은 '강한 의지'를 천명했으나 실제로는 공급 부족, 정책 혼선, 시장의 반발, 사회구조 변화 미반영이라는 벽에 부딪혀 번번이 좌절됐다.

과거 부동산 공약이 실천되지 않은 이유를 정리해보자.

첫째, 공급 목표의 과장과 실행력 부족이다. 역대 정부들은 '100만 호' '150만 호' '250만 호' 등 대규모 주택 공급을 약속했지만 실제로는 토지 확보, 재원 조달, 사업성 등의 현실적 제약으로 인해 목표 달성에 실패했다. 예를 들어 노무현 정부의 100만 호, 이명박 정부의 150만 호, 박근혜 정부의 행복주택 20만 호 등 대규모 임대주택 공약이 있었으나, 엄청난 비용 부담과 LH공사 등 공공기관의 재정 악화로 인해 공약이 온전히 이행된 경우는 드물었다.

둘째, '반값 아파트' 등 선심성 공약의 실현 불가다. 이명박 정부는 서울 등 집값이 비싼 지역에 '반값 아파트'를 공급하겠다고 약속했으나 실제로는 토지 보상가 상승, 건축비 인상, 자금난 등으로 인해 시세의 70~80% 수준으로 분양가가 상향 조정됐다. 시범지구(강남 세곡, 서초 우면) 외에는 제대로 실현되지 못했고, 대규모 공급이 오히려 전셋값 급등과 주택 시장 침체를 불러왔다.

셋째, 공공임대주택·기본주택 등 실현성 논란이다. 지난 대선에서 제시된 '기본주택 100만 가구' 등 공공임대 확대 공약도 부지 확보, 재원 조달, 사업성 등의 구체적 실행 방안이 부족해 실현 가능성에 대한 의문이 제기됐다. 예를 들어 3기 신도시 전체 공급 물량이 35만 가구임을 감안하면, 수도권에서 100만 가구 택지 확보는 사실상 불가능하다는 지적이 있었다.

넷째, 시장과의 괴리, 규제 일변도의 부작용이다. 문재인 정부는 29차례에 걸친 부동산 대책을 내놨지만 집값 안정에 실패했다. 정부가 시장에 과도하게 개입하거나 임대차보호법 등 규제를 강화하면서 오히려 공급 위축, 전셋값 폭등, 거래 절벽 등 부작용이 발생했다.

다섯째, 구체적 실행 방안·재원 대책 미흡이다. 공공임대주택 품질 개선, 민간임대 유인책 등도 세부 실행 방안이나 재정 계획이 부족해 비판을 받았다. 예를 들어 세금 감면 혜택을 약속하면서도 구체적인 감면 방식이 빠진 경우가 많았다.

결국 대규모 공급 약속의 현실적 한계, 선심성 공약의 실현 불가, 구체적 실행 방안·재원 대책의 부재, 시장과 괴리된 규제 일변도의 정책 실패, 공공임대주택 등 장기적 재정 부담과 실행력 부족 등의 반복적 실패는 유권자들의 정책 불신으로 이어지게 되었던 것이다.

지금 이재명 정부는 대선 전후 어떤 행보를 보였는가?

2022년 치러진 대선에서 이재명 후보는 "다주택자에게는 세금 폭탄 이상의 징벌적 제재가 필요하다"고 주장했다. 특히 투기 억제를 위한 조세 기능 강화를 주요 정책 기조로 삼았으며, 대표적으로 '국토보유세'를 부의 불균형 해소를 위한 핵심 수단으로 내세웠다.

그러나 2025년 대선을 앞두고는 입장이 완전히 바뀌었다. "부동산을 투자 수단으로 보는 것을 막을 수 없다" "세금으로 집값을 잡으려 하지 말자" "국토보유세는 수용성이 낮다" 등 일련의 발언은 과거의 주장과 전혀 다른 궤도 위에 서 있다.

그리고 대통령에 취임한 뒤에는 다시 강력한 대출 규제와 임대주택 대량 공급을 천명하며 시장 개입 강도를 높였다. 선거 국면에서는 완화, 집권 이후에는 규제로 돌아선 셈이다.

| 이재명 후보의 대통령 선거 부동산 공약 | | 국회 계류 중인 주요 부동산 규제완화 법안 |
| --- | --- | --- |
| **20대 대통령 선거** → | **21대 대통령 선거** → | **재건축·재개발 촉진 특례법** |
| • 전국 311만 가구 공급 | • 전국 250만 가구 공급 | • 정비사업 초기부터 기본·정비계획 동시 처리 |
| • 재건축 안전진단 기준 개선 | • 재개발·재건축 용적률 상향 | • 주민 이주 완료 이전에도 철거심의 절차 진행 |
| • 공공재개발 시 용적률 상향 | • 도시정비사업 분담금 완화 | • 역세권 개발 시 법적상한용적률 1.3배 완화 |
| • 지분적립형 등 공공 자가 주택 확대 | • 4기 신도시 계획 추진 | **재건축초과이익환수 폐지법** |
| | 자료: 더불어민주당 | • 재건축 관련 최대 50% 부담금 환수 규정 삭제 |
| | | 자료: 국회 |

물론 하루아침에 정책이 바뀔 수는 없다. 그러나 국민들이 원하는 것은 화려한 구호가 아니라 일관성 있고 실현 가능한 공약이다. 이제는 대선에서 내놓는 말들이 단순한 선거 전략이 아니라 실제로 실행되는 정치로 이어져야 한다.

앞으로는 대선에서 이런 공약들이 나오길 기대한다.

첫째, 공급 확대의 '실현 가능성' 확보다. 공급 목표를 현실적으로 제시하고 토지 확보·인허가·재원 조달 등 구체적 실행 계획을 공개해야 한다. 도심 고밀 개발, 용적률 상향 등은 지역사회와의 소통·합의, 인프라 확충과 병행돼야 한다.

둘째, 규제와 시장 기능의 균형이다. 투기 억제와 실수요자 보호, 시장의 자율적 공급 기능을 조화롭게 설계해야 한다. 재건축초과이익환수제, 임대차 2법, 분양가 상한제, 토지거래허가제도로 주택 규제 등 규제만을 위한 제도는 폐지하고 영원히 부활할 수 없도록 강력하게 못을 박아야 한다.

셋째, 중장기적 '백년대계'로 접근해야 한다. 단기 성과에 집착하는 선거용 정책이 아니라, 공공임대주택 비율 확대(최소 20% 목표), 주택보험제 도입 등 장기 로드맵이 필요하다. 정권 교체와 무관하게 일관성 있게 추진할 수 있는 정책 설계와 법제화가 중요하다.

부동산 정책은 단기간에 해결될 수 없는 복합적 과제다. 선거철마다 반복되는 '공급 확대', '규제 완화'의 구호만으로는 시장의 신뢰를 얻기 어렵다. 실현 가능한 목표, 구체적 실행 계획, 장기적 관점, 시장과의 소통, 정책의 일관성 확보야말로 국가 경제와 국민에게 도움되는 진짜 정책이다.

# 05

# 규제의 역설 - 시장 위한 정책인가, 혼란 부르는 제도인가

**핵심부터 말하자면**

당초 의도와 달리 부작용 낳고 시장 혼란 가중

가장 큰 피해는 시장의 약자들에게 돌아가

한국 부동산 시장은 세계적으로도 독특한 시장으로 평가받는다. 정부와 정치권, 그리고 각종 이해관계자들이 얽히고설켜 만들어낸 부동산 정책은 그 자체로 하나의 '초현실주의 작품'이라고 불릴 정도다.

그런데 이 작품이 시장의 불안을 잠재우고 실수요자를 보호하며 주거 안정을 꾀하기 위한 것인지, 아니면 정치적 퍼포먼스와 단기적인 효과를 노린 것인지, 그에 대한 의문이 끊임없이 제기되고 있다.

대출 규제, 분양가 상한제, 임대차 3법, 토지거래허가제 등 다양한 규제 정책들은 당초 의도와 달리 부작용을 낳으며 시장의 혼란을 가중시키고 있다. 더 나아가 이로 인해 가장 큰 피해를 보는 것은 오히려 보호를 받아야 하는 시장의 약자들이다.

규제 정책별로 살펴보자.

먼저 대출 규제는 도대체 누구를 위한 정책인가. 대출 규제는 가계부채 관리를 위해 도입됐다. 하지만 현실에서 대출 규제는 실수요자들에게 가장 큰 부담을 안겨주는 정책으로 작용하고 있다. 특히 총부채원리금상환비율(DSR) 같은 규제는 실수요자들이 대출을 통해 집을 마련하는 것을 어렵게 만든다. 이는 자연스럽게 전세 시장으로 수요가 몰리게 하고, 결과적으로 전세 가격 폭등이라는 부작용을 초래했다.

최근에는 기준금리가 내려가는 상황에서도 가산금리를 올려 대출 부담을 높이고 있다. 이는 은행의 수익 구조를 유지하려는 조치로 보이지만, 실수요자들에게는 이중고를 안겨준다. 대출 규제는 겉으로는 시장 안정을 위한 장치로 보여도, 실제로는 부동산 시장의 접근성을 더욱 좁히는 부작용을 낳고 있다.

분양가 상한제는 오히려 투기 수요를 부르는 정책으로 작용하고 있다. 분양가 상한제는 부동산 가격을 안정화하기 위해 도입됐다. 하지만 이 제도는 신축 아파트의 희소성을 더욱 부각하며, 분양권 프리미엄 같은 투기적 수요를 자극하는 부작용을 낳고 있다. 분양가 상한제 적용으로 인해 재건축·재개발 사업은 지연되고, 공급 부족이 심화되면서 기존 아파트 가격은 오히려 상승했다.

분양가 상한제의 또 다른 문제는 지역별 불균형이다. 일부 지역에서는 분양가 상한제로 인해 가격 경쟁력이 낮아져 수요가 줄어드는 반면, 인기 지역에서는 치열한 경쟁이 벌어져 시장 왜곡이 심화되고 있다. 이로 인해 '로또 분양'이라는 신조어까지 생겨났다. 이런 현상은 투기 심리를 자극하고, 실수요자들에게는 더욱 높은 문턱을 형성한다.

임대차 2법이 정말 세입자를 보호하는 법인지도 의문이다. 임대차 2법은 세입자 보호를 위해 도입된 정책이다. 현실은 정반대다. 전월세 상한제와 계약갱신청구권은 임대인들에게 지나치게 불리한 구조를 만들어냈고, 이는 결과적으로 전세 매물의 급감을 초래했다. 전세 물량 부족은 월세 전환을 가속화했고, 이는 서민들의 주거비 부담을 더욱 증가시켰다.

또한 임대인들이 전세 계약 갱신을 꺼리고 계약 만료 시점에 집을 매각하거나 월세로 돌리는 사례가 늘면서 세입자들의 선택권은 더욱 줄어들었다. 이처럼 임대차 2법은 오히려 세입자들에게 더 큰 피해를 안겨주는 법으로 전락했다.

가장 많은 논란이 있는 제도는 다주택자 규제다. 실질적으로 임대주택 대부분을 공급하는 주체인 이들을 규제하니 오히려 임대 시장의 공급을 위축시키고 있다. 솔직히 평가하자면 다주택자를 규제하겠다는 정부의 정책은 다분히 정치적 성격을 띤다. 그러나 이 정책은 임대 물건의 공급자인 다주택자들을 시장에서 몰아내는 결과를 초래했다. 다주택자에 대한 과도한 취득세, 양도소득세와 보유세 부과는 다주택자들이 임대 시장에서 발을 빼게 만들었다. 이는 임대 물량 부족으로 이어졌고, 전세와 월세 가격 상승을 부추겼다.

다주택자 규제는 근본적으로 부동산 시장의 수급 균형을 무시한 정책이다. 임대 물량이 줄어들면 가장 큰 피해를 보는 것은 결국 임차인들이다. 다주택자 규제를 통해 얻고자 했던 서민 주거 안정이라는 목표는 완전히 빗나갔다.

가장 이해가 안 되는 규제가 토지거래허가제를 이용해 주택 거래를 통제하는 것이다. 노무현 대통령 때부터 위헌 요소가 너무 커서 주택거래허가제도는 실시도 못 하면서 토지거래허가라는 편법으로 꼼수 규제를 하고 있다. 야비할 정도로 비겁한 규제책이다. 토지거래허가제는 본래 투기 방지와 시장 안정을 목적으로 도입된 제도라지만, 현실에서는 주택 거래를 억제하는 꼼수로 변질되고 있다. '주택거래허가제'라는 이름으로는 위헌 논란이 크기 때문에 이를 우회하기 위해 토지거래허가제라는 제도를 적용, 주택 거래를 실질적으로 봉쇄하고 있는 것이다.

이 제도는 주택 거래를 위장한 토지 거래를 방지한다는 명분을 내세우지만, 실상은 주택 거래를 심각하게 제한해 실수요자들의 재산권과 계약의 자유를 침해하고 있다. 거래를 하기 위해 지자체의 허가를 받아야 하는 절차는 본질적으로 사유재산권을 과도하게 침해하며, 헌법이 보장하는 재산권과 시장의 자유로운 작동 원리를 정면으로 위반한다.

대한민국에만 존재하는, 이토록 다양한 부동산 규제가 부른 시장 왜곡은 실수요자의 고통만을 가중시키는 결과를 낳고 있다. 규제는 단기적 효과를 노릴 수는 있지만, 장기적으로는 시장의 신뢰를 훼손하고 비효율성을 초래한다.

그렇다면 대한민국 부동산 시장을 어떻게 해야 할까? 과연 정부의 지나친 개입을 줄이고, 시장의 자율성을 존중하는 방향으로 나아갈 수 있을까? 구체적인 대안은 다음과 같다.

먼저 규제 완화와 단계적 철폐다. 부동산 시장의 안정화를 위해 규제를 단계적으로 완화해야 한다. 이는 시장 참여자들이 새로운 환경에 적응할 시간을 주는 동시에 시장의 자율성을 회복할 기회를 제공한다.

둘째, 공급을 확대해야 한다. 시장 안정의 핵심은 공급이다. 재건축·재개발 규제를 완화하고, 공공주택을 확대하며, 지방 균형 발전을 통해 주택 공급을 늘려야 한다.

셋째, 정보의 투명성을 강화해야 한다. 부동산 시장은 정보의 비대칭성이 큰 시장이다. 투명한 정보 제공을 통해 시장 참여자들이 올바른 판단을 할 수 있도록 지원해야 한다. 통계 수치를 조작하려고 했던 시도가 있었고 현재 재판 중인 것으로 알고 있다. 이런 일들이 다시는 발생해서는 안 된다.

넷째, 시장은 시장답게 운영돼야 한다. 부동산 시장은 단순한 경제 문제가 아니다. 그것은 국민의 삶과 직결된 문제이며, 국가 경제의 안정성과도 밀접하게 연관되어 있다. 규제는 단기적으로는 효과적일 수 있지만, 장기적으로는 시장의 왜곡과 불신을 초래한다.

정부와 정책 입안자들은 이제 규제라는 이름의 '덫'에서 벗어나 시장을 존중하는 방향으로 나아가야 한다. 시장은 시장답게, 그리고 정책은 정책답게 작동할 때 부동산 시장의 진정한 안정화가 가능하다.

## 06 교통·개발 공약은 시장을 바꿀 수 있는가?

**핵심부터 말하자면**

2008년 약속, 2025년 배신

17년간 제자리걸음인 수도권 철도망

2008년, 위례신도시는 수도권 남부의 핵심 주거지로 구상되며 야심 차게 개발이 시작됐다. 그때 함께 발표된 광역교통개선대책은 '위례과천선'과 '위례신사선'이라는 두 개의 철도망을 중심으로 위례와 서울, 과천, 분당을 연결하는 광역 통합 교통축을 구상하고 있었다. 주민들은 믿었고 거액의 광역교통분담금을 부담했다. 서울시는 약속했고 국토부는 계획을 세웠다.

그런데 2025년, 우리는 어떤 현실을 마주하고 있는가. 위례과천선은 아예 위례신도시를 비껴가고 있고, 위례신사선은 사업성이 낮다는 이유로 민간 투자자도 철수했다. 서울시는 재정사업으로 전환하겠다고 하지만, 신속예타 통과조차 장담하지 못하는 상황이다.

자료: 서울특별시

신도시 핵심 교통망이 '패싱'되는 상황을 두고 시민들의 분노는 당연하다. 17년 전 약속은 어디 갔는가? 서울시장도, 경기도지사도, 국토부도 책임 없다면 도대체 누구에게? 지금 이 문제의 책임은 분명히 물어야 한다.

위례는 서울시 송파구와 경기도 성남시, 하남시, 과천시 등이 얽힌 복합 행정구역이다. 그러나 이 지역을 관할하는 서울시장과 경기도지사는 해당 철도망에 대한 전면적 재검토나 대안을 적극적으로 내놓은 바 없다. 오히려 사업이 표류하자 "경제성이 부족하다"거나 "중앙정부 몫"이라는 입장을 되풀이하는 데 그치고 있다.

하지만 묻고 싶다. 서울시장이란 직책은 단순히 시청의 청소 차량을 관리하는 역할인가? 경기도지사는 도청 공무원 인사권만 행사하면 되는 자리인가? 수백만 시민들의 삶과 출퇴근 시간을 좌우할 교통망 구축은 지방정부가 진정한 리더십을 보여줄 수 있는 시험대다. 그러나 지금껏 해당 지역 단체장 중 누구 하나 이 문제를 자신의 정치적 명운으로 삼고 '뚫고 나가려는' 리더십을 보이지 않았다.

서울시와 국토부가 위례신사선을 민간 투자에서 재정사업으로 전환한 이유는 간단하다. 돈이 부족하고 사업성이 낮아서다. 하지만 이것은 본질을 왜곡하는 것이다. 위례신사선이 수익이 낮다고 해서 필요가 사라지는 것은 아니다. 수익보다 중요한 것은 공공성이며, 이 노선에 수도권 시민 수십만 명의 삶의 질과 직결되어 있다는 사실이다.

수요 부족도 핑계다. 위례는 수도권에서 가장 젊은 세대가 유입되고 있는 지역 중 하나이며, 인구밀도도 높고 성장 가능성도 충분하다. 다만 현재 교통 인프라가 받쳐주지 못해 상업시설, 직주근접 효과, 교육 접근성 모두 떨어지고 있는 상황이다. 수요를 키우는 것이 정책의 목표여야지, 수요가 부족하니 철도도 포기하겠다는 식의 논리는 무능의 자기합리화일 뿐이다.

도시계획은 10년 단위로 이루어지고 광역철도망은 20년 단위로 계획된다. 정권이 몇 번 바뀌어도 시민의 삶은 계속되어야 한다. 그런데 위례 관련 철도망은 정권이 바뀔 때마다 이름만 남고 흔적은 사라졌다. 위례신사선은 원래 용산까지 연결될 계획이었지만 신사까지 축소됐고, 위례과천선은 '위례'라는 이름이 무색하게 위례신도시를 거치지 않게 되었다.

이쯤 되면 시민들은 묻는다. "위례신도시는 누구의 도시입니까?" 정권은 시민의 삶을 책임지는 것이다. 국책 사업이 사업성만으로 판단된다면 서울 지하철 1호선은 애초에 존재하지 않았을 것이다. 지하철, 광역철도, GTX, BRT 같은 교통망은 단기 수익보다 장기 전략과 국가 균형 발전의 관점에서 판단해야 한다.

서울시장과 경기도지사 모두 차기 대권 주자로 자주 거론되고 있다. 하지만 반문하지 않을 수 없다. 위례신사선, 위례과천선도 해결하지 못하면서 어떻게 5,000만 국민을 위한 정치를 하겠다는 것인가? 이명박 전 대통령이 시장에서 시작해 대통령이 될 수 있었던 이유는 간단하다. 서울시장이었을 때 '뚝심 있게 일하는 이미지'를 만들어냈기 때문이다. 뉴타운 추진, 청계천 복원, 버스전용차선 등 실질적인 시민 삶의 개선이 있었기에 국민은 그의 비전을 '실행력'이라 믿었다.

하지만 현재의 수도권 단체장들은 어떤가? 책임은 중앙정부에 떠넘기고 예타 통과 여부에만 매달리는 소극적 행정, 그리고 시민 불편에는 "대안 검토 중"이라는 관료적 언어만 되풀이한다.

수도권 유권자들은 더 이상 정치적 언변이나 이미지로 표를 주지 않는다. "내 출퇴근이 나아졌는가?" "우리 아이 교육 환경이 좋아졌는가?" "주변 환경이 개선되었는가?" 이 세 가지가 개선되지 않았다면 유권자는 다음 대선에서 반드시 표로 평가할 것이다.

2025년 현재, 위례과천선과 위례신사선은 그 시금석이 되고 있다. 특히 위례는 서울 송파, 경기 하남, 성남, 과천이 교차하는 핵심 정치 구역이다. 이곳에서 신뢰를 잃은 정치인은 전국에서도 신뢰를 잃는다.

이 문제는 단순히 서울시나 성남시 하나의 노력으로 해결될 일이 아니다. 지금이라도 '위례교통특별위원회'를 설치하고 서울시, 성남시, 하남시, 과천시, 그리고 국토부가 공동으로 참여하는 수도권 철도망 공동 협의체를 구성해야 한다.

위례과천선 노선 재조정(위례 중심부 통과), 위례신사선 예타 보완 및 대체 노선 시나리오 공개, 위례신도시 분담금 사용 내역 전면 공개 및 투명성 확보, 서울시–경기도의 공동 교통기금 신설 검토 등 다양한 방법들을 구체적으로 제안하길 기대한다.

위례신도시는 부동산 시장만 뜨거운 도시가 아니다. 수많은 젊은 부부, 직장인, 아이들이 이곳에서 미래를 설계하고 있다. 하지만 17년간 이어진 교통지옥은 이제 '정치 지옥'이 되었다. 교통이 권력이다. 시민들의 시간과 생계를 낭비하게 만든 정치는 선거에서 심판받아야 마땅하다.

# 07 정책만 분석해도 '셀프 전문가' 된다

**핵심부터 말하자면**

누가 혜택을 보는가?

그 혜택은 무엇인가?

두 가지만 보자.

정부의 부동산 정책은 모든 국민이 알고 있어야 한다. 우리 삶에 도움이 될 여지가 많기에 알차게 활용하자는 것이다. 정책을 보는 인사이트가 생기면 이를 활용할 다양한 전략을 세울 수 있다.

언론과 전문가의 한계는 '해석'까지만 한다는 것이다. 그 정책을 어떻게 활용하라는 행동 지침은 주지 않는다. 언론이나 전문가가 잘못이라는 얘기가 아니라, 언론과 전문가의 역할은 거기까지라는 뜻이다. 실행은 개인이 하는 것이다. 정보를 보는 인사이트가 있으면 스스로 방향 설정이 가능하다.

부동산 정책은 부동산 경기 흐름에 선행하는 패턴을 보인다. 부동산 완화 정책이 지속되면 부동산 거래는 활성화되고, 부동산 규제 정책이 지속되면 부동산 거래는 축소된다. 정책이 처음 발표되고 추진되는 시기는 그와 반대되는 문제가 발생해 있을 확률이 높다. 결국 정책을 통해 현재의 부동산 시장과 미래의 부동산 시장을 분석할 수 있다.

먼저 주택 소유자 또는 주택 구매 의향자의 정책 활용 포인트를 정리해보자. 규제 정책이 나왔다면 부동산 시세는 상승하고 있을 것이다. 상승 추세를 추종해 부동산을 구매하면 '상투'를 잡을 확률이 높다. 주택을 구입할 바람직한 시기가 아니다. 반면 주택을 매도하려는 사람들에게는 절호의 기회다.

완화 정책이 나왔다면 매도자보다 매수자가 시장 주도권을 가질 확률이 높다. 따라서 실수요층이라면 급매로 구입하거나 매도자와 금액 할인의 협상을 주도할 여지가 크다. 적극적으로 구매하기에 좋은 기회다.

주택을 소유하지 않은 임차 계층의 경우, 부동산 급등 시기에 매매가는 상승하지만 전세가는 안정될 확률이 높다. 시세 하락기에는 역전세 현상이 생길 수 있으므로 집주인의 경제적 능력에 관심을 가져야 한다. '깡통주택(매매가에서 부채를 뺀 금액이 전세가보다 낮은 주택)' 수준의 대출이 많은 주택은 더 조심해야 한다.

임차 세대들은 대규모 택지개발지구를 노릴 필요가 있다. 택지개발지구 내 주택이 한꺼번에 많이 공급될 경우, 초기 임대 시세가 낮을 확률이 높다. 따라서 저렴한 가격에 새집에서 거주할 기회가 많다.

이렇듯 시장 판세, 특정 지역의 수요·공급에 관심을 가지면 여러모로 좋다. 임차 계층 중 주택 구매 의향이 있는 사람은 자기가 사는 지역의 주택 시세를 파악하고 있어야 한다. 시세 추이를 알면 가격이 싼지 비싼지 감이 생긴다. 그 감은 어떤 전문가의 판단보다 정확한 지침이 된다. 실거주 수요라면 어떤 시기라도 구매해도 좋다.

만약 투자자라면 위에서 설명한 규제 강화와 완화 시기를 구별해야 한다. 규제 판세가 장기간 지속되면 시세가 하락할 확률이 높다. 장기적인 완화 정책이 지속된다면 입지가 좋은 지역은 가격이 상승할 확률이 높다. 이렇듯 시장 예측을 통해 주택을 구입하거나 매도하면 된다.

사실 투자자들은 어떤 시기든 걱정할 필요가 없다. 현재 투자 수익이 은행 금리보다 높고, 여러 공제금(세금, 부대 비용)을 제외하고도 예·적금보다 수익률이 높다면 언제든 구입해도 된다. 이는 실거주 세대와는 다른 투자자만의 방법이다. 그래서 부동산 투자를 하려면 지역과 금리에 관한 지식도 많이 쌓아야 한다.

부동산 정책을 활용할 줄 아는 사람들은 여간해선 흔들리지 않는다. 그런 수준의 사람들이 특별한 존재라고 생각지는 말자. 우리 부모들이 그런 사람들이다. 그 지역 부동산은 그 지역민들이 가장 잘 안다.

어떤 전문가도 그 지역 토박이만큼 알 수 없다. 특정 지역의 수요가 공급을 초과하면 그 이유는 현지 주민이 가장 잘 안다. 현지에서 오래 산 우리 부모, 선배들이 정책을 잘 활용할 확률이 높다.

정책 방향대로 움직이는 사람들 중에 이익을 본 사람과 손해를 본 사람, 어느 쪽이 더 많을까? '정책은 부동산 경기에 선행한다'는 말에 정답이 담겨 있다.

박정희 정부 때 강남으로 진출한 사람들, 전두환 정부 때 목동·과천으로 진출한 사람들, 노태우 정부 때 분당으로 진출한 사람들, 김대중 정부 때 임대사업자가 된 사람들, 노무현 정부 때 지방에 투자했던 사람들, 이명박 정부 때 보금자리주택을 매수했던 사람들, 박근혜 정부 때 신규 아파트에 투자했던 사람들…. 이들의 공통점은 바로 정부 정책대로 실행했다는 것이다. 이들은 손해를 보지 않았다. 오히려 대부분 엄청난 수익을 얻었다.

문재인 정부에 이어 이재명 정부의 정책 방향은 규제 쪽이다. 규제 정책이 지속되면 시세는 조정받는다. 과거 김영삼, 이명박 정부 때처럼 모든 지역에서 부동산 가격이 하락하지는 않겠지만, 수요가 없는 비인기 입지의 시세는 조정 폭이 클 것이다. 임대사업자 등록이 보편화될 것이다. 일반 매매 물량은 지속적으로 줄어들 것이다. 결국 실거주 매수든 임차 거주든 현실에 맞게 구입 여부, 임차 여부를 선택해야 할 시점이다.

모르는 건 미덕이 아니다. 부동산 시장은 알면 알수록 도움이 된다. 정보는 돈이 될 수도 있다. 그리고 부동산 관련 정보는 정책을 통해 얻을 수 있다. 그래서 정부의 정책에 주목하라는 것이다.

물론 부동산 정책은 비판의 대상이 될 수 있다. 자신이 기대하는 정책이 아닐 수 있다. 그건 당연하다. 자신과 경제 상황이 똑같은 사람은 어디에도 없으니까. 그러나 비판만 하는 건 아무짝에도 쓸모없는 비경제적 행위다. 정책은 활용의 대상이어야 한다. 내 생활에도 경제적 효과가 있어야 한다. 정부의 정책은 공짜 정보다. 그렇지만 그 안에 담긴 가치는 엄청 크다는 것을 잊지 말자.

그렇다면 정부 정책을 어떻게 활용해야 할까? 가장 먼저 할 일은 정부가 발표하는 정책을 꾸준히 살펴보는 것이다. 정부의 정책과 자신이 아무런 관계가 없다고 단정 짓지 말자. 대강이라도 어떤 정책이 있는지 알아야 필요한 시기에 조금이라도 활용할 수 있다.

정책을 꾸준히 보면 저절로 정책을 판단하는 시각이 생긴다. 처음 정책을 접하면 법전을 보는 것만큼 어려울 수 있다. 그럴 땐 두 가지만 보자. 하나는 정책으로 혜택을 보는 대상이 누구인가, 둘째는 그 대상이 어떤 혜택을 보는가다.

정책이 핵심으로 삼는 대상이 있다. 택지개발지구를 확대하는 것은 그곳으로 이사할 사람들을 위한 정책이다. 취득세 완화는 집 살 사람들을 배려하는 정책이다. 전세 자금 대출, 월세 자금 대출 관련 정책이면 임차 세대를 위한 정책이다.

정책이 발표될 때 불만이 가장 큰 계층이 누군지 명확해진다. 그 계층의 요구가 많으면 많을수록 그 방향의 정책이 지속적으로 시행될 가능성이 높아진다.

이런 식으로 정부 정책을 분석하다 보면, 현재 경제의 가장 큰 문제가 무엇인지 알 수 있다. 이 문제를 정부가 어떻게 해결하는지도 알 수 있다. 이런 과정을 통해 경제의 흐름도 알 수 있게 된다. 이 단계에 이르면 그 분야의 전문가가 된다. 전문가는 특별한 존재가 아니다. 현재의 경제 현상과 정부의 정책을 해석할 수 있으면 전문가라 할 수 있다.

정부 정책을 분석하는 것은 개인의 경제 생활에 도움이 되는 실질적인 방법이다. '셀프 전문가'가 되자. 전문가를 통해 듣는 정보보다 스스로 이해하고 판단하는 정보가 알짜다. 구슬이 서 말이라도 꿰어야 보배다.

# 08 부동산 정책, 늦게 대응하지 말고 미리 반응하라

**핵심부터 말하자면**

반응과 대응은 '내공과 외공' 같은 것이다.
반응하기 위해서는 꾸준한 관심이 필요하다.

부동산 시장에 대한 미래 전망은 불투명하다. 거래량은 줄어드는데 가격은 하락하지 않으니 향후 부동산 시장을 예측하기란 불가능하다. 부동산 정책의 목적도 아리송하다. 시세를 낮추려는 것도, 자가 비율을 높이려는 것도, 시장을 활성화하려는 것도 아니다. 시장에 어떻게 반응해야 할지 어렵기만 하다.

그동안 시장 참여자들은 불안정한 부동산 시장의 미래에 대해 '반응'하기보다 '대응'하자는 태도를 가져왔다. 반응이란 자극에 대해 상태의 변화가 일어나는 것을 의미한다. 대응이란 어떤 일이나 사태에 맞춰 태도나 행동을 취하는 것이다. 단어 자체로 보면 반응은 무조건 반사, 즉 소극적 태도로 볼 수 있고, 대응은 의지가 들어간 적극적 태도로 볼 수도 있다. 실제 그럴까?

어떤 사건이 발생하면 우리는 어떠한 태도를 취한다. 반응하는 것이 좋을까, 대응하는 것이 좋을까? 많은 사람은 대응을 선택할 것이다. 질문을 구체화해보자. 부동산 관련 정부 정책이 발표됐고 대출 규제를 한다고 한다. 반응하는 것이 좋을까, 대응하는 것이 바람직할까?

같은 의미처럼 보일 수 있지만 두 단어에는 미묘한 차이가 있다. 무협지나 무협만화를 보면 내공과 외공이라는 단어가 나온다. 반응은 내공이고, 대응은 외공이다. 무림의 고수들은 내공과 외공이 모두 뛰어나다. 하나만 부족해도 고수라 부를 수 없다. 하지만 어느 단계 이상 도달하기 위해서는 외공보다는 내공을 높이는 데 주력해야 한다. 외공으로 해결할 수 있는 것은 한계가 있기 때문이다. 특히 의사 결정이나 큰 사업을 운영하려면 내공이 있어야 한다.

대응은 적극적 행동이지만 해결할 수 있는 부분에 한계가 있다. 개인이 정부나 기업체와의 대결에서 승리할 가능성은 매우 낮다. 개인의 힘으로 어떻게 해볼 여지가 매우 작다는 것이다. 개인 간의 대응도 마찬가지다. 소송으로 대응해야 하는 일이 발생하지만 그것으로 엄청난 수익을 얻는 건 아니다. 대부분 손해 보지 않기 위해 소송할 뿐이다. 대응의 기대 효과는 그 정도다.

반응에는 두 가지 종류가 있다. 무관심 반응과 관심 반응이다. 길을 가다 앞사람과 어깨가 부딪치지만 가던 길을 계속 가는 것은 무관심 반응이다. 정부가 대출 규제를 해도 대출과 상관없는 사람이라면 무관심 반응을 보인다. 3기 신도시 개발 계획을 발표해도 서울이나 기존 신도시에 거주할 것이라면 무관심 반응을 보이면 된다.

반면 휴대폰만 보며 걸어오는 사람을 보고 부딪칠 수 있겠구나 예상하고 피해 가는 것은 관심 반응이다. 정부의 대출 규제 소식에 다주택자들은 9억 원 이상의 중도금 대출이 어려워지고 이는 곧 9억 원 이하 물건에 대한 수요가 높아질 것이라 예상하는 것이다. 건설사 역시 분양가를 9억 원 선으로 맞추고, 그런 물건이 있는 지역은 어디인지 찾아보는 것은 관심 반응이다. 매번 전세금 상승에 신경 쓰는 것이 싫다, 부동산 가격 폭락과 상관없이 안정적인 내 집을 갖고 싶다는 것도 관심 반응이다.

반응이라는 단어에는 '물질 사이에 일어나는 화학적 변화'라는 의미도 있다. 물질의 성질이나 구조가 변하는 것을 말한다. 성질이나 구조가 변해야 제대로 반응이 된 것이다. 나는 변하지 않으면서 주변이 나에게 맞춰 변화될 것이라고 기대해서는 안 된다.

반응하는 방법을 배우기 위해서는 꾸준한 관심이 필수다. 피하기도 하고, 다른 생각도 해보고, 정부나 기업체가 신경 쓰지 않는 틈새를 찾아보기도 하며 반응해가면 된다. 제대로 된 반응을 하려면 노력이 필요하다. 세상을 보는 연습이 필요하다. 그것이 바로 인사이트다.

대응할 일보다는 반응할 일을 많이 만들어야 한다. 그렇게 하기 위해서는 내가 변해야 한다. 나의 성질과 구조가 변해야 한다. 세상이 변하기를 기대하기보다는 내가 변화하는 것이 현명한 방법이다. 아무리 판단이 어려운 부동산 시장이라도 하나씩 문제점을 해결해보자. 서울이 아니어도 오를 곳은 오른다. 그리고 언제 어디서나 사야 할 아파트는 있다.

# 09 | 정부의 규제 대책 그 후, 추가 하락 너무 기대 마라

**핵심부터 말하자면**

부동산 정책의 의도는 '투기 수요 억제'다.
기대만큼의 시세 하락은 어렵다.

정부의 부동산 대책이 발표될 때마다 많은 문의를 받는다. "아파트 시세 조정이 계속될 듯한데 매수 타이밍을 언제쯤으로 생각해야 할까요?"라는 질문이 다수다. 꽤 많은 사람이 정부 방향성과 다른 기대를 한다는 걸 느낀다.

정부 예산의 주된 수입원은 세금이다. 정부가 기대하는 건 국민의 저항이 발생하지 않을 정도로만 시세가 꾸준히 올라주는 것이다. 불만이 누적되지 않는 범위에서 세금을 효과적으로 걷는 게 가장 큰 목적이다.

문재인 정부의 부동산 정책은 2017년 8·2 부동산 대책으로 대표된다. 8·2 부동산 대책의 정식 명칭은 '실수요 보호와 단기 투기 수요 억제를 통한 주택시장 안정화 방안'이다. 첫 번째 목적이 실수요자 보호다. 두 번째 목적은 첫 번째 목적을 제대로 수행하기 위해 투기 수요를 억제하는 것이다. 이 정책은 실수요자의 내 집 마련을 돕는 것, 즉 무주택자나 1주택자를 위해 추가 투자 수요를 억제하려는 의도지, 집값 하락을 목표로 하는 게 아니다.

그런데도 정부 의도와 달리 집값 하락만을 기대하는 사람이 많다. 그러나 시장은 투기 수요 억제나 집값 하락 쪽으로 전개되지 않을 것 같다. 무주택자 혹은 이사해야 하는 세대가 대책 없이 집값 하락만을 기다리지 않을지 걱정이 된다.

정부는 다주택자의 주택 구입을 정책적으로 어렵게 해서 실수요층이 희망하는 입지, 선호하는 주택을 매수할 기회를 주려 한다. 시세를 낮출 테니 가격이 하락하면 집을 사라는 뜻이 아니다. 투자 수요층이 들어오지 못하도록 막음으로써 과거보다 희망하는 주택을 살 가능성이 높아졌으니 준비된 세대부터 매수하라는 의미다.

그럼에도 불구하고 가격이 더 조정되면 사야겠다는 이들이 대부분이다. 서울과 수도권 가격이 본격적으로 상승하기 시작한 2014년 수준을 기대한다. 2014년 서초구 반포동의 한 단지는 3.3㎡당 2,000만 원대에 분양됐다. 강남구 역삼동의 아파트 매매가는 전세가와 1억 원 이하의 차이를 보였다.

이런 가격이 다시 돌아올 수 있을까? 지금의 가격대가 엄청난 거품이라면 기대해볼 만도 하다. 하지만 현재 시장가격을 거품이라 판단하기는 어렵다. 입지와 상품이 좋은 단지는 더욱 그렇다.

2006년 전후 부동산 시장은 거품이 많았던 때로 평가된다. 노무현 정부가 부동산 가격 하락을 유도하기 위해 17차례 부동산 규제 정책으로 다주택자를 강하게 압박했다. 그러자 서울, 경기, 인천 내 수요가 적었던 입지의 재개발 투자와 대형 아파트에 투자 수요가 집중된 시기였다. 말 그대로 풍선효과였다.

지금 부동산 시장은 완전히 다르다. 실거주 수요의 척도가 되는 전세가율만 봐도 알 수 있다. 과거에 '똑똑한 한 채'로 불리던 대형 아파트의 전세가율은 30% 전후로, 절반에도 미치지 못했다. 당시 아파트의 시세가 엄청난 거품 가격이란 걸 보여준다. 하지만 지금의 전세가율은 70% 전후가 상당수다.

2025년 6·27 부동산 대책의 영향으로 단기 가격 조정이 가능할 수도 있다. 실수요가 많은 주택이라도 투자 수요가 없는 경우는 없으니 이들이 단기적으로 빠진다면 가격은 일부 조정될 수 있다는 기대다. 하지만 투자 수요로 빠지는 비율은 얼마나 될까? 과연 2014년 시세까지 하락할 수 있을까?

2017년, 2018년 서울 아파트 시세는 크게 상승했다. 2018년 9·13 대책이라는 추가 규제책이 나왔다. 하지만 2019년, 상승 금액으로는 사상 최고의 상승이 이어졌다. 결국 3년간의 규제로 시장가격 상승을 잡을 수는 없었다.

정부는 시세 하락까지 책임지지 않는다. 정책적으로 다주택자의 추가 매수를 어렵게 만들 뿐이다. 2014년 가격대까지 하락한다면 많은 투자자가 만세를 부르지 않을까? 하지만 가격이 그렇게 하락하는 일은 없을 것이다. 시세가 하락하면 실수요층의 매수 수요는 증가할까? 아니다. 2010년 이후 3년간 시장이 그래 왔듯 주택 매수 수요는 위축될 가능성이 높다. 좋은 입지에 좋은 가격대 상품이 있다면 추가 하락을 너무 많이 기다리지 않길 바란다.

# 10 집값 폭락만 바라면 아무것도 되지 않는다

**핵심부터 말하자면**

'수요<공급 → 가격 하락'은 경제의 기본 원리다.
정부에 더 많이 지으라고 요구해야 한다.

부동산에 대한 국민들의 입장은 하나가 아니다. 부동산 시장에 거품이 생긴다면 정부·기업이 만든 것이 아니라, 일반인들이 투기 목적으로 뛰어들 때 생길 확률이 높다. 실거주 목적으로만 부동산을 거래하면 거품이 생기지 않는다. 지금은 실수요자가 부동산을 주도하는 시장이다.

부동산 시장에 대한 논쟁이 벌어질 때마다 어려움을 겪는 이들은 부동산 고민층이다. 전세 보증금과 월세 인상에 시달린다. 좋아하는 곳에 사는 것은 상상할 수 없다. 지금 사는 지역도 맘에 들지 않고 점점 멀고 불편한 지역으로 밀려난다.

그러다 보니 정부·기업, 부동산 소유자에게 이익이 되지 않는 방향으로 시장이 전개되면 좋겠다고 생각한다. 이럴 때 부동산 폭락론을 주장하는 몇몇 경제학자의 이야기가 그렇게 반갑고 좋을 수 없다. 그런 경제학자가 주최하는 세미나에 참석하기도 한다. 그들이 말하는 해법은 단순하다. 집을 사고 싶다면 완전히 폭락할 때까지 기다리란다. 그때까지는 힘이 들어도 전세나 월세에 살라고 한다.

문제는 전세금이 계속 오른다는 것이다. 올려줄 여유 자금이 없어 월세로 전환하면 생활비가 부족하다. 40개월 남은 자동차 할부금을 어떻게 해야 할지 모르겠다. 다음번 휴가는 홍콩으로 계획했는데 갈 수 있을지 모르겠다.

부동산 고민층의 일상을 극단적으로 표현해보았다. 실제로 많은 이가 이와 유사한 심정일 것이다. 하지만 정부·기업, 적극적 부동산 활용층에게 이런 일은 발생하지 않는다. 어떤 상황에도 손해 보는 경우가 없기 때문이다.

결국 부동산 고민층만 늘 고통받는다. 이들은 어떻게 해야 할까? 정부가 양질의 임대주택을 충분히 공급할 때까지 무작정 기다려야 할까? 폭락가로 거래될 때까지 기다릴까? 정부가 집주인들을 압박해 임대료가 내리기를 기다릴까?

시장은 개인의 바람대로 움직이지 않는다. 해결책은 스스로 만들어야 한다. 국가 정책이 필요하면 정책을 만드는 사람 혹은 영향을 줄 수 있는 사람들에게 구체적인 요구를 해야 한다. 정치인은 개별적인 의견은 신경 쓰지 않지만 집단적 의견에는 관심을 갖는다.

그것이 여론이다. 여론 형성이 어렵다면 내가 직접 현실적인 방법을 찾아야 한다. 당장 살아야 할 집은 구해야 한다. 시세가 부담스럽다면 저렴한 지역을 찾아야 한다. 원하는 곳보다 불편하겠지만 어쩔 수 없는 현실이다.

매매·임대 시세가 하락할 때까지 기다리지 않는 것이 좋다. 부자들의 입장을 대변해서가 아니라 그 반대다. 인기가 없는 특정 지역들은 가격이 하락할 수 있다. 하지만 내가 압구정동 현대아파트에 살고 싶은 이상 압구정 현대아파트는 폭락하지 않는다. 나 말고도 대기 수요가 많기 때문이다. 폭락할 아파트는 그 누구도 가기 싫은 곳이다.

이것이 부동산 문제의 현실적인 해결책이다. 어떤 지역이 오를 것이니 그 지역의 아파트를 사라는 의미가 아니다. 특정 지역, 특정 아파트를 혐오할수록 그 아파트를 가질 확률은 급격하게 낮아진다는 말이다.

이런 국민의 불만은 정부더러 내 사정을 알아달라는 요구일 확률이 높다. 기초적인 생활이 어려운 계층을 위한 영구임대주택 등은 계속 공급될 것이다. 그건 정부가 할 일이다.

그 이상의 계층은 스스로 문제를 해결해야 한다. 정부·기업 또는 인심 좋은 자선가가 뭔가를 해줄 것이라는 요행을 바라지 말자. 부동산 문제 또한 아무것도 하지 않으면서 하늘에서 돈다발이 떨어지는 것을 기대하는 것은 아닌지 스스로에게 질문해보아야 한다.

집값이 올라야 한다는 말이 절대 아니다. 누구든 합리적인 가격으로 집을 사고, 적정한 가격의 월세를 지불하면서 살아야 한다는 대전제에는 동의할 것이다. 집값이 정상화되려면 공급이 많아지면 된다.

임대 가격이 내려가려면 임대 물량이 많으면 된다. 정부·기업의 부동산 공급 노력(?)에 반대하지 말자. 공급 과잉은 소비자에게 좋은 것이다. 더 많이 지으라고 요청하는 것이 서민에게 더 유리하다. 기업끼리 경쟁할수록 소비자는 혜택을 본다. 경제학의 기본 원리다.

## 부동산이 폭락하면 전 국민이 강남에 살 수 있을까

특정 지역이 비싸다는 얘기는 공급 대비 수요가 월등히 많다는 뜻이다. 과도하다고 비난받을 정도로 높은 금액을 지불하더라도 그 지역에 들어가려는 수요층이 충분히 존재한다는 것이다. 버블 지역이 주목받는 것은 그 지역으로 들어가고 싶은데 그럴 만한 능력이 되지 않는 수요층이 많기 때문이다.

버블 지역이 비싸지만 않다면 누구나 다 들어가려 할 것이므로 그 수요를 다 수용할 수 없다. 엄청나게 많은 수요가 가격을 끌어올렸고, 그 가격을 수용한 층들이 현재 그 지역에 자리 잡은 것이다. 경제적 능력이 되지 않으면 핵심 지역은 포기하고 주변 지역으로 관심 지역을 넓히게 된다. 그래서 강남 개발 이후 1기 신도시가 생겨나고 2기 신도시도 생겨났다.

그런 대안들 중에서 자신의 경제력으로 감당할 수 있는 지역을 골라 살면 된다. 이것이 정말 자연스러운 자본주의 시장경제의 모습이 아닐까?

금융위기로 부동산 불경기가 장기화되면서 오히려 진짜 버블들을 판단할 수 있게 됐다. 진짜 버블은 앞으로도 불황에서 벗어나기 힘들 것이다. 반면 버블처럼 보였지만 버블이 아니었던 지역들이 드러나기 시작했다. 입지적으로 우월한 수도권이 최근 몇 년 동안 부각되었기 때문이다.

2008년 이후 보합 내지 하락세를 면치 못했던 수도권 부동산이 2014년부터 오르고 있다. 과거처럼 전 지역이 동시다발적으로 상승하지는 않았지만 꽤 여러 지역의 부동산 시세가 오르고 있다. 상승과 하락을 반복하면서 검증된 부동산, 결국 입지가 우수한 곳이 다시 주목받고 있다. 대표적인 예가 '버블'로 불리던 지역이다.

버블 지역으로 칭하는 곳이 중산층 이하 계층들이 들어가기에 경제적으로 부담스러운 것은 사실이다. 하지만 수요가 매우 많은 지역이기도 하다. 버블 지역으로 들어갈 만한 층들도 존재한다. 그러니 요즘 같은 부동산 불황 속에서도 이 지역에 신규 분양이 있으면 줄을 서서 분양받지 않나?

그런 부자들에 의해 진행되는 시장은 그대로 놔두면 좋겠다. 3.3㎡당 5,000만 원이든 1억 원이든 그 가격을 수용하는 층이 있다면 지속적으로 공급될 것이고, 수요가 없으면 금액을 낮춰서 다른 수요층을 찾을 것이기 때문이다. 시세보다 비싸게 매매되더라도 취득세를 많이 걷을 수 있고, 보유세(재산세·종합부동산세)는 정부의 부족한 복지 재원으로 활용할 수 있다.

공부를 열심히 한다고 모두 서울대에 갈 수 없듯이, 강남에 들어가고 싶다고 모두 강남구민이 될 수는 없다. 총량이 정해져 있기 때문이다. 이건 경제적 차별도 아니고, 공평한 기회를 주지 않는 사회적 문제도 아니다.

## 11 서울 투기 세력은 도대체 누구일까? 있기는 한 걸까?

**핵심부터 말하자면**

가격 상승 이유는 공급 부족이다.
못 사게 할수록 더 오를 것이다.

쉬지 않고 오르기만 하는 것처럼 보이는 서울 아파트의 시세도 언젠가는 조정 국면이 올 것이다. 이렇게 말하면 매물까지 사라진 이 시장에서 도대체 무슨 말이냐고 하겠지만 다들 너무 조급하다.

이번 시장을 보며 다른 걱정이 생기기 시작했다. '일부 입지에 대해서는 거품 시장이 또 발생하겠구나….' 시장 실패인 것이다. 다시 말하지만 서울도 언젠가는 조정 시장이 될 것이다. 그런데 그 조정 시장의 원인은 정부의 강력한 정책이 아니라 시장의 자정 작용이 될 가능성이 분명하다.

2017년 8월 2일 문재인 정부가 발표했던 고강도 정책을 되짚어보자. 당시 정부의 정책은 시장의 단기 급등에 가장 큰 원인을 제공했다.

8·2 대책은 실수요자 보호를 위해 단기 투기 수요를 억제하려던 정책이었다. 그러나 정책의 주요 목적인 실수요자 보호를 하지 못했다. 그들을 조급하게 만들었을 뿐이다.

광명 철산동 아파트를 매도하기로 계약했던 지인은 계약금으로 받은 3,500만 원의 배액인 7,000만 원을 주며 계약 해지를 요구했다. 하지만 매수자는 7,000만 원을 받지 않겠다며 오히려 버티기를 했다. 정상적인 시장이 아니었다.

나는 그로부터 1~2년 후에 이사할 집을 탐색하다가 한동안 서울 주요 지역의 매물이 급속도로 줄어드는 것을 파악할 수 있었다. 한때 네이버 부동산, 호갱노노, 직방 사이트가 거의 다운되었다. 다운된 다음 날, 내가 검색하던 단지의 매물이 아예 사라져버렸다. 거래가 된 것이 아니다. 매도 희망자 대부분이 물건을 거두어들인 것이다. 역시 정상적인 시장이 아니었다.

시장에는 매물이 점점 줄어들고 있었다. 이러한 시장에서 정부는 추가 규제 대책을 내놓겠다고 했다. 중학생이던 딸아이에게 물어보았다. 당연히 부동산이라는 분야를 전혀 모르는 부알못(부동산을 알지 못하는 사람)이다.

"아파트 가격이 계속 오르고 있어. 왜 그럴까?"

"아파트를 사려는 사람보다 팔려는 사람이 더 적어서 아니야? 아닌가? 그럼 아파트를 팔려는 사람보다 사려는 사람이 더 많아서 그런가?"

중학생도 이렇게 대답하는데, 정부는 그렇지 않다고 한다. 정부는 이 시장 실패의 원인은 모두 투기 세력이라고 한다. 그래서 투기 세력을 억제하기 위해 추가 대책을 발표할 것이라고 한다. 대책에는 갈수록 더 강력한 내용이 포함될 것이라고 한다. 강남에 사는 1가구 1주택자들도 투기 세력으로 이해하고 있다는 것이다.

1가구 1주택자라 하더라도 세금을 부여하는 기준인 기준 시가를 현실화하겠다고도 했다. 시세대로 보유세를 부여하겠다는 것이다. 세금이 부담되면 집을 팔라는 얘기다. 그래서 시장에 매물이 나오도록 유도하려는 것 같았다. '이 정도면 정말 더 이상 해드릴 말이 없겠구나'라는 생각이 들었던 게 기억난다. 당시는 그간 20년 넘게 지켜봐 온 시장 중에서 가장 미스매칭되는 신기한 경험이었다.

얼마 전 서초구 반포동 래미안원베일리는 33평형이 72억 원에 거래되었다. 정말 1평(3.3㎡)당 2억 원이 넘는 실거래 사례가 발생한 것이다. 일반 아파트로서는 최초다. 33평형을 72억 원에 매수하는 사람이 단기 시세 차익을 노리고 갭 투자를 하려는 투기꾼일까? 아니면 실제 거주하기 위한 매수였을까?

투기꾼이든 실수요자든 재산세를 올려서 기존에 300만 원 내던 것을 500만 원 내게 한다면 그 세금이 부담되어서 집을 매물로 내놓을까? 더군다나 1가구 1주택자가 말이다. 그렇다면 투기 지역을 아무리 많이 지정하고 재산세를 올린다 해도 시장에 매물이 나올 가능성은 거의 없다고 봐야 하지 않을까?

금리를 올려야 한다고 주장하는 사람들이 있다. 33평형을 72억 원 주고 사는 사람들이 대출을 얼마나 받을까? 몇 년 전 서초구 아파트를 실거주 목적으로 구매한 지인의 매수 가격은 28억 원이었다. 대가족이고 56평형을 구입했다. 대출을 얼마 받았을까? 5억 원 받았다고 한다.

다시 딸아이에게 물었다.

"아파트 가격이 계속 오르는데 그럼 어떻게 해야 할까?"

"더 오르기 전에 사야지. 더 오르면 부담되잖아."

보통 사람들의 생각이 이럴 것이다.

딸아이에게 마지막으로 정말 어려운 질문을 했다.

"그럼 아파트 가격이 오르지 않게 하려면 어떻게 해야 할까?"

"아파트를 많이 지어주면 되지."

"아파트를 많이 짓고 싶은데 땅이 없고 돈도 없대. 그럼 어떻게 해야 해?"

"그걸 내가 어떻게 알아? 그러니까 비싸지는 거잖아!"

"그래. 그럼 말이야, 사람들이 아파트를 못 사게 하면 아파트 가격이 좀 내려가지 않을까?"

"못 사게 하면 왠지 더 사고 싶을 거 같은데!"

더 보탤 말이 있을까?

어떤 강력한 규제가 나온다 해도 원인 진단이 잘못되었기 때문에 처방이 잘못될 수밖에 없다. 더 올라갈 시세를 그나마 정책으로 저지했다고 얘기하는 사람들도 있다. 이 부분은 나의 지난 25년의 경험을 걸고 자신 있게 말할 수 있다. 소비자들은 상품이 아무리 좋아도, 아무리 조급해도, 가치 대비 너무 비싸다고 판단되면 매수하지 않는다. 시장과 소비자들을 너무 만만히 보면 안 된다.

규제 정책이 투기 세력을 확실하게 억제하지 않느냐고 하는 사람들

도 있다. 나는 생각이 다르다. 2016년 11·3 대책 이후로 서울에 갭 투자
세력은 거의 없어졌다고 생각한다. 정책의 결과가 아니라 매매가와 전
세가의 갭이 전세 레버리지 투자를 할 만한 금액이 아니라 너무 크기
때문이다.

결국 정부가 실수요자 보호를 위해 제거 대상으로 지정했던 투기 세
력이 실제로는 존재하지 않았던 시장이었다는 것이다. 존재하지 않는
대상을 상대로 규제 정책을 펴고 있는 것이다. 규제 정책이 도대체 누
구를 위한 정책인지, 정말 실수요자를 위한 정책인지 다시 생각해보았
으면 한다.

# 끝까지 가는 사람의
# 지도이자 나침반

책의 마지막 장을 덮으며 먼저 고개 숙여 감사의 마음을 전한다.

윤지호 대표, 숫자의 문장으로 시장의 뼈대를 보여주신 분.

오건영 단장, 금리와 환율의 거친 물살을 맥락으로 바꿔주신 분.

'손에 잡히는 경제' 이진우, 어려운 경제를 일상의 언어로 풀어내 시장을 넓혀주신 분.

그리고 부동산계의 투 톱, 트루카피 님과 아기곰 님, 현장과 데이터, 통찰과 검증의 균형을 오랫동안 지켜오신 선배들.

이분들의 추천은 이 책이 독자에게 도달하는 첫 신뢰가 되어주었다. 진심으로 감사드린다.

우리는 격변의 시대를 통과하고 있다. 금리의 고저 주기가 짧아졌고 정책의 진자는 더 자주 왔다 갔다 한다. 전세는 제도와 심리의 변화 속에서 월세와 공존하는 현금흐름의 언어로 재해석되고, 인구 구조는 완만하지만 확실한 경사를 그리고 있다. 초광역 교통망은 '노선도'에서 '출퇴근표'로 옮겨 가며 생활을 바꾸고, 1·2기 신도시는 시간의 비용을 치르며 다시 태어날 채비를 한다. 기후와 재난의 리스크는 입지의 정의를 더 세밀하게 만든다.

앞으로의 우려도 숨기지 않겠다.

첫째, 부채의 질이 가격보다 먼저 무너질 수 있다. 숫자의 절댓값보다 구조가 더 위험할 때가 많다. 만기와 상환 방식, 금리 변동 충격에 대한 스트레스 테스트를 계약서에 앞서 가계부로 먼저 하자.

둘째, 지역 간 격차는 더 벌어질 것이다. 입지의 네트워크가 촘촘한 곳은 '조정'이 와도 버티지만, 느슨한 곳은 '상승'이 와도 오래가지 못한다. 평균은 함정이다. 평균을 버리고 나의 동선을 붙잡아야 한다.

셋째, 기후의 비용화는 피할 수 없다. 침수·열섬·정전·고립─지도 위의 하늘색과 초록색이 단지의 관리비·보험료·가치 보존율로 번역될 날이 빨라지고 있다. 입지는 생활의 편의이자 회복탄력성이다.

넷째, 정책의 속도는 더 빨라질 것이다. 라벨은 바뀌고 기준은 더 촘촘해진다. 라벨을 두려워하지 말고 읽어라. 규제는 탄압이 아니라 수요의 증명서다. 같은 라벨 안에서도 대장과 변두리를 가르면 길이 선다.

그럼에도 우리는 전진해야 한다. 시장이 흔들릴수록 걸음은 더 또렷해야 한다. 속도에 흔들리지 말고 방향을 지켜라. 전세를 사지 말고 현금흐름을 사라. '버팀'이 안 되면 '버팀목'도 없다. 최종 의사 결정자는 누구인가. 정부도, 전문가도, 인기 있는 채널도 아니다. 당신이다. 남들이 권하는 길은 그들의 리스크 능력에 맞춘 길이다. 당신의 리스크는 당신만 안다.

그래서 최종 선택의 문장은 이렇게 바뀌어야 한다.

"남들이 선호하는 곳이 어딜까?"에서 "내가 버틸 수 있는 곳은 어딜까?"로. "지금이 바닥일까?"에서 "지금도 잘 살 수 있을까?"로.

이 책이 제안하는 결론은 하나의 정답이 아니다. 우리는 각자 다른 연봉, 다른 통근, 다른 가족계획, 다른 체력을 가졌다. 동일한 지도를 들고도 서로 다른 산을 오른다. 그러니 '나만의 방법'이 필요하다.

- 나만의 보금자리: 내 하루를 덜 소모하게 만드는 집, 아이의 안전과 배우자의 시간을 지켜주는 집.
- 나만의 평생 경제 해자: 경기와 정책, 금리의 파도에도 지출과 소득의 균형을 무너뜨리지 않는 구조. 현금흐름과 비상자금, 보험과 장기수선, 분산된 만기와 낮은 고정비 등 이 모든 계단을 쌓아 만든 해자.
- 나만의 의사 결정 프레임: 입지 – 상품 – 가격 – 경로를 같은 화면에 올려놓고, '지금 사는 이유'가 '나중에 팔 수 있는 이유'와 같은지 확인하는 루틴.

부자가 되라는 말보다, 망하지 않는 사람이 되자고 말하고 싶다. 망하지 않는 기술이 결국엔 이기게 되어 있다. 그 기술은 화려하지 않다.

대신에 아주 구체적이다. 만기를 분산하고, 고정비를 낮추고, 불확실성을 계약으로 줄이는 일. 지도보다 달력을 먼저 보고, 소문보다 계좌를 먼저 보는 일이다.

이 책이 당신의 지도가 아니라 나침반이 되기를 바란다. 길은 매일 바뀐다. 나침반만 잃지 않으면 된다. 당신의 보폭으로 당신의 해자를 쌓아라. 우리는 그렇게, 오늘도 뚜벅뚜벅 앞으로 간다.

스마트튜브 부동산조사연구소

연구원 일동

무조건 성공하는
똘똘한 한 채 100선

시장 전체의 '상승·하락'이라는 모호한 전망, 어디가 개발된다는 소문에 매매하던 시대가 끝나가고 있다. 데이터와 프로세스로 무장한 선택을 피하지 말고 적극적으로 나서야 한다. 이 특별부록은 단순히 '좋아 보이는 집'의 명단이 아니다. 하락장에서 덜 떨어지고 회복장에서 먼저 일어날 집을 찾는 과정을 투명하게 공개한다. 팔아야 할 때 팔리고 살기에 편안한 집을 누구나 데이터와 절차로 재현할 수 있게 만든 "한국형 실전 표준서"가 되길 바란다.

우선 '예선'은 컷오프 12개 항목이다. 한 항목이라도 넘지 못하면 탈락이다. 투자에서 안전핀 없는 예외는 결국 리스크로 돌아오기 때문이다. 역세권·세대수·대지지분·주차·동간거리 같은 '관리되는 기본기', 침수·소음·환경 리스크 같은 '영원한 감점 요인', 반경 3km 3년 내 공급 압력과 거래회전율 같은 '탈출 가능성'까지 체크한다. '겉보기에 좋은가'가 아니라 환금성의 여러 잣대로 집을 판단한다.

컷오프를 통과하면 100점 정량 가점표가 기다린다. 입지 지속성 40, 단지 기본기 25, 수급·미래가치 20, 가격·유동성 15. 가격은 결과이고 입지는 원인임을 기억하라. 이 간단한 진리를 점수 배분으로 치환한 것이다. 역까지 몇 미터, 업무지구까지 몇 분, 학군의 백분위, 생활 인프라의 조합, 하락장 방어력의 수치화까지. 이 표는 모델하우스의 조명 대신 생활의 내구성을 비춘다. 말하자면 집을 보는 엑스레이다.

'똘똘한 한 채 100선'은 서울과 강남에만 머무르지 않았다. 서울·경기·6대 광역시로 기회를 분산시켰다. 초프라임 입지에 대한 보정 또한 편파가 아니라 공정의 장치다. 숫자로 포착되기 어려운, 검증된 수요의 두께를 최소한으로 반영할 뿐이다.

무엇보다 이 부록은 재현성을 약속한다. "왜 그 단지인가?"라는 질문에 누가 답해도 같은 답이 나오도록, 그 절차를 공들여 상술했다.

사용법은 간단하다. 당신의 후보군을 모아 1차 컷오프를 진행하자. 다음은 살아남은 단지를 100점표로 채점하자. 점수가 비슷하면 3곳 정도로 압축해 생활권 중복 제한을 걸자. 남은 후보는 현장 체크리스트로 확인하라. 단 한 번만 이 과정을 거쳐도 "왜 이 집인가?"의 답이 흔들리지 않을 것이다. 답이 흔들리지 않으면 가격의 소음이 작아진다. 소음이 작아지면 타이밍의 두려움이 줄어든다.

마지막으로, 이 '똘똘한 한 채 100선'은 비록 별책부록의 형식이지만, 오늘 당신의 책상 위에 이 표가 있느냐 없느냐에 내일 당신이 버티는 집이 판가름 난다고 감히 말씀드린다.

김학렬(스마트튜브 부동산조사연구소장)

# 차례

## 1장

# 똑똑한 한 채를 선정하는 기준

## 2장

# 똑똑한 한 채 100선

# 1장

# 똑똑한 한 채를
# 선정하는 기준

# '똘똘한 한 채 100선' 사용설명서

'똘똘한 한 채 100선'의 기준을 별책부록으로 제공하는 이유는 단순하다. 감(感)으로 매수하는 시대를 끝내기 위해서다.

우리는 오랫동안 이야기와 평균에 속아왔다. 누군가의 무용담, 언론의 헤드라인, 동네의 소문이 우리 선택의 배후로 작동했다. 호재 한 줄이 구조를 이기고, 모델하우스의 조명이 현실의 일조량을 압도했다. 그러다 조정장이 오면 깨닫는다. "잘 샀다"가 아니라 "운이 좋았다"는 사실을. 운이 빠져나가면 남는 건 시스템뿐이다. 그래서 이 기준은 운을 최소화하고 재현성을 극대화하려고 설계되었다. 누구나 같은 데이터로 다시 채점하면 같은 결론에 도달하는 게 목표다.

이 기준은 '좋아 보이는 집'을 고르는 법이 아니다. 하락장 방어·상승장 회복·환금성·실거주 만족, 이 네 가지를 동시에 통과하는 생존력을 고르는 법이다. 겉만 번쩍임이 아니라 생활의 내구성을 점수로 환산한 것이다. 말하자면 이 표는 집을 보는 X-레이로 작동한다.

먼저 정의가 필요했다. '똘똘한 한 채'는 유행어가 아니다. "떨어질 때 덜 떨어지고 회복기에 먼저 일어나며, 팔아야 할 때 팔리고 살아야 할 때 편안한 집."

이 명제에 동의한다면 그다음은 컷오프다. 컷오프는 잔인하지만 필요하다. "이 조건을 못 넘으면 탈락"이다. 왜냐하면 기본기가 없는 예외는 결국 리스크로 돌아오기 때문이다. 역세권, 세대수, 대지지분, 주차·동간 거리 같은 항목은 호불호가 아니라 시장 환금성의 공통 분모다. 침수·소음·환경 리스크는 싸서 사는 순간 비싸게 배우는 항목이고, 3년 공급 압력·거래회전율은 "내가 나갈 문이 열려 있는가"를 보여주는 지표다. 컷오프는 안전핀이다. 안전핀이 없는 투자에는 우아한 말이 필요 없다.

그다음이 정량 가점표다. 감탄사 대신 숫자를 적는다. 입지 지속성 40점, 단지 기본기 25점, 수급·미래가치 20점, 가격·유동성 15점. 왜 이런 배분인가? 이유는 간단하다. 가격은 결과, 입지는 원인이기 때문이다. 원인이 40, 결과의 그릇(유동성)이 15. 나머지는 원인을 결과로 번역하는 매개(상품·수급)다. 역세권 700m, 직주 30분, 학군 상위 25%, 생활 인프라 복합도…. 한 칸 한 칸은 사소해 보이지만 합쳐지면 "문에서 문까지" 피로도를 계산한다. 사람은 피로가 낮은 곳에 표를 던진다. 시장은 그 표를 가격으로 번역한다. 우리는 그 번역문을 점수로 적어둔다.

예외·가중치는 편파가 아니라 공정의 장치다. 강남·용산 한강변, 광역 대장 같은 초프라임은 숫자로 포착하기 어려운, 검증된 수요의 두께가 있다. 반대로 같은 생활권에서 5개, 10개를 뽑지 않는 이유는, '좋다'는 말이 곧 '다 같다'는 뜻이 아니기 때문이다. 대장-준대장-후보의 서열이 유지되어야 실제 시장과의 괴리가 줄어든다. 평형 가점 또한 환금성의 언어다. 시장의 주력은 59/84㎡이고, 극단적 대형은 이탈이 어렵다. 우리는 멋이 아니라 탈출 가능성을 점수로 적는다.

권역별 쿼터는 균형의 문제다. '전국형 100'을 뽑는데 서울 100, 강남 100은 데이터가 아니라 편견이다. 서울 60, 경기·인천 25, 5대 광역시 15라는 가이드는 '대표성'을 강제한다. 지역별·상품별 디테일 속에서 "다른 방식의 똑똑함"을 끌어올리기 위해서다. 생활권 중복 제한도 같은 철학이다. 한 권역에서 기회가 분산되어야 진짜 기준이 된다. 기준이 기회와 함께 움직일 때, 그 기준은 지도가 아니라 나침반이 된다.

이 기준이 특히 중요한 이유는 세 가지다.

첫째, 사이클을 건너가는 언어다. 호황기에 누구나 똑같이 잘 고르는 기준은 쓸모가 없다. 하락장에서 변별력이 나와야 진짜 기준이다. 컷오프 12항목은 하락기의 맨몸을 버틸 수 있는 최소 조건이고, 가점표는 회복기의 우선순위를 가린다. 그래서 '방어-회복-환금-실거주' 네 축을 동시에 올렸다.

둘째, 재현성과 투명성이다. 좋은 기준은 "왜 그 단지인가?"라는 질문에 누가 답해도 같은 문장이 나와야 한다. 거리·시간·거래·공급·전세가율·학군지수…. 데이터와 산식을 함께 공개한 이유다. 의심은 건강하다. 다만 검증 가능한 의심이어야 한다. 이 기준은 검증을 초대한다.

셋째, 책임의 자리를 돌려준다. "누가 좋다더라"라는 말은 의사결정을 남의 리스크 허용도에 맡기는 행위다. 이 기준은 "내가 버틸 수 있는 집인가"를 묻는다. 나의 현금흐름, 나의 동선, 나의 가족 등 결정의 좌표를 남의 수익률이 아니라 나의 생활에 맞춘다. 그 순간부터 똑똑한 한 채는 '종목'이 아니라 해자가 된다. 흔들려도 물이 넘지 않는 나만의 경제 성곽이다.

물론 이 기준은 만능열쇠가 아니다. 지역의 미세한 분위기, 단지의 관리

문화, 장기수선의 충실도는 현장에서만 읽히는 결이다. 그래서 우리는 기준을 필터로 쓰고, 현장을 증폭기로 써야 한다. 그 역순은 실패의 전형이다.

이 기준을 실제로 어떻게 활용하면 좋을까?

당신의 후보군을 모아 1차 컷오프를 씌워라. 그다음 100점표를 직접 채점하라. 점수가 비슷하면 생활권 중복 제한을 걸고, 남은 것들은 현장 체크리스트로 넘겨라. 이 과정을 한 번만 해도 "왜 이 집인가?"에 대한 답이 흔들리지 않는다. 답이 흔들리지 않으면 가격의 소음이 작아진다. 소음이 작아지면 타이밍의 두려움이 줄어든다.

마지막으로 스마트튜브에 자주 강조하는 문장을 몇 개 남긴다.

- 컷오프는 안전핀, 가점표는 가속 페달
- 호재는 소문, 구조는 실력
- 역은 표식, 경로가 성능
- 평균은 함정, 생활은 진실
- 남의 급등은 뉴스, 나의 환금은 생존

이 기준표는 약속하지 않는다. 대신에 반복을 약속한다. 같은 데이터로, 같은 절차로, 같은 결론을 보장한다. 투자는 한 번 거래의 명중보다 대다수 거래의 오판 방지가 더 중요하다. 그 역할을 이 표가 맡겠다. '똑똑한 한 채 100'은 목록이 아니라 결국 방법인 것이다.

목록은 당장 내일도 바뀔 수 있다. 그러나 방법은 내년에도 유효하다. 이 방법으로 당신의 해자를 쌓아라.

"버티는 집을 사라. 그리고 버티는 당신이 되라."

# 똑똑한 한 채를 선정하는 기준과 절차

똑똑한 한 채를 선정하는 기준을 누가 봐도 납득할 수 있도록 객관식·정량식으로 설계했다. 아래에 설명하는 순서대로 적용하면 지역·단지 편향 없이 재현성 있게 선정할 수 있다.

## 1. 똑똑한 한 채의 정의

'똑똑한 한 채'란 하락장 방어, 상승장 회복, 환금성, 실거주 만족이 동시에 높은 단지를 가리킨다. 핵심은 '입지 지속성, 단지 기본기, 수급·정책 리스크 관리, 가격·유동성'이다.

## 2. 1차 필수 컷오프(탈락 기준)

아래 중 하나라도 불만족이면 제외하며, 예외 인정 조건은 함께 표기했다.

## 1) 직주근접·접근성

- 지하철역 직선 700m 이내(수도권 외 광역시는 900m) 또는 주요 업무지구 30분 내 통근(카카오·네이버, 여의·광화·판교·가산, 강서 업무 축 등)
- 예외: 강남·용산·광화문 초입, 한강변 프라임 입지는 900m까지 인정

## 2) 세대수

- 800세대 이상(이상적으로는 1,000세대 이상): 환금성·관리·커뮤니티·브랜드 형성
- 예외: 도심 초프라임 재건축·재개발 예정지에서 500세대 이상이고 생활권 내 대장급이면 허용

## 3) 용적률, 대지지분

- 용적률: 220% 이하 권장(쾌적성·리모델링 여지)
- 권역별 대지지분(세대당): 서울 도심 18㎡ 이상, 강남·마포·용산·성동구 20㎡ 이상, 신도시 25㎡ 이상, 광역시 도심 22㎡ 이상
- 예외: 강남권 초대장지(압·대·반·한) 등은 용적률 상향 허용

## 4) 주차, 동간 거리

- 세대당 주차 1.4대 이상(84㎡ 중심 단지 1.5대 이상 권장), 지하 주차 100%에 준함

## 5) 생활 인프라

- 도보 10분 내 대형 상가·상권 + 근린공원(1만㎡ 이상) 중 2개 이상

- 종합병원 3km 이내면 가점

## 6) 학군 또는 기능 대체성

- 학군형: 학군지수(중·고 성취·선호) 상위 25%
- 비학군형: 주요 업무지구 30분, 광역교통 확정 호재로 실수요 대체성 확

## 7) 수해·소음·환경 리스크

- 침수위험지구, 저지대 지속 침수 이력, 철도·고속도로 상시 65dB+ 소음권이면 제외

## 8) 규제/법적 리스크

- 토지거래허가·군사보호·고도제한 등 거래·개발 제약이 과도하면 제외 (일시적 허가구역은 주석 처리 후 보류)

## 9) 향후 공급 압력

- 반경 3km '향후 3년 입주/현재 재고'가 6%(신도시·광역시는 8%) 초과하면 제외

## 10) 환금성(거래회전율)

- 최근 12개월 '거래량/재고'가 3% 이상(1,000세대 기준 최소 30건)

## 11) 관리·커뮤니티

- 커뮤니티 핵심 시설(피트니스·작은도서관 등) 부재 + 관리비 단가 지역 상

위 25% 고비용이면 제외

## 12) 연식·내력 보강

- 30년 이상 구축은 재건축·리모델링 가시성(안전진단·조합설립/사업시행 단계)이 없으면 제외

## 3. 2차 정량 가점표(100점 만점)

컷오프와 같은 데이터를 사용해서 누구나 다시 채점할 수 있도록 점수화한다.

### 1) 입지 지속성(40점)

- 역세권(700m·900m): 0~12점
- 직주근접(30분 이내 다핵 접근성 수): 0~10점
- 학군(상위 25%·핵심 학군벨트): 0~8점
- 생활 인프라 복합도(상권+공원+병원 등): 0~6점
- 조망, 수변·대형 공원 프론트: 0~4점

### 2) 단지 기본기(25점)

- 세대수(800·1,000·2,000 이상): 0~7점
- 용적률·건폐율(여유·쾌적): 0~5점
- 대지지분(권역 하한 초과 폭): 0~5점
- 주차, 동간 거리, 일조: 0~4점

- 브랜드·커뮤니티 완성도: 0~4점

## 3) 수급·미래가치(20점)

- 3년 공급 압력: 0~6점
- 확정 교통호재(GTX·지하철 연장 확정·공사중): 0~6점
- 재건축·리모델링 가시성(단계·사업성): 0~4점
- 상권 성장성, 도심 확장 축 정합성: 0~4점

## 4) 가격·유동성(15점)

- 거래회전율(재고 대비): 0~5점
- 전세가율 안정 밴드(45~65%): 0~3점
- 하락장 방어력(2022~2023 낙폭이 시 평균 대비 상위 30% 방어): 0~4점
- 호가-실거래 갭, 체결 속도: 0~3점

합격선 제안: 총점 75점 이상 + 상위 권역별 쿼터 내 선발(동일 생활권 중복 ≤ 3단지).

## 4. 예외·가중치 규정(공정성 장치)

1) 초프라임 보정: 강남 3구·용산·성동 한강변 등은 입지 지속성 A항목 최대 +3점(용적률 등 일부 단점 상쇄)
2) 지방 광역 핵심지 보정: 수성구·해운대구·연수구 등 광역권 내 절대 대장은 입지 A +2점

3) 생활권 중복 제한: 같은 생활권(도보 상권 공유) 최대 3개

4) 평형 가점: 실수요 주력(59, 84㎡) +1점, 극단적 대형은 0점(환금성 고려)

5) 연식 밸런스: 준신축(10년 이내) +2점, 25~35년 구축은 재건축 가시성 없으면 -2점

## 5. 권역별 쿼터(가이드)

1) '전국형 100'의 대표성 유지를 위해 권역 균형을 권고(가이드, 탄력 적용). 서울 60 & 경기·인천 25 & 5대 광역시 15

2) 서울: 강남권 25, 도심·한강변 15, 동작·마용성·양천·노원·목동·성북·동대문 등 20

3) 경기·인천: 분당·판교·광교·위례·동탄·과천·일산신도시 코어, 송도·청라 코어

4) 광역시: 해운대·수영·동래구, 수성·중구 코어, 연수·남동·서구 코어 등

## 6. 실무 체크리스트(데이터 & 산식)

1) 거리/시간: 역 직선거리(GIS)·통근시간(내비게이터 대중교통 기준 출퇴근 피크 평균)

2) 거래회전율 = 최근 12개월 실거래량 ÷ 단지 세대수

3) 공급 압력 = 반경 3km 3년 내 입주 세대 ÷ 현재 재고 세대

4) 하락장 방어력 = 단지 실거래지수 낙폭 ÷ 시 평균 낙폭(낮을수록 우수)

5) 전세가율 = 단지 전세/매매 중위값

6) 학군지수: 중·고 성취, 배정 선호, 특목·자사 접근 등 종합(구 단위 상위 25% 컷)

7) 대지지분 임계치: 권역별 하한(서울 도심 18, 강남·마용성 20, 신도시 25, 광역시 22㎡)

8) 용적률·건폐율: 등기부·지자체 고시·분양공고 참조

# 7. 최종 선정 프로세스(재현형)

1) 모집단 수집: 각 생활권 '대장·준대장' + 최근 10년 준신축 + 재건축 가시성 높은 구축

2) 필수 컷오프로 1차 탈락

3) 정량 가점표 채점 후 75점 이상 1차 합격

4) 생활권 중복 제한 적용(최대 3개)

5) 권역 쿼터 맞추며 최종 100 확정

6) 감사로그: 컷오프·점수·예외·근거를 시트에 기록(투명성 확보)

# 똑똑한 한 채 정량 가점표

**단지명:**

| 항목 | 배점 | 점수 |
|---|---|---|
| **입지 지속성(총 40점)** | | |
| 역세권(700m, 900m) | 0~12 | |
| 직주근접(30분 이내 다핵 접근성 수) | 0~10 | |
| 학군(상위 25%, 핵심 학군벨트) | 0~8 | |
| 생활 인프라 복합도(상권+공원+병원 등) | 0~6 | |
| 조망, 수변·대형 공원 프론트 | 0~4 | |
| **단지 기본기(총 25점)** | | |
| 세대수(800, 1,000, 2,000 이상) | 0~7 | |
| 용적률·건폐율(여유, 쾌적) | 0~5 | |
| 대지지분(권역 하한 초과 폭) | 0~5 | |
| 주차, 동간 거리, 일조 | 0~4 | |
| 브랜드·커뮤니티 완성도 | 0~4 | |
| **수급·미래가치(총 20점)** | | |
| 3년 공급 압력 | 0~6 | |
| 확정 교통 호재(GTX·지하철 연장 확정·공사중) | 0~6 | |
| 재건축·리모델링 가시성(단계·사업성) | 0~4 | |
| 상권 성장성, 도심 확장 축 정합성 | 0~4 | |
| **가격·유동성(총 15점)** | | |
| 거래회전율(재고 대비) | 0~5 | |
| 전세가율 안정 밴드(45~65%) | 0~3 | |
| 하락장 방어력(2022~2023 낙폭이 상위 30%) | 0~4 | |
| 호가~실거래 갭, 체결 속도 | 0~3 | |
| **합계 75점 이상이면 1차 합격** | | |

**단지명:**

| 항목 | 배점 | 점수 |
|---|---|---|
| 입지 지속성(총 40점) | | |
| 역세권(700m, 900m) | 0~12 | |
| 직주근접(30분 이내 다핵 접근성 수) | 0~10 | |
| 학군(상위 25%, 핵심 학군벨트) | 0~8 | |
| 생활 인프라 복합도(상권+공원+병원 등) | 0~6 | |
| 조망, 수변·대형 공원 프론트 | 0~4 | |
| 단지 기본기(총 25점) | | |
| 세대수(800, 1,000, 2,000 이상) | 0~7 | |
| 용적률·건폐율(여유, 쾌적) | 0~5 | |
| 대지지분(권역 하한 초과 폭) | 0~5 | |
| 주차, 동간 거리, 일조 | 0~4 | |
| 브랜드·커뮤니티 완성도 | 0~4 | |
| 수급·미래가치(총 20점) | | |
| 3년 공급 압력 | 0~6 | |
| 확정 교통 호재(GTX·지하철 연장 확정·공사중) | 0~6 | |
| 재건축·리모델링 가시성(단계·사업성) | 0~4 | |
| 상권 성장성, 도심 확장 축 정합성 | 0~4 | |
| 가격·유동성(총 15점) | | |
| 거래회전율(재고 대비) | 0~5 | |
| 전세가율 안정 밴드(45~65%) | 0~3 | |
| 하락장 방어력(2022~2023 낙폭이 상위 30%) | 0~4 | |
| 호가–실거래 갭, 체결 속도 | 0~3 | |
| 합계 75점 이상이면 1차 합격 | | |

**단지명:**

| 항목 | 배점 | 점수 |
|---|:---:|:---:|
| 입지 지속성(총 40점) | | |
| 역세권(700m, 900m) | 0~12 | |
| 직주근접(30분 이내 다핵 접근성 수) | 0~10 | |
| 학군(상위 25%, 핵심 학군벨트) | 0~8 | |
| 생활 인프라 복합도(상권+공원+병원 등) | 0~6 | |
| 조망, 수변·대형 공원 프론트 | 0~4 | |
| 단지 기본기(총 25점) | | |
| 세대수(800, 1,000, 2,000 이상) | 0~7 | |
| 용적률·건폐율(여유, 쾌적) | 0~5 | |
| 대지지분(권역 하한 초과 폭) | 0~5 | |
| 주차, 동간 거리, 일조 | 0~4 | |
| 브랜드·커뮤니티 완성도 | 0~4 | |
| 수급·미래가치(총 20점) | | |
| 3년 공급 압력 | 0~6 | |
| 확정 교통 호재(GTX·지하철 연장 확정·공사중) | 0~6 | |
| 재건축·리모델링 가시성(단계·사업성) | 0~4 | |
| 상권 성장성, 도심 확장 축 정합성 | 0~4 | |
| 가격·유동성(총 15점) | | |
| 거래회전율(재고 대비) | 0~5 | |
| 전세가율 안정 밴드(45~65%) | 0~3 | |
| 하락장 방어력(2022~2023 낙폭이 상위 30%) | 0~4 | |
| 호가-실거래 갭, 체결 속도 | 0~3 | |
| 합계 75점 이상이면 1차 합격 | | |

# 2장

# 똘똘한 한 채
# 100선

# 1. 서울특별시

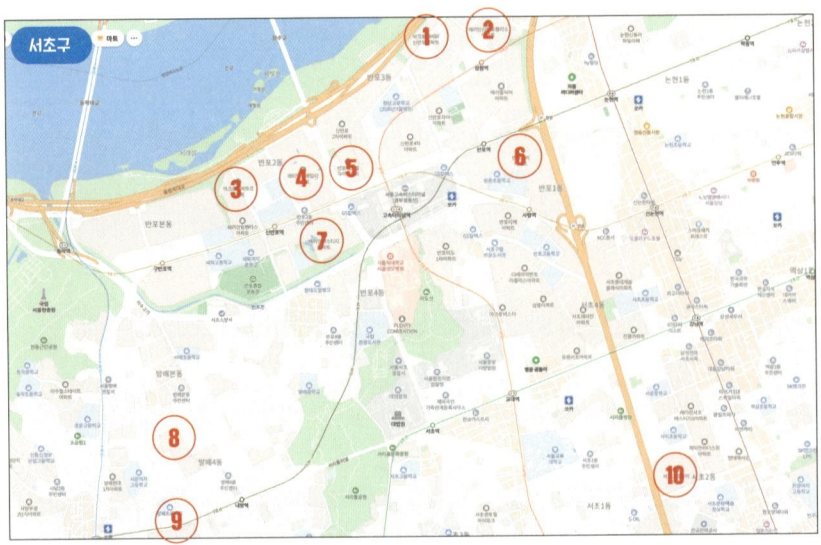

| 단지명 | 1. 아크로리버뷰신반포 | 2. 래미안신반포팰리스 | 3. 아크로리버파크 |
|---|---|---|---|
| 주소 | 서초구 잠원로 117 | 서초구 반포대로 275 | 서초구 신반포로15길 19 |
| 입주 시기 | 2018/06/04 | 2009/07/14 | 2016/08/30 |
| 세대수 | 595 | 2,444 | 1,612 |
| 건설사 | 대림산업 | 삼성물산 | 대림산업 |
| 세대당 주차 | 1.49대 | 1.78대 | 1.84대 |
| 용적률 | 275% | 269% | 299% |
| 건폐율 | 15% | 12% | 19% |
| 난방 방식 | 개별난방, 도시가스 | 지역난방, 열병합 | 지역난방, 열병합 |
| 면적(m²) | 109~117 | 86~268 | 78~318 |
| 핵심 | 한강 조망 프리미엄 (흑석·잠원 인접 축) | 한강 근접·학군·상권 균형 | 강남권 한강변 초프라임, 환금성·브랜드 정점 |

| 단지명 | 4. 래미안원베일리 | 5. 반포센트럴자이 | 6. 반포자이 |
|---|---|---|---|
| 주소 | 서초구 반포대로 333 | 서초구 반포대로 310-6 | 서초구 신반포로 270 |
| 입주 시기 | 2023/08/30 | 2020/04/28 | 2009/03/13 |
| 세대수 | 2,990 | 757 | 3,410 |
| 건설사 | 삼성물산 | 지에스건설 | GS건설 |
| 세대당 주차 | 1.82대 | 1.58대 | 1.78대 |
| 용적률 | 299% | 299% | 270% |
| 건폐율 | 19% | 16% | 13% |
| 난방 방식 | 지역난방, 열병합 | 지역난방, 열병합 | 지역난방, 열병합 |
| 면적(m²) | 62~315 | 82~155 | 84~301 |
| 핵심 | 대규모 재건축 프리미엄, 생활권 대장 | 반포권 핵심 축, 환금성 우수 | 브랜드·세대수·입지 삼박자 |

| 단지명 | 7. 래미안퍼스티지 | 8. 래미안원페를라 | 9. 디에이치방배 |
|---|---|---|---|
| 주소 | 서초구 반포대로 275 | 서초구 방배동 818-14 | 서초구 방배동 961-12 |
| 입주 시기 | 2009/07/14 | 2025/11 | 2026/09 |
| 세대수 | 2,444 | 1,097 | 3,064 |
| 건설사 | 삼성물산 | 삼성물산 | 현대건설 |
| 세대당 주차 | 1.78대 | 1.82대 | 1.78대 |
| 용적률 | 269% | 246% | 241% |
| 건폐율 | 12% | 24% | 17% |
| 난방 방식 | 지역난방, 열병합 | 개별난방, 도시가스 | 지역난방, 열병합 |
| 면적(m²) | 86~268 | 81~191 | 59~114 |
| 핵심 | 서리풀·교대 생활권 대장급 | 대단지·학군·상권 안정성 | 방배권 재건축 벨트 대표 단지 |

| 단지명 | 10. 서초그랑자이 |
|---|---|
| 주소 | 서초구 효령로 391 |
| 입주 시기 | 2021/06/29 |
| 세대수 | 1,446 |
| 건설사 | 지에스건설 |
| 세대당 주차 | 2.00대 |
| 용적률 | 299% |
| 건폐율 | 15% |
| 난방 방식 | 지역난방, 열병합 |
| 면적(m²) | 83~192 |
| 핵심 | 교대·서초대로 축, 준신축 커뮤니티 강점 |

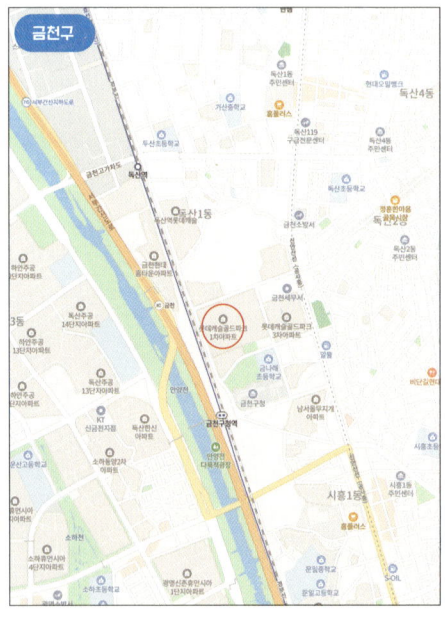

| 단지명 | 롯데캐슬골드파크1차 |
|---|---|
| 주소 | 금천구 벚꽃로 40 |
| 입주 시기 | 2016/11/30 |
| 세대수 | 1,743 |
| 건설사 | 롯데건설 |
| 세대당 주차 | 1.3대 |
| 용적률 | 297% |
| 건폐율 | 18% |
| 난방 방식 | 개별난방, 도시가스 |
| 면적(m²) | 81~138 |
| 핵심 | 신금천 프라임 축, 대규모 개발 수혜 |

| 단지명 | 1. 구현대아파트<br>(현대 1, 2차) | 2. 신현대아파트<br>(현대 9, 11, 12차) | 3. 청담자이 |
|---|---|---|---|
| 주소 | 강남구 압구정로29길 71 | 강남구 압구정로 151 | 강남구<br>영동대로138길 12 |
| 입주 시기 | 1976/06/07 | 1982/05/25 | 2011/10/21 |
| 세대수 | 960 | 1,924 | 708 |
| 건설사 | 현대건설 | 현대산업개발 | GS건설 |
| 세대당 주차 | 0.75대 | 1.45대 | 1.27대 |
| 용적률 | 224% | 300% | 266% |
| 건폐율 | 19% | 14% | 14% |
| 난방 방식 | 지역난방, 열병합 | 지역난방, 열병합 | 지역난방, 열병합 |
| 면적(m²) | 141~213 | 114~202 | 70~120 |
| 핵심 | 한강변 최상위 입지,<br>재건축 잠재력 | 압구정 벨트 코어, 재건축<br>테마 | 한강 조망·청담 상권<br>시너지 |

| 단지명 | 4. 청담르엘 | 5. 아이파크삼성 | 6. 도곡렉슬 |
|---|---|---|---|
| 주소 | 강남구 청담동 134-19 | 강남구 영동대로 640 | 강남구 선릉로 221 |
| 입주 시기 | 2025/11 | 2004/03/18 | 2006/01/27 |
| 세대수 | 1,261 | 449 | 3,002 |
| 건설사 | 롯데건설 | 현대산업개발 | GS건설 외 2 |
| 세대당 주차 | 1.82대 | 2.79대 | 1.48대 |
| 용적률 | 299% | 296% | 274% |
| 건폐율 | 18% | 9% | 15% |
| 난방 방식 | 지역난방, 열병합 | 지역난방, 열병합 | 지역난방, 열병합 |
| 면적(m²) | 82~290 | 182~345 | 86~225 |
| 핵심 | 강남 초프라임, 저밀·브랜드 상징 | 봉은사·코엑스권 프라임 주거 | 양재·대치 접근성, 학군·공원 균형 |

| 단지명 | 7. 대치아이파크 | 8. 래미안대치팰리스 | 9. 은마아파트 |
|---|---|---|---|
| 주소 | 강남구 선릉로 222 | 강남구 삼성로51길 37 | 강남구 삼성로 212 |
| 입주 시기 | 2008/06/03 | 2015/09/22 | 1979/08/30 |
| 세대수 | 768 | 1,608 | 4,424 |
| 건설사 | 현대산업개발 | 삼성물산 | 한보주택 |
| 세대당 주차 | 1.52대 | 1.93대 | 0.68대 |
| 용적률 | 274% | 258% | 204% |
| 건폐율 | 14% | 15% | 20% |
| 난방 방식 | 지역난방, 열병합 | 지역난방, 열병합 | 지역난방, 열병합 |
| 면적(m²) | 78~179 | 88~183 | 101, 115 |
| 핵심 | 대치 학군축 중심 대형 커뮤니티 | 대치 학군 최상위 클러스터 | 역사적 대장 구축, 재건축 기대 가치 |

| 단지명 | 10. 삼성타워팰리스1차 (주상복합) | 11. 래미안블레스티지 | 12. 디에이치자이개포 |
|---|---|---|---|
| 주소 | 강남구 언주로30길 56 | 강남구 선릉로 8 | 강남구 영동대로 22 |
| 입주 시기 | 2002/10/23 | 2019/02/26 | 2021/07/30 |
| 세대수 | 1,292 | 1,957 | 1,996 |
| 건설사 | 삼성물산 | 삼성물산 | 현대건설 외 2 |
| 세대당 주차 | 2.85대 | 1.61대 | 1.55대 |
| 용적률 | 919% | 249% | 336% |
| 건폐율 | 49% | 18% | 28% |
| 난방 방식 | 지역난방, 열병합 | 지역난방, 열병합 | 지역난방, 열병합 |
| 면적(m²) | 105~403 | 67~249 | 81~226 |
| 핵심 | 강남 도심 상징성·관리 역량 | 분당선·대치 축 접근 우수 | 개포지구 신축 대장, 커뮤니티 최상급 |

| 단지명 | 1. 잠실주공5단지 | 2. 리센츠 | 3. 잠실엘스 |
|---|---|---|---|
| 주소 | 송파구 송파대로 567 | 송파구 올림픽로 135 | 송파구 올림픽로 99 |
| 입주 시기 | 1978/04/15 | 2008/07/31 | 2008/90/30 |
| 세대수 | 3,930 | 5,563 | 5,678 |
| 건설사 | 대한주택공사 | 대우건설 외 3 | 대림산업 외 3 |
| 세대당 주차 | 0.61대 | 1.41대 | 1.35대 |
| 용적률 | 138% | 275% | 275% |
| 건폐율 | 11% | 15% | 16% |
| 난방 방식 | 지역난방, 열병합 | 지역난방, 열병합 | 지역난방, 열병합 |
| 면적(m²) | 112~119 | 42~158 | 84~149 |
| 핵심 | 잠실 핵심지 재건축 대표 | 석촌호수·교통·학군 균형 | 잠실 3대장,<br>대규모 커뮤니티 |

| 단지명 | 4. 트리지움 | 5. 헬리오시티 |
|---|---|---|
| 주소 | 송파구 잠실로 62 | 송파구 송파대로 345 |
| 입주 시기 | 2007/08/24 | 2018/12/28 |
| 세대수 | 3,696 | 9,510 |
| 건설사 | 현대건설 외 2 | HDC현대산업개발 외 2 |
| 세대당 주차 | 1.32대 | 1.32대 |
| 용적률 | 274% | 285% |
| 건폐율 | 14% | 19% |
| 난방 방식 | 지역난방, 열병합 | 지역난방, 열병합 |
| 면적(m²) | 84~180 | 61~194 |
| 핵심 | 올림픽공원·학군·상권 | 초대형 단지, 환금성 최상위 |

| 단지명 | 경희궁자이 |
|---|---|
| 주소 | 종로구 송월길 99 |
| 입주 시기 | 2017/02/24 |
| 세대수 | 1,148 |
| 건설사 | GS건설 |
| 세대당 주차 | 1.31대 |
| 용적률 | 252% |
| 건폐율 | 24% |
| 난방 방식 | 개별난방, 도시가스 |
| 면적(m²) | 82~173 |
| 핵심 | 광화문·시청 도보권, 희소성 |

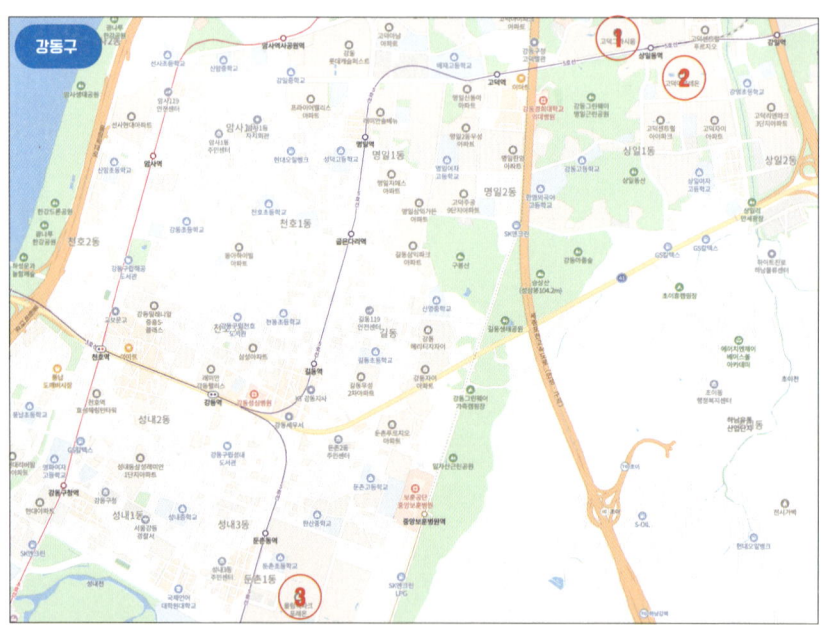

| 단지명 | 1. 고덕그라시움 | 2 고덕아르테온 | 3. 올림픽파크포레온 |
|---|---|---|---|
| 주소 | 강동구 고덕로 333 | 강동구 고덕로 360 | 강동구 양재대로 1300 |
| 입주 시기 | 2019/09/27 | 2020/02/26 | 2024/11/01 |
| 세대수 | 4,932 | 4,066 | 12,032 |
| 건설사 | 대우건설 외 2 | 현대건설, 대림산업 | 현대건설 외 3 |
| 세대당 주차 | 1.45대 | 1.57대 | 1.48대 |
| 용적률 | 249% | 249% | 273% |
| 건폐율 | 20% | 19% | 18% |
| 난방 방식 | 지역난방, 열병합 | 지역난방, 열병합 | 지역난방, 열병합 |
| 면적(m²) | 82~243 | 80~152 | 46~219 |
| 핵심 | 신축 브랜드 타운,<br>학군·공원 | 대장 신축 축의 한 축 | 초대형 신축,<br>올림픽공원 프리미엄 |

| 단지명 | 1. 갤러리아포레 (주상복합) | 2. 아크로서울포레스트 (주상복합) | 3. 트리마제 |
|---|---|---|---|
| 주소 | 성동구 서울숲2길 32-14 | 성동구 왕십리로 83-21 | 성동구 왕십리로 16 |
| 입주 시기 | 2011/07/29 | 2020/11/12 | 2017/05/29 |
| 세대수 | 230 | 280 | 688 |
| 건설사 | 한화건설 | 대림산업 | 두산중공업 |
| 세대당 주차 | 6.53대 | 2.67대 | 1.62대 |
| 용적률 | 399% | 399% | 319% |
| 건폐율 | 41% | 30% | 16% |
| 난방 방식 | 개별난방, 도시가스 | 중앙난방 | 개별난방, 도시가스 |
| 면적(m²) | 231~375 | 116~344 | 39~292 |
| 핵심 | 숲·조망·문화 인프라 | 성수 프리미엄의 정점 | 한강·서울숲 조망, 상징성 |

| 단지명 | 1. 한남더힐 | 2. 나인원한남 | 3. 래미안용산더센트럴 |
|---|---|---|---|
| 주소 | 용산구 독서당로 111 | 용산구 한남대로 91 | 용산구 한강대로 95 |
| 입주 시기 | 2011/01/07 | 2019/11/13 | 2017/05/31 |
| 세대수 | 600 | 341 | 782 |
| 건설사 | 대우건설, 금호산업 | 롯데건설 | 삼성물산 |
| 세대당 주차 | 2.88대 | 4.67대 | 1.26대 |
| 용적률 | 120% | 147% | 991% |
| 건폐율 | 29% | 30% | 49% |
| 난방 방식 | 개별난방, 도시가스 | 지역난방, 열병합 | 중앙난방, 도시가스 |
| 면적(m²) | 87~332 | 248~334 | 91~182 |
| 핵심 | 국내 상징 자산, 희소성 최상 | 대형 평형 고급 주거 표준 | 아이파크몰·용산역 복합 인프라 |

| 단지명 | 4. 래미안첼리투스 |
| --- | --- |
| 주소 | 용산구 이촌로 310 |
| 입주 시기 | 2015/07/30 |
| 세대수 | 460 |
| 건설사 | 삼성물산 |
| 세대당 주차 | 2.71대 |
| 용적률 | 328% |
| 건폐율 | 26% |
| 난방 방식 | 지역난방, 열병합 |
| 면적(m²) | 165, 166 |
| 핵심 | 한강변·이촌 생활권 대장 |

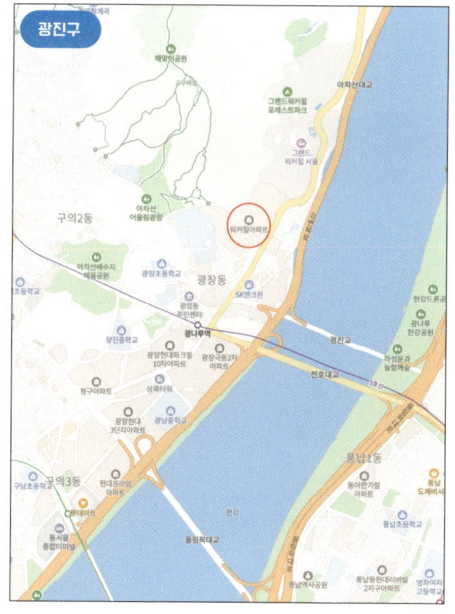

| 단지명 | 워커힐아파트 |
| --- | --- |
| 주소 | 광진구 아차산로 637 |
| 입주 시기 | 1978/11/13 |
| 세대수 | 576 |
| 건설사 | 선경종합건설 |
| 세대당 주차 | 1.29대 |
| 용적률 | 116% |
| 건폐율 | 10% |
| 난방 방식 | 중앙난방, 도시가스 |
| 면적(m²) | 178~250 |
| 핵심 | 한강·아차산 조망, 희소 저밀 |

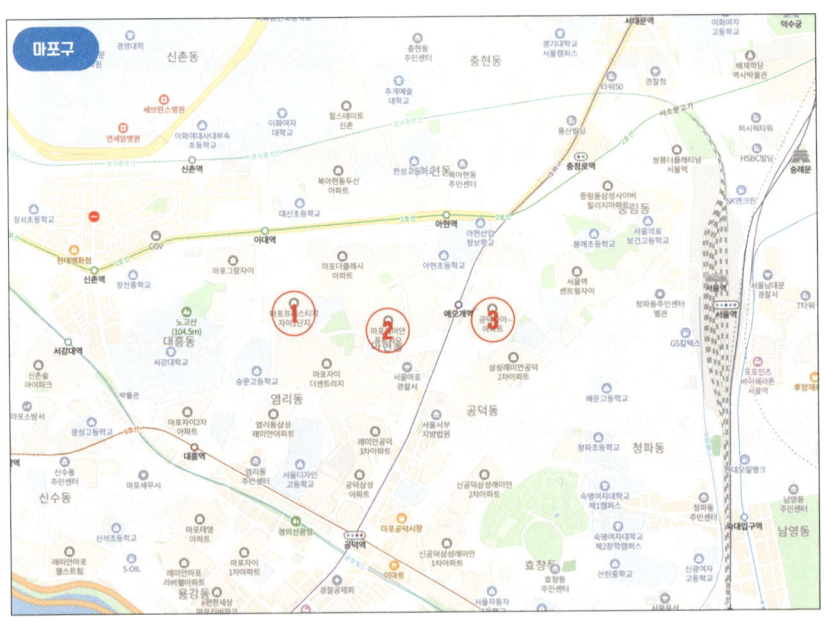

| 단지명 | 1. 마포프레스티지자이 | 2. 마포래미안푸르지오 | 3. 공덕자이 |
|---|---|---|---|
| 주소 | 마포구 대흥로24길 24 | 마포구 마포대로 195 | 마포구 마포대로24길 16 |
| 입주 시기 | 2021/12/30 | 2014/09/26 | 2015/04/01 |
| 세대수 | 1,694 | 3,885 | 1,164 |
| 건설사 | GS건설 | 대우건설, 삼성물산 | GS건설 |
| 세대당 주차 | 1.18대 | 1.17대 | 1.32대 |
| 용적률 | 251% | 259% | 230% |
| 건폐율 | 19% | 20% | |
| 난방 방식 | 개별난방, 도시가스 | 개별난방, 도시가스 | 개별난방, 도시가스 |
| 면적(m²) | 57~154 | 80~189 | 85~152 |
| 핵심 | 마포 대장, 직주근접 최상 | 아현뉴타운 대표, 도심 접근성 | 복수 노선·업무지구 인접 |

| 단지명 | 1. DMC파크뷰자이 | 2. e편한세상신촌 |
|--------|-----------------|-----------------|
| 주소 | 서대문구 가재울미래로 2 | 서대문구 북아현로1가길 20 |
| 입주 시기 | 2015/10/26 | 2018/05/03 |
| 세대수 | 4,300 | 1,910 |
| 건설사 | GS건설 외 2 | 대림산업 |
| 세대당 주차 | 1.35대 | 1.32대 |
| 용적률 | 233% | 283% |
| 건폐율 | 19% | 25% |
| 난방 방식 | 지역난방, 열병합 | 개별난방, 도시가스 |
| 면적(㎡) | 82~208 | 80~153 |
| 핵심 | DMC 직주근접, 공원 접근 | 북아현뉴타운 대장급 |

| 단지명 | 1. 시범아파트 | 2. 여의도자이(주상복합) |
|---|---|---|
| 주소 | 영등포구 63로 45 | 영등포구 여의동로3길 10 |
| 입주 시기 | 1971/12/21 | 2008/04/29 |
| 세대수 | 1,584 | 580 |
| 건설사 | 서울시 | GS건설 |
| 세대당 주차 | 0.63대 | 1.94대 |
| 용적률 | 171% | 549% |
| 건폐율 | 29% | 20% |
| 난방 방식 | 지역난방, 열병합 | 지역난방, 열병합 |
| 면적(m²) | 60~156 | 156~262 |
| 핵심 | 여의도 상징급 구축, 재건축 가치 | 업무지구 도보권 프라임 주거 |

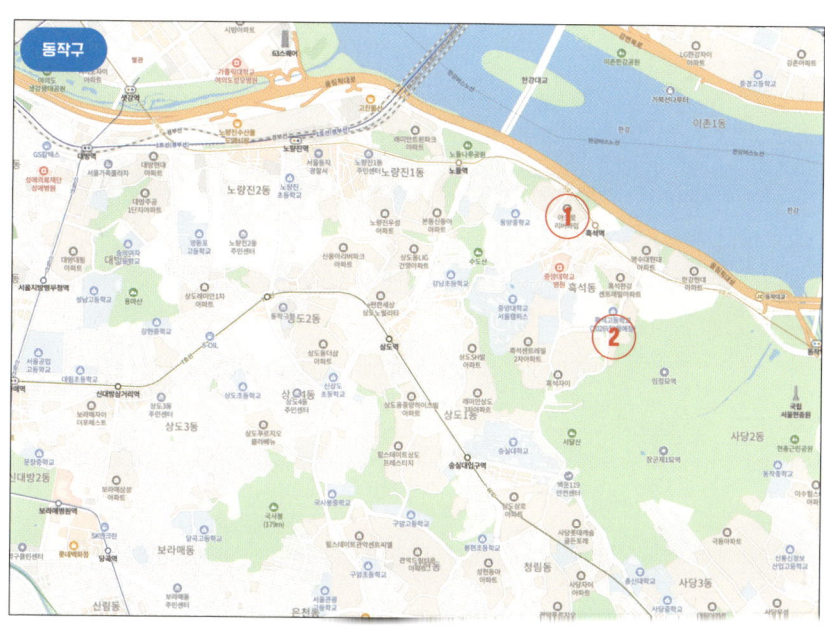

| 단지명 | 1. 아크로리버하임 | 2. 흑석한강푸르지오 |
|---|---|---|
| 주소 | 동작구 현충로 52 | 동작구 흑석한강로 27 |
| 입주 시기 | 2019/12/24 | 2012/08/20 |
| 세대수 | 1,073 | 863 |
| 건설사 | 대림산업 | 대우건설 |
| 세대당 주차 | 1.22대 | 1.33대 |
| 용적률 | 205% | 222% |
| 건폐율 | 30% | 22% |
| 난방 방식 | 개별난방, 도시가스 | 개별난방, 도시가스 |
| 면적(m²) | 80~179 | 77~162 |
| 핵심 | 흑석뉴타운 대장, 한강 프리미엄 | 한강·업무 접근성 균형 |

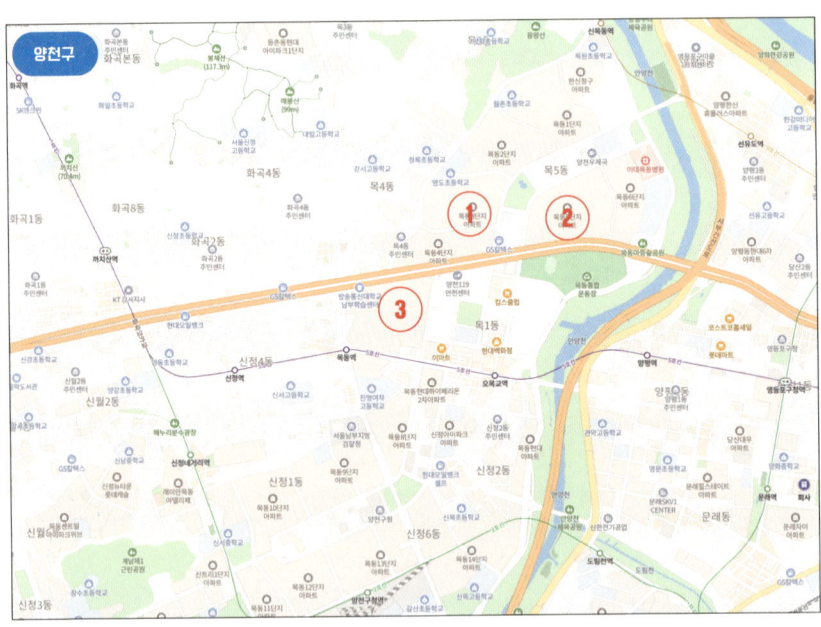

| 단지명 | 1. 목동신시가지3단지 | 2. 목동신시가지5단지 | 3. 목동신시가지7단지 |
|---|---|---|---|
| 주소 | 양천구 목동서로 100 | 양천구 목동동로 350 | 양천구 목동로 212 |
| 입주 시기 | 1986/09/30 | 1986/09/30 | 1986/10/06 |
| 세대수 | 1,588 | 1,848 | 2,550 |
| 건설사 | 대우건설 | 삼환기업 | 한일건설, 경남기업 |
| 세대당 주차 | 0.75대 | 0.78대 | 1.14대 |
| 용적률 | 122% | 116% | 125% |
| 건폐율 | 16% | 14% | 11% |
| 난방 방식 | 지역난방, 열병합 | 개별난방, 열병합 | 지역난방, 열병합 |
| 면적(㎡) | 88~189 | 84~178 | 72~121 |
| 핵심 | 생활권 내 준대장 | 대단지·학군·상권 안정성 | 학군·교통 축의 대표 (재건축 기대) |

| 단지명 | 마곡엠밸리4단지 |
|---|---|
| 주소 | 강서구 마곡서로 175 |
| 입주 시기 | 2014/06/20 |
| 세대수 | 420 |
| 건설사 | 경남기업 |
| 세대당 주차 | 1.41대 |
| 용적률 | 168% |
| 건폐율 | 35% |
| 난방 방식 | 지역난방, 열병합 |
| 면적(m²) | 113~154 |
| 핵심 | 마곡 R&D밸리 직주근접, 환금성 우수 |

| 단지명 | 신도림e편한세상4차 |
|---|---|
| 주소 | 구로구 경인로65길 16-15 |
| 입주 시기 | 2003/05/27 |
| 세대수 | 853 |
| 건설사 | 대림산업 |
| 세대당 주차 | 1.73대 |
| 용적률 | 249% |
| 건폐율 | 13% |
| 난방 방식 | 개별난방, 도시가스 |
| 면적(m²) | 114~210 |
| 핵심 | 복합환승·상업 인프라 강점 |

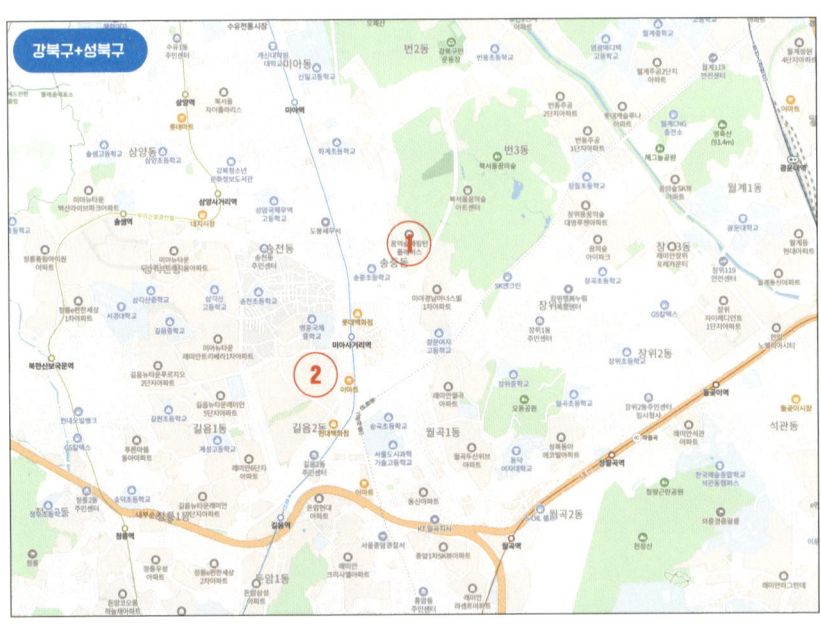

| 단지명 | 1. 꿈의숲해링턴플레이스 | 2. 래미안길음센터피스 |
|---|---|---|
| 주소 | 강북구 오현로 45 | 성북구 숭인로 50 |
| 입주 시기 | 2019/09/27 | 2019/11/29 |
| 세대수 | 1,028 | 2,352 |
| 건설사 | 효성, 진흥기업 | 삼성물산 |
| 세대당 주차 | 1.34대 | 1.10대 |
| 용적률 | 217% | 299% |
| 건폐율 | 27% | 21% |
| 난방 방식 | 개별난방, 도시가스 | 개별난방, 도시가스 |
| 면적(m²) | 62~149 | 83~168 |
| 핵심 | 공원 프리미엄·교통 개선 수혜 | 길음뉴타운 대장, 도심 접근성 |

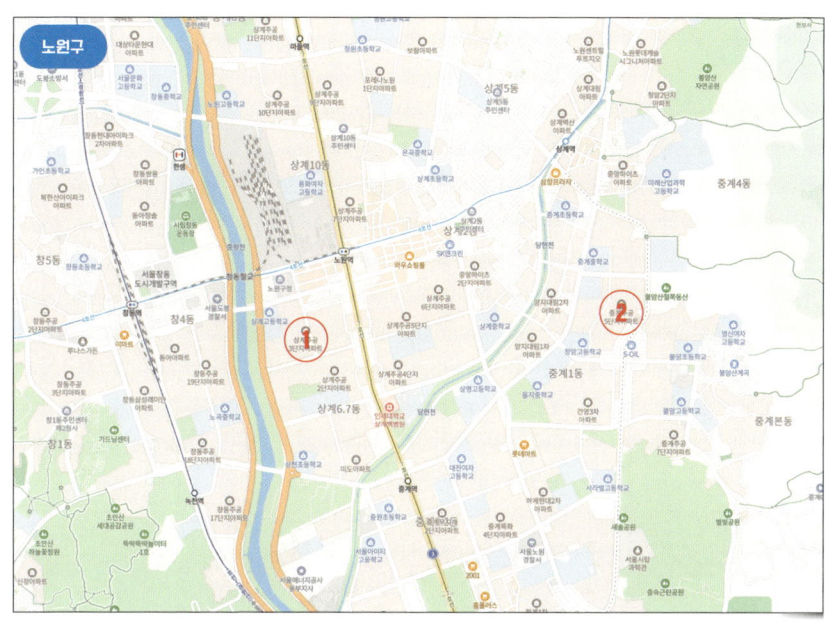

| 단지명 | 1. 상계주공3단지 | 2. 중계주공5단지 |
|---|---|---|
| 주소 | 노원구 동일로215길 48 | 노원구 중계로 230 |
| 입주 시기 | 1987/11/21 | 1992/04/29 |
| 세대수 | 2,213 | 2,328 |
| 건설사 | 대한주택공사 | 대한주택공사 |
| 세대당 주차 | 0.38대 | 0.64대 |
| 용적률 | 178% | 183% |
| 건폐율 | 15% | 12% |
| 난방 방식 | 지역난방, 열병합 | 지역난방, 열병합 |
| 면적(m²) | 45~111 | 50~104 |
| 핵심 | 창동·상계 개발축, 대단지 프리미엄 | 노원 학군 코어, 재건축 테마 |

| 단지명 | 1. 이문아이파크자이 | 2. 롯데캐슬SKY-L65(주상복합) |
|---|---|---|
| 주소 | 동대문구 이문동 | 동대문구 답십리로 27 |
| 입주 시기 | 2025/11 | 2023/07/12 |
| 세대수 | 4,321 | 1,425 |
| 건설사 | HDC현대산업개발, GS건설 | 롯데건설 |
| 세대당 주차 | 1.00대 | 1.18대 |
| 용적률 | 357% | 994% |
| 건폐율 | 26% | 58% |
| 난방 방식 | 개별난방, 도시가스 | 개별난방, 도시가스 |
| 면적(m²) | 20~102 | 119~283 |
| 핵심 | 이문휘경뉴타운 대표 단지 | 복합환승·초고층 상징성 |

| 단지명 | 1. 자연앤힐스테이트 | 2. 더샵광교레이크시티<br>(오피스텔) | 벽적골8단지 |
|---|---|---|---|
| 주소 | 수원시 영통구 도청로 65 | 수원시 영통구 광교호수<br>공원로 20 | 수원시 영통구 영통로<br>232 |
| 입주 시기 | 2012/11/29 | 2022/02/15 | 1997/12/16 |
| 세대수 | 1,764 | 1,805 | 1,842 |
| 건설사 | 현대건설 | 포스코건설 | 두산건설 |
| 세대당 주차 | 1.49대 | 1.16대 | 0.81대 |
| 용적률 | 209% | 319% | 220% |
| 건폐율 | 14% | 47% | 16% |
| 난방 방식 | 지역난방, 열병합 | 지역난방, 열병합 | 지역난방, 열병합 |
| 면적(m²) | 109~114 | 51~190 | 80 |
| 핵심 | 호수공원 프리미엄,<br>학군·인프라 | 상업·문화 복합 인접 | 분당선·학군 안정 수요 |

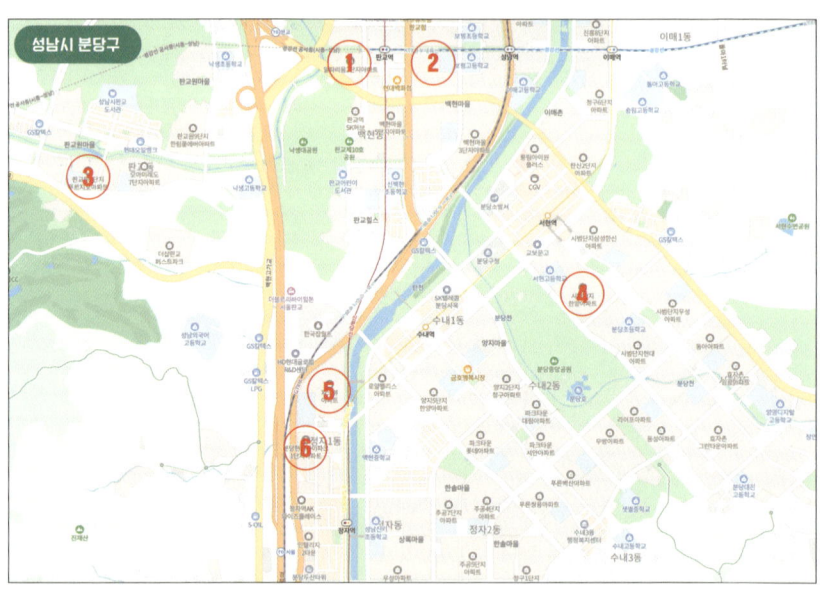

성남시 분당구

| 단지명 | 1. 알파리움2단지<br>(주상복합) | 2. 판교푸르지오그랑블 | 3. 판교원5단지푸르지오 |
|---|---|---|---|
| 주소 | 성남시 분당구 판교역로<br>145 | 성남시 분당구 동판교로<br>123 | 성남시 분당구 판교원로<br>207 |
| 입주 시기 | 2015/11/24 | 2011/07/28 | 2009/10/12 |
| 세대수 | 514 | 948 | 567 |
| 건설사 | 롯데건설 외 5 | 서해종합건설, 대우건설 | 대우건설 외 1 |
| 세대당 주차 | 2.81대 | 1.81대 | 1.56대 |
| 용적률 | 349% | 199% | 230% |
| 건폐율 | 35% | 16% | 15% |
| 난방 방식 | 지역난방, 열병합 | 지역난방, 열병합 | 지역난방, 열병합 |
| 면적(m²) | 124~262 | 121~331 | 107~228 |
| 핵심 | 알파돔·판교테크노밸리<br>직주근접 | 판교 신축 대장 라인 | 주력 평형 비중·커뮤니티<br>강점 |

| 단지명 | 4. 시범단지한양 | 5. 파크뷰(주상복합) | 6. 정자아이파크 (오피스텔) |
|---|---|---|---|
| 주소 | 성남시 분당구 중앙공원로 17 | 성남시 분당구 정자일로 248 | 성남시 분당구 백현로 100 |
| 입주 시기 | 1991/10/21 | 2004/07/01 | 2002/06/24 |
| 세대수 | 2,419 | 1,829 | 440 |
| 건설사 | 한양 | SK건설, 포스코건설 | 현대산업개발 |
| 세대당 주차 | 0.93대 | 1.65대 | 2.78대 |
| 용적률 | 201% | 355% | 1000% |
| 건폐율 | 16% | 59% | 77% |
| 난방 방식 | 지역난방, 열병합 | 지역난방, 열병합 | 지역난방, 열병합 |
| 면적(m²) | 39~260 | 108~311 | 146~465 |
| 특성 | 분당 1기 대장 구축, 학군·상권 우수 | 분당 대장 생활권 중앙공원 프리미엄 | 분당선·중앙공원 접근 우수 |

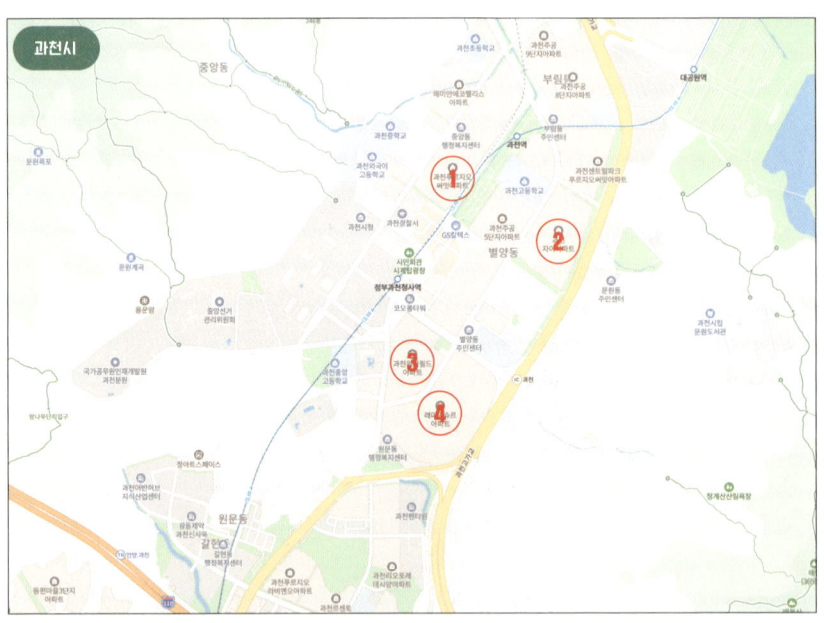

| 단지명 | 1. 과천푸르지오써밋 | 2. 과천자이 | 3. 과천위버필드 |
|---|---|---|---|
| 주소 | 과천시 관문로 106 | 과천시 별양로 110 | 과천시 별양로 11 |
| 입주 시기 | 2020/03/31 | 2022/03/18 | 2021/01/28 |
| 세대수 | 1,571 | 2,099 | 2,128 |
| 건설사 | 대우건설 | GS건설 | SK건설, 롯데건설 |
| 세대당 주차 | 1.77대 | 1.61대 | 1.50대 |
| 용적률 | 189% | 221% | 227% |
| 건폐율 | 19% | 16% | 15% |
| 난방 방식 | 지역난방, 열병합 | 지역난방, 열병합 | 지역난방, 열병합 |
| 면적(m²) | 80~253 | 83~181 | 59~146 |
| 핵심 | 과천 대장 신축 | 정부과천청사권, 재건축 프리미엄 | 준신축 대단지, 중심상권 인접 |

| 단지명 | 4. 래미안슈르 |
|---|---|
| 주소 | 과천시 별양로 12 |
| 입주 시기 | 20208/08/12 |
| 세대수 | 3,143 |
| 건설사 | 삼성물산 |
| 세대당 주차 | 1.75대 |
| 용적률 | 194% |
| 건폐율 | 15% |
| 난방 방식 | 지역난방, 열병합 |
| 면적(m²) | 85~168 |
| 핵심 | 조경·커뮤니티 우수, 안정 수요 |

| 단지명 | 한강메트로자이2단지 |
|---|---|
| 주소 | 김포시 걸포2로 74 |
| 입주 시기 | 2020/07/14 |
| 세대수 | 2,456 |
| 건설사 | GS건설 |
| 세대당 주차 | 1.30대 |
| 용적률 | 228% |
| 건폐율 | 14% |
| 난방 방식 | 지역난방, 열병합 |
| 면적(m²) | 83~179 |
| 핵심 | 김포골드라인·생활권 대장 |

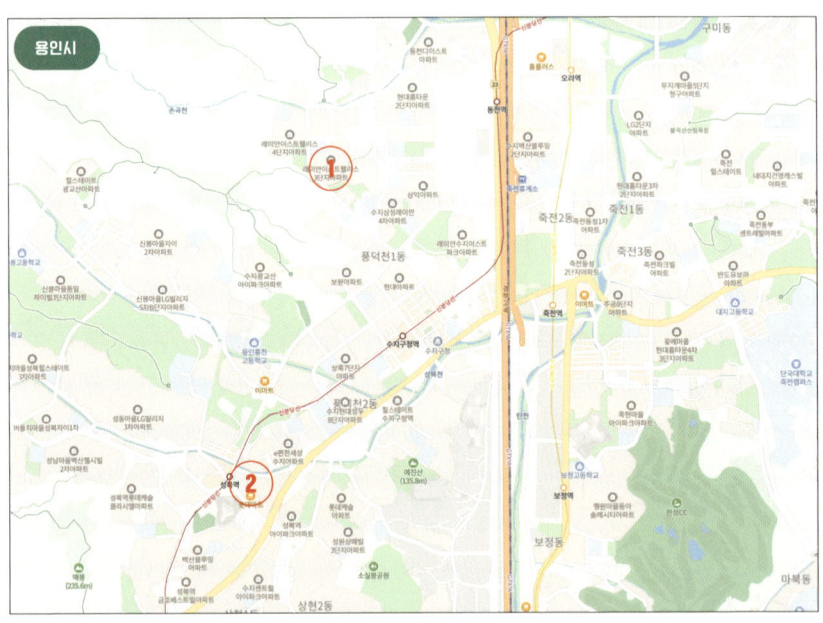

| 단지명 | 1. 래미안이스트팰리스3단지 | 2. 성복역롯데캐슬골드타운(주상복합) |
|---|---|---|
| 주소 | 용인시 수지구 동천로135번길 21 | 용인시 수지구 성복2로 10 |
| 입주 시기 | 2010/05/31 | 2019/06/28 |
| 세대수 | 885 | 2,356 |
| 건설사 | 삼성물산 | 롯데건설 |
| 세대당 주차 | 1.82대 | 1.19대 |
| 용적률 | 199% | 568% |
| 건폐율 | 16% | 46% |
| 난방 방식 | 지역난방, 열병합 | 지역난방, 열병합 |
| 면적(m²) | 109~335 | 115~136 |
| 핵심 | 분당 인접, 학군·공원 균형 | 몰·역 일체형, 환금성 우수 |

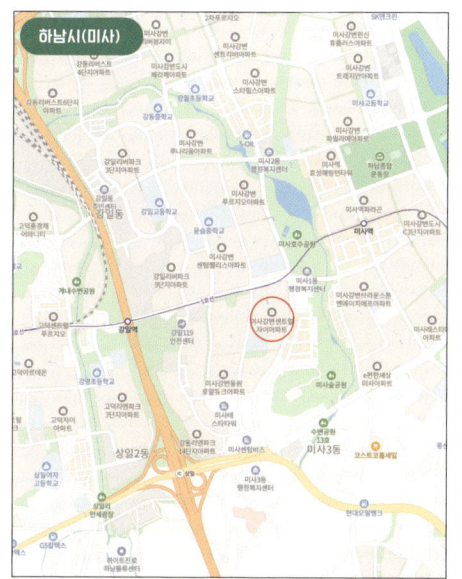

하남시(미사)

| 단지명 | 미사강변센트럴자이 |
|---|---|
| 주소 | 하남시 미사강변대로 95 |
| 입주 시기 | 2017/02/27 |
| 세대수 | 1,222 |
| 건설사 | GS건설 |
| 세대당 주차 | 1.68대 |
| 용적률 | 209% |
| 건폐율 | 13% |
| 난방 방식 | 지역난방, 열병합 |
| 면적(m²) | 117~171 |
| 핵심 | 한강변 신도시 코어 |

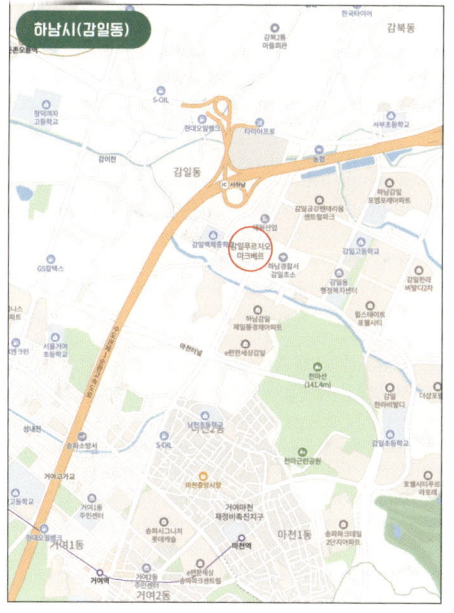

하남시(감일동)

| 단지명 | 감일푸르지오마크베르 (주상복합) |
|---|---|
| 주소 | 하남시 감일중앙로 80 |
| 입주 시기 | 2023/06/29 |
| 세대수 | 496 |
| 건설사 | 대우건설 |
| 세대당 주차 | 1.53대 |
| 용적률 | 354% |
| 건폐율 | 61% |
| 난방 방식 | 지역난방, 열병합 |
| 면적(m²) | 109~146 |
| 핵심 | 위례·강동 접근, 신축 타운 |

| 단지명 | 1. 평촌더샵센트럴시티 | 2. 래미안안양메가트리아 |
|---|---|---|
| 주소 | 안양시 동안구 시민대로327번길 55 | 안양시 만안구 안양천서로 177 |
| 입주 시기 | 2016/06/28 | 2016/10/26 |
| 세대수 | 1,459 | 4,250 |
| 건설사 | 포스코건설 | 삼성물산, 동부건설 |
| 세대당 주차 | 1.30대 | 1.16대 |
| 용적률 | 249% | 244% |
| 건폐율 | 15% | 16% |
| 난방 방식 | 지역난방, 열병합 | 지역난방, 열병합 |
| 면적(m²) | 80~127 | 59~186 |
| 핵심 | 1기 신도시 코어, 학군·상권 | 역세권 대단지, 재개발 수혜 |

| 단지명 | 킨텍스원시티M2블럭 (주상복합) |
|---|---|
| 주소 | 고양시 일산동구 월드고양로 19 |
| 입주 시기 | 2019/08/22 |
| 세대수 | 959 |
| 건설사 | GS건설 외 2 |
| 세대당 주차 | 1.42대 |
| 용적률 | 359% |
| 건폐율 | 20% |
| 난방 방식 | 지역난방, 열병합 |
| 면적(m²) | 118~204 |
| 핵심 | 킨텍스·GTX 축 기내 |

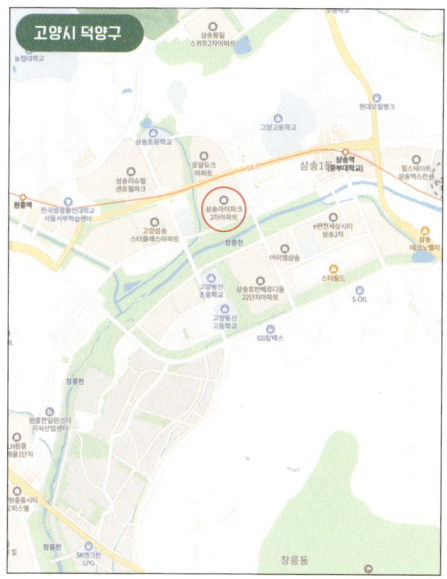

| 단지명 | 삼송아이파크2차 |
|---|---|
| 주소 | 고양시 덕양구 세솔로 73 |
| 입주 시기 | 2015/08/27 |
| 세대수 | 1,066 |
| 건설사 | 현대산업개발 |
| 세대당 주차 | 1.27대 |
| 용적률 | 183% |
| 건폐율 | 16% |
| 난방 방식 | 지역난방, 열병합 |
| 면적(m²) | 98~112 |
| 핵심 | 3호선·스타필드 인접 |

| 단지명 | 1. 힐스테이트레이크송도 | 2. 송도더샵센트럴파크 1차(주상복합) | 청라더샵레이크파크 |
|--------|------------------------|--------------------------------------|--------------------|
| 주소 | 인천시 연수구 아카데미로312번길 177 | 인천시 연수구 센트럴로 232 | 인천시 서구 크리스탈로 74번길 26 |
| 입주 시기 | 2019/06/27 | 2010/11/17 | 2013/04/01 |
| 세대수 | 886 | 886 | 766 |
| 건설사 | 현대건설 | 포스코건설 | 포스코건설 |
| 세대당 주차 | 1.60대 | 2.41대 | 1.72대 |
| 용적률 | 207% | 360% | 221% |
| 건폐율 | 16% | 39% | 8% |
| 난방 방식 | 지역난방, 열병합 | 지역난방, 열병합 | 지역난방, 열병합 |
| 면적(m²) | 114~179 | 104~378 | 133~283 |
| 핵심 | 수변·학군·국제학교 접근 | 국제업무·호수공원 프리미엄 | 호수·공원 축, 공항 축 수요 |

| 단지명 | 1. 해운대엘시티더샵 (주상복합) | 2. 해운대아이파크 (주상복합) | 3. 해운대두산위브 더제니스(주상복합) |
|---|---|---|---|
| 주소 | 부산시 해운대구 달맞이길 30 | 부산시 해운대구 마린시티2로 38 | 부산시 해운대구 마린시티2로 33 |
| 입주 시기 | 2019/11/29 | 2011/11/03 | 2011/11/30 |
| 세대수 | 882 | 1,631 | 1,788 |
| 건설사 | 포스코건설 | 현대산업개발 | 두산건설 |
| 세대당 주차 | 2.60대 | 1.97대 | 2.10대 |
| 용적률 | 945% | 898% | 899% |
| 건폐율 | 74% | 37% | 39% |
| 난방 방식 | 중앙난방, 도시가스 | 지역난방, 열병합 | 개별난방, 도시가스 |
| 면적(m²) | 194~320 | 118~411 | 148~325 |
| 핵심 | 해운대 상징 타워, 조망·상권 최상 | 요트·광안대교 조망 축 | 마린시티 랜드마크 대단지 |

| 단지명 | 1. 광안자이 | 2. 삼익비치타운 |
|---|---|---|
| 주소 | 부산시 수영구 호암로29번길 50 | 부산시 수영구 광안해변로 100 |
| 입주 시기 | 2020/08/06 | 1979/10/11 |
| 세대수 | 971 | 3,060 |
| 건설사 | GS건설 | 삼익건설 |
| 세대당 주차 | 1.14대 | 1.05대 |
| 용적률 | 282% | 170% |
| 건폐율 | 17% | 17% |
| 난방 방식 | 개별난방, 도시가스 | 중앙난방, 도시가스 |
| 면적(m²) | 87~132 | 55~174 |
| 핵심 | 광안리 생활권 대장급 | 광안리 프론트, 재건축 가치 |

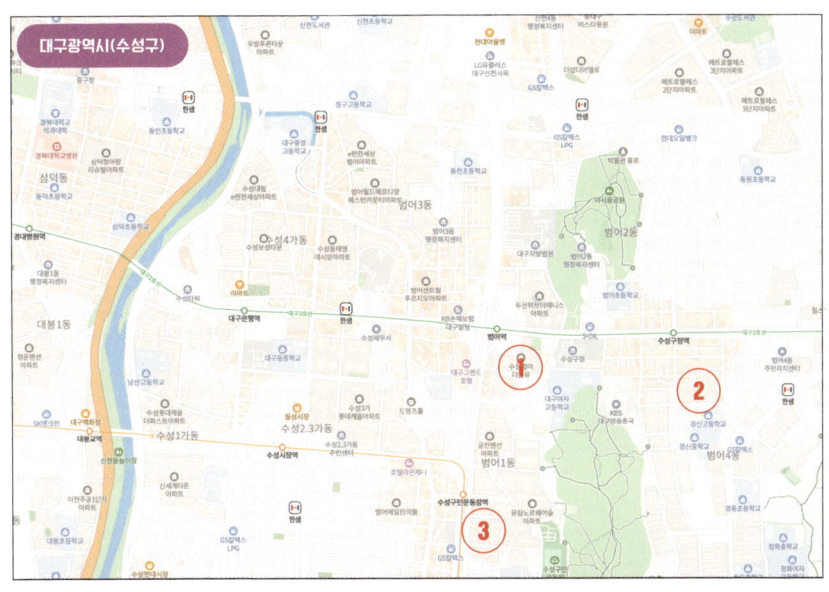

| 단지명 | 1. 수성범어더블유 (주상복합) | 2. 힐스테이트범어 | 3. 범어아이파크 |
|---|---|---|---|
| 주소 | 대구시 수성구 달구벌대로 2436 | 대구시 수성구 범어로18길 22 | 대구시 수성구 동대구로 230 |
| 입주 시기 | 2023/12/15 | 2020/12/24 | 2024/09/30 |
| 세대수 | 1,340 | 414 | 418 |
| 건설사 | 아이에스동서 | 현대엔지니어링 | HDC현대산업개발 |
| 세대당 주차 | 1.34대 | 1.43대 | 1.76대 |
| 용적률 | 1070% | 219% | 332% |
| 건폐율 | 76% | 21% | 39% |
| 난방 방식 | 개별난방, 도시가스 | 개별난방, 도시가스 | 지역난방, 열병합 |
| 면적(m²) | 114~138 | 97~143 | 109~148 |
| 핵심 | 대구 신고가 리더, 교육·상권 최고 | 수성구 대장 라인 | 황금·범어 학군벨트 |

| 단지명 | 대전도안아이파크 |
| --- | --- |
| 주소 | 대전시 서구 도안동로 183 |
| 입주 시기 | 2013/09/26 |
| 세대수 | 1,053 |
| 건설사 | 현대산업개발 |
| 세대당 주차 | 1.23대 |
| 용적률 | 187% |
| 건폐율 | 15% |
| 난방 방식 | 지역난방, 열병합 |
| 면적(m²) | 114~120 |
| 핵심 | 대전 신도심 대장, 수변·학군 |

| 단지명 | 힐스테이트둔산 |
| --- | --- |
| 주소 | 대전시 서구 탄방동 591, 592번지 |
| 입주 시기 | 2026/09 |
| 세대수 | 600 |
| 건설사 | 현대건설 |
| 세대당 주차 | 1.40대 |
| 용적률 | 1126% |
| 건폐율 | 66% |
| 난방 방식 | 개별난방, 도시가스 |
| 면적(m²) | 84 |
| 핵심 | 1기 신도심 코어, 생활편의 상징 |

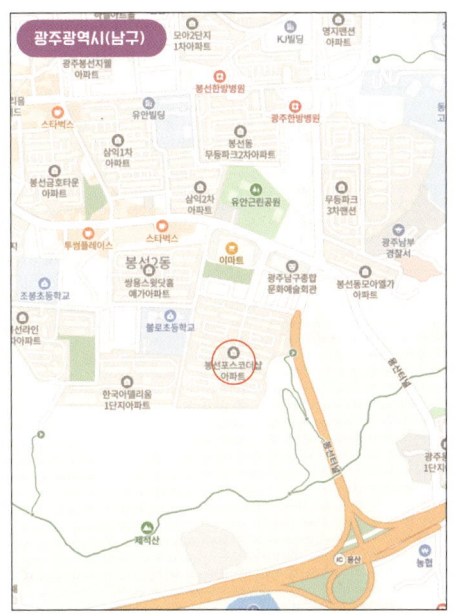

| 단지명 | 봉선포스코더샵 |
|---|---|
| 주소 | 광주시 남구 효사랑길 14 |
| 입주 시기 | 2004/12/23 |
| 세대수 | 1,140 |
| 건설사 | 포스코건설 |
| 세대당 주차 | 1.21대 |
| 용적률 | 247% |
| 건폐율 | 17% |
| 난방 방식 | 개별난방, 도시가스 |
| 면적(m²) | 86~213 |
| 핵심 | 광주 학군 최상, 대장 생활권 |

| 단지명 | 상무센트럴자이 |
|---|---|
| 주소 | 광주시 서구 상무민주로32번길 10 |
| 입주 시기 | 2025/04/17 |
| 세대수 | 903 |
| 건설사 | GS건설 |
| 세대당 주차 | 1.77대 |
| 용적률 | 199% |
| 건폐율 | 17% |
| 난방 방식 | 지역난방, 열병합 |
| 면적(m²) | 105~307 |
| 핵심 | 업무지구 중심 환금성 우수 |

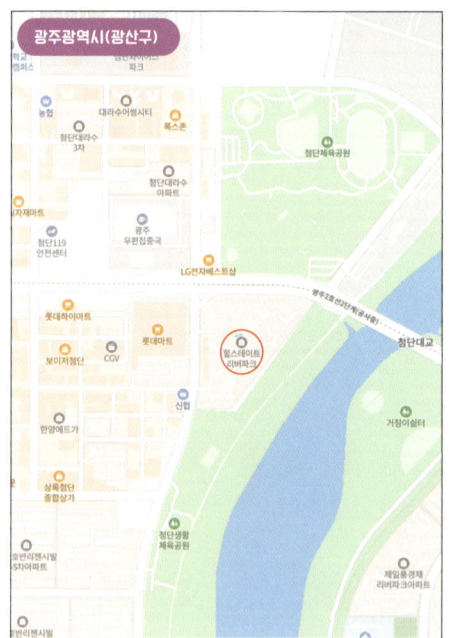

| 단지명 | 힐스테이트리버파크 (주상복합) |
|---|---|
| 주소 | 광주시 광산구 첨단강변로 100 |
| 입주 시기 | 2019/02/18 |
| 세대수 | 1,111 |
| 건설사 | 현대건설 외 2 |
| 세대당 주차 | 1.46대 |
| 용적률 | 428% |
| 건폐율 | 75% |
| 난방 방식 | 지역난방, 열병합 |
| 면적(m²) | 102~246 |
| 핵심 | 신도심 대단지 타운 중심 |

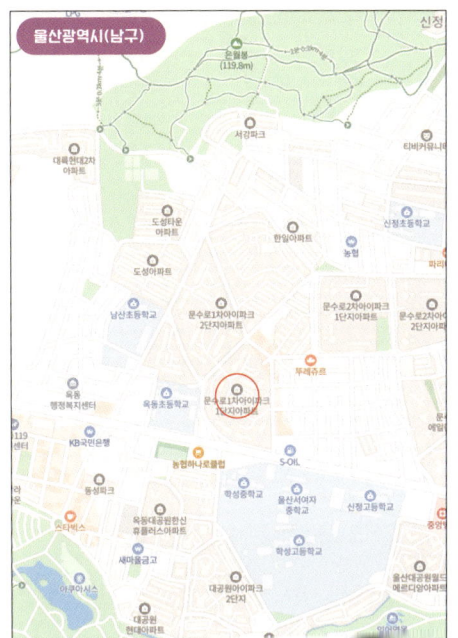

| 단지명 | 문수로아이파크1단지 |
| --- | --- |
| 주소 | 울산시 남구 문수로409번길 20 |
| 입주 시기 | 2003/09/02 |
| 세대수 | 576 |
| 건설사 | 현대산업개발 |
| 세대당 주차 | 1.56대 |
| 용적률 | 252% |
| 건폐율 | 17% |
| 난방 방식 | 개별난방, 도시가스 |
| 면적(m²) | 114~293 |
| 핵심 | 삼산·문수 생활권 대표 시축 |

| 단지명 | 번영로센트리지 |
| --- | --- |
| 주소 | 울산시 중구 복산1길 1 |
| 입주 시기 | 2023/09 |
| 세대수 | 2,625 |
| 건설사 | 현대엔지니어링 외 3 |
| 세대당 주차 | 1.12대 |
| 용적률 | 244% |
| 건폐율 | 19% |
| 난방 방식 | 개별난방, 도시가스 |
| 면적(m²) | 59~111 |
| 핵심 | 직주근접·생활편의 |

이 별책부록의 숨은 의미는 간단하다. 가점표는 '정답표'가 아니라 '나만의 렌즈'라는 것이다. 같은 단지를 놓고도 누가 평가하느냐에 따라 점수는 달라진다. 점수는 상대적이고, 평가자의 역량이 점수의 품질을 결정한다. 이 부록은 도구이고, 판정은 당신의 몫이다.

그렇다면 완성도를 어떻게 끌어올릴까? 핵심은 세 가지다. 입지, 상품, 가격 경쟁력에 대한 숙련이다. 지도 위의 시간(출퇴근·생활권 확장성), 단지의 구조(세대수·동배치·대지지분·주차·관리), 시장의 유동성(거래회전율·수급·전세가율)을 눈으로 읽고 발로 확인하는 능력이야말로 가점표의 해상도를 결정한다.

방법은 어렵지 않다.

1. 본 책을 여러 번 읽자. 기준의 철학과 계산 방식이 몸에 배어야 현장에서 흔들리지 않는다.
2. 현장을 반복 확인하라. 지도와 수치로 좁힌 후보를 실제 동선·소음·빛·습지·생활 인프라로 검증하라.
3. 자주 평가하라. 월 1회든 분기 1회든, 동일한 단지에 같은 가점표를 다시 대보라. 점수의 일관성이 곧 당신의 실력이다.
4. 기록과 사후 검증(백테스트)을 습관화하라. 과거 점수와 실제 시세 흐름, 환금성, 공시·규제 변화를 대조해 가중치를 미세 조정하라.

5. 편향을 관리하라. 선호 생활권 편중, 브랜드 선입견, '최근 뉴스 효과'
   를 체크리스트로 걸러라.

이 과정을 통해 가점표는 남의 표가 아닌 당신의 투자철학으로 진화한다.
오늘의 점수는 내일의 선택을 가볍게 만들고, 반복된 검증은 '버틸 수 있는
집'을 고르는 담력을 만든다. 리스트는 목적지가 아니다. 리스트를 만들어
가는 습관 자체가 당신의 리스크관리 체계다.

이 부록은 그 시작을 위한 공구 상자다. 본 책을 다시 펼치고, 현장으로
나가고, 오늘도 채점하라. 그렇게 쌓인 노트와 발자국이 결국 당신만의 '똘
똘한 한 채 100 리스트'를 만든다. 그리고 그 리스트가 시장의 소음을 뚫고
당신의 내일을 지킨다.

《다시 쓰는 대한민국 부동산 사용설명서》 특별 부록

# 무조건 성공하는 똘똘한 한 채 100선

초판 1쇄  2025년 10월 1일

지은이     | 김학렬, 스마트튜브
펴낸곳     | 에프엔미디어
펴낸이     | 김기호
편집       | 정소연, 양은희
기획관리   | 문성조
디자인     | 레드코플러스
지도 제공  | NAVER

신고       | 2016년 1월 26일 제2018-00008호
주소       | 서울시 용산구 한강대로 295, 503호
전화       | 02-322-9792
팩스       | 0303-3445-3030
이메일     | fnmedia@fnmedia.co.kr
블로그     | http://www.fnmedia.co.kr

* 이 책은 비매품입니다.